böhlauWien

Johannes Jetschgo

Skoda, Gablonz, Budweiser & Co.

Neuer Glanz auf alten Marken

Österreichs industrielle Nachbarschaft

Böhlau Verlag Wien · Köln · Weimar

Gedruckt mit Unterstützung durch das Bundesministerium
für Bildung, Wissenschaft und Kultur und die Oberösterreichische Landesregierung

Die Deutsche Bibliothek – CIP-Einheitsaufnahme

Ein Titeldatensatz für diese Publikation ist bei
Der Deutschen Bibliothek erhältlich.

ISBN 3-205-99385-3

Druck: Manz Crossmedia, Wien

Inhalt

Luxus für den Gaumen. – Die Abhängigkeit von der Seefahrt. – Die Entdeckung der Runkelrübe. – Die erste Zuckerrübenfabrik. – Napoleon und der Zucker. – Die mährischen Zuckerbarone. – Der große Wurf des Würfelzuckers. – Der süße Exportschlager.

Der Fleischhauer als Seifensieder. – Johann Schicht. – Der Sprung an die Elbe: Aussig überholt Triest. – Ein Marketing-Pionier. – Der Schritt über den Ärmelkanal. – Pazifist und Fabrikant. – Die veredelte Kokosnuß. – Der Aufstieg ins Europaformat. – Weltoffenheit gegen „Radikalismus".

Die Unternehmerin als „Hexe". – Die Theresianische Papiermacher-Ordnung. – Großkunde Tabakregie. – Olleschau als Meistermarke. – Neubeginn mit Trierenberg. – Im Sog der Amerikaner.

Der vergessene Schatz. – Der Architekt als Erfinder. – Am Anfang stand Geschirr. – Übersiedlung nach Budweis. – Die Diamanten-Idee. – „Zersplitterung“ im 20. Jahrhundert.

Das weiße Gold. – Der wiedergefundene Name: Thun. – Europa und Ostasien. – Geheimwissen breitet sich aus. – Hürden für Unternehmer. – Markenzeichen, Technologie und soziale Frage. – Der neue Auftritt.

Der Einwanderer. – Automobile aus Nesselsdorf. – Hans Ledwinka, der Vater des „Tatra“. – Erstmals ein „Volkswagen“.

Der Weg über die Neue Welt. – Nikola Tesla und Emil Kolben: die Wechselstrom-Pioniere. – Aus der Schweiz nach Prag. – Großbürger zwischen den Zeiten. – Theresienstadt und Auschwitz. – Ein privater Neubeginn.

Der enttäuschte Kunde als Gründer. – Der motorisierte Buchhändler. – Der Rennfahrer-Prinz. – Krieg und Konzentrationen. – VW-Škoda.

Der Tischler und der Segen der Bürokratie. – „Weniger ist mehr" – die Strickmasche Julius Kunerts. – Schulterschluß mit Tomáš Baťa. – Im gepanzerten Lastwagen. – Die ungleichen Schwestern.

Das Leichtgewicht bringt Erfolg. – Der halbierte Preis als großer Coup. – Der ehrgeizige Pädagoge. – Der Bauherr der Gartenstadt. – Die Kampagne der Gegner. – Baťa weltweit.

Urglas vom Himmel. – Venedigs neue Konkurrenz. – Glaslaboranten in der Provinz. – Kampf um Fachleute und Schaden durch Napoleon. – Renaissance mit Rubinglas. – Glas im Norden und Süden: Lobmeyr und Loetz. – Karlsbad und Gablonz, Moser und Riedel. – Harte Glitzerwelt und indische Kunden. – Nach 1918.

Der Bankenplatz Prag. – Zentrales Lobbying und regionaler Auftritt. – Dreiländerpakt am Energiesektor. – Die Angst vor „abgesiedelten Arbeitsplätzen". – VOEST ALPINE Stahl-Bleche im „Škoda". – Der begehrte Biermarkt. – Leiser Auftritt der Textilbranche.

Vorwort

Namen, Firmenlogos und Markennamen: sie besitzen oft Ausstrahlung und Symbolwert. Sie verdichten Status oder Lebensgefühl, sie werden und wurden oft genug als nationale Flaggschiffe verwendet und dementsprechend gehandelt. Wer die USA nicht kennt, kennt doch Coca-Cola. Wer die Tschechische Republik nicht kennt, kennt doch seit jeher Budvar-Budweiser (Bier) und neuerdings wieder Skoda (Auto).

Produkte als Botschafter. Der neuen Popularität von Produkten aus dem Reformland Tschechien entspricht die Wiederentdeckung traditioneller Firmennamen in diesen Ländern selbst und die Begehrlichkeit ausländischer Konzerne, die einen sanierungsbedürftigen Betrieb gern in Kauf nehmen, wenn eine bekannte Marke mit zu kaufen ist.

Jede Marke hat aber auch ihre Geschichte. Sie reicht manchmal in die Zeit der k. u. k. Hoflieferanten, der patriarchalischen Gründerfiguren, der Zunftzwänge und Industriespionagen. Die Tschechische Republik ist dafür ein reiches Feld. Schließlich waren Böhmen, Mähren und Schlesien als Kronländer der Donaumonarchie deren beste Steuerzahler und die erste Tschechoslowakische Republik wußte dieses Startkapital nach 1918 zu nutzen. Dann verschwand sie nach 1945 aus dem westeuropäischen Gesichtsfeld, und erst jetzt, nach der Wende von 1989 und vor der EU-Osterweiterung, kommen vergessene Zusammenhänge und Gemeinsamkeiten wieder ans Licht.

Manchmal werden sie regelrecht positioniert: Warum sonst rücken anonyme Konzerne im Reformland heute die Markennamen und Firmengeschichten ihrer Standort-Vorfahren in ihre Homepage. Umgekehrt ist reihum viel verlorengegangen: Der ehemals pulsierende gemeinsame Markt, die einstige Selbstverständlichkeit des Austauschs ist nicht mehr oder noch nicht vorhanden.

Jene Unternehmerfamilien, die nach dem Zweiten Weltkrieg die Tschechoslowakei verlassen mußten, erlebten in dem einen oder anderen Fall eine neue Gründerzeit in Deutschland oder Österreich. Vielen blieb nur die Erinnerung, einige wenige allerdings knüpfen neue Kontakte mit dem alten Stammsitz. Sentimentalität, Vision und Geschäftstüchtigkeit mischen sich.

Dieses Buch will nichts anderes, als der Nachbarschaft das Fremde nehmen. Es kann keine Wirtschaftsgeschichte sein, es will aber anhand ausgewählter Beispiele

Schlaglichter setzen: auf eine spannungsvolle Epoche, auf ihre Chancen und Talente, auf einen einst dynamischen Markt, der den politischen Verwerfungen des 20. Jahrhunderts zum Opfer fiel und erst nach Jahrzehnten wieder geöffnet wurde, und auf das alte und neue Selbstverständnis der Menschen.

Mein Dank gilt den Presseverantwortlichen der Firmen Škoda, Baťa, Petrof, Budvar und Plzeňsky prazdroj, Becherovka, Underberg, Thun, Trierenberg, den Familienmitgliedern der Unternehmerfamilien Kolben und Schicht, Hromatka, Steinbrener, der Gablonzer Genossenschaft (Enns) und Peter Rath, die freundlicherweise Material, Sachkenntnis und ihre Zeitzeugenschaft zur Verfügung stellten. Sowie im besonderen Herrn Dr. Filip Sternberg, Erika und Dr. Peter Niesner, Bettina und Jiři Lobkowicz und Herrn Univ.-Prof. Dr. Roman Sandgruber für Lektüreempfehlungen und Gespräch.

Johannes Jetschgo

„Für den Continent ein England im kleinen …“

Was die Nachbarschaft prägt –
Ein Streifzug durch Textil und Eisen, Wirtschaft und Machtpolitik

Bei einem Mittagessen während des Weltwirtschaftsforums in Davos im Jänner 2000 ließ Tschechiens Ministerpräsident Milos Zeman aufhorchen: Die „historische Infrastruktur" seines Landes sei für die Aufnahme in die Europäische Union wichtiger als die ökonomische Bilanz. Der sozialdemokratische Regierungschef empfahl sein Land als Kandidaten der Osterweiterung der EU, indem er auf das verwies, was immer noch vorhanden war und das Land geprägt hatte. Die österreichisch-ungarische Monarchie habe eine Verwaltungsqualität geschaffen, die die Eingliederung in die Brüsseler Strukturen erleichtere. Wie auch immer die jeder Nostalgie unverdächtige Zuversicht des tschechischen Premiers bestätigt wird, der potentielle EU-Partner ist nicht neu, sondern eine alte Verwandtschaft; auch wenn diese zeitweise mühsam war, manchmal überhaupt geleugnet wurde.

Böhmen entwickelte sich im 19. Jahrhundert zu einer der ehrgeizigsten Industrieregionen, zu einem der verläßlichsten Steuerzahler der späteren Doppelmonarchie. Die erste Etappe der Industrialisierung im Textilgewerbe trugen vor allem deutschböhmische Unternehmer unter starker Beteiligung westeuropäischer Fachleute. In der zweiten Etappe, in der die Elektrotechnik die Dampfmaschine ablöste, in der regionalspezifisch der innere Teil des Landes vor allem durch die Nahrungsmittelindustrie, durch Brauereien und Zuckerfabriken, erschlossen wurde, gehörte der damals tschechische Teil der Bevölkerung mit zur Industriegesellschaft. Daraus entwickelte sich allerdings bald eine Rivalität. Das enorme Innovationspotential der Donaumonarchie unterlag dem Zeitgeist der Nationalitätenfrage, die sich nach dem Ende des politischen Liberalismus, nach dem Börsenkrach 1873 schnell radikalisierte und den Vielvölkerstaat in seinen positiven Möglichkeiten lähmte. Ein versuchter böhmisch-österreichischer Ausgleich, die „Fundamentalartikel" von 1870/71 scheiterte, das Kompromißmodell des Mährischen Ausgleichs war nur von kurzer Dauer. Es wurde vom Ersten Weltkrieg überrollt und als Ansatz einer Konfliktlösung von den Nachfolgern der Habsburger auf böhmischem Boden nicht mehr aufgegriffen.

Das 20. Jahrhundert hat illustriert, wie ein mitteleuropäischer Wirtschaftsraum durch politische Krisen, Kriege und totalitäre Regime paralysiert wurde, bis zuletzt ein neuer Anlauf zur Integration in europäischem Maßstab genommen wird. Dabei hat in den Reformländern längst die Kärrnerarbeit das Wunschdenken eingeholt. Gemessen an der glamourösen Kühle, mit der sich Prag noch Anfang der neunziger Jahre als gelehrigster Schüler Margret Thatchers von den anderen Reformländern Ostmitteleuropas absetzte, gemessen an dem forschen Motto einer „Marktwirtschaft ohne Attribute", ist man heute vorsichtig geworden.

Bis 1996 galt die Tschechische Republik als ein Musterbeispiel postkommunistischer Erneuerung. Damals bewertet die „Heritage Foundation" die tschechische Wirtschaft als eine der freiesten weltweit, und 1995 bezeichnet ein Leitartikel des „Wall Street Journal" Tschechien als „Kronjuwel der postkommunistischen wirtschaftlichen Entwicklung".

Dieses Lob bezog sich auf die erste Welle des Privatisierungsprogramms, in der in Tschechien seit 1991 etwa 26.000 Kleinbetriebe öffentlich versteigert worden waren. Wenig später startete die Privatisierung großer Staatsbetriebe im Rahmen der „Kouponprivatisierung". Dabei wurden die Aktien von etwa 2000 ehemaligen Staatsbetrieben an die Bevölkerung übertragen. 70 % der Bevölkerung wurden über Nacht zu Kleinaktionären. Allerdings kauften bald Investitionsfonds die Anteilscheine des kleinen Mannes auf, und diese Institutionen entpuppten sich bald als zweifelhafte Glücksbringer, machten Spekulations-Schlagzeilen oder gehörten ohnedies staatlichen Banken. Selbst dort, wo sich das vormalige Management mit hochverzinsten Bankkrediten in Staatsfirmen einkaufte, blieb sowohl die Sanierung und erst recht zukunftsträchtige Investition aus.

Die fragwürdige Fortune des neuen Wirtschaftsestablishments ging durch die Presse. Einmal war es eine Großmolkerei, dann ein Glaskonzern, wo sich selbsternannte Manager absetzten und ein marodes Unternehmen zurückblieb. Der Volksmund schuf dafür den Begriff des ‚Tunnelierers": eine Spezies, die nach dem radikalen Prinzip Eigennutz das aushöhlt, was ihr anvertraut wäre. Bis zu 200 Milliarden Kronen sollen als Bankkredite in solche Sanierungsfälle geflossen und kaum mehr einzufordern sein. Binnen zwei Jahren mußten 20 Banken zusperren, das drittgrößte Geldinstitut wurde unter Zwangsverwaltung gestellt. Die Menschen wurden skeptisch.

Es folgte die Ernüchterung. Die stolze Beschäftigungsquote, die alle Nachbarn in Staunen versetzte, verdankte sich offenbar unvollendeten Reformen, makroökonomischen Paukenschlägen, die medienwirksam gesetzt worden waren, denen aber nie betriebswirtschaftliche Konsequenzen folgten. Inzwischen steigt die Arbeitslosenquote in den traditionellen nördlichen Industrieregionen. Der Weg der Kouponprivatisierung hatte zwar kurzfristig große nationale Popularität, weil er vorgab, Volksvermögen dem Volk zu überlassen. Dieses Spiel mit der nationalen Karte verzögerte aber die wirtschaftliche Genesung.

Einer, der aus der internationalen Finanzwelt 1990 „heimkehrte" und seither die Regierungsgeschäfte kritisch beobachtet, Jiři Lobkowicz, analysiert aus der Sicht des Unternehmensberaters: „Es ist interessant, daß nicht nur linksorientierte Kritiker, sondern auch die Verfasser des Privatisierungsgesetzes ein übertriebenes Mißtrauen ausländischem Kapital gegenüber hatten. Kafkaeske Verwaltungsschritte und Regierungsentscheidungen haben das Einfließen von ausländischem Kapital in Form direkter Investitionen behindert."

Die Krise nach der Euphorie ruft auch jene auf den Plan, die in der Wende 1989 zwar nicht als Pragmatiker der Macht, aber als Verfechter der Moral Rückgrat bewiesen, dazu gehören auch Künstler und Intellektuelle. Präsident Václav Havel selbst warnt vor „Mafiakapitalismus" und zieht sich damit die harsche Antwort des einstigen Premiers Vaclav Klaus zu, der darin eine sozialistische Diffamierung des Kapitalismus sehen will. Karel Kosik, ein Philosoph, möchte den Soldaten Schwejk als „das schlechte Gewissen der Neureichen" beleben, und Petr Přihoda, ein christdemokratischer Vordenker, meint, die derzeitigen politischen Repräsentanten hätten ihre Chancen vertan; er fordert eine Opposition, für die „Geld, Karriere und Applaus nicht an erster Stelle stehen".

Die kritischen Stimmen sprechen für die freie Meinungskultur im Land, die nichts an Mündigkeit vermissen läßt. Und gerade diese Stimmen beweisen, daß – vielleicht anders als in Südosteuropa – die Aufklärung an Böhmen und Mähren nicht vorübergegangen ist. Daß es sich lohnt, diese Länder in ein gesamteuropäisches Konzept einzubinden. Eine Stunde Null hat sowenig wie in Deutschland und Österreich 1945 in Tschechien 1989 geschlagen.

Ralf Dahrendorf notiert in seinem „Europäischen Tagebuch": „Du mußt vorsichtig sein mit der Beschreibung der Nomenklatura-Rückkehrer als Exkommunisten', warnt mich Timothy Garton Ash. ,Erstens sind die meisten von ihnen Ex-Ex-Kommunisten, und zweitens sind dies die eigentlichen Unternehmer der neuen Zeit.' Beides stimmt. Dienstbier und Pithart, … Göncz und Havel sind keine Unternehmer. Die alten Nomenklatura-Herren dagegen haben sich mit Hilfe einer Mitgift aus dem alten Staatsvermögen in der neuen Welt des Kapitalismus, auch des Kasino-Kapitalismus ganz gut zurechtgefunden. Manche sind inzwischen wohlhabend, ja reich. Und ohnehin waren sie schon Exkommunisten, als das alte Regime noch bestand."

Und Ivan Klima, der international renommierte tschechische Autor, meint – bezogen auf den Umgang seiner Landsleute mit „Ausländern" – eine Definition, die auch anderswo gilt: „Die Tschechen sind keine militanten Menschen, sie sind keine Rassisten, aber sie sind leicht xenophob."

Hier ließe sich mühelos an das Dilemma des altösterreichischen Vielvölker-staates erinnern, das dem Ehrgeiz der nationalstaatlichen Idee im 19. Jahrhundert nicht gewachsen war. Als der politische Diskurs letztlich eine „Monarchie auf Ab-ruf" heraufbeschwor, als man Sprachenstreit auslebte und einander Schulkinder-fang unterstellte, als vulgärdarwinistische Propagandisten den Bürgern Slawen- und Germanentum einimpften. Wohin derlei aufklärungsferne Denkmuster führ-ten, waren sie einmal verinnerlicht, ist bekannt. In letzter Konsequenz haben sie dem totalitären Staat Vorschub geleistet. Sie standen im Vorfeld von Adolf Hitlers Satz: „Die Tschechen müssen heraus aus Mitteleuropa", mit dem er frühzeitig über eine geplante Deportation sinnierte, eine Deportation, die der tschechische Staatspräsident Edvard Beneš dann mit umgekehrtem Vorzeichen an der deutsch-sprachigen Zivilbevölkerung nach 1945 vollstreckte. Sein Landsmann, der Schrift-steller Bohumil Hrabal, kommentierte den Akt der Vertreibung: Sie habe es mög-lich gemacht, „im Namen der großen Geschichte Böses zu tun".

Betrachtet man Zeitgeschichte an solchen Schnittstellen, stellt man ihre jahr-zehntelange Tabuisierung und die Pflege von Feindbildern in Rechnung, dann wird auch das Xenophobe hier wie dort erklärbar, um so mehr, als die Nachfol-geländer der Donaumonarchie kleine, um ihre wirtschaftliche Lebensfähigkeit bemühte Staaten waren. Es erklärt möglicherweise auch die Schwierigkeit der Pra-ger Politik und ihr Kalkül, Investitionen ausländischer Firmen nicht vorneweg zu erleichtern.

Dennoch ist es gelungen, mit der Übernahme von Skoda durch VW nicht nur eine neue Erfolgsmarke zu begründen, sondern über den Weg der Industrie einen Brückenschlag zu leisten, der heute die Kleinstadt Mladá Boleslav – sozusagen ne-benbei – zum stabilen Arbeitsplatz für mehr als 20.000 Menschen macht und als deutsch-tschechische Allianz den Exportmotor des Landes schlechthin bildet.

Hätte man Vorurteile sprechen lassen, wäre es zu diesem Beispiel nie gekom-men. „Vorurteile", meint Jiři Grusa, Schriftsteller und Diplomat, „Vorurteile sind Urteile der Vorfahren über die Mängel historischer Rivalen, für die Nachkom-menschaft bestimmt, um das Wirgefühl der Gruppe mit bewährten Klischees zu stützen. Das Problem der Vorurteile liegt darin, daß sie die Vorzüge des jeweiligen Gegenübers nicht erwägen."

Kultur und Wirtschaft öffnen Märkte und Perspektiven. Die Firmen und Konzerne, die über die Grenze gehen, starten aber nicht im Niemandsland. Seit der Renaissance hatten zielstrebige Unternehmer Wirtschaftszentren und ihre Vernetzung bewirkt, die Herren von Neuhaus (Jindřichův Hradec) hatten sich familiär mit den süddeutschen Fuggern verbunden, Böhmen besaß, seit die Salzkarawanen den Goldenen Steig vom bayrischen Inntal über die erste steinerne Brücke Böhmens in Pisek nach Prag zogen, einige wichtige Nord-Süd-Verbindungen, die als Handelsachsen heute neuerlich den Transit anziehen. Das wirtschaftliche Potential, das über Jahrhunderte aufgebaut wurde, geriet allerdings im 20. Jahrhundert in die Schlagschatten zweier Weltkriege und wurde von nationalistischer Politik und totalitären Regimen aufgerieben oder blockiert.

DIE ERSTEN SCHRITTE DER INDUSTRIE

Die Wirtschaft Böhmens nimmt seit dem 13. Jahrhundert im Sog der großen Bergbaustädte Iglau, Kuttenberg und Joachimsthal ihren Aufschwung. Die Silbervorkommen Böhmens verloren aber dann durch den Silberimport aus Südamerika ihren Stellenwert, seit dem 17. Jahrhundert erlischt ihr Glanz. Eisenerz und Kohle haben indessen als Bodenschätze noch nicht ihre spätere Bedeutung erreicht. Die Textilerzeugung ist es, die in der Zeit dazwischen den größten Einfluß auf die Industrialisierung gewinnt. Textil heißt in Böhmen Leinen und – zunächst – Tuch aus Schafwolle. Nach dem endgültigen Verlust des industriestarken Schlesiens an Preußen im Jahr 1763 (Friede von Hubertusburg) muß der österreichische Staat die ihm verbleibende Textilindustrie stützen, um wirtschaftlich wie sozial einen Zusammenbruch zu verhindern.

Der Preußenkönig Friedrich II. war aus gutem Grund in Schlesien einmarschiert. Hatte Schlesien als wohlhabendstes der österreichischen Länder doch eine wirtschaftliche Schlüsselfunktion. Die Schlesier waren die Großhändler für die Tuchzeuger in Böhmen und den Erblanden, und sie erledigten die Veredlung, das Färben und Appretieren der böhmischen „Rohstoffe". Diese Arbeitsteilung ging durch den Schlesischen Krieg verloren, die Stadt Iglau büßte dadurch die Hälfte ihrer textilgewerblichen Arbeitsplätze ein. Die Tatsache, daß Österreich mit Schlesien seinen „größten wirtschaftlichen Aktivposten" (Freudenberger, 30) verloren hatte, zwang allerdings Maria Theresia auch, ein systematisches Industrialisierungsprogramm in den verbliebenen Ländern umzusetzen. Der Schock über den Verlust wurde so mittelbar ein Impuls.

Nicht anders als im übrigen Europa stellte in den böhmischen Ländern der Donaumonarchie die Textilindustrie den größten wirtschaftlichen Komplex. Etwa 90 % der industriellgewerblichen Arbeiter fanden in dieser Frühform der Textilindustrie Beschäftigung. Deutschland und die böhmischen Länder waren wichtige Leinenexporteure. Ursprünglich war Flachsspinnen und Leinenweben ein bäuerlicher Zuerwerb, die Fertigkeiten der ländlichen Bevölkerung wurden von deutschen, englischen oder holländischen Vertretern von Handelshäusern genutzt. Ein „Verleger" stand als vermittelnde Instanz dazwischen. Die Obrigkeit, die bei jedem Leinenstück mitkassierte, hatte Interesse daran, daß im nordböhmischen Reichenberg oder in der Lausitz für Nürnberger Händler gesponnen und gewebt wurde. Große Handelshäuser hatten mit den örtlichen Zünften kollektive Lieferverträge geschlossen, die Böhmen bis ins 18. Jahrhundert beibehielt. 1713 siedelt sich der englische Leinenhändler Robert Allason in Rumburg an, kauft von Spinnern in der Umgebung Flachsgarn auf und steht mit ihnen über Verleger in Verbindung. Die Rumburger Weber webten, als Allason sich niederließ, auf 30 Webstühlen. Nach elf Jahren waren es 580 Webstühle. Böhmen exportiert zu Beginn des 18. Jahrhunderts für mehr als 2 Millionen Gulden Leinen, für vergleichsweise geringe 71.000 Gulden Glas.

Die Schafwollindustrie wiederum konzentrierte sich in Böhmen und Mähren auf die Regionen um Reichenberg, Jägerndorf und Brünn, wo zunächst Manufakturen, später dann Industriebetriebe heranwuchsen. Solche Industriebetriebe hatten zunächst nicht mehr als 20 Beschäftigte.

Wie anderswo begann das Tuchmachergewerbe in Zünften organisiert. Es kam meist aus den Niederlanden. Im Mittelalter, zur Zeit der Přemyslidenkönige, stellten in Böhmen eingewanderte flämische Fachleute den Großteil der Tuchmacher.

Die südmährische Stadt Iglau (Jhlava) ist ein Beispiel für die Entwicklung dieses Gewerbes, Reichenberg (Liberec) im Norden gleichermaßen. Hier wird die Tuchmacherzunft bereits im 14. Jahrhundert gewürdigt, 1599 stattet sie in Reichenberg Grundherr Melchior von Rädern mit umfassenden Rechten aus, nachdem bereits Jahrzehnte vorher gezielt die Zuwanderung gefördert worden war.

Die Leinenweber wie die Tuchweber konkurrierten um die Spinner. Es gab zuwenig Garn. Diese Garnnot war eine „chronische Eigentümlichkeit" der Weberei in Böhmen und Mähren (A. Salz, 293).

JEDER FÜR SICH

Der Merkantilismus suchte ab dem 17. Jahrhundert die im Wettlauf mit den Küstenstaaten Europas zurückfallende österreichische Wirtschaft zu stärken. In Österreich wird die vom Wirtschaftssystem des französischen Sonnenkönigs inspirierte Idee auch Kameralismus genannt. „Fachleute gewinnen", lautet seine Devise. Schließlich wollte man jene Produkte selbst erzeugen, für die bislang Geld an die anderen europäischen Staaten gezahlt wurde.

Philipp Wilhelm von Hörnigks Schrift „Österreich über alles, wenn es nur will", 1684 erschienen, liefert die publizistische Unterstützung und erlebt dreizehn Auflagen! Die merkantilistische Doktrin schuf das Bewußtsein vom sich selbst genügenden Staat.

Der Dreißigjährige Krieg und später die Türkenkriege hatten viele Produktionsstätten ruiniert, es sei denn, sie konnten, wie auf den Besitzungen Albrecht von Wallensteins, die Armee bedienen. Erst unter Kaiser Leopold I., eben in der Zeit des merkantilistischen Denkens, werden Industrie und Handel in den österreichischen Erbländern bewußt gefördert.

Zu den ersten Merkantilisten – möglicherweise überhaupt den ersten außerhalb Frankreichs – gehört Paul Heinrich Morgenthaler, der 1653 nach Brünn kommt (einer Stadt, die sich noch als industriell außergewöhnlich aktiv erweisen wird). Hier leistet er gemeinsam mit dem Juristen F. S. Malivsky von Maliv Pionierarbeit. Ihre Ideen werden mit der Gründung des Maria-Theresianischen Hofkommerzcollegiums (einem Planungsinstrument für die gesamte Monarchie) dann 1746 institutionalisiert; auch wenn sie nie die mediale Prominenz eines Philipp von Hörnigk erreichten.

Höchstes Ziel des Merkantilismus war eine aktive Handelsbilanz, die Verbreitung von Gewerbe und Manufakturen. Ph. W. Hörnigk fordert radikale Einfuhrverbote, er empfiehlt ein in sich geschlossenes österreichisches Wirtschaftsgebiet und macht darauf aufmerksam, daß der Reichtum eines Landes nicht nur in den Rohstoffen, sondern in ihrer „Überführung in einen konsumreifen Zustand" liege.

Die beabsichtigte wirtschaftliche Stärkung Österreichs gegenüber Frankreich einerseits und die beherrschende Stellung Österreichs auf dem Balkan seit Beginn des 18. Jahrhunderts beflügelten die Umsetzung merkantilen Denkens. Staatliche Zentralbehörden sollten diese Umsetzung beschleunigen. Die „Kommerzienhofkommission" Kaiserin Maria Theresias umfaßte drei Abteilungen: eine für die Seiden-, eine für die Textil- und eine für die Metallproduktion. Die Überzeugung verbreitet sich, daß der wirtschaftliche Aufschwung – wichtig für die politische Macht – nur durch industrielle Produktion zu erringen sei. Die Regierung war bereit, den Manufakturen Privilegien zu gewähren. Nun beginnt im Textilbereich eine systematische Gründungstätigkeit.

Für das „Wollgewerbe", die Tucherzeugung bedeutet das: Österreich und seine Länder können nur autark werden, wenn sie ihre Wollproduktion veredeln. Diesem Impuls, das Rohprodukt im eigenen Land höherer Wertschöpfung zuzuführen, verdanken sich einige der ersten Fabriken der späteren Textilbranche, etwa die Wollzeugfabrik in Linz (1672 gegründet) oder die Tuchmanufaktur des Grafen Johann Josef Waldstein in Oberleutensdorf in Nordböhmen, die unter Maria Theresias Vater, Karl VI., Zollbegünstigungen erhielt und für die die ersten Arbeiter aus den Niederlanden kamen.

Der Boden in Oberleutensdorf war durch die Strumpfwirkerei bereitet worden, die der Abt von Osseg schon vorher aus Sachsen geholt hatte. Die Strumpfwirkerei selbst blieb bis ins 19. Jahrhundert zünftisches Handwerk und exportierte bis Rußland, wo – interessante Synergie im Handel – die Ware durch nordböhmische Glashändler verteilt wurde. Solche Manufakturen beschäftigten oft viele Dörfer ringsum, und sie wurden häufig „aus purer christlicher Liebe" gegründet. Adlige wie kirchliche Gründer wollten Arbeit statt Almosen geben und eine soziale Maßnahme setzen, die nicht immer industriellen Ehrgeiz besaß.

Privilegien gestatteten im 17. und 18. Jahrhundert einzelnen Manufakturbesitzern den Betrieb außerhalb des starren Regeln unterworfenen Zunftsystems. Das kaiserliche Dekret differenzierte zwischen dem „einfachen Fabriksbefugnis" für örtliche Versorgung und dem „förmlichen Landesfabriksbefugnis", das zusätzlich die Beschäftigung von Lehrlingen und den Verkauf der Produkte in den Hauptstädten der Kronländer erlaubte. Privilegien schufen aber auch Spielraum, in der Manufaktur Ausländer zu beschäftigen, auf die die Verfügungen der Gegenreformation nicht angewendet wurden. Damit war die Glaubenszugehörigkeit im rekatholisierten Böhmen nun kein Kriterium der Beschäftigung mehr.

In Iglau widersetzte sich die Zunft schon anfangs jeder freieren Gewerbetätigkeit, so daß man sich in eine Sonderregelung fand und sämtliche 500 Tuchmacher vor Ort als eine große Tuchfabrik unter staatlicher Aufsicht behandelte, ein Zugeständnis, das nur solange aufrechtblieb, bis es von der Mechanisierung überrollt wurde.

Was unter Maria Theresias Regentschaft noch als strikter Zentralismus funktionierte, wurde unter ihrem Sohn Joseph II. gemäßigt.

„Fabrik" bezeichnete damals ein privilegiertes, eben außerhalb der alten Hand-
werksorganisation der Zünfte arbeitendes Unternehmen mit kaum mehr als 20
Beschäftigten. Es gibt etliche Berichte aus der Frühzeit der Fabriksgründungen,
die schildern, wie hinhaltend der Widerstand der Zünfte und ihre Interventionen
gegen die neuen „Fabriken" waren. So fällt 1710 die erste Tuchfabrik im Kreis Klat-
tau (Klatovy) in Westböhmen zünftischem Protest zum Opfer, eine zweite 1717 in
Böhmisch Leipa gegründete Tuchfabrik läßt vier Jahre später Graf Kaunitz nie-
derreißen und die Kessel in sein Brauhaus abtransportieren.

Die Habsburgerin Maria Theresia förderte das außerzünftische Gewerbe allerdings mehr als jeder vor ihr. Sie führte den Volksschulunterricht ein, der durch
den Lehrer Ferdinand Kindermann in Kaplitz mit industrieller Berufsausbildung
verknüpft wurde. An Mädchenschulen wurde beispielsweise Spinnen unterrichtet.

Die Spinnereien, die Garn, das Vorprodukt für die Weber, lieferten, wurden
vom Zunftzwang befreit, die Ansiedlung holländischer und belgischer Fachkräfte
gefördert, der Import von Tuch hingegen erschwert. Auf den habsburgischen Gütern wurde die Wollproduktion verbessert. Maria Theresias Sohn Kaiser Joseph II.
unterstützt die Zucht des Merinoschafs, so daß Österreich insgesamt an der
Wende zum 19. Jahrhundert eines der wichtigsten Produktionsgebiete für Schafwolle wird.

Seit 1765 arbeitet in der Brünner Vorstadt eine von der Regierung gegründete
Feintuchfabrik. Die Bedeutung dieser Feinwolltuchfabrik ist von Herman Freudenberger dokumentiert worden. Die Stadt Brünn war ein günstiges Terrain für
Innovationen. In Iglau hatten zünftische Tuchmeister Fachleute aus Belgien ver-
jagt und damit einen „Technologietransfer" vereitelt. In Brünn, wo praktisch
keine Tuchmacherzunft mehr existierte, fanden diese Leute dann offene Türen.
Johann Anton Kehrnhofer hieß jener Mann, der die halb staatliche „Mährische
Lehnsbank" 1751 als Entwicklungsbank leitete und der mit diesem Industrialisie-
rungsinstrument 1764 zum Geburtshelfer der ersten Brünner Feinwolltuchfabrik
wurde.

Wie erwähnt, gab es schon Vorläufer von adligen Gründern, auch von bürgerlichen. Aber als Modellfabrik, die extern finanziert wurde und die sich ihre Arbeiter auf dem freien Markt (und nicht aus der Grundherrschaft) rekrutieren mußte,
gilt erst diese Fabrik, die später als die „Köfflersche Fabrik" in die Wirtschaftsgeschichte eingeht. Sie wird geführt von Experten aus niederrheinischen Betrieben,
durchwegs protestantischen Glaubens. Diese Fabrik lieferte bis in die Türkei, besaß bereits 44 Arbeiterwohnhäuser und wurde zum Gründungsfaktor von weite-

ren Textilbetrieben in der Stadt. Bis 1808 werden 18 Tuchfabriken entstehen. Die
zweite Brünner Tuchfabrik gründet nämlich ein ehemaliger Arbeiter, Wilhelm
Mundy, der sich unter Kaiser Joseph II. in den Freiherrnstand hocharbeitet. Und
schließlich gründen Beamte der ersten staatlichen Köffilerschen Fabrik (die 1791
in Konkurs ging) 1786 einen dritten Betrieb, den später Philipp Schoeller übernehmen sollte.

Die vierte Wollfabrik schließlich etablierte Johann Heinrich Offermann, ebenfalls ein Mann aus der ersten Feintuchfabrik, so daß Ende des 18. Jahrhunderts
Tausende Spinner und Weber von den 500 Webstühlen in Brünn leben konnten.

1798, als in Brünn die „Schafwollwaarenindustrie" schon angelaufen war, gründete der Prager Kaufmann Johann Georg Berger dann in Reichenberg (Liberec)
seine erste Tuchfabrik.

DIE TREIBENDE KRAFT DER BAUMWOLLE

Man muß hier erinnern, daß seit der Mitte des 18. Jahrhunderts neben der Schaf-
woll- auch die Baumwollindustrie in den habsburgischen Ländern existiert. Und
daß gerade diese sich enorm schnell und emanzipatorisch entwickelt. Ist die Speerspitze der gesamten Industrialisierung seit ihrem Beginn in England die Textilerzeugung, so erhält in der Textilbranche selbst die Verarbeitung der Baumwolle
diese Rolle. Baumwolle als importierter Rohstoff hatte freilich in Zeiten des Merkantilismus in der Donaumonarchie einen schweren Anfang.

Unter den Bahnbrechern finden sich oft ehemalige Zunfthandwerker, von denen sich manche, wie Johann Joseph Leitenberger als junge Menschen aus der
Leibeigenschaft losgekauft hatten. Leitenberger, dessen Beispiel als modellhaft
noch eigens vorgestellt wird, baute eine Kattundruckerei, in der Baumwollstoffe
bedruckt wurden, holte Schweizer Experten und gründet 1770 eine Baumwollspinnerei in Prag, weil er freie Arbeitskräfte ohne feudale Obrigkeit nur dort fand.
Die spätere Aufhebung der Leibeigenschaft in Böhmen (1781) hängt eng mit diesem vorindustriellen Bedürfnis an Arbeitskräften zusammen (Klima, 26).

DER ADEL ALS UNTERNEHMER

Die Aristokratie hatte unter der Regierung Maria Theresias den Zeitgeist besser erkannt als das in Zünften organisierte Bürgertum. Der Adel hatte freilich bereits in seinen eigenen Unternehmungen Erfahrung gesammelt, die er jetzt bei der Umsetzung der vom Staat geforderten neuen wirtschaftlichen Aufgaben nutzen konnte. Der Adlige war der merkantilistische Musterunternehmer, der als erster die Verwaltungsreform der Regentin in die Praxis umsetzte.

Ein typischer Repräsentant dieses Unternehmertums war in Böhmen Josef Johann Kinsky im nordböhmischen Bürgstein (1705–1780). Er stand selbst an der Spitze einer für die Landwirtschaft wichtigen Staatsbehörde, führte den absolutistischen Zentralismus in die wirtschaftliche Praxis über und gründet auf seinen Gütern eine Art industrieller Musterwirtschaft. Auf seinem Grund und Boden hatte immerhin schon im 16. Jahrhundert die böhmische Glasindustrie ihren Anfang genommen, und er selbst verstand es, sich in diesem Zweig beweglich zu verhalten, so daß unter geänderten Bedingungen seine Spiegelfabriken bis weit ins 19. Jahrhundert gediehen.

Artur Salz hat gezeigt, wieso gerade in den – abgesehen von gewissen Bodenschätzen – kargen Randgebieten Böhmens die Industrie so erfolgreich war. In fast konzentrischen Kreisen steigen im 19. Jahhundert vom Zentrum des Landes her die Lebensmittelpreise an. Die zumeist deutschen Randgebiete hatten höhere Brotgetreidepreise als die inneren tschechischen Siedlungsgebiete. Das liegt nicht am Unterschied der natürlichen Bodenfruchtbarkeit allein und an höherer Nachfrage durch höhere Bevölkerungsdichte am Rand Böhmens. Salz führt es auf die unterschiedliche industrielle Entwicklung zurück. Die Industrie schafft in den Randzonen dauernde Erwerbsmöglichkeiten und folglich eine kaufkräftigere Bevölkerung, die sich die Preise auch leisten konnte. Davon hing aber die rentable Verwertung des Gesamtbesitzes des adligen Grundherrn ab. Also trachtet er danach, eine solche Bevölkerung zu fördern – durch Industrialisierung. Industrie und höhere Getreidepreise bedingen einander. Kinsky war ein Meister darin, „die landwirtschaftliche Rente des Grundherrn, gerade am eiligsten dort, wo sie durch karge Böden gefährdet war, in Unternehmensgewinn zu verwandeln“ (Salz, 284).

Der nur mit dürftigen Böden ausgestattete Ort Haida (Nový Bor) gehört später mit Glas- und Textilindustrie zu den am dichtesten besiedelten der Monarchie und steht auf einer Stufe mit Reichenberg (Liberec). Dazu tritt aber noch ein weiterer ökonomischer Aspekt, der die Aristokratie des 18. Jahrhunderts leitete: Mit der Industrialisierung wurde die Winterarbeit auf dem Land ausgedehnt, die Zeit neu rationalisiert, bewertet und berechnet. Das Leben der Landbevölkerung verläßt den Rhythmus der Jahreszeiten und wird Teil des Betriebs.

Der Geist des Industrie-Rokoko treibt aber auch seltsame Blüten. Der industrielle Kapitalismus soll Schule sein, zum Beispiel im Manufakturhaus in Weißwasser, einer Anstalt, die das Anliegen einer Lehrwerkstätte mit dem eines Arbeitshauses verband und eine Privatunternehmung der Grafen Franz Kinsky und Vinzenz Waldstein war. Ihr Ziel hieß „Publikum und Land von dem Nachwuchs mitteloser Leute zu reinigen" und sie zum Wohl des Staates zu erziehen und zugleich mit ihnen Manufakturware zu erzeugen. Die Arbeitskräfte rekrutierten sich aus Waisenkindern, Vagabunden und Müßiggängern, die sonst „zur Besiedlung des durch die Türken entvölkerten Ungarn bestimmt waren".

Das Manufakturhaus zu Weißwasser wurde im April 1767 eröffnet. „In diesem Pädagogium der Industrie, an dem alle Romantiker der Wirtschaft ihre Freude haben konnten, paart sich strenge Zucht mit einer überaus liebenswürdigen Ahnungslosigkeit, ist die brutalste Realität in die Sphäre der künstlerischen Unwirklichkeit erhoben, das Industriewesen, das mit dem ganzen drohenden Ernst an der Schwelle seines Zeitalters steht, als Riesenspielzeug behandelt, das man am Abend in die Schachtel steckt und am Morgen wieder herausnimmt" (Salz, 287).

Weißwasser etablierte eine Scheinwelt, das dreistöckige Schloß war in eine Werkstatt für Kinder verwandelt, ein bis zwei Räume bildeten eine Miniaturfabrik, Arbeit, Gebet und Strafe gliederten den Tag, der von naivem Selbstbetrug der Betreiber bestimmt war. Der Kaiser, Joseph II. selbst, hatte während seiner Böhmenreise 1771 das Manufakturhaus entzaubert und des Anstaltsdirektors „schönfärberische Ausführungen" erkannt und als Kuriosum bewertet, das allerdings auch dem Geist der Zeit entsprang.

DAS ERSTE POLYTECHNIKUM ÖSTERREICHS

Bedeutender als solche Kuriosa waren andere Bildungseinrichtungen. Tatsächlich war es Böhmen, wo zuerst, nach dem Vorbild Frankreichs, die Stände die Errichtung eines polytechnischen Institutes betrieben und damit eine gezielte Ausbildung für Industrie und Wirtschaft ermöglichten.

Von 1717 bis 1800 bestand in Prag eine „Ingenieurschule", die hauptsächlich zur Ausbildung von Fachleuten für die „Fortification", für den Bau von Befestigungs-

anlagen diente. Die Schule hatte
Verbindung zur Universität und
wurde dieser 1787 als Lehrkanzel
angegliedert. Zugleich wurde veranlaßt, daß nicht mehr allein „Ar-
tilleriewissenschaft" vorgetragen
werde, sondern alles, was ein Zivil-
ingenieur brauche. Als im Jahr
1800 Franz Joseph Ritter von Gerstner den Lehrstuhl übernahm,
drängte er sogleich auf die Errichtung einer „Technischen Schule",
die dem „Nationalgewerbe" diene
und deren Professoren „jedem Be-
lehrung suchenden Gewerbsmanne
Auskunft erteilen sollten". Gerstner
erhielt daraufhin die Lehrkanzel für
Mechanik, als 1806 das Prager Polytechnikum eröffnet wird. Zehn
Jahre später suchten die Bierbrauer

Franz Anton von Gerstner, Sohn des Polytech-
nikum-Gründers und Erbauer der Pferde-
Eisenbahn.

ebenso ein Institut dem Polytechnischen Institut anzuschließen. Prag wurde zum
Modell für das Wiener Polytechnikum, das 1815 gegründet wurde. Prag verzeichnete im ersten Studienjahr 107 Studenten, im Revolutionsjahr 1848 bereits knapp
1500 Hörer.

Das wichtigste an diesen Lehranstalten war die wechselseitige Befruchtung von
Theorie und Praxis. Das Wiener Polytechnikum erhielt starke Impulse vom Lehrstuhl für Maschinenlehre von Johann Arzberger, der seinerseits vor seiner akade-
mischen Laufbahn Direktor der Graf Salmschen Eisenwerke in Blansko in
Mähren war. Der Textilindustrielle Carl Leitenberger, der Bleistift- und Steingutfabrikant Carl Hardtmuth, der Sensengewerke Ferdinand Redtenbacher, sie alle
sind Absolventen des Polytechnikums.

MASCHINEN AUS DEM WESTEN

In demselben Jahr, in dem Prag ein Polytechnikum erhielt, 1806, verhängt Napoleon die Kontinentalsperre und unterbindet damit jeden Verkehr und Warenaustausch mit Großbritannien. Damit sperrt er die Konkurrenz England aus, was die Tuchfabriken in Böhmen und anderswo zunächst begünstigte und in Brünn bald 21 Tuchfabriken entstehen läßt. In derselben Zeit beginnt auch die technische Revolution im Arbeitsprozeß sich allmählich in den habsburgischen Ländern durchzusetzen.

1733 hatte in England John Kay eine bedeutende Erfindung auf dem Textilsektor gemacht: den sogenannten Schnellschützen zur automatischen Bewegung des Weberschiffchens, der die Produktivität des Handwebers auf das Doppelte steigerte. Die Beschleunigung des Webvorganges hatte zur Folge, daß nun vier bis fünf Spinner für einen einzigen Weber arbeiteten. Es war also ein starker Antrieb vorhanden, Spinnmaschinen zu bauen, mit denen die Spinner mit den Webern Schritt halten konnten.

In den sechziger Jahren des 18. Jahrhunderts erfand James Hargreaves die „Jenny", an der ein Spinner gleichzeitig acht Spindeln statt bisher einer bedienen konnte. Beide Erfindungen waren noch Perfektionierungen von Handmaschinen, während dann Richard Arkwrights Spinn- und Rauhmaschine (1769 patentiert) schon mit Wasser und später mit Dampfkraft betrieben wurde. Vor allem gestattete Arkwrights Maschine erstmals die Erzeugung von haltbarem Baumwolltuch, weil sie auch Kettfäden aus Baumwolle spinnen konnte.

Arkwrights Erfindung, durch die mit einer Dampfmaschine mehrere Arbeitsmaschinen betrieben werden konnten, bedeutete in ihrer Praxis das Ende der Hausindustrie und den Beginn des modernen Fabrikssystems, Samuel Crompton schließlich verband die Vorgänge der Jenny und der Spinnmaschine in seiner Mule-Maschine 1779 (Henderson, 48).

Die soziale Sprengkraft dieser neuen Technologien in der Textilindustrie wurde bald spürbar. Hatte Kaiser Joseph II. dem Gewerbe schon freieren Lauf gegeben, die Konkurrenz gefördert und Auslandsreisen der Fabrikanten erleichtert, bildeten seit 1775 Böhmen, Mähren, Schlesien, die zwei Erzherzogtümer Ob der Enns und Unter der Enns, Innerösterreich, Görz und Gradisca ein einheitliches Zollgebiet, was den Handel begünstigte, so warf sein Nachfolger Franz II. das Steuer wieder in die andere Richtung.

Die Furcht vor Umwälzungen wie in Frankreich lähmten das Wirtschaftsleben und führten zu restriktiver Haltung gegenüber Neuem. Die Industriepolitik wurde durch die Furcht vor der Revolution diktiert. Das Zunftwesen wurde zwar nicht restauriert, die Erhaltung der Zünfte als Körperschaften war aber aus polizeilichen Gründen opportun, um „Zucht und Ordnung unter Meistern und Gesellen" zu verbürgen. Wegen revolutionärer Bewegung herrschten Vorbehalte gegenüber Großbetrieben. Man schickte sogar Beobachter nach Nordfrankreich, um die eigenen Textilbetriebe zu immunisieren (Slokar, 20).

Bisher beschäftigte das Verspinnen der Wolle zu Garn weite Teile der Bevölkerung in häuslicher Arbeit rund um die Fabriken. Eine Konzentration hatte noch nicht stattgefunden. Die genannten politischen Bedenken der Regierung bremsten gleichermaßen wie die Sorgen der Billiglohnarbeiter, daß ihre Arbeitsplätze zu Hause wegrationalisiert würden. Der Schub der Technik läßt sich aber nur verzögern. Auf verschiedenen Kanälen dringt das Wissen vor.

Schon 1796 hatte Altgraf Salm-Reifferscheidt zusammen mit einem Kaufmann und einem Apotheker einen „Verein zur Anlage einer wollenen Maschinen-Spinnerey nach Englischer Art" gegründet. Die Textilbranche gibt also den entscheidenden Anstoß für den Maschinenbau.

1814 öffnen die Brüder Delhaes in Brünn die erste Lohnspinnerei als spezialisierten Industriezweig.

Ab 1811 erschüttert allerdings der Staatsbankrott im Zuge der Napoleonischen Kriege die Wirtschaft, Arbeitslöhne und Lebensmittelpreise schnellen hoch und verteuern die Produktion. Inzwischen trat – nach Aufhebung der Kontinentalsperre 1815 – wieder die volle englische Konkurrenz auf den Plan. Rußland sperrt seinen Markt, und 1816 verschlechtert überdies noch eine Mißernte die Lage. Die Folge: In Brünn überlebten nur 7 von 23 Textilfabriken. In Reichenberg sank die Zahl der selbständigen Tuchmachermeister von 910 im Jahr 1811 auf 434 im Jahr 1819. Die Konjunktur während der Kontinentalsperre war nur eine trügerische und künstliche gewesen.

Wieder waren es, in Brünn wenigstens, Fabrikanten vom Niederrhein, die neues Leben in die Industrie brachten: Als 1818 in Aachen auf Initiative des österreichischen Staatskanzlers Metternich der Fürstentag abgehalten wird, wirbt Österreich einmal mehr bei niederrheinischen Unternehmern um Betriebsansiedlungen. Kaiser Franz I. empfängt drei Brüder Schoeller aus Düren in Audienz. 1820 gründen sie ihr „Tuchetablissement" in Brünn, ihre erste Niederlassung in Österreich. Philipp Wilhelm Schoeller (1797–1877) führt den Betrieb und engagiert sich später auch in der mährischen Politik. Die Industriellenfamilie (Philipp Wilhelm und Alexander v. Schoeller) breitet ihren Einfluß in den folgenden Jahrzehnten auch auf Zuckerfabriken (Czakowitz bei Prag) und auf die Metallbranche aus (Alpakasilbererzeugung in Berndorf und Eisenerzeugung in Ternitz, letztere ab 1923 als Schoeller-Bleckmann Stahlwerke AG).

In den zwanziger Jahren des 19. Jahrhunderts begann mit der Einführung der Dampfmaschine dann eine neue Periode in der Tuchindustrie Österreichs, relativ spät im internationalen Vergleich. Bis dahin fand man mit Wasserkraft das Auslangen, was den relativ späten Einsatz von Dampfenergie erklärt, die dann aber bis zum Anfang des 20. Jahrhunderts bedeutend bleibt. Es sollte allerdings noch zehn Jahre dauern, bis die erste Dampfmaschine auch in Böhmen hergestellt wurde. Vorerst mußte importiert werden.

1814 lieferte eine (allerdings importierte) Dampfmaschine erstmals in Brünn in der Feintuchfabrik von J. H. Offermann Energie. Die Gebrüder Schoeller installierten wenig später dann als erste in Österreich, in Brünn, eine Niederdruck-Dampfmaschine, und sie führten auch Ende der zwanziger Jahre des 19. Jahrhunderts als erste die Gasbeleuchtung in ihren Betrieben ein.

Der Garnbedarf der Firmen stieg durch die Mechanisierung enorm, so daß bald Hubert Soxhlet in Brünn eine Lohnspinnerei errichtet, die mit 830 Arbeitern „das großartigste Unternehmen seiner Art auf dem Continent" darstellte. Für die Zeit des Vormärz oder des Biedermeier gilt, daß, „alle Branchen summiert, Böhmen innerhalb der österreichischen Monarchie nach der Zahl der Fabriken, dem Wert der Erzeugnisse und der Zahl der Beschäftigten eine führende Position einnimmt" (Lackner, Fabriksproducten, 53).

Böhmen hatte in der Textilindustrie mehr Betriebe als Niederösterreich, im Wiener Becken standen aber Mitte des Jahrhunderts noch die größten Fabriken. Niederösterreichs Spinnereien lieferten ihr Garn an Böhmens Webereien, die es weiterverarbeiteten. So entstand eine gewisse Arbeitsteilung innerhalb der Monarchie.

Zwischen Brünn und Reichenberg entwickelte sich kräftige Konkurrenz, wobei Reichenberg länger an zünftischer Organisation festhielt. Es war die Besonderheit der Schafwoll- und Leinenindustrie, daß sie, als traditionellere Sparte länger im Verlagswesen und in zünftischer Handweberei verharrte und daß ihr die Maschinisierung größere Probleme bereitete als der Baumwollverarbeitung. Eine Ausnahme in Reichenberg bildete die Fabrik Johann Liebigs.

VOM HAUSIERER ZUM GRÖSSTEN TEXTILFABRIKANTEN: JOHANN LIEBIG

Liebigs Firma wird ungeachtet der Behäbigkeit ihrer Umgebung – und darin hebt sie sich industriell ab – zur größten Tuchfabrik der Monarchie aufrücken. 1831 beschäftigt Johann Liebig an verschiedenen Standorten insgesamt 7000 Arbeiter und produziert 80.000 Webstücke pro Jahr, während ringsum noch die Heimweberei bei Schafwolle vorherrscht.

Johann Liebig (auch Liebieg) (1802–1870) selbst kommt aus der Tuchmacherzunft im nordböhmischen Braunau. In Reichenberg wechselt er aus dem Arbeiterleben in den Handel mit Kurzwaren, mit Rasiermessern, Hosenträgern und Tabaksbeuteln. Das bringt so viel ein, daß er 1822 mit seinen Geschwistern einen Verkaufsladen in Reichenberg eröffnen kann. Auf einer seiner zahlreichen Geschäftsreisen macht er – mit dem Sinn für Neues – eine Entdeckung, die für seine Zukunft wichtig wird. Er setzt auf einen Modetrend des Biedermeier: „… in der Damenwelt wurde modern, Floretseide, in verschiedenen Farben des Haars in Lockenform gesetzt, an ein schmales Samtbändchen gereiht und an den Schläfen befestigt als Ersatz für natürliche Haarlocken zu tragen." Diese Mode der oberen Klassen machte Liebig zum wohlfeilen Artikel für die bürgerliche Frau, und so verdiente er mit dem Lockenhandel sein erstes Vermögen. Jetzt suchte er, nach Reisen durch Frankreich und England, selbst vom Kaufmann zum Industriellen zu wechseln.

1827 beginnt Johann Liebig nach einer zweiten Englandreise mit der Stoffabrikation. Im Josefinenthal bei Reichenberg hatte sich seit 1806 Graf Christian Gallas als Tuchfabrikant versucht, hatte die kleine Fabrik aber bald an einen Prager Bankier abgestoßen. Auch der hatte wenig Erfolg und bot die Liegenschaft erneut zum Verkauf an. Liebig fährt, um einen Konkurrenten auszustechen, mit der Extrapost, die sonst nur von Ministern, Generälen oder Statthaltern in Anspruch genommen wird, eine Nacht hindurch im strengen Winter nach Prag, erlegt bei dem Bankier den Kaufpreis in bar und ist am 28. März 1828 mit seinem Bruder Franz Fabriksbesitzer. Wenig später beschicken sie die österreichischen Märkte mit Tuchware, reinwollenen Stoffen, von denen man damals glaubte, nur England sei imstande, sie zu erzeugen.

Johann Liebig hatte mit einem 4 PS starken Wasserrad begonnen. Auf Wasser folgte Dampf, auf Dampf Elektrizität. Hundert Jahre danach, 1928, stehen in Josefinenthal 800 Wollwebstühle.

Liebigs Söhne und Nachfolger gründeten in Wien ein Großhandelshaus mit

Bankkonzession. Sie lebten sowohl im Rheinland wie in Wien und Reichenberg, wo sie auf dem Schmiedstein eine Nachbildung der habsburgischen Stammburg errichteten. Aber nicht nur dieses Bauwerk: Ihre Arbeitersiedlung galt in den zwanziger Jahren des 20. Jahrhunderts als Musterbeispiel einer Gartenstadt.

Theodor Baron Liebig war seit 1893 mit dem Autopionier Carl Benz befreundet und einer der ersten Besitzer eines Benz-Automobils, mit dem er Fahrten in die Schweiz oder über das Stilfser Joch unternahm. Auf diese Ambitionen werden wir im Kapitel „Ringhoffer" noch zurückkommen.

Soziales Engagement war in der Firmentradition verankert. Schon 1842 ordnete Johann Liebig an, daß sämtliche mindestens ein Jahr lang beschäftigten Arbeiter in Krankheits- und Unglücksfällen freie ärztliche Behandlung erhalten und die Hälfte ihres Lohns bis zur völligen Genesung. Solche unternehmensgebundenen Sozialleistungen gaben im Sog der enormen wirtschaftlichen Umwälzungen in der Mitte des 19. Jahrhunderts freilich nur einigen Arbeitern Halt.

Brünn verfügt 1841 mit 24 Dampfmaschinen über die dichteste Mechanisierung in ganz Österreich. Innerhalb der Textilindustrie verschieben sich seit den dreißiger Jahren des 19. Jahrhunderts die Schwerpunkte von der Schafwoll- und Leinenindustrie hin zur jüngeren Baumwollindustrie Böhmens. In der Baumwollindustrie hatte das Handspinnen zuallererst schon um 1810 ausgedient. Die Leinenproduzenten suchten durch Mechanisierung nachzuziehen, die Folge waren wegrationalisierte Arbeiter, die im günstigsten Fall von der Glasindustrie aufgenommen wurden, ansonsten aber ins Elend gerieten.

Verstärkt wird dieses Problem durch eine Absatzkrise und den teilweisen Verlust traditioneller Märkte aufgrund der Entstehung des Deutschen Zollvereins, der chronischen Staatsverschuldung und der ungarischen Schutzbewegung, die den Boykott von Waren aus der westlichen Reichshälfte einschloß. Infolge einer Hungersnot kam es auch in Nordböhmen und Mähren 1844, ausgehend von Prag, zu Streiks, Maschinenstürmen und Arbeiterrevolten. Dem Phänomen der Landflucht, Verarmung und Proletarisierung zu begegnen fehlte meist die nötige Einsicht.

STOLZ UND SKEPSIS

So zögerlich vieles an neuen Technologien umgesetzt wird, innerhalb der Habsburgermonarchie tritt das Kronland Böhmen immer wieder als erstes mit strukturellen Neuerungen hervor. Der erste Industrieverein im modernen Sinn ist der

„Verein zur Ermunterung des Erwerbsgeistes", der im Dezember 1829 in Böhmen ins Leben gerufen wird. Dieser Industrieverein sollte die Agenden der späteren Handelskammern wahrnehmen. Bald entwickelten sich Interessenvertretungen spezieller Industriezweige.

Gewerbeausstellungen sind noch früher anzutreffen. Nachdem schon 1754 auf der Chotekschen Insel bei Veltrusy zur Feier der Anwesenheit Kaiserin Maria Theresias die erste bekannte Schaustellung böhmischer Gewerbeerzeugnisse veranstaltet worden war, fand 1791 in Prag die erste Gewerbeausstellung in Böhmen und in Österreich überhaupt statt, anläßlich der Krönung Leopold II. zum böhmischen König. Dieses „Warenkabinett" im Prager Clementinum, im einstigen Jesuitenkolleg an der Moldau, war das erste öffentliche Auftreten der heimischen Industrie in einer Produktpräsentation.

Die Bauernbefreiung bereitet 1848 einen höheren inländischen Konsum vor, im Export knüpft der 1849 gegründete „Handelsverein der Schafwollwarenerzeugung" in Brünn wertvolle Kontakte. Die Teilnahme an der Weltausstellung in London 1851 bringt dann Ernüchterung bei heimischen Branchenkennern: „… die Brünner Schafwollwaarenindustrie erweist sich als gediegen und leistungsfähig, aber in mancher Hinsicht als veraltet."

Vier Jahre später ist es amtlich: Das österreichische Berichterstattungskomitee meldet von der Weltausstellung in Paris: „Unserer Weberei fehlt die ausgedehnte Anwendung des Kraftstuhls. Hierin liegt die Zukunft des ganzen Industriezweigs. Sehen wir der Sache auf den Grund, so müssen wir zugestehen, daß wir unsere heutigen guten Garne den fremden guten Maschinen verdanken und daß wir in Österreich keine einzige Maschinenfabrik besitzen, die eine im Prinzip neue Maschine für die Bearbeitung der Baumwolle gebaut hätte." (Zit. nach Luxbacher, 79.)

Waren in früheren Zeiten der Luxusbedarf einer schmalen Gesellschaftsschicht und die Heeres-Ausrüstung starke Impulsgeber für Gewerbe und Industrie, so wächst seit dem dritten Jahrzehnt des 19. Jahrhunderts der Bedarf an Massengütern. „Es galt vor allem billige Waare herzustellen, es galt die Conjuncturen für die Anschaffung von Rohmaterialien auszunutzen und die Conjuncturen des Absatzes genau zu verwerthen. Die Kraftanlagen und die Anschaffungen der modernen Werksvorrichtungen erforderten grosse Capitalien. Dem kleinen Meister fehlen die nöthigen Betriebsmittel. Begünstigt sind noch diejenigen der Kleinmeister, welche es vorziehen, den Schein zu opfern und in den großen Fabriken, in denen die Dampfkraft die Maschinen Tag und Nacht in hastiger, schaffender Bewegung erhält, Unterkunft als Meister, wenn nicht als Arbeiter zu suchen. Insbesondere besiegelt ist das Schicksal des selbständigen Tuchmachers, als die Nothwendigkeit, dem Bedürfnisse des consumierenden Publicums nach billiger Waare zu entsprechen, zur Massenfabrication führte" (Großindustrie, 61). Die Internationalisierung hatte für Böhmen und Österreich begonnen.

Mitte des Jahrhunderts sind von den einst zünftisch-selbstbewußten 754 Tuchmeistern in Iglau durch die Industrie-Konkurrenz Brünns nur mehr 80 selbständig. Die Gewerbefreiheit, die 1859 offiziell dem Zunftzwang ein Ende setzte, war von den Produktionssystemen vielerorts in der Praxis schon vorher erzwungen worden. Seit 1857 schließlich war die Einfuhr mechanischer Webstühle zollfrei. Die Brünner Industrie nutzte dies und überflügelte Reichenberg, das erst in den achtziger Jahren nachzog. Die jüngste Sparte innerhalb der Textilbranche, die Baumwollindustrie, war wie im gesamten Europa der Antrieb dieser Industrialisierung. Bereits die Zeitgenossen erkannten, was Österreich im europäischen Wettbewerb hemmte: der chronische Kapitalmangel, das lange schon überlebte zünftische System, das sich der Mechanisierung widersetzte und demzufolge ein verspätet einsetzender Maschinenbau, aber auch starke individuelle Interessen führender gesellschaftlicher Gruppen.

Längst war der Tuchmarkt global. Wenn die amerikanischen Sezessionskriege die Baumwollpreise steigen ließen, so entlastete das zwar kurzfristig die Schafwollindustrie. Den aufgrund politischer Entwicklung 1859 und 1866 verlorenen italienischen Markt konnte die Schafwollindustrie sogar durch Exporte in die USA und in die Donaufürstentümer ersetzen. Sie kommt aber unter um so größeren Druck, als nach 1870 der österreichische Markt für englisches und belgisches Tuch geöffnet wird. Dafür spürt Böhmen bei Baumwolle bald einen strategischen Vorteil.

Als sich der Baumwollanbau in den USA ausbreitete, bezogen die nordböhmischen, nordmährischen und schlesischen Fabriken die Baumwolle auf dem billigeren Wasserweg über die Nordseehäfen und die Elbe aus den überseeischen Anbaugebieten. Außerdem profitierte die Industrie der Sudetenländer von niedrigeren Löhnen und holte deshalb bald die Industrie im Raum Wien ein (Greinecker, 95).

Vergleicht man die drei für die österreichische Baumwollspinnerei wichtigen Gebiete Böhmen, Niederösterreich und Vorarlberg, so zeigt sich, daß Spinnereien in Böhmen noch zwischen 1902 und 1914 den höchsten Zuwachs verzeichnen: Die Spindelanzahl wächst in Böhmen um 79 %, in Niederösterreich um 18 %.

Allerdings kam es weder hier noch dort in der Monarchie zu einer industriellen Konzentration, was in Deutschland und England durchaus der Fall war und die beiden Länder im Vergleich zu Österreich begünstigte.

DIE BAUMWOLLINDUSTRIE UND JOHANN JOSEPH LEITENBERGER

Die Baumwollindustrie siegte in Böhmen nicht leicht, sondern mußte sich zunächst gegen die Leinenmanufakturen behaupten und sich der „Organisationen dieser Gewerbe wie einer Maske bedienen", schreibt Arthur Salz in seiner Monographie der böhmischen Industrie, die kurz vor dem Ersten Weltkrieg erschienen war.

Gegner der Baumwolle waren die alte Gewerbeverfassung, die nur zünftisches Textilhandwerk anerkannte, und eine Lehrmeinung, die Baumwolle als exotisches Gewächs abtat. Diese Meinung war bezeichnend für die Strömung des Merkantilismus. J. W. Hörnigk, einer der großen und populären Vertreter dieser Idee, plädierte im 17. Jahrhundert für ein Verbot des „sogenannten kameelhaarigen Zeugs, welches allen europäischen Leinwandhandel zugrunde richtet".

1705, als in England schon eine Baumwollindustrie heranwächst, rät eine kaiserliche Kommission noch ab, der neuen Faser sprach man den „Charakter einer Parvenü-Industrie" zu. Trotzdem: Die bestehenden Leinenweberzünfte in Böhmen selbst sind es, die als erste Baumwollweber aufnehmen, die aus Schlesien einwandern, so daß im Riesengebirge, wo traditionell Leinen verarbeitet wird, bald auch Baumwolle auftaucht. Und sie gewinnt an Markt, zumal aufgrund ständigen Wollexports die Nachfrage nach Textilprodukten nicht befriedigt werden kann.

Die Tatsache freilich, daß die Baumwolle sich erst so spät im Land etablieren konnte, begünstigte wiederum die außerzünftische freiere Entwicklung ihres Gewerbes. Seit Kaiser Karl VI. eine „Ostindische Handelscompagnie" gegründet hatte, wird auch Baumwollhandel betrieben. Seine Tochter Maria Theresia ließ die Einfuhr zu, wenn im Inland veredelt wurde. Allerdings suchte man lange zu verhindern, daß Tuch- und Leinengewerbe einerseits und Baumwollverarbeiter andrerseits in Wettstreit gerieten, verwendete die Baumwolle also als Lückenbüßer – bis schließlich im Dezember 1773 per Hofdekret die Freiheit des Baumwollgewerbes veranlaßt wurde.

Jetzt begann ein harter Wettbewerb, der sich noch steigerte, als die Regierung

wenig später auch den Befähigungsnachweis strich. Sofort rügt man die „Pfu-
scherey". Tatsächlich tummeln sich gleich unprofessionelle, auch Bäcker- und
Braugesellen in der jungen Textilbranche, was wieder nach Regulativen rufen läßt.
Aber die Baumwollindustrie hatte bereits begonnen, sich trotz Widerstands frei-
zuspielen, konnte sich zweckmäßigere Organisationen geben und formte sich allmählich auch in Böhmen zur Speerspitze der Industrialisierung. Die Baumwolle
„überspringt in Böhmen das ökonomische Mittelalter" (Salz, 343). Drei Grundherren sind die Schrittmacher der Baumwolle im Land: Graf Josef Johann Kinsky
in Bürgstein, Vinzenz von Waldstein in Münchengrätz (Mnichovo Hradiště) und
Graf Joseph Bolza in Cosmanos (Kosmonosy) nahe Jungbunzlau.

Was die Baumwollindustrie förderte, war nicht zuletzt die geordnete Organisation der Rohstoffbeschaffung über den Fernhandel: Wien war Stapelplatz für
Baumwolle aus der Levante, Amsterdam für amerikanische und asiatische Baumwolle. Der Ausbau der amerikanischen Anbauregionen begünstigt schließlich die
Zulieferung nach Nordböhmen durch die Elbschiffahrt.

Die Baumwollindustrie ist das erste Gewerbe, das von der Landwirtschaft des
Landes gelöst ist. Dadurch, daß sie ihren Rohstoff aus dem Ausland, aus Übersee
bezieht, steht sie ununterbrochen in Konkurrenz mit anderen fortschrittlichen
Wirtschaftsgebieten. Cosmanos im Kreis Jungbunzlau (Mlada Boleslav) sollte zum
Modell dieser jungen Industrie werden. Joseph Graf Bolza, aus Mailand einge-
wanderter Aristokrat, beschließt hier 1760 auf Anraten seines Standeskollegen
Kinsky in die Textilindustrie einzusteigen. Zunächst mußte er gegen die konfes-
sionelle Engstirnigkeit der Behörden ankämpfen, die nicht einmal einen protestantischen Wirtschaftsdirektor im Land duldeten. 1763 wurden dann doch in
Cosmanos und im nahen Josephstal zwei Betriebe eröffnet. Dagegen protestierten privilegierte Kattunfabriken in Niederösterreich und Ungarn, die aus Nordböhmen bisher ihr Garn bezogen und Angst um ihr Vorprodukt hatten.

Aus gutem Grund, denn Baumwolle zu verarbeiten wurde bald zur Mode in
der Aristokratie Böhmens und Niederösterreichs, was die Garnbeschaffung er-
schwerte. Als Graf Bolza 1768 an Kaiserin Maria Theresia appellierte, für seine
Ware Verkaufsniederlassungen in Ungarn und Kroatien errichten zu dürfen, ging
das Ansuchen an den „königlich-böhmischen Commercien-Conseß, dann an den
k. u. k. Hof-Commercienrath", hierauf an die königlich-ungarische und
großfürstlich-siebenbürgische Hofkanzlei, um schließlich mit dem definitiven
Vermerk vesehen zu werden: „Ist ad acta zu legen." (Zit. nach Hallwich, 37.)

Schließlich gab Graf Bolza 1770 auf: „Die Unterstützung von oben war mehr eine platonische als wirksame und kam, wenn sie gewährt wurde, meist zu spät und nach ermüdenden Zwistigkeiten" (Salz, 352). Der Standort aber war eröffnet. Im selben Jahr trat unerschrocken Johann Joseph Leitenberger ins Baumwollgeschäft. Ihm gelang es, eine Familiendynastie zu begründen, deren Betrieb bis in die Gegenwart überdauerte.

J. J. Leitenberger stammte aus dem nordböhmischen Ort Lewin, aus dem auch die Glasfamilien Palme oder Riedel kamen. Er selbst war 1730 als Sohn eines Färbers geboren. In Augsburg lernte er bei Johann Heinrich Schule die Kattundruckerei in einem Betrieb, der als Beispiel seiner Branche in Deutschland galt. Zurück in Böhmen, heiratet er in eine Färberei in Wernstadtl (Verneřice) ein und beginnt 1770 im großen.

Die Josephinische Gesetzgebung kommt ihm entgegen, ermöglicht die Anstellung ausländischer anderskonfessioneller Spezialisten. Dem Garnmangel hilft er selbst ab, indem er im Teinhof in Prag eine Baumwollspinnerei gründet, in der mazedonische Baumwolle versponnen wird. Ähnliche Spinnereien etabliert er in den Ortschaften reihum.

Als sein Unternehmen von einem Brand völlig zerstört wird, beginnt er mit seinen Söhnen aufs neue. Er holt jetzt Arbeiter aus Augsburg, aus dem Elsaß, aus der Schweiz. Und er beschäftigt bereits eine ganze Kolonie von Werkzeugtischlern, die neue Webstühle entwickeln. Sie ist der Vorläufer des späteren Maschinenbaus. Als die Wasserkraft in Wernstadtl nicht mehr reicht, gründet er ein weiteres Unternehmen in Neureichstadt (Zákupy) und beschäftigt dort bald 5000 Menschen.

Während adlige Unternehmer immer mit staatlicher Unterstützung und robotpflichtigen Untertanen kalkulieren und arbeiten können, muß der bürgerliche Unternehmer die Sache auf eigene Gefahr beginnen. Dennoch gelingt es Leitenberger zu expandieren und zum größten Industriellen seiner Zeit in Österreich aufzusteigen: Im Jahr 1793 kauft er den dritten Standort: die ehemals Bolzasche Fabrik in Cosmanos. Drei Jahre später bringt er die ersten englischen Spinnmaschinen nach Österreich und rüstet auf Maschinenspinnerei um. Damit modernisierte er nicht nur seine Betriebe, sondern befreite sie von ständiger Garnnot und schuf den Typ einer modernen Großunternehmung.

Am 30. Mai 1802 starb Johann Josef Leitenberger, wenige Wochen vor Vollendung seines 72. Lebensjahres an den Folgen eines banalen Unfalls. („Ein Sturz durch die im Hausflur befindliche, aus Versehen offen gebliebene Fallthür in den Keller hatte dem rüstigen Alten einen heftigen Bluthusten zugezogen") (Hallwich).

Als einer der ersten in Böhmen hatte er in seiner Fabrik eine Krankenkasse eingerichtet, einen eigenen Fabriksarzt bestellt und diesem ein Reitpferd und fixes Gehalt gegeben und eine Apotheke geschaffen. Sein Sohn Franz Leitenberger, der das Unternehmen bis 1825 führt, erlebt mit seiner Firma die hektische und ungesunde Konjunktur infolge der Kontinentalsperre Napoleons und danach die Überschwemmung des Kontinents mit englischen Textilien, die viele Firmen ruinierte. Selbst Leitenberger konnte nur durch ein ausgedehntes Kreditnetz seine momentanen Defizite decken.

Auf den Messen in Leipzig und Frankfurt am Main erregt Leitenbergers Ware im Biedermeier schon großes Aufsehen: „Binnen weniger Stunden ist das ganze Warenlager geräumt, trotzdem man nicht wie die Engländer durch Wohlfeilheit entgegenkommt, sondern alle andern durch Geschmack und Muster übertrifft und daher auf hohe Preise hält", heißt es selbstbewußt. Kaiser Franz I. besucht persönlich die Fabrik in Cosmanos.

Franz Leitenberger war ein Musikfreund und wie sein Vater engagiert für öffentliches Wohl. 1802 schickte er einen Wiener Arzt nach Würzburg, um von dem Begründer der Vaccination Impfstoff gegen Kuhpocken nach Böhmen bringen zu lassen. Um zu dieser Gesundheitsvorsorge zu animieren, ließ er sich mit seinen Kindern als einer der ersten impfen.

Die Leitenberger der folgenden Generationen waren auch wirtschaftspolitisch aktiv und übernahmen internationale Funktionen. Friedrich Leitenberger wird zum Juror der Londoner Weltausstellung berufen. Er setzt sich für die Bildung eines mitteleuropäischen Handelsbündnisses ein und für eine gemäßigte Schutzzollpolitik. Er starb bereits mit 53 Jahren 1854, den 850 Arbeitern von Josefsthal ließ er durch sein Testament ein Legat in der Höhe eines vollen Monatsgehaltes zukommen.

In den neunziger Jahren des 19. Jahrhunderts rüstete die Firma unter Friedrich Freiherrn von Leitenberger massiv auf, errichtet eine eigene Eisenbahnstrecke zur Böhmischen Nordbahn und erzeugt in dieser Zeit jährlich 17 Millionen Meter bedruckter Baumwollware mit mehr als 2000 ständig beschäftigten Arbeitern, 85 % der Stoffe waren für den Binnenmarkt der Doppelmonarchie bestimmt.

DIE TEXTILINDUSTRIE ALS BODEN DES MASCHINENBAUS

Als England ab 1820 begann, seine Leinenindustrie zu mechanisieren, konnte Böhmen, obwohl lange starker Leinenexporteur, nicht mehr mithalten, und Mitte des 19. Jahrhunderts hatte die englische die böhmische Leinenindustrie vom

Markt abgedrängt. Während die böhmische Leinenerzeugung in der ersten Hälfte
des 19. Jahrhunderts kaum mechanisiert wurde, gerieten Schafwoll- und Baumwollverarbeitung voll in den Sog der Mechanisierung.

Johann Joseph Leitenberger, der bereits bekannte größte Baumwollverarbeiter in
Böhmen in der zweiten Hälfte des 18. Jahrhunderts, beschäftigte Tausende Heimarbeiter. 1796 kam ihm zu Ohren, daß in Kopenhagen eine Spinnerei nach englischem Modell arbeite und daß es möglich wäre, was in England schwierig schien,
von dort eine Spinnmaschine einzuführen. Sofort schickte Leitenberger zwei Mitarbeiter auf die Reise, die in Kopenhagen mit einem dänischen Mechaniker namens
Rigo, der seinerseits jahrelang in England gearbeitet hatte, Kontakt aufnahmen.
Noch im selben Jahr kehrten sie zu dritt nach Böhmen zurück, und ab 1797 arbeitete in einem zweistöckigen Spinnereigebäude in Wernstadtl (Verneřice) eine Maschine nach englischem Muster. Die Söhne des alten Leitenberger wandten im Jahr
darauf das neue maschinelle Wissen dann in Zákupy und Cosmanos an.

Fast gleichzeitig mit der Baumwoll- wurde in Böhmen auch die Schafwollspin-
nerei mechanisiert. Ferdinand Römheld importiert entsprechende Maschinen seit
dem Jahr 1800 aus Holland für seinen Betrieb nahe Reichenberg. In der bedeutendsten Schafwollregion des Landes rund um Brünn bemühen sich der Bankier
Johann Herring und der bereits erwähnte Graf Hugo Franz Salm, der Besitzer der
Eisenwerke zu Blansko, um die Gründung einer Gesellschaft zur Errichtung von
Spinnmaschinen. Sie schmuggeln 1801 Blaupausen und Zeichnungen aus England
auf den Kontinent, und mit Hilfe ihres Kompagnons Thomas Brady, eines aus Ir-
land stammenden Offiziers in österreichischen Diensten, engagieren sie zwei iri-
sche Mechaniker. Industriespionage war damals durchaus üblich.

Bevor die Gründung einer eigenen Maschinenbauindustrie in den ersten
dreißig Jahren des 19. Jahrhunderts gelang, beschäftigten die meisten Textilprodu-
zenten ihre eigenen Mechaniker, Schmiede, Werkstätten und Tischlereien, zumal
vieles an den Maschinen aus Holz gebaut war. Das praktizierte Offermann in
Brünn, Breitfeld in Prag oder Römheld in Reichenberg.

Aus England und über Umwege importierte man nicht nur Spinnmaschinen
und Produktionsgerät, sondern auch Dampfmaschinen. Sobald man über Dampfmaschinen verfügte, suchte man sich von der Wasserkraft unabhängig zu machen.
Erste Konstruktionsversuche an Dampfmaschinen führte schon Professor Gerstner am Prager Polytechnikum durch, die erste, die dann nach dem Prinzip von
James Watt funktionierte, baute der Engländer John Baildon in Brünn; er hatte
zuvor in der schlesischen Eisenindustrie gearbeitet.

Einer der in Böhmen erfolgreichen Spezialisten des Maschinenbaus hieß Johann Reiff. Er kam 1814 aus Baden-Württemberg in die Textilfabrik Friedrich Schöll in Brünn. Sein Landsmann H. A. Lutz beerbt ihn, wird Teilhaber an der Textilmaschinenwerkstatt und liefert 1824 die erste 12-PS-Dampfmaschine für Offermanns Textilfabrik in Brünn und 1826 für Oberleutensdorf in Nordböhmen. Lutz betreibt die erste österreichische Firma, die Dampfmaschinen baut. Er erzeugt aber auch hydraulische Pressen oder Metallschneidemaschinen, übersiedelt nach Brünn und holt 1841 den englischen Maschinenkonstrukteur Dobbs als Partner. 1851 exportieren die beiden bereits nach Rußland und beschäftigen 150 Arbeiter.

Es ist unverkennbar, wie wichtig die Rolle englischer Fachleute für den Maschinenbau in Böhmen war. Die bedeutendsten dieser Pioniere heißen Edward und James Thomas, Thomas Bracegirdle, David Evans und Joseph Lee. Edward Thomas arbeitete vorher bereits ab 1819 als Ingenieur in Düsseldorf beim Maschinenbauindustriellen Friedrich Harkort, der unter anderem eine Baumwollspinnerei in Markvartice (Markersdorf) ausrüstete. So lernte der aus Bristol gebürtige Techniker Böhmen kennen. Er machte sich später selbständig, geht für eine Weile zurück nach England und sucht schließlich 1829 in Reichenberg um Gründung einer Maschinenbaufirma an. Gemeinsam mit seinem Bruder James und mit Thomas Bracegirdle aus Leeds legt er 1829 in Nordböhmen in Harzdorf das Fundament einer der wichtigsten Maschinenbaufirmen Alt-Österreichs. Sie rüsten vor allem die Baumwollfabriken aus. 1832 übersiedeln Thomas und Bracegirdle nach Prag-Karolinenthal (Karlin), wo sie bessere Verbindungen zur Eisenindustrie vorfinden.

Edward Thomas hat in Prag-Karlin seine Firma als größte Maschinenbaufabrik Böhmens in der ersten Hälfte des 19. Jahrhunderts etabliert. Er rüstet auch Eisenwerke mit Puddelöfen aus und produziert gemeinsam mit Lutz & Dobbs in Brünn die Hälfte aller in Böhmen betriebenen Dampfmaschinen bzw. ein knappes Drittel der in der gesamten Monarchie. 1850 verbindet sich Edward Thomas mit der in Prag von den Engländern Ruston & Evans gegründeten Fabrik zu einem großen Unternehmen, das ab 1869 in die „Prager Maschinenbau AG" umgewandelt wird. Letztlich landet die Prager Maschinenbau AG im Škoda-Konzern und wird damit dessen ältester Teil.

Thomas Bracegirdle gründet 1835 eine Textilmaschinenfabrik in Gablonz, acht Jahre später übersiedelt er nach Brünn ins Zentrum der Schafwollindustrie und weitet gleichzeitig seine Produktion auf Stahlwerksbau und Waffen aus. Nach seinem Tod wird seine Firma mit der von Lutz & Dobbs zur „Ersten Brünner Maschinenfabrik" vereint.

Weitere Engländer, die zur Gründergeneration der böhmischen Maschinenbauindustrie gehörten und die im Vorfeld der späteren Aktiengesellschaften arbeiteten, sind David Evans aus Nottingham und Joseph Lee. Beide arbeiten
zunächst in der Maschinenbauwerkstatt des Prager Textilindustriellen K. B. Breitfeld. Hier lernen sie auch Čeněk Daněk kennen, mit dem sie sich zusammentun.
Im 20. Jahrhundert entsteht daraus der noch heute existierende ČKD-Konzern.

In der ersten Hälfte des 19. Jahrhunderts war Böhmen in seinem technologischen Entwicklungsstand durchaus Belgien vergleichbar. 1830 bestätigt ein englischer Reisender: Böhmen dürfe sich schmeicheln „für den Continent noch ein
England im kleinen zu werden" (Klima, 159 ff.).

Interessant ist in diesem Zusammenhang die wesentliche Rolle, die Immigranten im österreichischen Unternehmertum des 19. Jahrhunderts spielten. Wirtschaftliche Neuerungen entstanden zuweilen als „Folge sozialer Abweichung"
(Matis, 71). Im 17. Jahrhundert kamen Immigranten aus romanischen Ländern
und aus Flandern in die Textilbranche, Anfang des 19. Jahrhunderts sind es englische und deutsche Mechaniker.

Die Textilindustrie als Impulsgeber für den Maschinenbau war im Böhmen des
19. Jahrhunderts unbestritten. Das bedeutete nicht, daß die Umsetzung diverser
Innovationen in industrielle Praxis reibungslos vor sich gegangen wäre. Karl
Brouseks grundlegender Arbeit über die Großindustrie Böhmens zufolge erhielt
der Maschinenbau zwar durch die Textilindustrie seinen ersten Impuls, die He-
rausforderungen für technologische Innovationen allerdings kamen erst nach 1860
aus der Lebensmittelindustrie, vor allem aus Brauereien und Zuckerfabriken.

EISEN UND EISENBAHN, WITKOWITZ, BLANSKO, SALM UND WITTGENSTEIN

Die Rohstofflieferanten für den Maschinenbau waren auch nicht von der ersten
Stunde an fähig, Qualität zu garantieren. Die österreichische Eisenindustrie war
lange in Innerösterreich konzentriert. Steiermark und Kärnten produzierten Mitte
des 19. Jahrhunderts über 1000 Tonnen Roheisen, die Holzkohlenhochöfen Böhmens hingegen zu diesem Zeitpunkt nur 373 Tonnen.

Eine einzige Ausnahme allerdings verweist damals bereits auf die spätere Vor-
rangstellung der böhmisch-mährischen Montanindustrie: In Witkowitz hatte 1829
Erzherzog Rudolf als Erzbischof von Olmütz mit Unterstützung des Polytechnik-

Erste Probefahrt eines Dampfwagenzuges in Österreich auf der Strecke
Floridsdorf – Deutsch-Wagram 1837. Lithographie von Franz Wolf

professors Franz X. Riepl auf der Basis der Ostrauer Steinkohlereviere ein Hüt-
tenwerk errichtet, das ab 1830 den ersten „Puddelofen" Mährens zur Stahlerzeugung betrieb. Puddeln war eine in England im 18. Jahrhundert entwickelte
Methode, den Kohlenstoffgehalt im Roheisen zu verringern. Das war die Voraus-
setzung, um Roheisen, das spröde aus dem Hochofen kam, elastischer zu machen
und es im Walzwerk weiterzuverarbeiten. Witkowitz zeichnet sich durch technologische Führerschaft aus. Hier geht 1836, von Prof. Riepl erbaut, der erste Koks-
hochofen belgischen Typs in Betrieb. Ein Pionier der Kokstechnologie war übrigens der Goethefreund Kaspar Graf Sternberg, der im böhmischen Darova mit
seinem steirischen Hüttenfachmann Alois Obersteiner 1821 den ersten Versuchs-
ofen errichtet hatte.

Seit 1843 gehören die Witkowitzer Eisenwerke dem Wiener Bankhaus Rothschild. Sie erzeugten Eisenbahnschienen für den Bau der Kaiser-Ferdinand-Nordbahn. Diese Nordbahn sollte das Mährisch-Ostrauer Kohlerevier und die Salzla-
ger Galiziens mit Wien verbinden. Der strategisch wichtige Bau der Bahn steigerte
die Eisenproduktion, so daß sich Witkowitz spezialisiert der Schienenproduktion
verschreibt. So wie Witkowitz oder Kladno nahe Prag als Hütte, so machten sich
die Eisengußwerke der Grafen Salm in Blansko und die der Grafen Wrba in

Witkowitz: Gesamtansicht der Eisenwerkanlage

Witkowitz: Rohrwalzwerk

Horowitz einen Namen, denn sie schufen die Voraussetzungen für den massenweisen Guß von Maschinenteilen und ermöglichten damit die industrielle Ausbreitung des Großmaschinenbaus.

Hugo Franz Salm (1776–1836) ist einer jener aristokratischen Unternehmer der ersten Stunde: Er machte sich über allgemeine Wehrpflicht ebenso Gedanken wie über Gesundheitsvorsorge. 1801 geht er „aus technologischen und hüttenmännischen Absichten" nach England und bringt, neben den erwähnten Zeichnungen für Spinnmaschinen, „zahlreiche Fabriks- und Handwerksvortheile" mit, die er ab 1811 auf seinen mährischen Gütern in die Praxis umsetzt. Aus seiner Fabrik stammen unter anderem das gußeiserne Denkmal für den berühmten Slawisten Abbe Dobrowsky auf dem alten Brünner Friedhof und der Kolonnadenbau im einstigen Nobelkurort Marienbad.

Die Qualität der übrigen oft grundherrschaftlichen mittelgroßen Hüttenbetriebe, die ihre eigene Holzkohle in den Hochöfen verwendeten, ließ in Böhmen aber zu wünschen übrig, so daß große Mengen Roheisen aus England importiert wurden. Diese Importabhängigkeit sollte der Donaumonarchie erhalten bleiben. Seit Mitte des 19. Jahrhunderts überschritt der Verbrauch um vieles die im Land selbst produzierte Menge: Die Pro-Kopf-Eisenproduktion erreichte in der Donaumonarchie noch 1880 nicht einmal die Hälfte der Produktion Englands (Myska, 27).

Die Mittelbetriebe warteten auch mit der Umstellung auf neue Erzeugungsverfahren länger zu. In der zweiten Hälfte des 19. Jahrhunderts setzte daher ein rasanter Konzentrationsprozeß ein, der von der Einführung des koksbefeuerten Hochofens, der die Holzkohle verdrängte, begleitet wurde und zur kapitalintensiven Großproduktion führte. Sosehr die Steinkohle die Holzkohle in der Eisenindustrie verdrängte, sosehr wurden die Sudetenländer gegenüber den Alpenländern gestärkt. In Nordböhmen, Mähren und Schlesien fand sich Steinkohle in vergleichsweise günstiger Frachtlage. Dessenungeachtet verlagerte sich das Schwergewicht der Eisenproduktion aber erst nach 1880 in diese nördlichen Gebiete der Monarchie. Eine neue Hüttentechnologie, das Thomas-Verfahren, war dafür maßgeblich, denn es ermöglichte nun die Verwendung der phosphathaltigen böhmischen Erze.

Bis dahin litt Österreich samt den Kronländern Böhmen, Mähren und Schlesien an strukturellen Nachteilen. Der industrielle Wandel, währenddessen Holzkohle durch mineralischen Brennstoff ersetzt wird, vollzieht sich dort rasch, wo Steinkohlelager und taugliche Erzvorräte in der Nähe liegen (insbesondere in England). In Österreich hingegen lagen die ausgiebigsten Eisenerzlager in der Steiermark und in Oberungarn (heute Slowakei), in Mittelböhmen und in Ungarn. Eisenerz lag von den Lagerstätten verkokbarer Kohle jedenfalls viel weiter getrennt als in England oder Deutschland. Witkowitz lag zwar in der Nähe der Steinkohle, verwendete aber lange steirisches Eisenerz, weil der Phosphatgehalt der böhmischen Eisenerzvorkommen zunächst deren Nutzung verhinderte.

Marktfähig wurden innovative Schritte und montanistische „Anleihen" aus Deutschland oder England zuerst dort, wo verkokbare Kohle und brauchbares Eisenerz nahe beisammen lagen. Oder wo die Entfernung von Industrie zu Erz und verkokbarer Kohle kostengünstig überbrückt wurde. Die Eisenbahn war für die Eisenindustrie Österreichs aber schlicht zu teuer. Auch das verzögerte ihre Modernisierung. Seit 1850 – bis dahin war der Eisenverbrauch in Österreich und im Deutschen Zollverein annähernd gleich – baut der Deutsche Zollverein dann seinen Vorsprung aus, die Schwerindustrie dort profitiert von der früheren Anwendung des Koksschmelzverfahrens in der Eisenverhüttung.

In Österreich überbrückte man zwar die Distanzen zwischen Rohstoff und Hütte durch die Eisenbahn, aber die von der Kaiser-Ferdinand-Nordbahn-Gesellschaft festgesetzten Frachttarife waren außerordentlich hoch und erreichten Mitte der sechziger Jahre des 19. Jahrhunderts das Doppelte der Norddeutschen Eisenbahngesellschaft. Österreich erlebt zwischen 1860 und 1866 eine wirtschaftlich ungünstige Phase. Zwar gelingt es, bedeutende Technologien auch in den inländischen Hüttenwerken, unter anderem in Witkowitz, einzusetzen, sie erreichten allerdings nicht die erwünschte Kapazität.

Das Vormachtstreben zwischen Österreich und Preußen belastete den Haushalt, französisches Kapital mußte die teure Aufrüstungspolitik Österreichs unterstützen: „Der österreichische Staat sah sich auf der Suche nach neuen Verbündeten im Kampf um die Hegemonie in Deutschland zu einer Handels- und Zollpolitik veranlaßt, die die heimische Industrie in ihren unmittelbaren Interessen schädigen mußte" (Matis, 141).

Österreichs Niederlage in Königgrätz im preußisch-österreichischen Krieg 1866 entscheidet das Hegemoniestreben dann zugunsten der jüngeren Großmacht Preußen. Österreich muß im „Prager Frieden" Venetien an Italien abtreten und aus dem Deutschen Bund ausscheiden. Damit ergibt sich als Notwendigkeit für den Vielvölkerstaat die Hinwendung zum Osten und Südosten Europas. Viele Zeitgenossen sehen nun in der ungarischen Krone den Garanten für die Zukunft. Letztlich läßt die Neuorientierung Österreichs auf dem Balkan aber Reibungsflächen mit Rußland entstehen. Für die Wirtschaft brachte das Jahr nach der Nie-

derlage von Königgrätz, das Jahr 1867, durch eine „Wunderernte" und florierenden Getreideexport zunächst ein Aufatmen und löste eine agrarische wie industrielle Konjunktur aus, die bis 1873 dauern sollte und als „Gründerzeit" in die Geschichte eingeht.

Der „Ausgleich" mit Ungarn 1867 versprach politische Stabilität. Er begünstigte
aber einseitig die Länder der ungarischen Stephanskrone, wogegen die Länder der
böhmischen Wenzelskrone ihr „Staatsrecht" mißachtet und sich um ihre erhoffte
Aufwertung geprellt sahen. Der neoabsolutistische Staat suchte die unterbliebene
Gleichberechtigung seiner Nationalitäten durch Modernisierung der Verwaltung,
einheitliche Zölle innerhalb der Monarchie, Bildungspolitik und Privatisierung
wettzumachen. Tatsächlich machten sich die Bahnlinien im Getreideexport bezahlt, 1871 nahm die österreichische Eisenindustrie ungeachtet ihrer oben genannten Schwierigkeiten Platz 6 unter den globalen Hauptproduzenten ein. Ähnliches gilt für den Kohlebergbau, selbst wenn Österreich-Ungarn damals nur ein
Viertel des deutschen Bergbaus förderte.

Charakteristisch für Böhmen ist die industrielle Konzentration rund um die
Kohlevorkommen und der Vorteil jener Regionen, die durch Eisenbahnen
erschlossen waren, also durch jenes Verkehrsmittel, das Kohle, Dampfkraft und
Eisenhütten vereinte und ein Symbol des Industriezeitalters schlechthin wurde.
Daß die Tarifpolitik der österreichischen Eisenbahngesellschaften sich auf die Eisenindustrie aufgrund der hohen Frachtkosten negativ auswirkte, minderte freilich die Effizienz der neuen Infrastruktur.

Nach der technologisch freilich schon damals veralteten Pionierleistung der
Pferdebahn Linz–Budweis 1832 war es vor allem das Großprojekt der Kaiser-
Ferdinand-Nordbahn, das ab 1839 streckenweise in Betrieb ging und 1843 von
Wien bis Prag fertig war. Immer mehr Privatkapital floß in den Eisenbahnbau.
Der verdiente Professor für Mineralogie Franz X. Riepl hatte schon bei der Gründung der Nordbahn erkannt, daß die Zukunft der Eisenbahn vor allem im Fracht-
verkehr liege. Indem die Eisenbahn den Landtransport ungeachtet strittiger Tarifpolitik um 80 % verbilligte, veränderte sie in jedem Fall die Standortbedingungen.
Die böhmischen Industriellen Johann Liebig und Adalbert Lanna setzten sich daher bald für die Anbindung des Reichenberger Industriegebiets an die Nordbahn-
strecke ein. Im Eisenbahnbau, der sehr kapitalintensiv war, bewährte sich erstmals
die Aktiengesellschaft als Finanzierungsinstrument (Matis, 101 f.).

Die durch die Auflösung der Grundherrschaften 1848 an den Adel gezahlten
Ablösesummen führten zur verstärkten Gründung von Banken und Aktiengesell-

schaften und damit zu Kapitalmobilisierung und Kreditvergabe, was industrielle Expansion erst möglich macht. 1855 wurde auf Initiative des Finanzministers Freiherr von Bruck die Creditanstalt für Handel und Gewerbe ins Leben gerufen. Erstmals wurde damit das Kreditgeschäft ins Land geholt und Geld in der Monarchie aufgebracht, das bislang z. B. für Eisenbahnbau meist teuer im Ausland, insbesonders in Frankreich geliehen worden war. Bis 1864 waren die k. k. privilegierte Creditanstalt für Handel und Gewerbe und die Nationalbank die einzigen bedeutenden Kreditinstitute des 37-Millionen-Einwohner-Reichs. Dann kamen andere, vielfach mit ausländischer Beteiligung hinzu : die Mährisch-, Böhmische-, Niederösterreichische Escomptebank, die Angloösterreichische Bank. In Böhmen gab die Entwicklung der Zuckerindustrie Anlaß zur Bankengründung. Besonders wichtig wurde nach 1867 gegründete Živnostenská banka, die zu einem Träger der nationalen Emanzipation der Tschechen werden sollte und bald den Rang einer industriellen Gründungsbank gewann.

Gab es anfangs nur eine staatliche Monopolbank, so erlebte die Gründerzeit eine völlig freie Erteilung von Bankkonzessionen, was sich wieder als Gefahr entpuppen sollte. Die deutschböhmischen Banken und die Wiener Banken dominierten die Schwerindustrie und die chemische Industrie, die tschechischen Banken die Brau- und Zuckerindustrie sowie die Porzellanindustrie. 1859 waren im Zuge des Wirtschaftsliberalismus die Zünfte aufgehoben und Handelskammern bzw. Gewerbevereine geschaffen worden.

DIE AKTIENGESELLSCHAFTEN

Die neue Unternehmensform der Aktiengesellschaft dehnte sich besonders in den kapitalintensiven Branchen gegen Ende des 19. Jahrhunderts aus. Vorläufer solcher Aktiengesellschaften war bereits die von Kaiser Karl VI. gegründete „Orientalische Compagnie“, die nach dem Vorbild der westeuropäischen Seehandelskompanien gegründet worden war, damals aber aus außenpolitischen Gründen, wie im Kapitel über die Zuckerindustrie zu zeigen sein wird, wieder aufgegeben werden mußte.

Der Durchbruch der Aktiengesellschaften geschah nach dem Jahr 1848 und erlebte in der Gründerzeit 1867 bis 1873 seinen Höhepunkt. Zwischen 1871 und 1873 spekulierte man über enorme Summen, die aus dem Deutschen Reich in die Donaumonarchie fließen sollten. Das heizte die Erwartungen über Gebühr an, die bevorstehende Wiener Weltausstellung für Industrie tat ein übriges. Zwischen 1867 und 1873 wurden 1005 neue Konzessionen für Aktiengesellschaften erteilt, viele davon „Mantelgründungen", da die Kapitalsumme gar nicht eingezahlt war. Eine Entwicklung, auf die die Regierung keinerlei Einfluß nahm. Niederösterreich und Böhmen führten bei den AG-Neugründungen.

Die Wiener Weltausstellung fiel 1873 mit dem 25-Jahr-Regierungsjubiläum Kaiser Franz Josephs I. zusammen – und mit dem Börsenkrach: Der 8. Mai brachte 110 Insolvenzen, der 9. Mai ging als „Schwarzer Freitag" in die Geschichte ein. Nach dem „großen Krach" von 1873 wurde die Börse geächtet, „die Stagnation von Handel und Industrie führte zusammen mit dem Mißtrauen, das die Bevölkerung nunmehr allen Formen der Kapitalassoziation entgegenbrachte, zu einer ‚Atropie der den Banken anvertrauten Kapitalien'" (Matis, 281). Für kommerzielle Investitionen wurde der Spielraum eng; es mangelte bald an risikofreudigem Aktienkapital. Die Steuerpolitik leistete 1896 dem noch Vorschub: Aktiengesellschaften wurden drei- bis viermal höher besteuert.

Nach dem Börsenkrach 1873 mischte sich der Staat wieder stärker ein. Während 1880 nur 17 % des Eisenbahnnetzes in staatlicher Hand waren, waren es 1910 bereits 73 %. Ein Drittel des zisleithanischen Streckennetzes der Monarchie lag vor dem Ersten Weltkrieg auf böhmischem Boden. Der Eisenbahnbau zog Waggonfabriken nach sich, die aus Gewerbebetrieben von Wagnern und Sattlern entstanden und in Böhmen ab 1852 von der Firma Franz Ringhoffer angeführt wurden, die als Autoproduzent „Tatra" in Nesselsdorf (Koprvnice) weiterlebt.

Mit der Depression der siebziger Jahre breitete sich Vorsicht auf dem Finanzmarkt aus, die Aktiengesellschaften, die nach dem Börsenkrach gegründet wurden, hatten eine gesündere finanzielle Basis. Die Wirtschaftskrise von 1873 schockiert allerdings die breite Bevölkerung und unterhöhlt in der Donaumonarchie den politischen Liberalismus. Nicht zuletzt wurde der Antisemitismus zu einer Begleiterscheinung der großen Depression. Der Kopf der Alldeutschen Bewegung, die die Folgen der Niederlage von Königgrätz von 1866 nicht zur Kenntnis nehmen wollte und für den Anschluß an das Deutsche Reich Bismarcks eintrat, Georg Ritter von Schönerer, versprach wirtschaftlichen Aufschwung durch „Lösung der Judenfrage". In den böhmischen Ländern trat der Antisemitismus in spezifisch nationaler Färbung auf, weil hier die meisten jüdischen Mitbürger deutschsprachig waren. Bedeutend erscheint, daß, wo internationale Handelsverbindungen vorhanden waren, wie im nordböhmischen Aussig, die politische Radikalisierung in den Kommunen nur gebremst auftrat.

Börse und Finanzwelt waren nach dem Jahr 1873 beim Durchschnittsbürger der Monarchie als „Spekulantenforum" nachhaltig in Mißkredit geraten. Dennoch: Die Aktiengesellschaften machen im 19. Jahrhundert durch die Zusammenlegung von Kapital eine Unternehmensgründung in neuen oder in Risikobranchen überhaupt erst möglich (Brousek, 116). Auch wenn in diesem Moment der Unternehmer als Gründerfigur vielfach hinter das Unternehmenskapital zurücktritt.

Die bedeutendsten Aktiengesellschaften Böhmens entstanden im 19. Jahrhundert in Maschinenbau, Bergbau und chemischer Industrie. Auch in den Bierbrauereien setzte sich die Aktiengesellschaft durch; die beste Dividende aller Brauereien zahlte die „Pilsner Actienbrauerei" 1897 mit mehr als 50 %. Neben der Zuckerindustrie und der Elektroindustrie dominierten im Maschinenbau die Dampfmaschinenindustrie Brünns und die 1889 als AG gegründeten Škodawerke in Pilsen, die sich – obwohl in ihrer ersten Stunde steuerlich enorm benachteiligt – nach dem Ersten Weltkrieg zu einem enormen Firmenkonzentrat auswuchsen.

Škoda ist ein Beispiel für die fortlaufende Fusionierung vieler Pionierunternehmen des Maschinen- und Fahrzeugbaus in Böhmen und Mähren. 1866 hatte Emil Ritter von Škoda, der Sohn des Stadtarztes von Pilsen, die Leitung der gräflichen Waldsteinschen Eisenwerke übernommen. Er war zuvor bereits Oberingenieur in Bremerhaven gewesen, mußte als österreichischer Staatsbürger aber 1866 nach der Niederlage Österreichs bei Königgrätz Preußen verlassen und trat damals in seiner Heimat Pilsen als Direktor in Waldsteinsche Dienste. Drei Jahre später kauft er dem Grafen den 30-Mann-Betrieb ab und profiliert sich im Stahlguß. 1890 legt er den Grundstein zur Waffenfabrik, die bald wie Krupp in Deutschland oder Vickers in England zur Panzer- und Rüstungsindustrie Österreichs schlechthin heranwächst. Vor dem Ersten Weltkrieg stattet Škoda dann selbständig die Kriegsschiffe der österreichisch-ungarischen Monarchie aus, darunter das Paradeschlachtschiff „Viribus unitis". Einer der Hauptaktionäre Škodas war die Creditanstalt.

Zwischen 1910 und 1914 konzentrieren sich namhafte Maschinenfabriken der Monarchie: Bromovsky in Königgrätz, Ringhoffer in Prag-Smichov, Ruston einst von den Gebrüdern Thomas gegründet und der Maschinenbau-Zweig der Škoda AG zu den „Vereinigten Maschinenfabriken AG". Nach dem Ersten Weltkrieg werden diese Vereinigten Maschinenfabriken 1921 den Škodawerken eingegliedert, die in den folgenden Jahren auch noch Steinkohlenbergwerke, Schiffswerften und 1925 die Autofabrik von Laurin & Klement in Mladá Boleslav übernahmen.

Blickt man auf die einzelnen Branchen und ihre Entwicklung bis 1914, so zeigt sich im Kohlebergbau eine durch den Ausbau des Eisenbahnnetzes zunehmende

Nachfrage, zugleich aber auch eine verschärfte Konkurrenz mit deutschen Kohlerevieren. Dabei war der österreichische Bergbau im Nachteil, da er doppelt so hoch besteuert wurde wie in Deutschland. Im österreichischen Bergbau erfolgte die Produktivitätssteigerung auch nicht durch Rationalisierung, sondern durch Erhöhung der Arbeitskräfte.

Bis zum Ersten Weltkrieg bleiben Kohle und die Dampfmaschine als Energielieferant unangefochten, wenn auch der Elektromotor schon an Bedeutung zunimmt. Der tschechische Erfinder František Křižik (1847–1941) macht mit seiner verbesserten Bogenlampe der Edisonschen Glühbirne lange Konkurrenz. Seit den achtziger Jahren werden öffentliche Plätze elektrisch beleuchtet, auch das Prager Nationaltheater. 1887 erhält Prag im Stadtteil Žižkov das erste Elektrizitätskraftwerk, 1902 baut die Papierfabrik Spiro nahe Krumau an der Moldau als erste ein Wasserkraftwerk zur Eigenversorgung der Fabrik. Die Elektromaschinenbranche, vorneweg Emil Kolbens Firma (die spätere ČKD), steht in hartem Wettbewerb mit den deutschen Konzernen Siemens-Schuckert und AEG.

Durch Fahrrad, Motorrad und das Auto werden die Straßenverbindungen aufgewertet. Im letzten Drittel des 19. Jahrhunderts erfolgt ein rascher Ausbau der Bezirksstraßen. Gußeisen wird zum modernen Material im Brückenbau, die erste sogenannte Kettenbrücke gibt es schon 1824 in Strážnice. Eisenbeton wird erstmals 1889 auf der Strecke der Kaiser-Ferdinand-Nordbahn eingesetzt.

1897 wird das erste in den böhmischen Kronländern gebaute Auto, der „Präsident", vorgestellt, erzeugt in der Nesselsdorfer (heute Tatra-Kopřivnice) Wagenfabrik, bestückt mit einem deutschen Benz-Motor. Im Auftrag des Textilindustriellen Theodor Liebig, der, wie schon erwähnt, mit Benz befreundet war, konstruierte Hans Ledwinka in Nesselsdorf ein erstes Rennauto. Liebig hatte vorher schon die Gründung der Reichenberger Autofabrik R.A.F. unterstützt, die 1913 von Laurin & Klement übernommen wurde, die ihre Motorradproduktion in eine Autoproduktion verwandelt hatten.

In der Eisenerzeugung gibt es 1913 nur mehr drei Großunternehmen, viele technisch veraltete Roheisenhütten waren als Klein- und Mittelbetriebe modernen Anlagen gewichen, Holzkohleöfen von Koksöfen verdrängt worden. In Böhmen entstand auf der Grundlage der Nučicer Erzlager die leistungsfähige Prager Eisenindustriegesellschaft und die Böhmische Montangesellschaft. In Mähren arbeitete allein Witkowitz mit sechs Hochöfen. Das Pendant dieser Eisenindustrieunternehmen war im Süden die Alpine Montangesellschaft mit ihrem Standort Steiermark. Letztere produzierte kurz vor der Jahrhundertwende 1899 175 Kilotonnen Roheisen, die böhmisch-mährischen Hütten hingegen schon 522 Kilotonnen. Die größte der böhmischen Hütten war die der Prager Eisenindustriegesellschaft in Kladno. Hier wurde 1879 erstmals auf dem Kontinent das erwähnte Thomas-Verfahren angewendet, jene technologische Innovation in der Stahlerzeugung, die es endlich erlaubte, die bislang hemmenden phosphathaltigen böhmischen Erzlager zu nutzen.

Und es war Paul Kupelwieser, Sohn des Wiener Historienmalers, der der mährischen Eisenindustrie in Witkowitz damals als Generaldirektor vorstand. Zuvor hatte er die Stahlwerke im nordböhmischen Teplitz ungeachtet der großen Probleme durch den Börsenkrach ausgebaut, von 1876 bis 1893 modernisierte er Witkowitz, wo er sich auch für Arbeiterwohnungen und Bildungswesen engagierte. Paul Kupelwieser holte den ihm familiär verbundenen Karl Wittgenstein zunächst als Konstruktionszeichner nach Teplitz. Wittgenstein war, nachdem er die Schule abgebrochen hatte, als 17jähriger in die USA gegangen. Zurückgekehrt folgte er dann Paul Kupelwieser bald als Direktor in Teplitz nach und schuf sich die Voraussetzungen seiner Unternehmerkarriere: 1885 kam die Prager Eisenindustriegesellschaft unter Karl Wittgensteins Führung. Wittgenstein hatte sich binnen weniger Jahre großen Einfluß in der böhmischen Stahlindustrie verschafft und 1890 die nach seiner Frau benannte „Poldi-Hütte" in Kladno errichtet. Sie ist heute noch ein Begriff, auch wenn sie nach mißglückter Privatisierung in den Jahren nach der Wende 1989 inzwischen nur mehr einen kleinen Teil ihrer einstigen Kapazität produziert. Karl Wittgenstein besaß Mehrheitsanteile aller bedeutenden Eisenindustriegesellschaften Böhmens, Mährens und schließlich auch Innerösterreichs (Friedrich, 42).

In der Textilbranche, die der Industrialisierung Böhmens und Mährens den Initialschub versetzt hatte, dominiert vor dem Ausbruch des Ersten Weltkriegs, auch was die Beschäftigung anbelangt, die nordböhmische Baumwollindustrie. Die Leineninindustrie war inzwischen zum kleinsten Sektor geschrumpft, die Verhältnisse hatten sich seit der Mitte des 19. Jahrhunderts also umgekehrt.

1910 arbeiteten in den böhmischen Ländern annähernd so viele Menschen in Industrie und Gewerbe wie in Land- und Forstwirtschaft. Schlesien lag industriell an der Spitze, Mähren war noch agrarischer geprägt. Teilweise, etwa in der Zuckerindustrie, besaßen Böhmen und Mähren ein Produktionsmonopol. Der Zuckerrübenanbau verzwanzigfachte sich in Böhmen zwischen 1853 und 1873 (Hoensch, 406). Die böhmischen Länder lieferten über 40 % der Industrieproduktion und 45 % des Steueraufkommens der gesamten Monarchie. Dementsprechend stark war die Verflechtung mit dem Finanzzentrum Wien.

DER NATIONALISMUS

Steuer- und Finanzfragen heizten die deutsch-tschechische Polarisierung auf, die zum Prinzip nationalistischer Tagespolitik geworden war. Seit 1848 dominiert in ganz Europa die Idee des Nationalstaats. Auf die volkskundliche Selbstentdeckung folgte die von Lehrern, Geistlichkeit und Bildungsbürgertum getragene Politik. Der Nationalismus wuchs in den sechziger Jahren des 19. Jahrhunderts in Böhmen zu einer Massenbewegung an, deren sichtbare Zeichen die Gründung einer ersten tschechischen Bank, die Eröffnung des tschechischen Nationaltheaters 1862 und die Gründung des nationalen Kultur- und Sportvereins „Sokol" (Falke) sind. Der Forderungskatalog reichte von kultureller Selbstbestimmung bis zu Nationalstaatlichkeit. Die Verfechter jeder Nationalstaatsidee im Europa von damals setzten aber voraus, daß ihr Staat lebensfähig sein sollte, technisch modern in Armee und Industrie.

Das Steueraufkommen im deutschböhmischen industrialisierten Teil des Landes war wesentlich höher als in den tschechischen Regionen im Landesinneren (Prinz, 371). Jahrzehntelang beherrschte das Tauziehen um die Verteilung der Mittel die Regierungspolitik der Doppelmonarchie. Und diese nationale Polemik war überlagert: Die sozialen Probleme in den nordböhmischen Industrierevieren hielten länger an als anderswo in Europa, weil hier ständig Arbeiter aus innerböhmischen Agrarregionen nachrückten und jene Arbeitskräfte, die ins benachbarte Sachsen auswichen, zu Niedriglöhnen ersetzten. Um die Dimension der industriell ausgelösten Binnenwanderung zu ermessen: Um 1890 befand sich mehr als die Hälfte der Bevölkerung Böhmens nicht mehr in ihrem Heimatort (Matis, 399).

Erst nach der Krise von 1873 kommt die industrielle Erschließung der deutschsprachigen Randgebiete zum Abschluß, und die Industrialisierung der tschechischen Landesteile setzt voll ein, nicht zuletzt unter kräftigem Kapitalschub durch Wiener Banken. Besonders von der nach der Jahrhundertwende einsetzenden zweiten industriellen Revolution, die durch die elektrische Energie vorangetrieben wurde und die Dampfkraft ablöste, konnte das Land profitieren.

In die kurze Zeit zwischen 1903 und 1907 fiel das stärkste industrielle Wachstum des alten Österreich insgesamt. In dieser Zeit verdoppelte sich der Ausstoß in Metallwarenverarbeitung und Maschinenbau (März, 28). Es zeichnet sich ein klarer Zusammenhang zwischen moderner industrieller Technologie und Großunternehmen ab. Trotz sperriger Steuerpolitik beschleunigte die Zunahme von Kapitalassoziationen das Wachstum. Die zunächst industriell führenden Alpenländer waren im Verlauf des späteren 19. Jahrhunderts vom rohstoffreichen Norden über-flügelt worden. Bis 1914 hatte der Norden, hatten Böhmen und Mähren 60 % der Metallindustrie und 75 % der chemischen Industrie an sich gezogen (Matis, 391).

Die tschechische Bevölkerung hatte überdies inzwischen nicht nur zu den deut-schen Mitbürgern aufgeschlossen, sie stellte in vielen Branchen schon einen höhe-ren Beschäftigtenanteil. Die abschätzige Rede vom Volk der „Kutscher und Köchinnen“, die das 19. Jahrhundert im Mund führte, war nicht mehr ange-bracht. Dessenungeachtet halten maßgebliche Stimmen damals eine Selbständig-keit einzelner Nationen für unrealistisch: Gerade der spätere tschechoslowakische Ministerpräsident Edvard Beneš schreibt noch 1908 in seiner Doktorarbeit, der Zerfall der Monarchie erscheine ihm aus wirtschaftlichen Gründen unvorstellbar (Matis, 387).

DER WEG IN DIE TRENNUNG

So wie im 19. Jahrhundert der Eisenbahnbau zu einem Konjunkturmotor gewor-den war, so wurde die Konjunktur vor dem Ersten Weltkrieg von der Rüstungs-industrie getragen. An der Spitze lagen die Škodawerke in Pilsen, die zwischen 1910 und 1914 30 Millionen Kronen in ihre Anlagen investierten. Außerdem hiel-ten die Škodawerke seit 1914 die Aktienmehrheit an einer der führenden Maschi-nenbaufabriken der Monarchie, an der Maschinenfabriken AG (früher Ruston). Kurz vor Ausbruch des Krieges hatte sich Škoda auch an der Ungarischen Kano-nenfabrik beteiligt.

Böhmen, Mähren, Schlesien, Niederösterreich und die Alpenländer standen damals dem deutschen Nachbarn näher als anderen Reichsteilen. Die Donau-monarchie lebte einen eigenen Binnenmarkt. Die österreichische Reichshälfte be-zog 85 % der landwirtschaftlichen Produkte aus Ungarn und exportierte dorthin den Großteil ihrer industriellen Güter. In der Eisen- und Stahlerzeugung, in der Böhmen und Mähren 1911 allein 55 % der österreichischen Erzeugung beisteuer-ten, konnte man Deutschland oder Frankreich trotz vieler Innovationen nicht Pa-roli bieten, eine Tatsache, die sich im ersten Materialkrieg der Weltgeschichte nachteilig auswirken sollte.

Seit dem 19. Jahrhundert betrieb Österreich eine Großmachtpolitik, die es sich eigentlich nicht mehr leisten konnte. Gerade die Zeit des jungen Kaisers Franz Joseph, die neoabsolutistische Ära zwischen 1849 und 1860, steigerte die Militärausgaben zu Lasten der Industrialisierung. Die wirtschaftliche Erholung, die nach dem Börsenkrach bis 1910 eintritt, läßt die Monarchie gegenüber Westeuropa nicht mehr aufholen, was sie seit dem ersten Viertel des 19. Jahrhunderts verloren hatte.

Im letzten Drittel des 19. Jahrhunderts waren Böhmen und Mähren zu dynamischen Wachstumszonen innerhalb der Monarchie geworden, diese Länder erhielten aber keine politische Entsprechung für ihr wirtschaftliches Gewicht.

Im Bankwesen spielte auf tschechischer Seite die Živnostenká banka eine vergleichbare Rolle wie die Creditanstalt in Wien in ihrer Frühzeit. Zu Beginn des 20. Jahrhunderts setzt der Ausbau eines nationalen tschechischen Kreditapparats voll ein. Zwischen 1900 und 1912 vervierfacht die Živnostenká banka ihre Erträgnisse und verfügt bald über mehr als ein Drittel des gesamten Aktienkapitals aller tschechischen Banken (März, 55).

Natürlich hielten auch die Wiener Großbanken ihre Filialen in Prag und vor allem erhebliche Industriebeteiligungen. Aber die tschechischen Banken entwickelten eine eigene, zum Teil modernere Geschäftspolitik, mit der sie sich von den Wiener Banken abgrenzten: Sie verbanden sich vor allem mit der Agrarindustrie (Bier, Zucker, Spiritus), sie konzentrieren ihre Gründungstätigkeit auf bislang vernachlässigtes Neuland, auf Galizien, Dalmatien und Serbien. Und sie forcierten das Einlagengeschäft, um sich Kapitalquellen zu erschließen, auf die ihre Wiener Konkurrenzbanken erst um die Jahrhundertwende aufmerksam werden. Beim Wettlauf um den Spargroschen des kleinen Mannes arbeiteten zwar nicht die Großbanken, aber doch die tschechischen und deutschböhmischen Sparkassen in den böhmischen Ländern mit kräftigen nationalistischen Schlagworten.

Profitabel war für die in Österreich führende Creditanstalt ihre enge Verbindung mit Škoda-Pilsen, dem größten mitteleuropäischen Geschützproduzenten; in der Zuckerindustrie arbeitete sie eng mit der Länderbank zusammen, in der Papierindustrie hatte die CA 1905 die Papier-Industrie AG Olleschau (Olšany) in Mähren gegründet (die heute wieder zur österreichischen Trierenberg-Holding gehört).

Immer wieder ist darauf hingewiesen worden, wie sehr der wirtschaftliche Aufholbedarf der österreichisch-ungarischen Monarchie durch zwei „hausgemachte" politische Tatsachen verzögert wurde: durch den Nationalitätenstreit und die Institutionen des Dualismus, die ersteren begünstigten. Seit dem Ausgleich mit Ungarn 1867 mußte alle zehn Jahre das Zoll- und Handelsbündnis neu verhandelt werden, bis schließlich daraus der Spottbegriff „Monarchie auf Abruf" geboren wurde. Die immer wieder neu zu verhandelnde Quote verunsicherte die Industrie, die – wie erwähnt – in Ungarn ihren wichtigsten Absatzmarkt wußte.

Das Dilemma wurde immer deutlicher: Österreich, die zisleithanische Reichshälfte, ermöglichte seinen Nationalitäten, voran den slawischen Völkern, nach
und nach Verbesserungen (die Staatsausgaben für Infrastruktur waren seit 1870
um das Dreieinhalbfache angestiegen) (Matis, 394) und bot doch ein merkwür-
dig instabiles Bild. Hugo von Hofmannsthal vermerkt diese Stimmung in der No-
tiz, daß er zwar eine „Heimat", aber nur „ein Gespenst von einem Vaterland"
habe. Wogegen Ungarn, das bis 1918 an restriktivem Wahlrecht und harter Magya-
risierung festhielt, den Eindruck eines gefestigten Gemeinwesens vermittelte.

Eduard März betont: „Die nationalen Kämpfe in der österreichischen Reichshälfte waren trotz ihres zunehmend leidenschaftlichen Charakters und der spektakulären Formen, in denen sie manchmal ausgetragen wurden, keine für den Bestand der Monarchie akute Gefahr." Anders in Ungarn: hier seien die nationalen
Anliegen der Südslawen „in der flagrantesten Weise unterdrückt" worden, was der
großserbischen Bewegung Auftrieb geben sollte. Selbst der nationaltschechische
und sohin unverdächtige Politiker Karel Kramař äußert sich noch vor 1914, „niemand kann die augenscheinliche Tatsache leugnen, daß unsere Nation in Österreich relativ noch unter den besten Bedingungen für ihre kulturelle, politische und
wirtschaftliche Entwicklung leben kann" (zit. nach März, 107).

Aber seit die böhmischen Länder 1867 gegenüber Ungarn zum Verlierer geworden waren, nachdem Böhmen die Selbständigkeit versagt blieb, die Ungarn
zugestanden wurde, verhärteten sich die Fronten zwischen Prag und Wien, sagte
sich die tschechische Intelligenz von gemeinsamen Institutionen los, schuf sich
eine eigene bildungspolitische und wirtschaftliche Bühne (seit 1869 bereits war das
Polytechnikum in Prag national getrennt).

Der Habsburger Franz Joseph I. hatte in seiner langen Regentschaft Österreich
einesteils an Preußen ausgeliefert und auf Bismarck fixiert (Friedrich Heer nennt
den Kaiser den „Erzvater des Anschlusses in seiner Epoche"), andererseits an Ungarn gebunden. In dieser doppelten Abhängigkeit verlor Österreich Handlungsspielraum für jene Reformen, die für ein Überleben im 20. Jahrhundert nötig gewesen wären. Jene Ministerpräsidenten, die auf eine Einbeziehung der Slawen
hinarbeiteten, ob Taaffe (1833–1895) oder Graf Badeni (1846–1909), scheiterten
ebenso am mangelnden Weitblick des Langzeitmonarchen wie Finanzminister
Karl Ludwig von Bruck (1798–1860), der ein großes einheitliches Wirtschaftsgebiet plante.

NACH 1918: WESTEUROPA STATT WIEN

Nach dem Zusammenbruch der Monarchie stellte die deutschsprachige Bevölke-
rung eine wirtschaftlich einflußreiche Minderheit, etwa ein Fünftel der – zeigt die
Volkszählung von 1921 – mehr als 13 Millionen Einwohner der Tschechoslowakei.
Auf diese 1918 von Tomáš G. Masaryk neu ausgerufene Erste Tschechoslowakische
Republik entfielen ein Fünftel der Gesamtfläche der ehemaligen Habsburger-
monarchie, ein Viertel ihrer Bevölkerung, aber weit mehr als die Hälfte ihres In-
dustriepotentials. Und fast die Hälfte der in der Industrie vor 1918 beschäftigten
Arbeiter leben jetzt auf tschechoslowakischem Staatsgebiet.

Wirtschaftspolitische Meinungsbildner, etwa Redakteure der führenden Zeit-
schrift „Der Volkswirt", plädierten in der verbleibenden Ersten Österreichischen
Republik aus ebendiesem Bewußtsein des Verlustes für einen Anschluß an
Deutschland. „Deutschösterreich", heißt es da 1920, sei ein „Sozial- und Wirt-
schaftsproblem": „Deutschösterreich hat nie von seiner eigenen Produktion ge-
lebt. Nicht die deutschösterreichische Industrie, sondern die böhmische, mährische, ungarische hat Deutschösterreich, vor allem Wien alimentiert …" So der
Tenor der an „Restösterreich" zweifelnden Ökonomen.

Die tschechoslowakischen Gebiete hatten bei der „Erbteilung" der Regionen
der ehemaligen Donaumonarchie besser abgeschnitten als die Erste Österreichische Republik, insbesondere, was leistungsstarke Betriebe der Schwer- und Metallindustrie anbelangt. In der Zuckerindustrie, in der Roheisenerzeugung und im
Kohlebergbau überflügelte die Tschechoslowakei Österreich um vieles: An Steinkohle hielt der tschechoslowakische Staat 77,6 % der einstigen gemeinsamen Res-
sourcen, Österreich nur 6,3 %. Bei Roheisen verblieben in der Tschechoslowakei
53 %, in Österreich 34 %. Die Zuckerindustrie lag mit 94,7 % praktisch zur
Gänze auf tschechoslowakischem Boden. Auch am Textilsektor fiel der Großteil
an Spinnereien der Tschechoslowakei zu. Dafür verfügte Österreich über ein beträchtliches Wasserkraftpotential, das auszubauen ein erklärtes Ziel des Turbinen-
erfinders Viktor Kaplan war, der bis 1918 an der Deutschen Technischen Hochschule in Brünn gelehrt hatte.

Allerdings war schon vor dem Ersten Weltkrieg das Durchschnittseinkommen
auf dem Gebiet der späteren Österreichischen Republik wesentlich höher als in
den übrigen Ländern der zisleithanischen Hälfte der Donaumonarchie. Das lag
an der kommerziellen, finanziellen und amtsbezogenen Zentralrolle Wiens. Viele
der Kapitalgesellschaften hatten ihre über die gesamte Monarchie verstreuten Be-

triebe von Wien aus geleitet. 1918 hatten 459 Aktiengesellschaften mit einem Kapital von fast 4 Milliarden Kronen ihre Zentralen in Wien, 132 von ihnen waren mit ihren Betrieben aber zur Gänze in den anderen Nachfolgestaaten der Monarchie angesiedelt.

Fast ein Drittel der Bevölkerung der Ersten Tschechoslowakischen Republik waren Lohnarbeiter, mehr als ein Drittel von diesen wieder waren in der Großindustrie beschäftigt. Böhmen, Schlesien und Mähren hatten sich – neben Niederösterreich und der Steiermark – zum fortschrittlichsten Teil Österreich-Ungarns entwickelt, für deren Industrie die vergleichsweise schwach entwickelten Regionen der Donaumonarchie einen geschützten Absatzmarkt geboten hatten. (Teichová, 23). Was in der Donaumonarchie ein geübter Binnenhandel war, mußte sich jetzt, da sich die Länder des Vielvölkerreichs als junge Nationalstaaten gegenüberstanden, zum Außenhandel werden.

Die neue Tschechoslowakei nach 1918 gehört zu den zehn größten Herstellern von Industriegütern in Europa, zu den sieben größten Waffenlieferanten, aber damit auch zu den exportabhängigsten Staaten des Kontinents. Das machte sie besonders empfänglich für die Schwankungen der Weltkonjunktur. Das beschleunigte Wachstum der zwanziger Jahre kontrastiert scharf mit der Krise der dreißiger Jahre, die 1932 einsetzte, allerdings massiv: 1937 hatten die Exporte erst wieder zwei Drittel des Niveaus von 1929 erreicht. Wenig später verliert das Land seine Selbständigkeit.

Bis zur Weltwirtschaftskrise 1929 hielt die ČSR ihre führende Rolle in der Zuckerproduktion, in der Hopfen- und Kartoffelproduktion. Die Agrargenossenschaften der Republik, die sich auch nach Nationalitäten organisierten, waren neben der Industrie der mächtigste Wirtschaftsfaktor im Land. Sie kontrollierten allmählich Kredite, Verarbeitung und Handel, und sie wuchsen durch Kapitalanlagen in Chemie- und Rüstungsindustrie zu mächtigen Partnern heran. Ihre Repräsentanten gehörten der Agrarierpartei an, die wichtige Regierungsstellen besetzte.

Die durch den traditionellen Großgrundbesitz konzentrierte Landwirtschaft wird begleitet von einem fortgesetzten Konzentrationsprozeß in der Industrie: Zwischen 1919 und 1937 verdoppelt sich die Zahl der Aktiengesellschaften, und infolge des Sieges der Entente im Ersten Weltkrieg ändert sich die Kapitalstruktur. Der einstige österreichische Einfluß wird geschwächt, auch in den Banken. Die Prager Börse wird gegründet. Das erstarkte tschechische Interesse verbindet sich mit englischen, französischen, belgischen Finanzgruppen.

Mit dem ersten Nachkriegsjahr 1919 setzte eine klare Nationalisierung des Vermögens ein. Wiener Großbanken wurden von ihren böhmischen Tochterunternehmen getrennt, Präsident Masaryk orientierte sein Land an den USA (sie wurden der größte Gläubiger der Ersten Republik) und an Frankreich (der französische Militärattaché war bis 1925 Generalstabschef der jungen tschechoslowakischen Armee).

Eduard März hat in seiner Studie zur Bankpolitik dargestellt, daß in der Zeit unmittelbar nach dem Zusammenbruch der Donaumonarchie auch verschiedene Modelle einer „Donauföderation" durchgedacht wurden, daß Großbanken und Kapitalgesellschaften auch Interesse daran hatten, die Zusammenarbeit zwischen den Nachfolgestaaten zu aktivieren, daß Frankreich eine enge Kooperation zwischen Österreich, Ungarn und der Tschechoslowakei zu fördern suchte und ein entsprechendes Zollsystem zwischen den drei Ländern sogar im Friedensvertrag von Saint-Germain (der den Anschluß an Deutschland untersagte) festgeschrieben wurde. Die Stunde war für ein solches Zollbündnis im zentraleuropäischen Raum allerdings nicht reif.

Die jungen Nachfolgestaaten pflegten einen wirtschaftlichen Nationalismus, der vor allem darauf abzielte, sich von der Metropole Wien, ihrem finanziellen Zentrum, abzunabeln. Das geschah durch eine verstärkte Industrialisierung in den jungen Republiken, und diese suchte man durch hohe Zollmauern zu begünstigen. Der Reflex, keine neue Bindung mit alten Partnern zuzulassen, ließ auch die aktivsten Vermittler verstummen.

Die Tschechoslowakei beschleunigte überdies die „Nostrifizierung": Im Jänner 1920 heißt es in einem britischen Bericht: „Es werden entscheidende Anstrengungen gemacht, die österreichischen Anteile an böhmischen Industrien aufzukaufen, bis wenigstens 55 % des Kapitals aller großen Fabriken in tschechischen Händen ist."

Präsident Masaryks Wort von den „Deutschen im Land", die „als Immigranten und Kolonisten gekommen" seien, führt bald zur Abwehrhaltung der deutschsprachigen Bevölkerung im Land gegen die junge Tschechoslowakische Republik und zu einem politischen Einheitsgefühl der „Sudetendeutschen", die zunächst ihre Hoffnung auf Wien richteten. Der Minderheitenpolitik der Ersten Tschechoslowakischen Republik sollte es nicht gelingen, aus nationalen und sozialen Streitthemen einen Kompromiß zu formen, obwohl ihr Außenminister Edvard Beneš 1919 ein „Staatswesen nach Schweizer Vorbild" versprochen hatte.

Die Gründung der Ersten Republik wurde in Prag nicht nur mit damals generell üblichen Rückgriffen auf nationale Geschichtsbilder (man erinnere sich an den Freskenschmuck im Repräsentationshaus, dem imposantesten Jugendstilbau der Stadt) und vom Vergleich mit der revolutionären Demokratie des Hussitismus begleitet, sie verstand sich ausdrücklich als Abnabelung von den vergangenen dreihundert Jahren der Donaumonarchie. Die Bodenreform von 1919 bedeutete die Enteigung allen Landbesitzes über 250 Hektar und wurde bewußt als „Tilgung des Unrechts von 1620" argumentiert (als Prag nach der Schlacht am Weißen Berg in die Hand der Kaiserlich Katholischen Liga fiel und das böhmische Staatsrecht aufgehoben wurde). Daraus wird deutlich, wie stark politische und wirtschaftliche Entscheidungen der ersten Nachkriegsjahre in der Tschechoslowakei auch von nationalgeschichtlichen Interpretationen gefärbt waren und objektiv von der Enttäuschung des Jahres 1867 (Ausgleich mit Ungarn). Der Los-von-Wien-Bewegung entsprach die Neuorientierung in wirtschaftlichen Bündnissen.

Drei Konzerne repräsentierten die am stärksten konzentrierte Eisen- und Stahlindustrie der Tschechoslowakei, die nach dem Ersten Weltkrieg von 53 % Auslandskapital dominiert war. Im Maschinenbau war der französische Schneider-Creusot-Rüstungskonzern größter Anteileigner bei Škoda. So wie Škoda allmählich eine Vielzahl branchenverwandter Firmen aufgesogen hatte, beherrschte der „Verein für chemische und metallurgische Produktion", der über Patente und Kapital eng an die belgische Solvay gebunden war, die chemische Industrie.

Die Petroleum- und Pflanzenfettindustrie der Schicht AG in Aussig war nach dem Ersten Weltkrieg schon ganz in den holländisch-englischen Trust der späteren Unilever integriert. Nur Baťa, der Schuhindustrielle aus Zlin, hatte sich von Auslandskapital frei gehalten.

Als die Weltwirtschaftskrise einsetzte, 1929, waren 70 % der tschechoslowakischen Industrie mit Kartellen verbunden; in den Jahren, die folgten, unterstützte auch der Staat Kartellbildungen. Wenn auch deutsches Kapital in der Industrie nicht vorherrschte, Kartellvereinbarungen mit der deutschen Industrie waren dicht gesät, der deutsche Einfluß kam zunächst über die handelspolitische Ebene.

Der Außenhandel mit Österreich geht inzwischen rapide zurück. Die Nachfrage nach Erzeugnissen der Leichtindustrie, ob Textil, Glas oder Porzellan, sinkt aber auch auf dem Weltmarkt, so daß bald hohe Arbeitslosigkeit und sinkende Einkommen in dieser Industrie auf der Tagesordnung stehen. Da diese Branchen stark in den deutschbesiedelten Randgebieten vertreten waren, begünstigt die negative wirtschaftliche Entwicklung nationale Tendenzen im Land. Die Arbeitslosigkeit in den deutschböhmischen Grenzregionen war viermal so hoch wie im Landesinneren, was die extremen Parteien politisch profitieren ließ.

Inzwischen ging Adolf Hitler daran, die Tschechoslowakei als Teil einer gegen das Deutsche Reich gerichteten europäischen Koalition zu demontieren. Das „Münchner Abkommen" ermöglicht ihm 1938 die Annexion der sudetendeutschen Gebiete und bereitet den Fall des restlichen tschechischen Staatsgebietes vor. Ab Oktober 1938 wurde die Tschechoslowakei zerteilt, ihre Volkswirtschaft aufgelöst und in die deutsche Kriegswirtschaft eingebracht. Mehr als 80 % der gesamten Auslandsbeteiligungen in der tschechoslowakischen Industrie und in Geldinstituten wurden spätestens 1939, als der Reststaat ebenfalls von deutschen Truppen besetzt wurde, in deutschen Besitz transferiert.

Nach 1945 verringert sich die Bevölkerung der Tschechoslowakei durch die Vertreibung der deutschen Bevölkerung um etwa drei Millionen Menschen. Diese Maßnahmen führten zu einer teilweisen Entvölkerung fortschrittlicher landwirtschaftlicher und industrialisierter Regionen. Diese Maßnahmen hatte Präsident Edvard Beneš schon im Exil vor Kriegsende paktiert, ebenso wie den Abschluß eines tschechoslowakisch-sowjetischen Bündnisses 1943, das wegen der ablehnenden Haltung der Sowjetunion zum vormaligen Münchner Abkommen jetzt bei den Tschechen breite Zustimmung fand.

Edvard Beneš interpretierte aber auch den „Transfer" der Sudetendeutschen als ein Stück „sozialer Revolution", als Etappe auf dem Weg zu einer generellen Verstaatlichung aller Produktionsmittel (Prinz, 415). So gesehen war es Wirtschaftspolitik, die zum Teil auf Ressentiments aus der Habsburgermonarchie baute, deren Durchsetzung freilich nach den Ereignissen in Hitlers „Protektorat Böhmen und Mähren" (insbesondere nach dem Massaker von Lidice) bei den Alliierten auf keine Einwände stieß. Per Dekret wurden 1945 11.200 Industrie- und 55.000 Gewerbebetriebe enteignet.

Der Historiker Jaroslav Kučera resümiert treffend: „Die Abschiebung der Deutschen aus der Tschechoslowakei erfolgte in einer Situation, die durch die Aggression des deutschen Nationalsozialismus geprägt war. Ohne Hitler wäre der Gedanke der Abschiebung als Grundprinzip bei der Lösung von Nationalitätenkonflikten in Mitteleuropa in dieser extremen Form wohl kaum je entstanden, ganz sicher hätte er sich aber weder innenpolitisch noch auf internationaler Ebene als allgemein akzeptierte Maßnahme durchsetzen können. Der weitgehende Zerfall der bisherigen politischen Ordnung und der ethischen Maximen wurde von der tschechoslowakischen Regierung allerdings auf eine Art und Weise genützt, die nur Bedenken auslösen kann. Bei der Behandlung der deutschen (und ungarischen) Bevölkerung der Tschechoslowakei verließ die tschechoslowakische Politik den Boden der Rechtsstaatlichkeit. Ob das ein direkter Schritt zur vierzigjährigen totalitären kommunistischen Herrschaft war, mag umstritten sein, unbestritten ist aber, daß es ein Schritt war, der die tschechoslowakische Gesellschaft von den Grundwerten einer westlichen Demokratie entfernt hat.“

In den letzten freien Wahlen 1946 erreicht denn auch KP-Chef Klement Gottwald 40 % der Stimmen. Mit der Machtübernahme der KP im Februar 1948 kommt die Planwirtschaft ins Land, die „in einem knappen Jahrzehnt zur tiefgreifendsten wirtschaftlichen Umwälzung und zur radikalsten gesellschaftlichen Umschichtung in der tschechoslowakischen Geschichte führt“ (Teichová, 81).

Bis 1949 verschwanden alle Merkmale einer Wirtschaftsdemokratie aus dem Land, im Jänner dieses Jahres wurde der „Rat gegenseitiger Wirtschaftshilfe“ (RGW) in Osteuropa gegründet. Die im Ostblock am höchsten entwickelte Tschechoslowakei wurde abgemahnt, weil sie den Handel mit dem Westen nicht drastisch eingeschränkt hatte. Bis 1953 wurde der Außenhandel umgepolt, das Land wurde zur Maschinenbauwerkstatt Osteuropas. Binnen zwei Jahren, 1950–52, vervierfachte sich die Produktion der Rüstungsindustrie. Alles gehorchte militärischen Zwecken. Der „Übergang des Dorfes zum Sozialismus“ führte zur Zerstörung des „bisher effizientesten Agrarwesens Mitteleuropas“ (Teichová, Die Grenzen, 62).

Schon in den sechziger Jahren stellten offizielle Wirtschaftsanalysen die Diagnose, daß im Vergleich mit dem Weltniveau nur ein Drittel der Maschinenbauprodukte in der Tschechoslowakei den erforderlichen Standard erreichten. Motivation und materieller Anreiz – durch Durchschnittslöhne vereitelt – leisteten der Qualitätsverschlechterung Vorschub, Anlagen veralteten, Investitionen blieben aus.

Die wirtschaftspolitischen Reformen, die Ota Šik in den sechziger Jahren in der kommunistischen Partei selbst einleitete, wurden mit dem Einmarsch der Warschauer-Pakt-Truppen 1968 wieder zunichte gemacht, zentrale Bürokratie und sozialistische Planwirtschaft hatten erneut das Sagen. Bis zur Wende 1989. Damals begann der „Weg nach Europa“; begleitet und stimuliert von der Wiederentdeckung einstiger Wirtschaftskompetenz, der Wende von Ost nach West im Außenhandel und der Renaissance renommierter Markennamen.

Budvar/Budweiser und Pilsner Urquell

Brauereien als Wirtschaftsbarometer

„Die größte Freude machen mir die Kellner, die mich, kaum daß sie meiner ansichtig werden, freundschaftlich messen und mir eine Maß Pilsner bringen und sie mir vor die Finger schurren." So beschreibt der große böhmische Dichter Bohumil Hrabal den hedonistischen Augenblick, der ihm bei seinen literaturträchtigen Streifzügen durch Prag selbst in finstersten kommunistischen Zeiten geblieben ist.

Die Anhänglichkeit des tschechischen Trinkers an Hopfen und Malz spiegelt sich im Pro-Kopf-Verbrauch, der sich in den letzten Jahren auf 160 Liter jährlich erhöhte. Damit liegen die Tschechen noch vor den Deutschen. Rechnen wir ein, wie es der Direktor des Tschechischen Brauereienverbandes beflissen tut, daß jährlich allein von den ausländischen Touristen eine Million Hektoliter Bier getrunken wird, dann erreicht der Konsum immer noch 151 Liter pro einheimischen Kopf.

Vergleichsweise bescheiden nimmt sich da die Trinkfreude des Bürgers der österreichisch-ungarischen Doppelmonarchie aus, der zwischen Salzburg und Böhmen, Steiermark und Schlesien, kurz in jenen Ländern, die man als „Bierkonsumländer" verstand, im Jahr 1890 durchschnittlich 90 Liter Bier genoß. Die Steigerung dürfen wir dem Markenbewußtsein zuschreiben, das „Pilsner" und „Budweiser" zum Inbegriff böhmischen Biers werden ließ, aber auch der Mangelwirtschaft der totalitären Zeit, die diese exportträchtige Marken im Lande selbst zur Rarität machte.

Die böhmische Brauhistorie reicht weit in die Vergangenheit. Allerdings geschah meist erst in der zweiten Hälfte des 19. Jahrhunderts das Bahnbrechende: der Zusammenschluß von Hunderten brauberechtigten Stadtbürgern und der rege brautechnische Austausch dieser Betriebe mit Bayern und England, der die Hopfenblütenträume auch zur Reife brachte. Das Getränk, das Friedrich Smetana zu seiner Bierhymne veranlaßte, ist nicht mehr der bittere Gerstensaft, der in ungezählten kleinen Brauhäusern der frühen Neuzeit gewonnen wurde. Auch wenn das Land seit dem Mittelalter für Braukünste bekannt ist.

Seit dem 12. Jahrhundert wird der Saazer Hopfen gerühmt, in einer Stiftungsurkunde der Kirche am Prager Vyšhehrad wird 1088 erstmals eine Bierbrauerei erwähnt. Nicht nur in Böhmen wirkte die Herrschaft über die Nahrungskette. Grundherrschaft und Bauernschaft unterschied sich nicht zuletzt dadurch, daß es dem Grundherrn vorbehalten war, die geernteten Rohprodukte in Nahrungsmittel zu verwandeln, Mehl und Bier zu verteilen, auch wenn den Ortschaften Brau- und Schankrecht gegen Entgelt erlaubt werden konnte. Anders als auf dem Land gehörte bei der Neugründung vieler Städte das Braurecht zu den Bürgerprivilegien, neben Handels- und Gewerberechten. Eigentlich begann die nachvollziehbare Geschichte des Budweiser Biers mit der Gründung der Stadt 1265 durch König Přemysl Otakar II.

ZANKAPFEL ZWISCHEN BÜRGERN UND ADEL

Die Zubereitung von Bier war an das Braurecht und dieses an bestimmte Stadthäuser gebunden und wurde mit diesen weitervererbt. Der Handel mit Bier folgte auf dem Fuß, und bald mußte das sogenannte Meilenrecht sichern, daß im Umkreis von 10 Meilen rund um die Stadt gewerbliches Brauen und Ausschenken verboten war, um den Budweiser Bürgern ihren Markt zu sichern. Dieses Recht erhielt Budweis 1351 durch Kaiser Karl IV. verbrieft. Das Brauen wurde bald spezialisiert: Schon im 14. Jahrhundert trennt sich in Budweis die Zunft der Brauer von den Mälzern. Fachleute wurden ausgebildet.

Noch heute sind viele ehemalige Braustätten innerhalb der alten Budweiser Stadtmauern lokalisierbar, der finanziell einträgliche Bierhandel bewog die Stadtverwaltung selbst bald neben den einzelnen Bürgern mit Bierbrauerei zu beginnen: 1496 wird diese Städtische Brauerei erstmals genannt, die Mälzerei befand sich gleich im Hoftrakt des alten Rathauses. Die Braustätte genießt im späten Mittelalter – außergewöhnlich und im Land historisch einmalig – den Ruf einer herausragenden Weizenbierbrauerei. Ebendeshalb wurde die Gemeindebrauerei erweitert und das Haus am Rožnover Tor – heute die Weinstube Savoy – dazugekauft. Bereits Mitte des 16. Jahrhunderts existiert eine Rohrleitung vom Roznover Teich zur Brauerei. Die Rohstoffe werden zunächst in der Umgebung von Budweis angebaut, erst später kauft man das Getreide in Oberösterreich, Hopfen in Soběslav, Pilsen und Saaz.

Aber die bürgerlichen Hausbrauereien und die Städtische Brauerei blieben nicht allein. Bierbrauen war ein einträglicher Erwerb und wird zum Zankapfel zwischen Adel und Bürgertum. Nach den Hussitenkriegen im 15. Jahrhundert, die in Böhmen nicht nur eine religiöse, sondern auch eine soziale Revolution waren und die politische Position der Städte zunächst stärkten, brach der Adel, dem die von den Städten geförderte Stärkung der königlichen Zentralgewalt ein Dorn im Auge war, das Brauprivileg der Städte. Die oberen Stände beriefen sich auf das Recht, auf ihren Gütern als Herren und Ritter volle Wirtschaftsfreiheit zu haben und ihr Bier auch in Stadtnähe verkaufen zu dürfen. Im sogenannten Sankt-Wenzels-Vertrag von 1517 wurde gerade den königstreuen Städten Pilsen und Budweis das Braurecht und somit ihre Wirtschaftskraft geschmälert. Der Adel erhielt freie Hand und gründet ringsum eigene Brauhäuser.

Der Leibarzt Kaiser Rudolfs II., Hayek ab Hayck, verfaßt 1585 das erste österreichische Buch über Brautechnik, betitelt „De cervisia" (Vom Bier). Hayek nennt als jene Städte, deren Bier gepriesen wird, die westböhmischen Städte Rokycan, Schlan und Saaz. Von den Prager Bieren rühmt er das Klosterbräu, das schon im Wanderbuch des Johann Butzbach im 15. Jahrhundert mit Lob bedacht wird und dem Vergleich mit einem archäologischen Fund standhält: „Man braut daselbst ein sehr starkes und kräftiges Bier, welches Altbier geheißen wird und so dick ist, daß man schier Gegenstände damit zusammenleimen kann. Es wurde allda zu meiner Zeit ein Keller wiederhergestellt, welcher vor 30 Jahren eingestürzt war. Man fand darin zwei Quantitäten Bier ohne Faß in der eigenen, sehr dicken Haut liegen, und als man diese gleich wie Holz anbohrte, zapfte man ein so vorzügliches Bier daraus, daß kein Mensch bezeugen konnte, jemals so kostbares getrunken zu haben."

Die Biere Böhmens, das einen Oberst-Braumeister des Königreichs besaß, der aus dem hohen Adel gewählt wurde, hatten Rang und Namen. Kaiser Ferdinand I. war von der Güte des Budweiser Biers, besonders des Weißbiers so angetan, daß er 1547 anordnete, die Stadt möge einen Mälzermeister nach Augsburg senden, damit auch dort nach Budweiser Art gebraut werde. Und es gab nicht nur die böhmischen Biersorten. In Renaissance- und Barockzeit schwärmen Reiseberichte vom mährischen Iglauer Bier und vom schlesischen Bier aus Schweidnitz, das nach Polen, Wien und sogar nach Italien exportiert wird. Ein Sprichwort jener Zeit nennt die Gewinner: „Schäfereien, Brau-Häuser und Teich/Machen die böhmischen Herren reich."

Brünn

Brauerei Budweis

Brauerei Pilsen

Daß dieses Kronland einen Vorsprung verzeichnen konnte, lag vielleicht auch in der Reglementierung von höchster Hand. „Hatte doch Kaiser Friedrich III. in seinen österreichischen Weinländern im Jahr 1449 das Bierbrauen und Schänken gänzlich verboten und nur den Hausherren mit ihrem Gesinde erlaubt, in ihren eigenen Häusern Bier zu brauen und zu trinken" (Die Großindustrie, 204). Noch im 16. Jahrhundert suchte die Obrigkeit auf diese Art einer Teuerung der Gerstenpreise vorzubeugen.

Erst 1829 verschwanden die unterschiedlichen, auf einzelne Länder bezogenen Steuerabgaben, vom „Biergroschen" bis zum „Umgeld", und eine einheitliche Biersteuer wird eingeführt. So wie das Bier erst in der frühen Neuzeit zu einem Volksgetränk wird, so werden erst an der Wende zum 19. Jahrhundert jene Voraussetzungen geschaffen, die den überregionalen Auftritt überhaupt ermöglichen : die Bündelung individueller Braurechte und Privilege und der Blick über die Grenze.

In Budweis erkennen die Bürger, daß die Herstellung im Hausbedarf der einzelnen brauberechtigten Häuser im Gegensatz zur stadteigenen Brauerei an Lukrativität einbüßt. 1795 überläßt die Stadt ihre beiden Brauereien gegen Entgelt den Stadtbürgern: Dieser Rechtsakt formte eine Bierbrauerei, genannt „Budweiser Bräuberechtigten Bräuhaus". Damals wurde vereinbart, daß das Braurecht sich nur auf 387 Häuser der Innenstadt beziehe, deren Besitzer zu Teilhabern der neuen Bierbrauerei werden (Hajn, 13).

Ehe nun andere prominente Städte einen vergleichbaren Zusammenschluß üben, gelingt in der Wiener Vorstadt ein „Quantensprung" der Braukultur.

DER KONTINENTALE AUFSCHWUNG − DAS LAGERBIER

Die Brauerei „Klein-Schwechat" bei Wien gilt dem 19. Jahrhundert als Musterbetrieb. Denn hier erzeugte Anton Dreher (1810–1863) erstmals haltbares „Lagerbier". Bevor er den väterlichen Braubetrieb übernahm, hatte er sich, übrigens gemeinsam mit dem Sohn des Münchner Spatenbräu-Besitzers, auf jugendliche Exkursion ins Bier-Mekka England begeben und sich dort von der Pike auf im Brauhandwerk verdingt. Diese Art der „Bildungsreise" machte ihn in Wien verdächtig, es dauerte, bis er das Geld besaß, das Familienunternehmen zunächst zu pachten.

Als er aber 1836 mit einem neuen „Kaiserbier" den Bierausstoß verdreifacht und den Braubetrieb 1839 von Obergärung auf Untergärung der Würze umstellt, wird er als „Erfinder des Lagerbiers" gefeiert. 20 Jahre später ist seine Brauerei die größte des Kontinents, Dreher setzt Innovation auf Innovation und ist auch der erste in Österreich, der in der Brauindustrie Dampfkraft nützt. 1859 kauft er die Brauerei Micholup bei Saaz in Böhmen, mitten im berühmten Hopfenbaugebiet, ein Gut, das ihm auf mehr als 3000 Hektar auch gleich ein eigenes Kohlebergwerk bietet. Mit der Gründung der Dreherschen Brauerei in Böhmen wurde nicht nur vorzügliches Rohmaterial an Ort und Stelle verarbeitet, es wurde auch, so diagnostiziert es um die Jahrhundertwende ein Kenner des Braugewerbes, „eine von dorther drohende Concurrenz unschädlich gemacht" (Die Großindustrie, 236).

Der Siegeszug des untergärigen Verfahrens hatte ab 1850 Böhmen erfaßt, zur Einführung wurden vielfach bayrische Braumeister geholt. In Pilsen war es der bayrische Mälzer Josef Groll, der – als Starthelfer geholt – das untergärige Bier zu Ansehen brachte.

Die Entwicklung des Brauhauses Pilsen übertraf alle Erwartungen, die die „bräuberechtigte Bürgerschaft" am 4. Oktober 1842 in das Unternehmen setzte, als man „nach hartem Kampfe gegen Vorurtheil und Eigennutz" die Brauerei einweihte. Bis dahin hatte man „in primitiv eingerichteten Privat- und Klosterbrauereien" nur obergäriges Bier gebraut mit dem Ergebnis, daß auswärtige Biere das heimische verdrängten. Das ändert sich schlagartig, als die alte Braumethode aufgegeben wird und aus dem neugegründeten Brauhaus „Unterhefenbier" in den Handel kommt, „das mit seiner goldhellen Farbe und seinem kräftigen Mousseux bei allen Trinkern Bewunderung erregte" (Die Großindustrie, 228).

Als mit dem Jahr 1862, mit der Eröffnung der „Böhmischen Westbahn", der späteren „Kaiser-Franz-Josephs-Bahn", der Bierversand nach Prag, Wien und ins Ausland möglich wird, setzt der Aufschwung ein, und das Gelände rund um das Brauhaus wächst zu einem eigenen Stadtviertel heran. Wenn zuerst nur der Eigenbedarf gedeckt und der Import zurückgedrängt werden sollte, so gewinnt jetzt das Pilsner Urquell internationalen Ruf. Werden im Gründungsjahr 1842 3657 Hektoliter erzeugt, sind es 1864 schon mehr als 62.000. Und schließlich – jetzt ist Pilsen an die Schiene angeschlossen – springt der Bierausstoß binnen vier Jahren auf mehr als 108.000 Hektoliter im Jahr 1869.

Um die Jahrhundertwende erstrecken sich kilometerlang die in klimatisch guten Sandstein gebauten Lagerkeller, drei amerikanische Malzmühlen schroten das Getreide, sechs Kühlhäuser bereiten die Würze. Parallel mit neuen Braumethoden ändert sich die Ausstattung der Brauereien: Eisen ersetzt Holz.

Damit erst wird die „Reinlichkeit als technische Cardinaltugend des Brauwesens" möglich. Eine „neue Aera", die man noch Jahrzehnte später emphatisch zu schildern weiß: „An die Stelle der alten düsteren Keimlocale, mit ihren hölzernen unbeworfenen Decken treten weite luftige Räume mit leichten säulengetragenen Decken, die sich etagenförmig in mehrere Stockwerke erheben, mit rationeller Ventilation und sorgfältig ausgeführter Pflasterung. Während früher der Brauerbursche auf schlechten engen Stiegen schwere, große Säcke mit Gerste und Malz viele Stockwerke emporschleppen mußte, wird diese Arbeit fortan durch die mannigfachsten Transporteinrichtungen, als Hand- und Maschinenaufzüge, Fahrstühle, Becherwerk, Elevatoren, Paternoster, Transportschnecken, Streifgurten und Kippwagen geleistet" (Die Großindustrie, 211) – eine Heerschau des Maschinenbaus, die hier vorgeführt wird.

1863 gehören in Pilsen Gummischläuche und das Bierkarussell in der Abfüllung zum Standard, 20 Jahre später installiert Ingenieur František Křižik seine Bogenlampen und macht das Unternehmen zu einem der ersten mit elektrischer Beleuchtung in Mitteleuropa. Den Markennamen „Pilsner Urquell" (Plzěnsky Prazdroy), mit dem das westböhmische Lagerbier dann seine Erfolge häufte, schufen die Handelsvertreter der Brauerei in Berlin, die Gebrüder Camphausen.

England war zum großen Vorbild der österreichischen Brauer geworden. Lange war hierzulande alles auf Empirie aufgebaut. Noch zu Beginn des 19. Jahrhunderts gab es in Österreich kaum mehr als 20 Braumeister, die das Thermometer verwendeten. Sogar der innovative Braumeister Anton Dreher beschreibt, wie er, als er 1839 begann Untergäriges zu brauen, „immer schon früh in den Garten lief, um am Grase mit Hand und Auge zu constatieren, ob schon Reif sei, denn es war dazumals noch nicht Mode, einem Bräuführer einen Thermometer an das Fenster zu geben" (Wagner, 40).

England gibt den Anstoß zu einer Industrialisierung, in deren Folge die Malzbereitung sorgfältiger geschieht und die Gerste so weit wie möglich luftgetrocknet wird. 1820 erzeugen die Londoner Brauereien das mehr als Zehnfache der böhmischen Brauereien.

Nicht zuletzt war die kontinentale Entwicklung auch durch die Napoleonischen Kriege geknebelt, und es braucht wieder Pioniere, zu denen auch Paul Balling gehört, der ab 1835 an der jungen Prager Technischen Hochschule Forschungen in der Gärungschemie vorantreibt, immer in engem Kontakt zur Praxis. Auch in Budweis reicht Mitte des Jahrhunderts der Platz in der Stadt nicht mehr. Man errichtet auf der grünen Wiese 1847 ein neues Brauhaus und steigt auf untergäriges

Bier um, das durch Klarheit, süffigen Geschmack und Schaum besticht und damals in Böhmen als „bayrisches Bier" bezeichnet wird. Hatten 1841 von den in Österreich und seinen Ländern vorhandenen Brauereien noch der größte Teil obergärig gebraut, so brauten 1872 von gezählten 2390 Brauereien 2021 untergäriges Bier.

BIER ALS NATIONALE SPEERSPITZE

In Budweis gipfelte der Aufstieg der Brauwirtschaft im Jahr 1894 in der Errichtung der neuen „Tschechischen Aktienbierbrauerei". Budweis war damals eine gemischte Stadt. 1890 lebten in Budweis 16.271 Tschechen und 11.117 Deutsche (Hajn, 16).

Es herrschte bereits ein heftiges Tauziehen zwischen den beiden Nationalitäten, das Wahlgesetz stärkte die deutschsprachige Bevölkerung, zumal es sich an der Höhe der abgeführten Steuerleistung orientierte. Und wirtschaftlich war die deutsche Bevölkerung stärker. Nun suchten die Tschechen durch Neugründungen von Firmen mit tschechischem Kapital ihre Position zu verbessern. In den 90er Jahren entstanden aus diesem Beweggrund eine Kunstdüngerfabrik, eine Emailgeschirrfabrik und eine Brauerei. Die mußte zunächst gegen die Stadtbürgerbrauerei und gegen die Fürstlich-Schwarzenbergschen Brauereien in Třeboň und Protivin, die damals jede über 100.000 Hektoliter ausstieß, Boden gewinnen.

Es war eine „markant nationale Motivation" (Hajn), die 1894 zum Gründungsakt führte. Die erste Gründungsversammlung wurde im ältesten tschechischen Verein der Stadt abgehalten. Vorsitzender war Dr. August Zatka, dessen Familie bereits braurechtigte Häuser besaß. Im August 1894 begann der Bau, bis Jahresende waren Sudhaus, Gärkeller, Maschinenraum, Böttcherei und Verwaltung unter Dach. Die Brauerei entstand an der Prager Landstraße, die Moldau lieferte Eis zur Kühlung. Das Wasser für den Sud pumpte man aus 20 Meter tiefen Brunnen. Im Verwaltungsrat der Aktionäre fanden sich ein Gastwirt ebenso wie Immobilienhändler und ein Stabsarzt, alle Tschechen.

Der erste Mälzer für die Tschechische Aktienbierbrauerei wurde aus Pilsen geholt, die Liste der Abnehmer bestand aus vorwiegend tschechischen Restaurants. 1896 errang die Aktienbrauerei wichtige Auszeichnungen, etwa auf der Apotheker-Ausstellung in Prag, 1897 lieferte man bereits nach Wien, Prag und Triest und expandierte ständig, 1906 entstand ein zweites Sudhaus. Nationaler Ehrgeiz und nationale Agitation allein wäre sicher zuwenig gewesen, die Zufriedenheit der Biertrinker wollte auch gewonnen sein. 1908 überholte die Tschechische Aktien-bierbrauerei mit 136.000 Hektolitern die deutsche Stadtbürgerbrauerei. In den Folgejahren entbrannte ein harter Preiskampf zwischen Städtischer und Aktien-brauerei, der vom Verband böhmischer Brauereien geschürt wurde, nicht zuletzt, um dritte Braustandorte zu begünstigen.

Die Eisenbahn fördert die Konkurrenz, kleinere Brauereien auf dem Land ge-hen unter. Früher hatte es eine Symbiose von Landwirtschaft und Kleinbrauereien gegeben. Gerstensorten aus schwächeren Böden, deren Transport sich nicht ren-tierte, konnten oft von Landbrauereien vor Ort verarbeitet werden, die als Gegenwert die Treber als Futtermittel abwarfen. Derartige Kreislaufwirtschaft ver-schwand. Zur Jahrhundertwende stand Niederösterreich mit seinen Großbraue-reien an der Spitze aller Kronländer, Böhmen besetzte mit acht Großbrauereien den zweiten Rang. Der Brauriese war Schwechat, gefolgt von Pilsen. Die Linzer Poschacher-Brauerei lag an 23. Stelle noch vor Budweis.

1911 ließ die Tschechische Aktienbierbrauerei in Budweis ihre Schutzmarke re-gistrieren: Das Bild einer jungen Kellnerin in südböhmischer Tracht, die in der einen Hand Gläser mit dunklem Granatbier, in der anderen Gläser mit hellem Bier anbietet, ist heute wieder allgegenwärtig.

„Matični slavnosti" hießen die tschechischen Vereinsfeste, die Jahr für Jahr Ende Juni auf dem Gelände der Brauerei an der Ausfallstraße Richtung Prag ver-anstaltet wurden, um die Masse der trinkfrohen Kunden bei der Stange zu halten. Es war am 28. Juni 1914, als mitten in das Brauereifest die Nachricht vom Attentat auf den Thronfolger in Sarajevo platzte und das Volksfest abgebrochen wurde. Niemand ahnte, daß es das letzte Mal war. Der Ausbruch des Kriegs brachte bald eine Rationierung der Gerste mit sich, Malz wurde später aus Hafer gewonnen. Als auch Hafer immer schwieriger zu beschaffen war, wurde Bier letztendlich aus Mais, Kartoffelstärke oder Rüben gebraut.

1915 sank die Produktion auf die Hälfte der Vorkriegsjahre. 1917 durfte die Brauerei nur mehr 6 % der im Jahr 1913 hergestellten Menge erzeugen. Von den im Jahr 1913 in Böhmen gebrauten 10 Millionen Hektoliter Bier blieben 1917 nur mehr knapp 3 Millionen Hektoliter übrig. Gleichzeitig eskalierten die Bierpreise. Der Restaurantgast zahlte 1915 nicht mehr, wie in Friedenszeiten, für die Halbe Bier 7–9 Heller, sondern mehr als das Dreifache. Im November 1917 klettert der Bierpreis pro Glas auf 1,40 Kronen.

Kein Gasthaus durfte sowohl mittags wie abends ausschenken. Noch 1916 „trat eine Anordnung in Kraft, laut der ein Gast höchstens zwei Biere bekommen konnte, und wenn er mit dem Krug in der Hand kam, dann nur eins – sofern es überhaupt Bier gab" (Hajn, 24). Im Pilsner Bürgerbräu beschlagnahmte die Regierung wegen des Buntmetallmangels in Österreich-Ungarn alle Kupferpfannen für die Kriegswirtschaft und nahm der Brauerei praktisch das Werkzeug aus der Hand.

Vor dem Ersten Weltkrieg existierten auf dem Gebiet der späteren Tschechoslowakei 633 Brauereien. 1918, nach dem Krieg, blieben 28 übrig. Bis 1922 wirtschaftete man mit Ersatzrohstoffen, erst danach war wieder Gerste frei verfügbar. Erst 1928 wurde der Vorkriegsausstoß der Tschechischen Aktienbierbrauerei Budweis überboten, in Pilsen dauerte es sogar achtzig Jahre, bis in die Zeit nach der Wende 1989, daß die Produktionsmenge von 1913 wieder erreicht wurde. Denn die Planwirtschaft nach 1948 drosselte auch diese traditionelle wirtschaftliche Domäne des Landes. Obwohl sich das Management in Budweis gegen eine Verstaatlichung stemmte, wurde diese Nationalisierung besonders vom kommunistisch beherrschten Betriebsrat durchgezogen.

Die einstige Stadtbürger-Bierbrauerei in Budweis (Marke „Samson") war bereits aufgrund der Beneš-Dekrete 1945 entschädigungslos enteignet worden. Zwei Jahre später wurde ihr Vermögen dem verstaatlichten Budvar-Betrieb (ehemals Tschechische Aktienbierbrauerei) zugeschlagen, der – um einige weitere Braubetriebe angereichert – als Kollektiv jetzt „Südböhmische Brauereien" hieß.

DER AMERIKANISCHE ZWILLING

Die folgenden 40 Jahre stutzten das Selbstverständnis der Branche. Das Brauereiwesen wurde in der Tschechoslowakei degradiert und in die niedrigsten Lohngruppen eingestuft. Die Schwerindustrie erhielt Vorrang. Der erste Budweiser Nachkriegs-Export in die Sowjetunion 1949 allerdings war von besonderer Güte: eine von der Brauereileitung eigens verfertigte Kiste mit 80 0,33-Liter-Flaschen und sechs künstlerisch gestalteten Gläsern für Josef Stalin anläßlich seines 70. Geburtstags.

Die Budweiser Brauerei war in kommunistischen Zeiten dazu ausersehen, die Devisenkonten der Tschechoslowakei aufzubessern: Trotzdem wurde der Export nach Westeuropa bis in die sechziger Jahre kleingehalten, erst 1963 wird in die BRD exportiert. In der zweiten Hälfte der achtziger Jahre liberalisierte sich die

Ausfuhr, allerdings auf Kosten der tschechischen Biertrinker: Ende der achtziger Jahre gingen fast 75 % des erzeugten Biers ins Ausland, auf dem Binnenmarkt war „Budvar" Mangelware.

Mit der Wende 1989 tauchte der Plan der Privatisierung auch in Budweis auf, wurde aber rasch aufgegeben, nachdem die Belegschaft mit Streik drohte. „Budvar" blieb staatlich, bis heute. Die Bierbrauerei „Samson" in Budweis hingegen, das einstige deutsche bürgerliche Brauunternehmen, wurde im Rahmen der Aktiengesellschaft „Südböhmische Brauereien" privatisiert. „Budvar" blieb staatlich, auch als der amerikanische Namensvetter Anhäuser-Busch mit ausländischem Kapital aufwartete und sich um eine kräftige Beteiligung bei Budvar bemühte.

Budvar baute zunächst eigene Handelskontakte und ein eigenes nichtstaatliches Vertriebsnetz auf, dann wurde generalsaniert. Binnen drei Jahren konnte die Brauerei ihren Ausstoß um 54 % steigern, damit bekamen erstmals auch die Tschechen wieder ausreichend „Budvar" ab. Das gute wirtschaftliche Ergebnis der Brauerei Budvar ließ eine allfällige Privatisierung in den Hintergrund rücken. Inzwischen ist Budvar der größte Bierexporteur in Tschechien.

Nur der amerikanische Markt ist in Händen von Anheuser-Busch. Dieser konkurrierende amerikanische Braukonzern hatte sich schon Mitte des 19. Jahrhunderts den guten Ruf böhmischen Biers zunutze gemacht. Budweis exportierte seinerseits ab 1906 in die USA. Es dauerte nach dem Ersten Weltkrieg aufgrund des Prohibitionsgesetzes allerdings lange, bis sich dieser Markt wieder belebte. Und als sich der Erfolg einstellte, führte er auch prompt zum Streit mit Anheuser-Busch und trotz in den USA registrierter Budvar-Schutzmarke zur Einstellung des Exports.

Eberhard Anheuser, ursprünglich ein Seifenproduzent, war 1857 groß ins Braureigeschäft eingestiegen, sein deutschstämmiger Schwiegersohn Adolf Busch übernahm 1865 den Betrieb, handelte sogar mit böhmischem Hopfen und nahm Kuren in Karlsbad. Ein „Europaflüchtiger" wie viele im 19. Jahrhundert, der die Anhänglichkeit an europäische Marken in der Neuen Welt kultivierte. Busch wurde in der Folge zum schlauen Kopisten: Er ahmte den Brauprozeß nach, er holte sich sogar Saazer Hopfen aus dem alten Kontinent, und seit 1876 wurde „Budweiser" in der Neuen Welt gebraut.

Buschs Kompagnon Carl Conrad gab sich gekonnt naiv und beteuerte, er wisse gar nicht, daß Böhmisch-Budweis gerade durch Bier bekannt geworden war. Und Busch blieb nicht der einzige. Auch in Pennsylvania, sogar in Brooklyn nannten Brauereien ihre Biere „Budweiser Brewing". Erfolg hatte auf Dauer aber nur Anheuser-Busch. Ende des 19. Jahrhunderts produzierte er bereits Millionen Hektoliter für den Weltmarkt.

1911 arrangierte sich die Tschechische Aktienbierbrauerei Budweis erstmals mit dem Übersee-Riesen: Die Amerikaner übernahmen den Weltmarkt, Europa überließen sie den Tschechen, und diese durften oder mußten sich den Zusatz „Original" in die Marke nehmen. 1937 kam es zur neuen Konfrontation, weil die Tschechen weiterhin in die USA exportierten. Im Vorfeld des Zweiten Weltkriegs sah sich die Budweiser Firma erneut genötigt, Zugeständnisse an den großen Namensvetter zu machen. Heute berufen sich beide, die Tschechen mit „Budvar" und die Amerikaner mit „Budweiser", auf die alten Vorkriegsverträge, das Tauziehen geht weiter, nachdem das Werben des US-Konzerns bislang abgeschmettert wurde.

WETTLAUF DER BRAURIESEN

Der selbstbewußte Staatsbetrieb in Budweis stellt heute ein Drittel des gesamten Bierexports, einstige Braumeister verdingen sich als Touristenlotsen, das brauereieigene Hotel „Malý pivovar" pflegt kulinarisch, was jede Bierreklame verspricht: Bierbrauen als urwüchsiges, den Rohstoffen, dem Boden, dem Getreide und Quellwasser verbundenes Handwerk.

Die Brautechnik mußte die Bilderromantik längst verlassen. Das vorgekeimte Malz, das auf Böden oder Darren mit warmem Rauch auf Hürden von Weidengerten getrocknet wurde; die Brauhäuser des Mittelalters und ihre einfache Technik, die Obergärung, die starkes, aber schaumloses und oft trübes Bier erzeugte; den Aberglauben, der leistungsfähige Brauhefe aus dem Schmutz der Türschwelle versprach. Davon hat sich bereits das 19. Jahrhundert verabschiedet, seit das Malz auf Darren mit Heißluft getrocknet, von den Keimen befreit und grob gemahlen wird.

In Maischbottichen entsteht in mehreren Stufen aus Malz und Wasser die Würze, aus der dann beim Kühlen der ausgekochte Hopfen, Eiweiß- und Bitterstoffe beseitigt wurden. Erst dann wird die Würze mit edler Brauhefe zum Gären gebracht. Seit 1888 existierte zur Verteilung von Brauhefe ein eigenes Forschungsinstitut in Prag.

Neun Tage lang gärte das Bier in offenen Eichenbottichen, später dann als junges Bier bei niedrigen Temperaturen in Lagerbierfässern, in denen es mit Kohlensäure gesättigt wird. Heute geschieht das im Prinzip genauso, nur eben in anderen Maßstäben: Im Dreischichtbetrieb des Sudhauses „Budvar" wird an einem Tag soviel an gehopfter Würze erzeugt, wie eine Ortsbrauerei früher ein ganzes Jahr lang braute.

Budweis verwendet besonders weiches Wasser aus 300 Meter Tiefe, die Kühlvorgänge verlaufen heute in geschlossenen Systemen wie anderswo, aus den Eichenholzbottichen wurden rostfreie Stahltanks und die Lagerbier-Eichenfässer wurden durch stählerne ersetzt. „Budvar" ist ein 12%iges helles Lagerbier, für das die Brauerei als erste nach der Wende die höchste Auszeichnung der Tschechischen Republik erhielt.

Als Traditions-Restaurant aus der Gründungszeit der Tschechischen Aktienbierbrauerei ist das „U tři kohoutů" am Budweiser Stadtplatz heute Teil des Hotels „Zvon". Auch im alten Gasthof „Na Šumavě" wird Budvar gezapft oder in den bekannten Fleischerläden „Masné krámy". Und wer nicht nach Budweis kommt, kann „Budvar" seit den zwanziger Jahren im „Schweizerhaus" im Wiener Prater und im Londoner „Old Queenshead" verkosten.

„Budvar" und „Pilsner Urquell" sind die Vorreiter im Export, im Land selbst ist „Starobrno" – „Altbrünn" – stärker. Es entspricht der Vorliebe einheimischer Konsumenten für zehngrädiges Bier, das wenig Kohlensäure enthält, genau deshalb aber in reichlicherem Maß genossen werden kann.

Das Markenzeichen von Starobrno verwendet bewußt die Schreibschrift der dreißiger Jahre, die Brünner Brauerei setzte als erste auf pointiert witzige Fernsehwerbung im postkommunistischen Mähren. „Das Geheimnis der guten Laune" kommt im Bierslogan dem fröhlichen Psychogramm des mährischen Charakters entgegen, versichern die Marketingleute. Ob gute Laune die Brauereiwirtschaft Tschechiens derzeit selbst begleitet, mag offenbleiben. Die Medien im Land reden vom „Sterben der Brauereien". Tatsächlich läuft, wie anderswo auch, ein Konzentrationsprozeß ab, der fortsetzt, was nicht fremd ist.

Auch in Brünn betrieben noch im 18. Jahrhundert 32 Bürger an 52 Stellen der Stadt Brau- und Schankgeschäfte. Ende des 19. Jahrhunderts sammelt sich das Brauwesen, wie in Budweis, in einer „Actienbrauerei- und Malzfabrik". Damit begann die moderne Geschichte. Seit 1994 gehört „Starobrno" mehrheitlich zur österreichischen BBAG (Braubeteiligungs AG) und stellt einen österreichischen Vorposten dar, der sicherstellen soll, daß kein unliebsamer Konkurrent vor den Toren Wiens auftaucht. Und derer gibt es genug.

Nach dem Zweiten Weltkrieg hatte sich die Zahl der Brauereien in der Tschechoslowakei auf 320 verringert, ausnahmslos alle wurden nach 1945 verstaatlicht.

Seit der Privatisierung der Staatsbetriebe in den Jahren 1991 und 1992 liegt die Brauwirtschaft – noch existieren rund 50 Brauereien – vornehmlich in ausländischer Hand. Die Prager Brauereien wurden vom britischen BASS-Konzern gekauft. Pilsen und „Radegast" (Ostrava), die ein Drittel des tschechischen Marktes halten, gehörten zunächst den Japanern. Die japanische Nomura-Bank verkaufte aber an die Südafrikaner.

Budweis ist die einzige Brauerei, die noch nicht privatisiert ist, alle anderen sind weitgehend durch die Kouponprivatisierung in Fondseigentum, aus dem auch die österreichische BBAG Brünn kaufte. Der Konzentrationsprozeß der Brauriesen ist noch lange nicht zu Ende.

Mattoni

Das Mineralwasser

Ein Tal mit verfallenden Schweizerhäusern, deren zerbrechlich-elegante Holzfassaden die Flußpromenade gerade noch erahnen lassen, die sich hier vor hundert Jahren an der Eger entlangzog. Eine Idylle außerhalb der mondänen städtischen Welt Karlsbads war Gießhübl-Kyselka gewesen, mit seiner Getränkemarke vermochte es sogar das große Visavis zu übertrumpfen. Um 1900 stieg der Export des Gießhübler Sauerbrunns rasant an und verschaffte dem Platz internationale Prominenz.

Heute steht die Villa des ambitionierten Unternehmers Heinrich Mattoni, der dem kleinen Tal reges Geschäftsleben beschert hatte, mit blinden hohen Fenstern am Ausgang der Häuserzeile, immer noch herrschaftlich, obwohl inzwischen längst umgewidmet in ein Kindererholungsheim und auch als solches nicht mehr in Verwendung. Mattoni-Kyselka, die Firma, braucht die historische Staffage nicht, der Mineralwasserquell wird in neuen Anlagen abgefüllt und verschickt,

Heinrich Mattoni (1830–1910)

emanzipiert von der dahindämmernden Kulisse, die anachronistisch den modernen Getränkebetrieb umgibt, als träte ein Sportler (Mattoni sponsert Marathon-Events) hier und jetzt in einer Brokatpelerine auf.

Gießhübl, wie der Ort in seiner deutschen Bezeichnung hieß, war nie ein klassischer Badeort, sondern immer eher ein Ausflugsziel für Karlsbader Gäste. In Gießhübl machte der Mineralwasserversand den Ort berühmt, nicht die Kuranwendung. Kam aber einmal hoher Besuch, so verewigte man – wie es im böhmischen Bäderdreieck Karlsbad, Marienbad und Franzensbad üblich war – den Namen in einer Quelle oder Waldrast. So

Historische Werbung

erhielt Gießhübl einen Abglanz spätromantischer Politik, indem seine berühmteste Quelle, die Otto-Quelle, an den König von Griechenland erinnert.

München war in den ersten Jahrzehnten des 19. Jahrhunderts ein Zentrum des
Philhellenismus. Halb Europa begeisterte sich für den Freiheitskampf der Griechen
gegen die türkische Herrschaft. König Ludwig I. von Bayern stellte dafür Soldaten
dienstfrei, der englische Dichter Lord Byron begleitete die Unabhängigkeitsbewe-
gung mit seinen Gesängen. 1832 stimmten England, Rußland und Frankreich zu,
daß Ludwigs Sohn Otto zum König von Griechenland ausgerufen wurde. Als die
Großmächte allerdings das Interesse an der bayerischen Herrschaft in der Ägäis verloren, mußte der Wittelsbacher 1862 Athen aufgeben und abdanken.

Zehn Jahre vorher, am 23. August 1852, hatte König Otto Gießhübl besucht
und gleich 450 Flaschen für seine Residenz geordert. Mit seiner Erlaubnis erhielt
die größte Quelle seinen Namen, und der Karlsbader Komponist und Dirigent
Josef Labitzky schrieb eine Quadrille „Erinnerung an Gießhübl".

Seit 1522 war die Güte des Wassers bekannt. In Traktaten lobten die Ärzte der
Renaissance die Wirkung der Quellen, und 1687 gab Graf Hermann Jakob Czer-
nin den Gebrauch für die Bevölkerung frei, 1792 begann langsam die Nutzung des
Mineralwassers als Exportgut. Eine eigene kleine Fabrik produzierte einfache

Die Ottoquelle 1902

Steingutflaschen, in denen das Wasser nach Karlsbad, Prag oder Wien gebracht
wurde. In den darauffolgenden Jahrzehnten erscheinen die ersten fundierten chemischen Analysen der Quellen und ambitionierte Publizisten förderten die Bekanntheit, wie Dr. Franz Lerch („Der Gießhübler Sauerbrunn in Böhmen") und
Dr. Josef Löschner, dessen Buch über Gießhübl bis 1899 dreizehn Auflagen erlebte.

Inzwischen hatte 1829 Baronin Antonie von Neuberg die Herrschaft Gießhübl
erworben, und ihr Mann machte aus dem Quellplatz ein kleines, feines Unternehmen, das 1862 immerhin auf mehr als 7000 Besucher verweisen konnte.

In demselben Jahr, in dem der Namensgeber König Otto I. von Griechenland
seinen Thron verlor, 1862, mietet Heinrich Kaspar Mattoni (1830–1910), der Sohn
eines Karlsbader Zinngießermeisters und Stadtrats, die Otto-Quelle. Er war in
Wien und Hamburg zum Exportkaufmann ausgebildet worden, spezialisierte sich
auf den Mineralwasserversand und füllte 1869 bereits mehr als 300.000 Flaschen
ab. Ein Jahr später ist er offizieller Lieferant des Wiener Hofs, und 1873 ist er imstande, den kleinen Badeort selbst zu kaufen.

Auf dem Briefkopf der Geschäftspapiere ist von nun an zu lesen: „Heinrich
Mattoni, k. k. Hoflieferant. Besitzer der Cur- und Badeanstalt Puchstein-Rodis-
fort (Giesshübler Sauerbrunn), Brunnen-Versendungs-Direction in Carlsbad, Mi-
neralmoor- und Salzsudwerk in Franzensbad. Filiale und Bankgeschäft in Wien."

Die Versuche, in Gießhübl eine Badeanstalt zu etablieren, blieben ohne größere

Wirkung, aber dafür blühte der Export. Um so mehr, als Gießhübl ab 1894 Anschluß an das europäische Eisenbahnnetz bekam. 1897 errichtet der Wiener
Architekt Karl Haybeck neue Kolonnaden um die Otto-Quelle, Tempel und im-
periale Zweckbauten, die heute in den bewaldeten Hängen in einem Dornrös-
chenschlaf liegen. Genau zur Jahrhundertwende gewann Mattoni mit seinem Mineralwasser den Großen Preis der Weltausstellung in Paris.

Der Ort bewies seinen volkswirtschaftlichen Wert wie alle anderen böhmischen
Heilquellen. „Eine mächtige Summe ausländischen Capitals hält mit jedem Frühjahr seinen Einzug in die österreichischen Heilbäder und verbreitet sich von hier
aus über das ganze Reich", schwärmt ein Wirtschafts-Chronist 1898 und setzt
hinzu: Während im Riesen- und Erzgebirge über Not und Elend geklagt werde,
seien die „ländlichen Districte nahe der Heilbäder in behaglichem Zustand".

Durch den Versand hat sich die Mineralwasserindustrie zu einem Großunternehmen entwickelt. 1897 werden vom „Giesshübler Säuerling" mehr als 7 Millionen Flaschen verschickt, doppelt so viele wie aus der nordböhmischen Mineral-
wasserquelle zu Bilin. Beide Quellen spenden, wie auch die Preblauer Quelle in
Kärnten, mit Alkalien angereichertes Mineralwasser.

Heinrich Mattoni stirbt am 14. Mai 1910 in Gießhübl. Sein Sohn Heinrich heiratet in die Hoteliers-Dynastie der Pupp-Familie.

Im 20. Jahrhundert sollte sich übrigens auch ein Mann für die prominente
Gießhübler Quelle interessieren, der in obskurer Ideologie seit seiner Münchner
Studienzeit von Antialkoholismus und „Ostland" schwärmt: Heinrich Himmler.
Wenige Wochen nach der Besetzung der Tschechoslowakei wird Ende 1938 bereits
auf persönliche Anordnung Himmlers die Sudetenquell GmbH als SS-Firma gegründet. Sie erhält zur Aufgabe, „die SS im Wege der Selbstversorgung mit billigem Mineralwasser zu beliefern" (Enno, 13), und übernimmt Anfang 1940 die gesamten Aktien der Heinrich Mattoni AG.

Bechers bittere Kräuter

Der Streit um Karlsbads dreizehnte Quelle „Becherovka"

Der Kräuterlikör gilt als die „dreizehnte Quelle" des weltberühmten Kurorts. Er verdankt seine Erfindung dem wohltätigen Sprudel, der auch Goethe immer wieder anzog. „Seltsames Land", dichtete J. W. Goethe in den „Xenien". „Hier haben die Flüsse Geschmack und die Quellen." Monatelang waren manche Herrschaften zu Gast. Mit ihnen kam auch Gefolge, Spezialisten für Leib und Seele, für Gesundheit und Geselligkeit.

Im Jahr 1805 bezog ein englischer Arzt namens Frobrig in Karlsbad als gräflicher Leibarzt im Haus des Apothekers Josef Vitus Quartier. Mieter und Hausherr teilten ihr berufsbedingtes Interesse an der Heilkunde und tauschten sich über aromatische Kräuter, ätherische Öle und besonders über die Eigenschaften des Äthanol aus. Mit dem Ergebnis, daß der Engländer seinem böhmischen Apotheker bei der Abreise ein Likörrezept hinterließ, das Johann Becher in seinem Haus bald als „English Bitter" oder „Stomach Bitter" feilbot.

Ob Johann Wolfgang Goethe je davon gekostet hat, ist nicht überliefert. 1807, als der Magenbitter erstmals in der Apotheke erhältlich war, verbrachte Goethe immerhin 105 Tage in Karlsbad, übte sich im Kurgebrauch und trank pflichterfüllt 22 Becher „scharfen Sprudel" täglich, eine Wasserkur, bei der ihm zwischendurch ein Becherbitter zu gönnen gewesen wäre.

1810 füllte Josef Becher sein Extrakt aus etwa 20 verschiedenen Heilpflanzen bereits in Halbliterflaschen ab, sosehr wuchs die Nachfrage. Eine Generation später verkaufte man kleine Porzellanbecher gleich mit. Vom kaiserlichen Hof in Wien erhielt der Likörfabrikant die Auszeichnung eines „Hoflieferanten" und den Auftrag, monatlich 50 Liter zu liefern.

1863 wurde dann die Firma Johann Becher Karlsbad gegründet – benannt nach dem Sohn des Apothekers. Seit 1909 wird der Becherbitter in der flachen dunkelgrünen Flasche abgefüllt, sie ist Bestandteil der Schutzmarke, die Ende des 19. Jahrhunderts „nachgerade so bekannt" ist wie die zwölf Karlsbader Thermalquellen.

Für alle jene, die in ihm nicht nur einen Digestif schätzen, sei zur Rechtfertigung des Genusses erwähnt, daß der „Liqueur" einen guten Ruf als „Prophylacticum bei Cholera-Epidemien" hatte.

Verständlich, daß man in Böhmen mit Argusaugen darüber wachte, wie der Staatsbetrieb aus der kommunistischen Ära in die Marktwirtschaft wechselte. Zumal der Markenstreit um den Karlsbader Likör beinahe zum Zeitgeschichtsinventar des geteilten Europa gehörte und mit der Privatisierung erst recht wieder ins Bewußtsein gehoben wurde.

Der Auftritt erregte Aufsehen. 1997 gewann die Gesellschaft SALB des französischen Getränkekonzerns Pernod Ricard, der tschechischen Investmentgesellschaft Patria Finance und des einstigen Kanzlers auf der Prager Burg Karl Schwarzenberg die Ausschreibung um „Becherovka". Und sie formulierte vollmundig ein Ziel: Karlovarska Becherovka zum größten Produzenten alkoholischer Spezialitäten in der Tschechischen Republik zu machen. Daß SALB nicht der Bestbieter im Rennen um Becherovka war, sorgte für Aufsehen, das Versprechen, die Marke neu zu positionieren, beschwichtigte die kritischen Gemüter.

Im Jänner 1999, zwei Jahre nach der Privatisierung, alarmiert die Wochenzeitung „Tyden", die Likörproduktion des Becherbitters sei um 12 % gesunken. Im ersten Jahr unter neuer Führung war bei Becherovka die Produktion von 97.000 auf 85.000 Hektoliter gefallen, verursacht durch einen Markteinbruch in Tschechien selbst. Aber auch im Ausland war alles beim alten geblieben, von Offensive keine Spur. Auch renommierte Marketing-Agenturen registrierten den Markteinbruch. Fernet-Stock war inzwischen bei Kräuterlikören zum Marktführer in Tschechien aufgestiegen.

Nun war 1998 ein schlechtes Jahr für alle Spirituosenerzeuger: Die Wirtschaftskrise, die höheren Steuern, der europaweite Trend gesünder zu leben bremste die tschechischen Genießer – nur Markenproduzenten vermochten diese Krise zu überwinden. Fernet etwa baute aus, auch die Slivovitz-Marke Jelinek verbuchte Steigerungen. Nun mangelt es Becherovka nicht an Markenqualität. Trotzdem büßt der Becherbitter ein. Und reagierte auch mit keiner Werbekampagne. „Die

Firma hat ein ausgezeichnetes Produkt, allerdings ein alterndes – der Likör wird heute als ein Geschenk für Großmütter angesehen. Es ist nötig, sein Image radikal zu ändern", sagte ein Fachmann, der aus Konkurrenzgründen nicht genannt werden wolle, schreibt „Týden" geheimnisvoll.

Becherovka-Eigentümer SALB (vormals Value Bill) bewirbt statt dessen auf seinen Reklameflächen seine anderen Produkte – voran bevorzugt irischen Whisky. Inzwischen herrscht Handlungsbedarf, denn beim Einstieg 1997 hatte sich SALB verpflichtet, allein im Jahr 1999 125.000 Hektoliter zu erzeugen und diese Menge dann weiter auf 140.000 zu erhöhen. Eine spektakuläre Wachstumsprognose, hinter der die Realität weit zurückfällt.

„Wir werden alles unternehmen", hört man aus der Unternehmensleitung. Die Wochenzeitung „Týden" entwirft hingegen parallel dazu ein skandalöses Szenario: „Inoffiziell wird von unseren Quellen in der westböhmischen Likörfabrik hinzugefügt, daß die Verpflichtungen erfüllt werden, auch wenn der Alkohol schlußendlich im Kanal enden sollte." Patriotismus allein vermag den Magenbitterumsatz nicht zu stimulieren, der Heimmarkt für Becherovka beginnt auszutrocknen. Ernüchterung breitet sich aus. Die Offensive gelänge nur über Auslandsmärkte. Aber die sind besetzt: der wichtigste Markt Deutschland just von jenem Unternehmen, das 1997 mitgeboten hatte und nicht zum Zug gekommen war: vom deutsch-schweizerischen Konzern Underberg.

Underberg liegt mit Becherovka in einem Rechtsstreit um die Marke, produziert selbst den Becherbitter und blockiert die westlichen Ambitionen der Karlsbader, ohne selbst Schaden zu nehmen. Underberg kann es sich leisten zuzuwarten. Mit Genuß. Denn bald müssen Staatskontrollore überprüfen, ob der neue Eigentümer in Karlsbad seine Ansage wahrgemacht hat, dem Traditionsprodukt Glanz zu verleihen und neue Absatzchancen zu öffnen. Niemand im Ministerium will sagen, was passiert, wenn sich herausstellt, daß Karlovarská Becherovka eine Bruchlandung macht.

Der Kern der Krise liegt Jahrzehnte zurück. Die Karlsbader Familiendynastie der Becher war 1945 zerschlagen worden. Alfred Becher, er hielt drei Viertel des Unternehmens, war 1940 gestorben. Seine Witwe Ernestine führte die Likörfabrik mit ihrem Schwager Johann Klapka weiter. Auch ihre Tochter Hedda wurde in die Geschäftsführung aufgenommen. Ihr hatte der Vater, Alfred Becher, als einziger die Geheimrezeptur anvertraut. Obwohl sich die Familie auch in den Jahren der deutschen Besetzung zu ihrer tschechoslowakischen Staatsbürgerschaft bekannt hatte, mußte Ernestine Becher mit ihrer Tochter Hedda Baier 1945 nach

Deutschland flüchten. Ein gewisser Václav Jelinek, 1945 staatlicher Zwangsver-
walter in Karlsbad, hatte Hedda Baier zuvor unter Gewaltandrohung das
berühmte Rezept abgepreßt.

Als Vertriebene gründete Hedda Baier in Deutschland die Johann Becher
OHG Likörfabrik, die als solche 1949 in Köln eingetragen wurde und ab nun
ebenfalls den Johann Becher Karlsbader Becherbitter erzeugte. Darauf reagierte
die Tschechoslowakei mit einem Rechtsanspruch auf die Schutzmarke, der vom
deutschen Gericht abgewiesen wurde.

„Der kommunistische Staat war sich der Bedeutung dieses Exportartikels wohl
bewußt und versuchte Gerüchte zu verbreiten, nach denen der Likör ‚Becherovka
West‘ nur eine miese Kopie des Karlsbader Originals wäre. Das blieb ohne Erfolg,
wie auch die Hinweise auf die spezifischen Eigenschaften des Wassers in Karlsbad
und der Rohstoffe. Das Karlsbader Wasser mußte ohnehin destilliert werden, um
es von Mineralstoffen zu befreien, und beide Hersteller haben dieselben Kräuter
importiert. Analysen bezeugen, daß es zwischen den beiden Becherovkas keine
Unterschiede gibt“ – folgert Michal Achremenko in „Zemské noviny“.

Anfang der siebziger Jahre kauft die Firma Underberg zunächst einen 50-Pro-zent-Anteil der deutschen Likörfirma Becher. Underberg macht sein Hauptge-schäft in der Semper idem Underberg AG in Deutschland, ihr ältestes Produkt ist der gleichnamige Kräuterdigestiv Underberg. Genau dieses Produkt und die Wahlverwandtschaft zu Becherovka veranlassen Emil Underberg, sich den Be-cherbitter – den deutschen Zwilling der Karlsbader – bald zur Gänze einzuverlei-ben. Ein Versuch Underbergs, die markenrechtlichen Streitigkeiten mit der Tsche-choslowakei zu beenden, schlug schon damals fehl.

Bis 1975 verkaufte die Tschechoslowakei ihren Likör unter dem Namen Karlo-varská Becherovka, dann wurde die Bezeichnung geändert auf „Jan Becher, Volks-eigener Betrieb", ein individueller Name mit der Beschwörung des Kollektivs auf den Fersen.

Zwischenzeitlich kehrte dann einmal Friede ein zwischen den Likörfabrikan-ten in West und Ost. Als allerdings 1990 die Karlsbader Firma die Vertriebsver-einbarung verletzte und den Export in die dem deutschen Konkurrenten vorbe-haltenen Märkte begann, nahm Underberg sofort die Likörfabrikation in Berlin wieder auf. 1996 mußte die Tschechische Republik als Eigentümer die Schutz-marke Jan Becher in Deutschland löschen lassen, den Karlsbadern ist der Zugang auf diesen westlichen Markt zunächst wieder versperrt.

Die Johann Becher OHG Underbergs ist inzwischen der stärkste Antipode des Becherovka aus Karlsbad geworden. Denn Underberg beherrscht den westeu-ropäischen und besonders den deutschen Markt, auf dem jährlich eine Million Flaschen verkauft werden. Daß der deutsche Markt, den Underberg beherrscht, für die Zukunft der Karlsbader unabdingbar sei, mahnt auch die Prager Presse ein. Und sie arbeitet dabei in sehr offensiver Form Geschichte auf.

Die Wirtschaftsjournalistin Ludmila Klofova („Práce") geht dabei noch weiter. Das „moralische Recht" (den Becherbitter zu erzeugen), sagt sie, stehe Underberg „mehr zu als dem tschechischen Becherovkahersteller in Karlsbad, dessen Direk-tor Václav Lupinek sogar fünf Prozent der Aktien für seine Rezeptkenntnisse zu-gesichert wurden. Im Unterschied zu Emil Underberg, der die Rezeptur von der Firmeninhaberin Hedda Becher kaufte, ist der Besitz der Rezeptur in Tschechien mehr als diskutabel. Das Rezept wurde nämlich von den Kommunisten aus den ursprünglichen Firmenbesitzern herausgepreßt, wenn nicht herausgeprügelt" (Práce, 2. 9. 1997).

Eine deutsch-tschechische Allianz zur Becherovka-Übernahme war zwischen dem größten Spirituosenhersteller Tschechiens, Bohemia-Sekt, und Underberg übrigens vorbereitet. Bohemia-Sekt bot für Becherovka knapp 1,7 Milliarden Kronen. Aufgrund einer Vereinbarung hätte Underberg im Falle eines Sieges von Bohemia Sekt sofort die Berliner Konkurrenzproduktion beendet und, nachdem Bohemia 98 % der Aktien der Karlsbader Kräuterlikörbrennerei übernommen hätte, hätte Underberg alle Markenrechte an die Karlsbader Firma übertragen. Gegenleistung: Underberg hätte ein Drittel der Becherovka-Anteile erhalten. Den Markt wollten sich Underberg und Bohemia-Sekt teilen, ersterer hätte Westeuropa versorgt, letzterer Osteuropa.

Zu dieser Minderheitsbeteiligung Underbergs samt Friedensschluß zwischen Deutschland und Karlsbad im Rahmen einer tschechisch-deutschen Lösung ist es nie gekommen. Statt dessen machte sogar der Bürgermeister Karlsbads den Vorschlag, man möge Becherovka doch – unentgeltlich – in die Hände der Stadtgemeinde geben, zum Wohle der Region. Damit die Karlsbader Stadtväter mittels ihrer dreizehnten Quelle historische Gebäude und Straßen sanieren können. Dieser Wunsch ging freilich auch nicht in Erfüllung.

Am 3. September 1997 fiel nämlich die Entscheidung der Prager Regierung, den Renommierlikör der Firma Value Bill (später umbenannt in SALB) zuzusprechen. Das Unternehmen, hinter dem zu 40 % die Investitionsbank Patria Finance, zu 40 % der französische Konzern Pernod Ricard und zu 20 % Karl Schwarzenberg stehen, bot für Becherovka nicht den höchsten Preis (den bot Stock Pilsen, ein Unternehmen der deutschen Eckes-Gruppe), sondern den zweithöchsten: 2 Milliarden Kronen. Die heimischen Medien sparten nicht an Kritik. „Mladá fronta dnes" schreibt am 6. September: „Die Regierung ist im Likör ertrunken. Die Minister haben beim Verkauf von Becherovka alles vermurkst, was sie nur konnten. Nach drei Jahren unfruchtbarer Versuche entschied am Ende das Kabinett in ein paar chaotischen Minuten in der Tagungspause des Parlaments." Das Blatt kritisiert und unterstellt: Die Tatsache, daß das „höchste heimische Angebot" den Zuschlag erhielt, beruhe auf dem politischem Kalkül, daß man Becherovka nicht den Deutschen überlassen wolle. Andere vermuteten ein „Trostpflaster" für die Franzosen, die bei der Privatisierung der Automarke Škoda leer ausgegangen waren.

Pernod ist Frankreichs größter Produzent von Obstgetränken und Apfelweinen und einer der größten auf dem Weltmarkt – die Marken Pastis oder Cinzano gehören zu Pernod, der französische Getränkeriese ist einer der größten Exporteure australischer Weine und erzeugt in Indien und Venezuela Rum. Seine weltumspannende Präsenz, spekulierte man in Prag, garantiere Becherovka nun ein weltweites Vertriebsnetz.

Die Regierungsentscheidung wollte aber auch der neue Eigentümer nicht spontan kommentieren. Nur der Generaldirektor von Jan Becher Karlsbad, Lupinek, sprach den Medien gegenüber (Slovo, 4. 9. 1997) von einem „vollkommenen Schock über eine solche Entscheidung".

Beim tschechischen Mitbewerber „Bohemia-Sekt" meinte man, eine solche Lösung hätte die Regierung auch erreicht, wenn sie die Namen der Interessenten in eine „Glückstrommel" geworfen hätte – „Ich kann es einfach nicht glauben", führte Josef Vozdecky, Generaldirektor von Bohemia-Sekt aus, „es gewinnt ein Bewerber, der weder den höchsten Preis noch die Bereinigung der Streitigkeiten mit der Firma Underberg angeboten hat. Entweder hat noch ein Schattenwettbewerb stattgefunden, oder es handelt sich um eine politische Entscheidung" (Ekonomika a Finance, 4. 9. 1997).

Die Sozialdemokraten ätzten damals aus der Opposition, Familiensilber sei kopflos verkauft worden. Sie reagierten mit der Anfechtung des Verkaufs im tschechischen Parlament. Der markenrechtliche Kampf ging weiter. Denn auch SALB blieb, ohne Einigung mit Underberg, der deutsche Markt verschlossen. Und nicht nur der. Underberg besaß für seinen Berliner Konkurrenz-Becherovka in 29 Ländern die registrierte Schutzmarke.

In Karlsbad selbst wuchs die Angst, die berühmte dreizehnte Quelle könnte bald auch anderswo sprudeln. In der Firmenleitung von Becherovka gab man sich optimistisch: Keines der dreihundert Produktionsfässer werde ins Ausland geschafft werden. „Becherovka könne man nur in Karlsbad produzieren", hieß es.

Nun wurde in Karlsbad produziert, der Markterfolg aber blieb aus. Selbst die Zuversicht, Becherovka ließe sich nur in Karlsbad produzieren, wird längst Lügen gestraft. Denn inzwischen trat neben dem gewohnten Konkurrenten Underberg im Westen im Osten ein zweiter auf.

Seit Jahresbeginn 1999 sprudelt in Chotin in der Slowakei eine dritte Likörquelle. Dort erzeugt die Firma Simpex Plus Becherovka und bringt ihn billiger noch als die Karlsbader auf den Markt. Die slowakischen Likörfabrikanten berufen sich auf ihren Lizenzgeber, Herrn Zdeněk Hoffmann. Dieser Mann beruft sich auf seinen Großvater, dem Alfred Becher angeblich in den dreißiger Jahren die Likörfabrik geschenkt haben soll. Als Hoffmann mit seinen Ansprüchen bei den tschechischen Richtern abblitzte, begab er sich in die Slowakei und zieht seither dort eine bittere Konkurrenzproduktion auf.

Der geheimnisvolle Schenkungsvertrag beschäftigt die Anwälte, dem neuen französisch-tschechischen Mehrheitseigentümer von Becherovka-Karlsbad kann die Sache nicht mehr magenfreundlich sein, zumal auch kriminalistische Gutachten aufhorchen lassen: „Die Experten erklärten nämlich, daß der Likör, welcher aufgrund der Hoffmannschen Rezeptur erzeugt wurde, nicht nur ident mit Becherovka ist, sondern sogar einen besseren Geschmack aufweist" (Mlada fronta, 20. 2. 1999).

Am 23. April 1999 taucht plötzlich auf den Bildschirmen der Presseagenturen eine lapidare „Erklärung" der Spirituosenriesen Underberg KG und Pernod Ricard auf, in der sie trocken mitteilen, was in der Branche als Sensation und für den Becherbitter als Beginn einer neuen Ära gilt: Die Underberg-Markenrechte wechseln den Besitzer. In Geheimverhandlungen waren Underberg und der französische Hauptaktionär von Becherovka in Karlsbad, Pernod Ricard, handelseins geworden. Emil Underberg verkauft um angeblich knapp 2 Milliarden Kronen oder 110 Millionen DM die Marke des Kräuterlikörs an die Franzosen.

Die Übernahme der einstigen deutschen Exilkonkurrenz „Johann Becher" durch die Pernod-Ricard-Gruppe beendet somit die deutsch-tschechische Teilung des Becherbitters, die über fünfzig Jahre andauerte. Die Konzernherren feiern es als eine „Wiedervereinigung". Für die Karlsbader ist jetzt der Markt in Westeuropa offen.

Die Underberg KG hat sich – ihrem Firmenmotto treu – „weltweit im Dienste des Wohlbefindens" bestätigt. An der westlichen Likörfront wenigstens herrscht Friede.

„Ludmilla" im Mělniker „Tintenfaß"

Der Weinberg der Familie Lobkowitz

Wein war immer Glaubenssache – jedenfalls in Mělnik. Von der ersten Stunde an. Am Zusammenfluß von Moldau und Elbe, 40 Kilometer nördlich von Prag, manifestiert sich der weibliche Anteil an der tschechischen Landesgeschichte unübersehbar über der Weite des Elbetals. Jüngste Bauarbeiten im Schloß haben uralte Rebstöcke zutage gefördert. Die Gemälde des böhmischen Barockmalers Karel Škreta schmücken die Legenden prächtig aus und führen den Betrachter in die Frühzeit, als hier eine slawische Holzburg stand, die später als Residenz der böhmischen Königinnen ausgebaut wurde. Rechter Hand am Schloßeingang steht noch der Rest des gotischen Kerns, umfangen von einer mächtigen Renaissancekulisse, die ein Museum, ein Restaurant und eine Weinkellerei beherbergt.

Der Wein kam hierher im Zuge der Christianisierung Böhmens. Der Chronist Václav Hajek von Libočany nennt das Jahr 892 als Geburtsstunde des Weinbaus in Böhmen. Zwanzig Jahre vorher hatte Herzog Bořivoj mit seiner eigenen Taufe ein Zeichen für die anderen Stammesfürsten des slawischen Umlandes gesetzt. Bořivojs Gattin Ludmilla, eine Fürstentochter aus der Region um Mělnik, wird zur Förderin des Glaubens, das Weinopfer in der Naturreligion der Elbslawen verwandelt sich in die christliche Meßfeier. Herzogin Ludmilla lebt ihrem Enkel Wenzel ein Beispiel vor, das den Staatsgründer und späteren Heiligen veranlaßt, als Regent sein Land zielstrebig dem westeuropäischen, damals fränkischen Kulturkreis zuzuführen.

Herzog Wenzel I. ist heute nicht nur als prominentestes Standbild politischer Religiosität in Kirchen und auf Plätzen allgegenwärtig, er wuchs – unter der Patronanz seiner Großmutter – auch zum Schutzheiligen der Winzer heran. Ludmilla steht in seinem Gefolge. Die Fürsten Lobkowitz bedienten sich also einer nationalen Ikone, als sie Ende des 19. Jahrhunderts die erste christliche Herzogin zur Patin einer Cuvée machten. Seit damals wird ohne Unterbrechung aus roten und weißen Rebsorten „Ludmilla"-Wein gekeltert; aus Müller-Thurgau und Riesling die weiße, aus Zweigelt und Blauem Portugieser die rote Cuvée.

Seit Jahresfrist läßt Bettina Lobkowitz in den Flaschenboden auch wieder die Insignie „L" und die Fürstenkrone pressen. „Das freut jede Ludmilla", sagt die Unternehmerin. Und es steht als Kürzel für Lobkowitz.

Seit 1753 betreibt die Familie den Weinbau in Mělnik. Vorher hatte im 14. Jahrhundert Kaiser Karl IV. landesweit die Rebenkultur institutionalisiert, mit Privilegien begünstigt und die Weingärten zu einem Wirtschaftsfaktor gemacht. Karl IV. war ein Kosmopolit. Seine Mutter Elisabeth, die letzte Tochter aus dem Geschlecht der Přemysliden und damit direkte Nachfahrin des heiligen Wenzel, verbrachte ihren Lebensabend in Mělnik, während ihr Sohn an den Hof des französischen Königs und Onkels nach Paris geschickt wurde. Als er nach Böhmen zurückkehrte, brachte er auch die Burgunderrebe mit.

1753, als August Anton Josef von Lobkowitz die Mělniker Erbin Marie Ludmilla Czernin von Chudenitz heiratete, brachte sie auch 20 Hektar Weinberge als Mitgift in die Ehe. Anfang des 19. Jahrhunderts bescheinigt eine Weinkunde, daß „Mělnik, Leitmeritz und Černosěk die drey vorzüglichsten Gegenden in Böhmen" seien, „wo der Weinstock ordentlich gebauet wird".

In Mělnik ist es seit alters her Rotwein. Die Zeit des Kommunismus hatte allerdings die Tradition auf den Kopf gestellt. 1992 wurden noch zu 70 % weiße Trauben geerntet. Heute sind es nur mehr 40 %, dafür wurde der Anteil roter Sorten wieder auf 60 % angehoben und soll mittelfristig sein ursprüngliches Gewicht bekommen.

„Ich kann – trotz Rotweinrenaissance – nicht in Moden denken, denn, was ich jetzt anbaue, ernte ich die nächsten 25 Jahre." Bettina Lobkowitz ist ambitioniert an die Sache herangegangen. Wäre ein eigenes Weingut für die gebürtige Schwei-

zerin nicht ein Wunschtraum gewesen, sie hätte wahrscheinlich nicht den langen
Atem aufgebracht, der seit der turbulenten Übergabe 1992 nötig war.

Am 15. September 1992 wurde der Weinberg restituiert und vom Staat an die
einstigen Besitzer zurückgegeben, genau eine Woche vor der Weinlese.

Georg und Bettina Lobkowitz gingen daran, das Schloß wieder in ein begehrtes
Ausflugsziel und den Weinberg in einen funktionierenden Betrieb zu verwandeln.

Mehr als 90 Hektar Weingärten wurden übernommen und Gewohnheiten aus
der Ära der Staatsgüter abgelegt.

Im Kommunismus erntete man in Mělnik freitags selbst in der Hochsaison nur
rote Trauben, weil man sich dadurch die sofortige Pressung sparen konnte. Das
bescherte einen kurzen Arbeitstag und ein frühes Wochenende. Heute ist diese
Gemütlichkeit undenkbar, heute finden am Wochenende, mit entsprechendem
Lohnzuschlag, auch weiße Trauben flinke Hände. Allerdings bewirtschaften nicht
mehr 75 Personen wie seinerzeit, sondern 15 den Betrieb.

Ein Quentchen Geduld kostete es, einen neuen Kellermeister zu finden. Auf
wohlmeinenden Rat trat Anfang der neunziger Jahre ein Franzose an, den bald ein
Österreicher und eine Deutsche ablösten, bis schließlich ein Einheimischer, der
einzige Absolvent seines Jahrgangs im Fach Önologie, anheuerte. Daß der heutige
Kellermeister Sohn eines Prager Symphonikers ist, rückt den Weinbau von Mělnik nur noch mehr in die Kultur.

Er wird saisonal unterstützt von einem „flying winemaker" aus Neuseeland und
einem Experten, der auch österreichische und ungarische Weingüter berät. Der
Blick von außen ist wichtig. Und der Blick nach draußen. Dafür sorgt schon Bettina Lobkowitz, daß sich der neu entdeckte Regionalismus paart mit der Kenntnis der Nachbarn und Mitbewerber. Betriebsausflüge führen über die Grenzen
hinaus und zu den großen internationalen Weinmessen.

Der Aufbau der Marke geschieht im Rückgriff und in der Neuentdeckung der
Tradition. Eine Reklame aus den zwanziger Jahren preist das Gut Turbovice, das
die Lobkowitz übernommen hatten, als Anbaufläche der Spätburgundertraube an.
Grund genug, den kleinen Barockbesitz wieder historisch zu bepflanzen.

Nach 1939 kam das Gut Mělnik unter nationalsozialistische Zwangsverwaltung,
nach der Enteignung 1948 dehnte die kommunistische Landwirtschaft im gesamten Land in der Absicht der Selbstversorgung die Weinproduktion aus, so daß –
auch in Mělnik – heute die Anbaufläche größer ist als vor der Enteignung.

Trotzdem ist Mělnik – verglichen mit den großen Anbauflächen in Mähren –
ein kleines Format. In den mährischen Aktiengesellschaften werden allerdings

Weine und Trauben auch zugekauft, wogegen Bettina Lobkowitz ausschließlich auf das schwört, was der eigene Boden hervorbringt, Klimarisiko und Frostgefahr mit eingeschlossen.

Schritt für Schritt etabliert sich so wieder regionales Qualitätsbewußtsein, wobei der Name der alten Familie ebenso hilft wie die Tatsache, daß auch die Strategen des Staatsgutes nicht alles über Bord geworfen haben. Das Staatsgut hatte sogar weltweit die Originalflasche, das sogenannte „Tintenfaß", schützen lassen und diese Rechte samt der „Ludmilla"-Marke an die Familie zurückgegeben. Seit 1999 werden sämtliche Weinsorten ins „Tintenfaß" abgefüllt. In guten Jahren bis zu 500.000 Flaschen. Teure Marketing- und Vertriebsstrukturen braucht die Kellerei bislang nicht. Die Gastronomie rund um Prag ist der wichtigste Abnehmer.

Der beste Exporteur ist der Tourist, der im Verkaufsladen nach seinem Rundgang durch Schloß und Keller sich den Wein selbst mitnimmt. An den Wänden der Weinboutique erlebt der Besucher Markengeschichte, dokumentiert in Etiketten- und Reklameentwürfen, mit denen tschechische Grafiker seit den Tagen der Monarchie dem Tropfen zu Popularität verhalfen. Eine kleine Zeitgeschichte des Trinkgenusses, einmal martialisch – die Sektflasche als Geschütz –, einmal kulinarisch – im Stilleben von Wildbret und Waidwerk.

Georg Christian Lobkowitz von Hořín hatte am Ende des 19. Jahrhunderts gemeinsam mit seinen Verwandten von Beřkovice eine ideenreiche Vermarktung und innovative „Vetternwirtschaft" eingeleitet. Bis dahin erzeugten beide Zweige der Lobkowitz Wein und Bier. Dann spezialisierte man sich einvernehmlich. Der Hořiner Familienzweig wurde damit zu einem regionalen Monopolisten im Weinbau, die Verwandten konzentrierten sich auf die Bierbrauerei. Georg Christian Lobkowitz bediente sich der in der Gegend beheimateten typischen, gedrungenen, leicht konisch geschnittenen Flasche und schuf so das legendäre „Tintenfaß". Es gab der Weinbauregion Individualität wie der Bocksbeutel dem Frankenwein oder die Bordeauxflasche den französischen Klassikern.

Er kreierte aber 1896 auch den Champagner „Château Mělnik", dem nach wie vor seine eigene Flaschenform vorbehalten ist. Die Gegend besitzt ähnliche Bedingungen wie die französische Champagne, wo man den feinperligen Genuß wie hier aus einer Mischung von roten und weißen Trauben erzeugt.

Georg Christian Lobkowitz prägte denn auch das Bild des Schlosses, indem er am steilen Südwesthang zur Elbe Terrassen anlegen ließ und dort den Weinberg „Ludmilla" pflanzte, der neben dem Turm der Probsteikirche St. Peter und Paul weithin sichtbar ist. An solche Vorfahren läßt sich gut anknüpfen. Bettina Lobkowitz tut es mit wirtschaftlichem Augenmaß und Kreativität. Seit 1993 gestalten tschechische Künstler jährlich ein Weinetikett und heben einmal mehr die Individualität des „barrique" oder „archivni"-Jahrgangs hervor. Die Schloßherrin legt aber auch Hartnäckigkeit an den Tag.

Wenn die staatliche Prüfungskommission gerne Geschmacks- und Säurewerte wie in alter Zeit reglementieren möchte, wenn dem Mělniker Wein Benachteiligung droht, dann taucht sie schon im Ministerium auf. Oder sie arbeitet trickreich: Als die staatlichen Verkoster eine Mělniker Weinsorte in den Tafelwein abdrängen und damit preislich senken wollten, wählte sie die Flucht nach vorn. „Aus purer Rache habe ich selbst einen Tafelwein als eigene Marke geschaffen, auf Qualitätsweinbasis. Und den verkaufte ich teurer als Sortenwein."

Zur Nobilitierung des Weins nahm sie ein Bild des Barockmalers Karel Škreta als Etikette, das den heiligen Wenzel bei der Arbeit im Mělniker Weinberg zeigt. Der Wein übertraf im Verkauf die Erwartungen und etablierte sich zum Verdruß der Weinwächter.

Daß eine Frau so geharnischt auftritt, erkennt freilich der trinkfreudige Kunde nicht. Für ihn trägt jede Flasche den Namen „Georg Prinz Lobkowitz". Bettina Lobkowitz genügt der Hintergrund. Dort aber ist sie mit Leib und Seele dabei: keine Cuvée-Komposition, an der sie nicht ihren Geschmackssinn verwendet, keine kaufmännische Entscheidung, die sie nicht dirigiert. Auf Mělnik hat längst ein behutsames Matriarchat eingesetzt, das den Produkten des Hauses und auch dem Personal wohl bekommt.

Die süße Vergangenheit

Wo der Würfelzucker erfunden wurde

Die Rübenzuckerindustrie ist die „Königin der österreichischen Industrie", rühmt 1891 Gustav Raunig, Sekretär des Industriellenklubs. Wenn schon nicht auf die Doppelmonarchie insgesamt, auf die damaligen Kronländer Böhmen und Mähren trifft es zu. Denn auf deren Boden hatten sich bis dahin für Landwirtschaft und Maschinenbau epochemachende Erfindungen und Projekte realisiert, die den Rübenzucker als Nachfolger des kostbaren kolonialen Rohrzuckers zum Massen-Genußmittel machten. Ein Weg, auf dem mit viel staatspolitischer Ambition vom ersten Moment an Industriegeschichte geschrieben wurde.

1828 gründet Franz Grebner nach einer Studienreise durch Frankreich im südmährischen Datschitz (Dačice) die erste österreichische Rübenzuckerfabrik, 1830 folgt, schon professioneller, die Rübenzuckerfabrikation durch den Pionier Carl Weinrich in Dobrowitz. 1843 erzeugt Johann Christoph Rad, wieder in Datschitz, den ersten Würfelzucker der Welt. Inzwischen arbeitet – seit 1837 – in Seelowitz (Židlochovice) bei Brünn, gegründet vom Franzosen Florent Robert, ein Modellbetrieb, der, sagen Zeitgenossen, „eine Pflanzschule für die Zuckerfabrikation aller Länder wurde".

Das alles geschah infolge eines Handelsembargos, das Europa unter Napoleon auf eigene Zuckerquellen zurückwarf. Als diese Kontinentalsperre wieder aufgehoben wurde, mußte sich die Rübenzuckerindustrie dennoch erst einmal gegen die einflußreichen traditionellen Handelshäuser behaupten, die um ihr Importgeschäft fürchteten. Mitte des 19. Jahrhunderts ist es schließlich soweit, daß in Böhmen und Mähren eine Allianz deutscher, österreichischer und französischer Fachleute Rübenzucker in industrielle Praxis umsetzt, so daß 1854 dann – verspätet zwar gegenüber Deutschland, aber doch – in Prag der erste, wirtschaftspolitisch äußerst schlagkräftige, „Verein der Rübenzuckerindustrie" gegründet wird.

LUXUS FÜR DEN GAUMEN

Bis vor rund eineinhalb Jahrhunderten war Zucker eines der exklusivsten Genuß-
mittel und eines der teuersten. Mit Honig – so befanden die Monarchen – sollte
sich der kleine Mann das Leben versüßen, Zucker aus den Kolonien gebührte einzig den Standespersonen. Im Spätmittelalter hatte ein Kilogramm Zucker den Gegenwert von 100 Kilogramm Weizen.

Auch wenn im 15. Jahrhundert der Zuckerpreis sinkt, die Anbaugebiete des
Zuckerrohrs verschieben sich ins westliche Mittelmeer, auf die Kanarischen Inseln, dorthin, wo heute der Massentourismus gedeiht; gezuckert wird ausschließlich in herrschaftlicher Haushaltung. Und da hat er zunächst Symbolcharakter,
man schmückte mit Zucker, ersann raffinierte Dekorationen und Zuckergüsse,
gab höfischer Selbstdarstellung in der Tischkultur Raum.

Zucker, wie er Geschichte gemacht hat, ist chemisch definiert Saccharose: der
Nährstoff, der in allen Grünpflanzen vorkommt, aber für die Eßkultur aus zwei
Pflanzen gewonnen wird, aus dem Zuckerrohr und der Zuckerrübe, aus dem
Stengel des Zuckerrohrs und der Wurzel der Runkelrübe.

Der Begriff „Zucker" stammt aus der indischen Sprache des Sanskrits. Über die
Araber kamen die Kreuzfahrer mit der Süße in Berührung. Parallel dazu führt eine
andere Sprachwurzel aus dem Sanskrit über das lateinische „saccharum", wobei
die Römer darunter eine Flüssigkeit des Bambusrohrs verstanden, die als Heil-
mittel galt. Zucker erschien in Europa zunächst als Apothekerware, stieg zum
Massennahrungsmittel auf und muß heutzutage mit dem abwertenden Beinamen
des „Dickmachers" rechnen, weil sein einstiger Bonus, der Nährwert, den Zivili-
sationsgesellschaften zum Verhängnis wird. Die erste Schrift, die sich ausschließlich dem Zucker widmet, ist die „Saccharologia" des Venezianers Angelus Sala aus
dem 17. Jahrhundert.

Die Habsburger lernten den Zucker über ihren spanischen Familienzweig kennen und schätzen. Es war Philipp der Schöne, der im 15. Jahrhundert die spanische Krone dem Haus Habsburg erwarb, in einer Zeit, als Spanien und Portugal
sich anschickten, zum Zentrum und Marktplatz des Zuckerhandels zu werden.
Seit Mitte des 15. Jahrhunderts baute man auf Madeira Zuckerrohr an, Christoph
Kolumbus, der im Auftrag der spanischen Krone die Weltmeere befuhr, entdeckte
mit Amerika auch eine Klimazone, in der Zuckerrohr ebenso prächtig wuchs wie
auf den bekannten kanarischen Inseln oder auf Madeira.

Und während der Seefahrer eine Reihe von Kulturpflanzen nach Europa brachte, brachte er das Zuckerrohr nach Amerika, wo in der spanischen Karibik klimagerechte Anbauflächen und bald Sklavenarbeit genutzt wurde. 1516 landete der erste Zucker aus der Neuen Welt in Spanien.

Die Kolonien waren erschlossen, und Philipps Sohn Karl V. (1500–1558) konnte wählen, ob er seinen Zucker von den europäischen Atlantikinseln oder aus Amerika kommen ließ. Auch die Niederlande oder Venedig hatten aufgrund ihrer Seehäfen leichten Zugang zu der Luxusware. Karls jüngerer Bruder Ferdinand, ebenfalls in Spanien aufgewachsen, wollte schließlich als Kaiser Ferdinand I. am Wiener Hof nicht auf Süßes verzichten.

Schon im 16. Jahrhundert wurde in Wien eine Zuckerbäckerinnung gegründet. 1573 errichtete Augsburg, 1587 Dresden eine Zuckerraffinerie. Es waren erste Schritte zu einer Nahrungsmittelindustrie. Zuckerproduktion war aufwendig. Zuckerrohr mußte zerkleinert werden, der daraus gewonnene schwarze Saft durchlief etliche Reinigungsprozesse, bis er sich in Rohzucker verwandelte. Dieser Rohzucker war das Endprodukt der Kolonien. Die weitere Veredlung behielt sich Europa vor: In den Zuckersiedereien englischer und holländischer Küstenstädte wurde erneut gekocht und filtriert und schließlich die Raffinade, der kostbare weiße Zucker gewonnen.

Zuckerhandel brachte den Seefahrerstaaten Reichtum, den Anbauländern auf dem amerikanischen Kontinent die Sklaverei. Die Schiffe transportierten den Rohzucker nach Europa und fuhren dann nicht leer zurück, sondern füllten ihre Frachträume an den Küsten Westafrikas mit Sklaven. Dieses gewinnträchtige Dreieck zwischen Europas Seehäfen, Afrika und den südamerikanischen Plantagen etablierte eine frühe Form der Weltwirtschaft, belastete aber auch das Amerika der späteren Jahrhunderte mit sozialen Spannungen und ökologischer Zerstörung (zumal nicht der eigene Bedarf, sondern der Weltmarkt die Bodennutzung diktierte).

Zwischen 1517 und 1860 sollen mehr als 30 Millionen schwarze Sklavenarbeiter in die Zuckerrohrgebiete Amerikas verschleppt worden sein. Das kümmerte die Prediger in Europas Kirchen zunächst wenig, sie kritisierten wie Abraham a Sancta Clara eher die „schleckrigen Possen", den Genuß und die Gaumenlust schlechthin. In England macht sich allerdings im 18. Jahrhundert eine Front gegen den Zuckerkonsum und gegen Sklaverei breit, sie nannte sich die „Anti-Saccharisten".

DIE ABHÄNGIGKEIT VON DER SEEFAHRT

Solange Zucker aus Zuckerrohr Europa beglückte, war sein Genuß mit den finsteren Zuständen von Menschenhandel und Sklaverei behaftet. Die europäischen Binnenstaaten Österreich, Rußland, Preußen oder Dänemark, die keine Zuckerrohrinseln und Plantagen besaßen und daher auf die Handelsnationen angewiesen waren, bedrückte freilich weniger die Moral als die Abhängigkeit von den begünstigten Nachbarn. Deshalb suchten sie eigene Zuckerproduktionen aufzubauen. Zunächst, indem sie nicht mehr das teure Endprodukt, sondern ebenso Zuckerrohr oder Rohzucker importierten, um diese in eigenen Zuckersiedereien weiterzuverarbeiten.

Der russische Zar Peter der Große, der selbst ganz Europa bereiste und durch seine handwerklichen Ambitionen im Schiffsbau beeindruckte, nahm nicht nur die Schiffsbaukenntnisse aus Holland mit in den Kreml, sondern auch die Kenntnisse der Zuckersiederei.

In Österreich verläuft sich der Anfang der Zuckerindustrie in den Akten: 1666 heißt es zwar in einem Protokoll der Wiener Hofkammer, daß „die Zuckersiederei in diesen österreichischen Landen introduciert sei“, aber es dauert bis 1713, daß erneut davon die Rede ist. 1719 gibt Kaiser Karl VI. die Gründung einer „Ostindischen Kompanie“ bekannt. Kurz vorher hatte er nämlich im Frieden von Utrecht den belgischen Seehafen Antwerpen gewonnen. Die neue Handelskompanie sollte Rohzucker und andere Kolonialwaren besorgen. Es blieb beim ehrgeizigen Plan, denn Karl VI. mußte, um seiner Tochter Maria Theresia die Nachfolge zu sichern, bald Zugeständnisse an England und Holland machen. Die Auflösung der Handelsgesellschaft, die den Habsburgern den direkten Zugang zu Überseeplantagen und Kolonialwaren hätte sichern sollen, gehörte zum Preis, mit dem Karl VI. seiner Tochter den Weg auf den Thron ebnete.

In die Ära Maria Theresias fällt dennoch der Beginn einer eigenständigen österreichischen Zuckerproduktion. Zunächst liefern ausschließlich jene Staaten, die Kolonien besitzen. Österreich strebt aber – so wie die anderen Binnenländer – danach, wenn schon nicht den Anbau und Rohstoff, so wenigstens die Verarbeitung selbst in den Griff zu bekommen: Das geschieht zunächst im Adriahafen Fiume.

Kaiserin Maria Theresia erkannte jedenfalls die Rolle, die die Zuckerwirtschaft für den Merkantilismus spielen konnte, unter dessen Einfluß die rivalisierenden Staaten danach trachteten, sich wirtschaftlich gegeneinander selbständig zu machen. Die Kaiserin erteilt also 1750 der Adriastadt Fiume, heute Rijeka, die Erlaubnis, eine holländische Handelsgesellschaft anzusiedeln, die zollfrei Rohzucker raffinieren und die damit ein Monopol auf die Zuckerversorgung der Länder ob und unter der Enns sowie für die südlich der Alpen gelegenen Kronländer und Ungarns erhalten sollte. Böhmen und Mähren wurden damals aus Hamburger Raffinerien versorgt.

Maria Theresia ließ aber auch, gezwungen durch wiederholte Teuerungen des Rohstoffs, nach binnenländischen Zuckerfabrikationen forschen. Ahornzucker war eine dieser Alternativen, wurde 1766 erprobt, dann aber wieder aufgegeben, weil die Forstwirtschaft protestierte.

Der Rohrzucker, den die Niederländer aus der Raffinerie Fiume lieferten, blieb vorläufig ohne Konkurrenz. Als das Privileg der Holländischen Zuckersiederei dort auslief, nach 1775, errichtete Josef von Sauvaigne, der ehemals an der Raffinerie Fiume beschäftigt war, die erste österreichische Zuckerraffinerie. Auf Maria Theresias Sohn und Nachfolger Kaiser Joseph II. machte dieser „chevalier d'industrie", wie er wegen seines erkauften Adelsprädikats genannt wurde, wenig Eindruck, auch wenn er vor den Toren Wiens im säkularisierten Franziskanerkloster von Klosterneuburg seinen Betrieb aufbaute.

Sauvaigne blieb denn auch nicht lange an der Donau, sondern wechselt 1786 nach Königsaal (Zbraslav) bei Prag, wo er neuerlich, mit Unterstützung eines Wiener Bankhauses, als Zuckerindustrieller beginnt. Mit Jahresende 1789 waren in Königsaal 72 Arbeiter imstande, sieben Sorten Rohrzucker zu liefern und den Bedarf der böhmischen Köchinnen zu decken. Böhmische Zuckerfabriken genossen von Anfang an einen sehr guten Ruf. Damals gab es neben Königsaal noch eine zweite Raffinerie in Böhmen: Neuhof bei Nachod. Die habsburgischen Länder waren imstande, selbst etwa 3360 Tonnen fertigen Rohrzucker zu erzeugen, weitere 1100 Tonnen Rohrzucker mußten importiert werden wie Christoph Wagner in seiner „Kulturgeschichte" nachzeichnet.

Als dann im Zuge der Französischen Revolution die aufständischen Sklaven in der Kolonie Santo Domingo, der damals wichtigsten Zuckerinsel, die Plantagen niederbrannten, eskalierte der Zuckerpreis.

DIE ENTDECKUNG DER RUNKELRÜBE

Die Abhilfe und Alternative zum Produkt der Kolonien kannte damals bereits der Berliner Chemiker und Apotheker Andreas Sigismund Marggraf (1709–1782), der entdeckte, wie aus der Runkelrübe Zucker zu gewinnen war, „einheimischer Zucker". Um die Zuckerrübe wußte man im Mittelmeerraum schon lange, ihre Wurzel war Viehfutter, ihr Blatt Armeleutesalat. Nur Hildegard von Bingen verwendete die Rübe auch als Krankenkost, und der Weltumsegler James Cook schützte sich durch Rübenproviant an Bord gegen Skorbut. Andreas Sigismund Marggraf, Sohn des Berliner Hofapothekers und zielstrebig in der beruflichen Spur seines Vaters, verstand es als erster, aus dem weißen Mangold, wie die Rübe hieß, Zucker zu pressen. Marggraf, vom Preußenkönig Friedrich dem Großen als Wissenschafter hochgeschätzt, war auch einer der ersten Wissenschafter, die die Heilquellen von Franzensbad, Marienbad und Karlsbad einer präzisen chemischen Untersuchung unterzogen.

Marggraf kommt nach vielfältigen und ausführlich geschilderten Laborversuchen 1747 zu dem Schluß, daß „nun wohl kein Zweifel mehr übrig sein wird, daß dies süße Salz, der Zucker, in unseren Gegenden ebenso bereitet werden kann wie dort wo das Zuckerrohr wächst". 1761 liefert er an seinen Preußenkönig die ersten Zuckerhüte eigener Machart aus Rübenzucker. Die Gründung einer maschinellen Rübenverwertung erfolgt aber erst 1802. Daß dies noch lange nicht der Durchbruch ist, zeigt die Tatsache, daß jene Zeitgenossen im 19. Jahrhundert, die nahe an den Anfängen lebten, die Rübenzuckerindustrie erst ab 1830 datieren. Was vorher liegt, ist Pionierwesen, Pflanzenzüchtung und langsames Herantasten an Wirtschaftlichkeit.

Die Kontinentalsperre zu Zeiten Napoleons begünstigt jedenfalls die Kultivierung der Zuckerrübe. Denn die französischen Zuckerfrachter, die das koloniale Rohprodukt aus der Karibik liefern sollen, bleiben während der Napoleonischen Kriege in der britischen Seeblockade hängen. Als das Embargo aufgehoben wird, bricht die Zuckerrübenbranche zunächst aber wieder unter dem Druck ausländischer Konkurrenz zusammen.

DIE ERSTE ZUCKERRÜBENFABRIK

Ungeachtet dessen geistert die Runkelrübe bereits durch die Literatur der Romantik. Ein faszinierendes Gewächs, aus dem nicht zuletzt die „Elixiere des Teufels" eines E. T. A. Hoffmann gebraut wurden, wenn man diese mit dem vom Dichter Hoffmann gerne konsumierten Rübenschnaps gleichsetzen darf.

Andreas Sigismund Marggraf hatte einen gelehrigen Schüler, den aus einer Hu-

Franz Carl Achard gründete 1802 die erste Rübenzuckerfabrik der Welt auf
dem Gut Cunern in Niederschlesien

genottenfamilie aus Frankreich stammenden Franz Carl Achard (1753–1821). Achard gewann wie sein Lehrer Marggraf als Lebensmittelchemiker an Profil, und auch er appelliert an den Preußenkönig, das Geld, das die Menschen für Zucker ausgeben, könne doch im Land bleiben. Beharrlich experimentierte er in seiner „Sirupkocherei" nahe Berlin, und König Friedrich Wilhelm III. unterstützt den Forscherfleiß dann finanziell, so daß sich Achard auf einem Gut im schlesischen Cunern niederläßt, auf dem er 1801 die erste Zuckerrübenfabrik der Welt errichtet. Dieser Gründungserfolg macht Schule. Nach preußischem Vorbild wird durch den Wiener Fabrikanten Konrad Adam im böhmischen Horzowitz eine sehr kleine Zuckerfabrik gebaut, deren Rohzucker in der bekannten Raffinerie Königsaal verfeinert wird.

Während der Napoleonischen Kriege mangelte es an Nachschub von kolonialem Zucker. Der Handelskrieg zwischen Frankreich und England wurde zur Motivation, heimische Zuckerquellen zu fördern. Der Korse selbst erließ ein Dekret zur Einführung der Rübenzuckerproduktion auf dem Festland. Karikaturen zeigen ihn, wie er Rübenzuckersirup in seinen Kaffee träufelt.

Österreich besann sich zunächst erneut auf den Ahornzucker, der an Maria Theresias Forstleuten gescheitert war. Nachdem Österreich 1809 das gesamte adriatische Küstengebiet eingebüßt hatte und damit die Seehäfen, schien der Ahornzucker die rettende Alternative. Aber der niederösterreichische Statthalter Franz Graf von Saurau schrieb 1810 bereits, man möge auch dem Rübenzucker Aufmerksamkeit zuwenden, um den „mit so beträchtlichem Kostenaufwand aus dem Auslande hereinzuziehenden ostindischen Zucker nach und nach immer mehr entbehrlich zu machen".

NAPOLEON UND DER ZUCKER

Hatte nun 1747 der Berliner A. S. Marggraf die Zuckererzeugung entdeckt, hatte sie sein Schüler Achard 1801 in die maschinelle Praxis umgesetzt, so war sie nach den Napoleonischen Kriegen immer noch eine Randerscheinung. Napoleons Engagement für die neue Zuckerquelle hatte die Zuckerrübe als Surrogat ebenso kompromittiert wie gefördert. Nicht zuletzt deshalb, weil die Wirtschaftspolitik des Imperators seinen europäischen Verbündeten ausschließlich Belastungen aufbürdete. Napoleons Förderung des Rübenzuckers trübte jedenfalls nach den Befreiungskriegen das Image der Rübenzuckerfabriken und begünstigte die reservierte Haltung gegenüber der neuen Branche.

In Österreich war die Rübenzuckerindustrie erst 1849 so bedeutend und verbreitet, daß man sie ins Steuersystem einband. In Frankreich war das schon 1831, in Deutschland 1841 geschehen. Die Kontinentalsperre war wohl auslösendes Moment für einen Gründungsboom an kleinen Zuckerfabriken in Österreich, aber vieles war kurzlebig. Es gab glücklose Startversuche, unter anderem jenen des Arztes Johann Nepomuk Jassnüger, der mit allerhöchster Unterstützung von 5000 Gulden im Wiener Michaelerkloster seine Zuckersiederei gründete, aber nach zwei Jahren das Erzeugnis folgenlos entsorgen mußte.

Anders der wegen „zunehmender Gehörlosigkeit" von der montanistischen Hofkammer in den Ruhestand geschickte Hofrat Johann Christian Waykarth, der 1810 in Inzerstorf die erste Rübenzuckerfabrik großen Stils anlegte und dessen Maschine imstande war, „wenn sie elf Stunden im Gange ist, 30 Zentner Rüben in einen zerteilten, beinahe musartigen Zustand zu verwandeln", dann zu pressen und weiterzuverarbeiten, so daß schließlich Zucker entstand, „dem westindischen ganz gleich und süß, als man es nur immer wünschen kann". Der Hofrat erhielt dafür das kleine Kreuz des Leopoldsordens und den Adelstitel. Seinem Wunsch nach einem Schutzzoll für ausländischen Zucker wurde dennoch nicht entsprochen. Die inländische österreichische Zuckerproduktion konnte 1813 nicht einmal ein Hundertstel des Bedarfs decken.

Dessenungeachtet hatte sich längst eine blühende Mehlspeisenkultur entwickelt, unabhängig davon, wer den Zucker lieferte, ob teures Importgut oder heimisches Produkt verarbeitet wurde. Berühmt für derlei Kreativität waren die böhmischen Köchinnen. In Magdalena Dobromila Rettigovas 1826 in Königgrätz erschienener „Domáci kucharka" (Hausköchin) ist bereits eine Fülle von mehr als 200 Mehlspeisrezepten ausgebreitet, darunter „gegossene Strudeln, Buchteln, mährische Weichselkuchen, brennheiße Mandelwürste oder Karlsbader Kolatschen".

1811 wurden drei größere Rübenzuckerfabriken gebaut. Die Betriebsamkeit dieser Pioniere täuscht nicht darüber hinweg, daß es die Rübenzuckerproduktion schwer hatte, daß viele nach der ersten Gründerwelle kapitulierten. Die feinen Tortentürme bei Hof, die kunstvollen Zuckerbäckerphantasien wurden noch größtenteils mit Rohrzucker verwirklicht. Um so mehr, als nach dem Ende der Kontinentalsperre wieder reichlich Rohrzucker auf den heimischen Markt und in die Raffinerien fließen konnte.

Und nachdem ein Hofdekret Kaiser Franz' I. vom September 1818 die österreichischen Raffinerien ohne Rücksicht ob Rübe oder Zuckerrohr begünstigte, holten sich die Zuckerrohrverwerter vielfach verlorenes Terrain zurück. Der Siegeszug der Zuckerrübe wurde damals nur literarisch vorweggenommen, von Ludwig Tieck etwa, der in seiner Novelle „Die Vogelscheuche" reimt: „Dir sei Preis, holdselige Ranunkel …" Der Durchbruch der Zuckerrübe und damit der österreichischen Rübenzuckerindustrie vollzog sich schließlich in Mähren.

DIE MÄHRISCHEN ZUCKERBARONE

1830 erhält der k. k. Oberleutnant Franz Grebner die Erlaubnis, den kaiserlichen Namen für seine Zuckerwerbung einzusetzen. Grebner besaß ein Gut im mährischen Datschitz. Hier setzte er sein Wissen um die Zuckerindustrie, das ihm in Frankreich schon das Kreuz der Ehrenlegion eingebracht hatte, fruchtbar um und entwickelte Datschitz zu einem Zentrum der Zuckerrübenverarbeitung.

Grebner stand aber nicht allein. Neben ihm war bereits Carl Weinrich (1800–1860), der Pastorensohn aus Wetzlar, aktiv, der von einer Buchhändlerlehre auf das Studium der Chemie umgesattelt hatte und Justus von Liebig als Lehrer gewann. Liebig schickte Weinrich nach Frankreich und empfahl ihn großen französischen Rübenzuckerfabrikanten. Als er 1830 zurückkehrte, schien sein Wissen nicht eben gefragt. In einem Zeitungsinserat diente er um 5 Gulden Honorar seine fachkundige Hilfe als Chemiker und als Experte des Rübenzuckers jedermann an. Er hatte Glück. Die Fürsten Thurn und Taxis gaben ihm noch im selben Jahr den Auftrag, in Dobrowitz eine Zuckerfabrik zu bauen.

Carl Weinrich gilt als richtungweisender Pionier der Rübenzuckerindustrie Österreichs. Jakob Christoph Rad, später selbst in Datschitz ein Pionier durch seine Erfindung des Würfelzuckers, schreibt in hoher Wertschätzung: „Carl Weinrichs „Charaktereigenschaften waren die trefflichsten. Von Jugend auf an einfache Lebensweise, Studium und praktische Tätigkeit gewöhnt, war er ein erklärter Feind von Luxus und Verschwendung, seine Ansichten in dieser Beziehung grenzten an das Spartanische. Dabei bewahrte er stets ein tiefes Gefühl für die Leiden und Entbehrungen der ärmeren Klasse ... seine Familie liebte und verehrte ihn, wer ihn kannte und mit ihm umging, achtete ihn hoch. Er hatte keine Feinde. Möge er noch lange in der Erinnerung der österreichischen Zuckerfabrikanten fortleben, denn fürwahr, er war von ihren Pionieren der wackersten einer."

Datschitz und Dobrowitz machten Schule, auch wenn die Bauern zunächst noch zum Rübenanbau überredet werden mußten. 1837 tritt als wichtiger Standort noch Seelowitz-Židlochovice hinzu, gegründet durch den Franzosen Florent Robert. Hier, bescheinigt sein Begleiter J. C. Rad, „gab es keine wesentliche neue Entdeckung, Erfindung oder Verbesserung der Rübenzuckerfabrikation, welche nicht praktisch geprüft wurde".

Immer wieder ist auf den Innovationsschub hingewiesen worden, den „Zugereiste" leisteten: „Die Rolle der Einwanderer und ihre Beteiligung an der ökonomischen Umgestaltung der Habsburgermonarchie kann nicht hoch genug eingeschätzt werden" (Matis, 76).

Im Jänner 1831 erleichtert Kaiser Franz der Rübenzuckerindustrie das Aufkommen, indem er sie für die ersten zehn Jahre von der Erwerbssteuer befreit. Zuckererzeugung aus Runkelrüben gilt als vaterländische Aufgabe: geht es doch um Einsparung von Importkosten, geht es darum, wie ein deutscher Agrarmann ansporrnt, „dem Ackerbau und Gewerbefleiß eine neue sichere Quelle des Erwerbs zu eröffnen und dem Vaterlande Millionen zu ersparen, welche das Ausland für indischen Zucker jährlich verschlang".

Kaiser Ferdinand setzt diese Politik fort. Böhmen gilt bei den Deutschen bald als privilegierter Standort. Gerüstet mit dem Wissen aus französischer Industrie

– die ihren Zuckernachschub keinesfalls mehr von britischen Seeschiffen behindert wissen wollte und daher inzwischen kräftig in die Zuckerrübe investierte – und steuerlich begünstigt, gelang der Neustart in Böhmen und Mähren beeindruckend. „Und freilich konnte eine Gründung durch den böhmischen Feudaladel gestützt, leichter ein experimentell verursachtes Defizit verkraften als eine kommerziell bürgerliche, die dem Kaufmann Rechenschaft schuldete" (Baxa, 51).

Während Frankreich ab 1837 und Deutschland ab 1841 aufgrund des rasanten Aufschwungs der Zuckerindustrie eine eigene Zuckersteuer einhob, lehnte Kaiser Ferdinand – wohl mit Rücksicht auf den vor allem in der böhmischen Zuckerfabrikation stark engagierten Feudaladel – eine solche Abgabe ab.

1841 lieferten die böhmischen Länder zwei Drittel der Rübenzuckerproduktion der Donaumonarchie, die damals über 107 Rübenzuckerfabriken mit 6000 Beschäftigten verfügte. Bis ins Revolutionsjahr 1848 gewährt die Monarchie der Branche Steuerfreiheit. Auch wenn das Wiener Hauptzollamt bereits 1841 meint, daß eine Besteuerung auf das Staatseinkommen „wohltätigsten Einfluß üben" würde.

Ab der Mitte des Jahrhunderts gewinnt die Zuckerrübe die Oberhand. Während die „Colonialzuckervertreter wie abgekämpfte Fechter immer mehr ermüden und aus der Arena gedrängt wurden" (Baxa, 83), taucht das Problem der Überproduktion am Horizont auf. Ab 1859 gewährt der österreichische Staat seiner Rübenzuckerindustrie schließlich eine Exportprämie, die von den Gegnern als Steuergeschenk kritisiert wird. 1862 schließt die letzte Rohrzuckerraffinerie Österreichs in Wiener Neustadt ihre Tore.

Freilich hatte auch der Fiskus inzwischen den Innovationsschub des Rübenzuckers schätzen gelernt, die Zuckerfabriken wurden zum Motor für die Ausweitung der Anbauflächen, Baugewerbe und Maschinenbau profitierten, die Löhne der Kampagnearbeiter stiegen. Schneidemaschinen, hydraulische Pressen und Dampfmaschinen machen die Zuckererzeugung zu einem kapitalintensiven Zweig.

DER GROSSE WURF DES WÜRFELZUCKERS

Einer der großen Namen, die zur Geschichte des Zuckers zählen, ist der Jakob Christoph Rads. J. C. Rad (1799–1872) war nicht nur Geschäftsführer des 1854 gegründeten „Vereins für Rübenzucker-Industrie im Kaiserthum Österreich", er ist der Erfinder des Würfelzuckers. Rad stammte aus dem damaligen Vorderöster-

Christoph und Juliane Rad

reich, dem heute in der Schweiz gelegenen Kanton Aargau, wo er am 15. März 1799 geboren wurde.

In jenen Jahren, als Achard auf seinem schlesischen Gut den Ertrag der Zuckerrübe zu verbessern trachtete, übersiedelte Rad mit seinen Eltern nach Wien, wo er zunächst eine kaufmännische Lehre und später eine Drogistenlehre abschloß. Die Aufmerksamkeit zog er erstmals auf sich, als er ein optisches Telegraphensystem entwickelte, das ihm ein Stipendium einbrachte. Als er sich, vierzigjährig, verheiratete, war er beruflich noch völlig ungebunden. Über Verwandte seiner Frau Juliane Schill kam er allerdings bald in Kontakt mit Franz Grebner und bekleidete wenig später den Direktorenposten der Zuckerfabrik Datschitz, die unter seiner Führung um eine Schokoladenfabrik und eine Fruchtsiederei erweitert wurde. Nun zählte er zu den Honoratioren der kleinen Stadt in Südmähren, und regelmäßig waren sonntags Gäste zu Tisch.

„An einem Augusttage empfing Juliane Rad die bei ihr zum Mittagessen erscheinenden Beamten mit scherzhaften Vorwürfen, weil sie sich beim Zuckerzwicken eine Wunde am Finger beigebracht hatte. Sie zeigte die Wunde mit dem Bemerken, daß doch wohl einer der Beamten schon eine Erfindung hätte machen können, durch welche das lästige Hacken und Zwicken des Zuckers unnötig gemacht werden würde. Während der Mahlzeit wurde das Thema weiter besprochen und Frau Rad meinte, daß der Zucker in Würfeln erzeugt werden solle, welche Form namentlich für die Hauswirtschaft von großem Vorteile wäre, da man den Zucker stückweise zuzählen könne. Dieser Vorfall wurde die Veranlassung, daß sich Jakob Christoph Rad mit dem von seiner Frau aufgeworfenen Problem der

Fabrikation des Würfelzuckers zu beschäftigen begann. Schon drei Monate später, an einem Oktober oder Novembertage, wurde der Frau Direktorin ein Kistchen mit 350 roten und weißen Zuckerwürfeln überreicht. Im Lauf der nächsten Zeit wurden das Verfahren und die Maschinen von Rad weiterentwickelt" (Grotkass, 4).

Daraus wird ersichtlich, „daß der Ruhm der Erfindung des Würfelzuckers nicht Rad allein gebührt, sondern dem Ehepaar Rad. Von Frau Rad stammt der Gedanke, und ihr Gatte setzte diesen in die Tat um" (Grotkass). Jedenfalls hatte der Ehegatte nicht gezögert, Mittel und Wege zu ersinnen, die das riskante Hantieren mit Sägen, Zangen und Hacken am Zuckerhut erübrigten. Am „1. Hornung 1843" wurde ihm ein Privileg auf die Erfindung „Rohzucker mittels Maschinen in Würfelform raffiniert darzustellen" erteilt.

Übrigens hatte der berühmte englische Stahlspezialist Henry Bessemer, der sein Ruhmesblatt in der europäischen Stahlindustrie geschrieben hat, sich bereits zehn Jahre davor ein Verfahren schützen lassen, in dem Zucker mit Dampf in Formen gepreßt werden sollte, allerdings hatte es diesem englischen Konkurrenzpatent an Reife gefehlt.

Rad hatte in seiner Raffinerie in Datschitz, einem Gebäudetrakt von vier Häusern auf dem Marktplatz, sechs Maschinen. Jede funktionierte nach Art einer Schraubtischpresse, verbunden mit einer Stanzplatte mit 400 quadratischen Öffnungen. Eine aus elf Frauen, zwölf Mädchen und 36 Kindern bestehende Belegschaft erzeugte täglich 200 Zentner Würfelzucker, der in alle Kronländer versandt wurde. Rad überließ sein Patent bald dem Inhaber der Datschitzer Fabrik, der auch Betriebe in Iglau und in Wien besaß, und nach kurzer Zeit hatten sich die Zucker-„Ziegelchen" in Kaffeehäusern und Haushalten unentbehrlich gemacht.

Als praktischen Nebeneffekt lobte 1843 ein Wiener Gesellschaftsblatt, daß die handlichen und exakten Formate ein Abzählen der Zuckerstücke ermöglichten: „Wir sahen solchen Zucker in niedlichen Kistchen fast wie chinesischen Tee verpackt, der aus lauter Würfelchen, eines gerade so groß wie das andere, bestand und diese Zucker-Ziegelchen sind nicht nur nett anzusehen, sondern geben auch durch ihre vollkommen gleiche Größe einen sicheren Maßstab an die Hand, um jedes Getränk genau bis zum gewünschten Maßstab zu versüßen und den Zuckervorrat – einen lockenden Artikel für Dienstleute – streng zu kontrollieren."

Der Erfinder Rad konnte zunächst seinen Erfolg aber nicht in Wien landen. Erst als sein Zuckerwürfel in Deutschland und England bekannt war, akzeptierten ihn 1846 auch die Konsumenten in der Reichshauptstadt.

An der Westseite des Datschitzer Stadtplatzes stehen auf der Anhöhe heute noch jene historischen Häuser, die vor eineinhalb Jahrhunderten die Zuckerfabrik beherbergten. Begonnen hatte man im Gebäude des ehemaligen Salzspeichers, Rad kaufte rasch die benachbarten Häuser und schaffte 1842 eine der ersten Dampfmaschinen der Region an. Sein unternehmerischer Impuls versiegte, weil der wirtschaftliche Erfolg auf sich warten ließ. Er mußte erkennen, daß ringsum kein ideales Rübenanbaugebiet lag. Den Rübensamen für die ersten Saaten hatte man aus Bayern importiert. Ein ständiger Antransport von Rüben zur Fabrik kam mangels einer Eisenbahnverbindung nicht in Frage. So verließ J. C. Rad die kleine Stadt 1846 mit seiner Familie. Neben der Kirche steht auf einem Rasenfleck heute ein steinernes Würfelmonument, das an die kurze Blüte des Würfelzuckers hier erinnert.

Die große Zeit der Zuckerfabriken beginnt, als um die Mitte des Jahrhunderts die Revolution das „System Metternich" beseitigte, als die Bürger bei der Durchsetzung einer demokratischen Verfassung freilich halbherzig zögerten und die angegriffene Monarchie sich bald wieder etablierte.

DER SÜSSE EXPORTSCHLAGER

Zucker war in diesen Jahren fast ein Narkotikum der kleinen Leute geworden, nicht mehr die seltene Luxusware, sondern ein in unglaublicher Fülle variiertes Geschenk, mit dem sich das Volk den dürftigen Alltag durch Mehlspeisen versüßte.

Bis 1848 hatte es die Aristokratie, die die meisten der Zuckerfabriken besaß, verstanden, sich einer Besteuerung der Betriebe zu entziehen. Jetzt wurde das Lebensmittel Zucker zur nahrhaften Steuerquelle für den Staat. Mit dem kaiserlichen Erlaß der Besteuerung formierte sich ab November 1849 auch allmählich eine Interessengemeinschaft der Zuckerindustrie. Aber Vereine waren seit der Revolution verdächtig und bedurften, sollten sie sich über die ganze Monarchie erstrecken, der kaiserlichen Genehmigung.

1854 erst gestattet Kaiser Franz Joseph I. die Bildung des „Vereins für Rübenzucker", der zunächst in Prag seinen Sitz hatte und ein ausdauerndes Lobbying für seine Sache begann. Sein erster Präsident war Florent Robert, Chef des Musterbetriebs Seelowitz, sein erster Geschäftsführer der Würfelzuckererfinder Jakob Christoph Rad.

Bis die Wiener Hofzuckerbäckerei vom Kolonialzucker auf Rübenzucker wechselte, dauerte es freilich noch einmal 13 Jahre und 23 Jahre, bis bei Hof auch Marmelade mit einheimischem Rübenzucker statt mit Rohrzucker eingekocht wurde. Der Verein hatte also hart zu kämpfen, um sich das Prestige zu holen, das ihm die Tür in die große Gesellschaft öffnete. Massenkonsum und Exporterfolg waren schneller erreicht.

Als der Dampfbetrieb in den Fabriken eingeführt wurde und Maschinen zum Einsatz kamen, expandierte die Produktion. Ein Chronist schreibt um die Jahrhundertwende: „In dem Decennium 1850 bis 1860 vollzog sich jener große Umschwung, der an die bestehenden Zuckerfabriken die Lebensfrage stellte: entweder mitzuthun und sich der neuen Zeit anzuschliessen oder im aussichtslosen Kampfe mit einer übermächtigen Concurrenz den Kürzeren zu ziehen" (Die Großindustrie, 136). Und er verwendet als Beispiel für Zukunftsorientierung die Fabrik in Grusbach-Hrušovany, die eben in dieser Zeit mit „enormen Kosten" „Dampfkessel und Apparate" der Prager Firma Breitfeld und Evans installierte und als eine der ersten vollmechanisierten Betriebe Österreichs startete.

Allein in Böhmen und Mähren nimmt die Zahl der Zuckerfabriken zwischen 1866 und 1872, also binnen sechs Jahren, um mehr als das Doppelte von 71 auf 164 zu. Viele Adlige investierten das Kapital, das sie durch die Grundentlastung erlöst hatten, in Industrie und Rübenanbau. Die Modernisierung und Mechanisierung der Landwirtschaft geschah gerade über die Zuckerindustrie, im Rübenanbau kam der erste Dampfpflug der Monarchie zum Einsatz (in Seelowitz), einzig auf den Rübenfeldern erreichte die Monarchie die landwirtschaftlichen Hektarerträge ihrer Konkurrenten Deutschland und Frankreich.

Weltbekannt wurde Florent Roberts Sohn Julius, als er 1864 das neue Diffusionsverfahren zur Auslaugung der Rübenschnitzel und damit die bessere Nutzung ihres Zuckergehalts entwickelte, ein Verfahren, das bis heute technologischer Standard ist. Er gehörte zu jenen Bürgerlichen, die gemeinsam und auch gegen die aristokratischen Firmeninhaber antraten. Julius Robert (1826–1888) hatte schon seinem Vater beim Ausbau von Seelowitz assistiert. Neben Robert taucht die rheinländische Industriellenfamilie Schoeller auf, zuerst in der Textilbranche in Brünn, dann mit der Gründung dreier Zuckerfabriken, darunter Czakowitz.

Die Zuckerbarone, durch ihre Verdienste vom Kaiser in den Adelsstand erhoben, suchten bald nach gemeinsamen Allianzen. So verband sich August Ritter von Skene (1829–1891) geschäftlich 1867 bei der Gründung der Zuckerfabrik Leipnik in Mähren mit der Familie Schoeller. Ihre Aktiengesellschaft baute daraufhin noch die Raffinerie Lundenburg-Břeclav, die – an der Kaiser-Ferdinand-Nordbahn gelegen – eine wichtige Zucker-Drehscheibe für Mähren, Niederösterreich, Wien, Budapest und Galizien werden sollte.

Die Leipnik-Lundenburger Aktiengesellschaft ist noch heute Aktionär des österreichischen Zuckerkonzerns Agrana, auch wenn in Leipnik und Lundenburg heute keine Zuckerfabriken mehr stehen. In Lundenburg wuchs schließlich ab 1874 die geniale Erfindung des Würfelzuckers zu einer industriell produzierten und marktfähigen Größe heran. Ende des 19. Jahrhunderts produzierte Österreich 50 % des weltweiten Würfelzuckerbedarfs.

Berühmt durch sein Mäzenatentum wurde der größte Zuckerindustrielle der Monarchie, Ferdinand Bloch. Sein Vater besaß bereits eine Zuckerfabrik in Jungbunzlau (Mlada Boleslav). Ferdinand Bloch selbst, 1864 in Böhmen geboren, fördert zeitlebens die Kunst und läßt seine Gattin Adele von Gustav Klimt porträtieren. Klimt schuf mit diesem Porträt eines seiner Hauptwerke aus der Periode des „Goldenen Stils".

Eindrucksvoller Beweis für den wirtschaftspolitischen Einfluß der Zuckerindustrie ist ihr Lobbying und ihr Kampf gegen den Süßstoff Saccharin. Saccharin, 1878 von einem deutschen Chemiker entdeckt, wurde zum Feindbild der Zuckerfabrikanten, weil es die Preispolitik des Zuckerkartells in Frage stellte (Merki, 89). Es gelingt dem Zuckerfabrikanten, den Süßstoff 1898 per Regierungsdekret in die Apotheke zu verbannen, wo er nur gegen ärztliches Rezept erhältlich war.

Der Schmuggel blühte, besonders aus der Schweiz wurde Saccharin auf abenteuerliche Weise in die Länder der Donaumonarchie gebracht, bekämpft allerdings von eigens geschaffenen Polizeibehörden. Beinahe wäre 1914 eine europäische Konvention über die Reglementierung des Saccharins abgeschlossen worden, hätte nicht der Erste Weltkrieg die Ratifizierung vereitelt. (In der Schweiz sollte dann CIBA-Geigy mit der Saccharinforschung zu einem europäischen Pharmakonzern heranwachsen.)

In den letzten Jahrzehnten vor dem Ersten Weltkrieg trägt die Zuckerindustrie mit 7–12 % zum gesamten Export der Donaumonarchie bei, von ähnlicher Bedeutung für die Handelsbilanz war nur die Ausfuhr von Getreide und Holz. Die Region zwischen Prag, Wien und Budapest lieferte damals, kurz vor dem Ersten Weltkrieg, 20 % des Weltrübenzuckers !

In dieser Position verspürte dieser landwirtschaftliche Industriezweig auch alle Krisen der kaiserlichen Politik. 1908 etwa, als Kaiser Franz Joseph Bosnien und Herzegowina annektierte, protestierte die Türkei dagegen mit einem Wirtschaftsboykott, der die Adria- und Levantehäfen für österreichische Güter blockierte. Die

Lundenburger Zuckerfabrik mußte bis zur Lösung des Konflikts ihre Produktion auf die Hälfte drosseln.

Am 12. November 1918, es war mitten in der Erntesaison der Zuckerrüben-kampagne, brach die Donaumonarchie zusammen. Von den einst 220 Fabriks-standorten standen gerade noch vier auf dem Boden des neuen österreichischen Staates. Diese waren innerhalb des k. u. k. Zuckerimperiums nur ein kleiner Be-standteil der mährischen Zuckerindustrie gewesen. Gerade deshalb kommt es in der Kampagne 1918/19, obwohl sich die neugegründete Tschechoslowakei bereits von Österreich losgesagt hatte, noch einmal zu einer Notgemeinschaft. Die nie-derösterreichischen Fabriken arbeiten unter der „Zuckerkommission" des Nach-barstaates, der sie auch noch mit Kohle aus dem Ostrauer Revier versorgen muß, bevor sich die Erste Österreichische Republik ab 1919 allmählich eigene Rüben-anbauflächen und Energiequellen erschließt.

Mehr als 80 Jahre später ist der österreichische Zuckerkonzern Agrana wieder vor Ort. In Ungarn hatten sich die Österreicher schneller eingebunden, weil sie direkt vom Staat kaufen konnten, in Tschechien hingegen lief eine Auslandsbetei-ligung nach 1989 über Privatisierungsfonds.

Derzeit betreibt Agrana zwei Zuckerfabriken in Tschechien, eine im Norden, in Opava (Troppau), die zweite im südmährischen Hrušovany (Grusbach). Die einst berühmte und innovative Fabrik in Seelowitz existiert nicht mehr. Ähnlich dem Brausektor läuft ein Konzentrationsprozeß: Von den 40 Zuckerfabriken, die die Tschechische Republik 1990 betrieb, arbeiten zehn Jahre später noch elf Stand-orte, die Rübenproduktivität pro Hektar ist indessen gestiegen.

Agrana-Österreich hält heute in Mähren 55 % Marktanteil. Wie alle anderen Konzerne ist auch sie nicht nur darangegangen, einen Heimmarkt neu zu er-schließen, sondern die eigenen Großkunden zu begleiten, die alle schon da sind und beliefert werden wollen, ob sie nun Nestlé, Unilever oder Coca-Cola heißen oder als Handelskette direkt an den Konsumenten verteilen. Agrana-General-direktor Johann Marihart konnte dabei eine erfolgreiche Markenstrategie anwen-den, die bewußt die „gute alte Zeit" ins Spiel bringt. In Ungarn heißt der Agrana-Zucker „Erzebet", wobei „Sisi", die beliebte ungarische Königin Elisabeth, als Schattenriß die Marke aufputzt. In Tschechien, wo ähnlich populäre Habsburger-Gestalten nicht zur Hand sind, bleibt mit dem „Kronen-Zucker" dennoch der Image-Rückgriff auf seinerzeit.

Johann Schicht:
Vom böhmischen Seifensieder zu Unilever

„Hirsch"-Seife und „Ceres"-Fett

SETUZA – „Severočeske tukove zavody", die Nordböhmischen Fettwerke setzen stolz alte Marken in ihre Homepage: „Elida-Seifen, Cremes, Shampoo, Ceres-Speise-Fett, Kalodont-Zahnpaste". Die schlichte Sauberkeit, der Zauber des bescheidenen Haushalts, der erstmals massenweise mit den Segnungen im Koch- und Pflegekomfort in Berührung kam, sammelt sich im Klang dieser alten Markennamen, die der tschechische Konzern heute wieder im Internet präsentiert.

Die Vergangenheit ist gefragt.

„Laß dich durch die kleinen Zufälle des Lebens nicht beirren: Richte dein Streben auf ein großes Ziel und laß dich durch nichts von ihm abwenden," hatte Johann Schicht (1855–1907) in seinem Wahlspruch geschrieben, jener Schicht, dem es gelingen sollte, am Ausgang des 19. Jahrhunderts das väterliche Unternehmen, das 1848 gegründet worden war, zu einem der führenden Chemiekonzerne Europas zu formen.

Johann Schichts erster und einziger Biograph Ferdinand Bernt versetzt sich in die Kindheitslandschaft seines Meisters, der nicht nur ein genialer Unternehmer, sondern auch ein ambitionierter Gesellschaftskritiker war. „Ein Tal, in dem die Zittauer Straße von Deutsch-Gabel nach Ringelshain (Rynoltice) läuft, zur Rechten droben Schloß Lämberg." Hier, schildert Bernt, erzählt ihm ein Verwandter des Gründers bei einem Glas „Ceres", einer Fruchtsaftmarke, die für Johann Schicht Weltanschauung bedeutete, die Familiengeschichte.

Die Schicht waren vermutlich aus Bayern zugewandert. 1563 erscheint ihr Name im Ringelshainer Grundbuch. Einer der ersten, Josef Schicht, sei ein „riesenstarker Mann gewesen, der zu gleicher Zeit mit jeder Hand einen Sack Korn gehoben" habe. Im 18. Jahrhundert kommt die Familie durch Glasgeschäfte mit Spanien zu Wohlstand. Dann aber wurde Wenzel Schicht auf einer seiner Geschäftsreisen im Mittelmeer von Seeräubern verschleppt, gerät in Afrika in Sklaverei und konnte erst nach zwei Jahren um teures Lösegeld befreit werden. Der hohe Geldaufwand einerseits, aber auch der großzügige Lebensstil des Befreiten nach seiner Rückkehr ins Geschäft ruinierten die familiären Finanzen. Wenzel Schicht endete, nachdem er sich vom preußischen Militär anwerben hatte lassen, dann aber desertiert war, als Bettler.

Nichts als vage Erinnerung blieb also von diesem Teil der Familie.

DER FLEISCHHAUER ALS SEIFENSIEDER

Die direkten Vorfahren Johann Schichts waren Besitzer eines „Bauerngutes" und Fleischhauer. Diesem Gewerbe war auch ein Fuhrmannsbetrieb angeschlossen. In diesem Geschäft erlebt der Großvater Anton ebenfalls Höhen und Tiefen: So hatte er in Preßburg einmal zwei Fuhren Walnüsse eingekauft, die er nach Berlin schaffte, wo er sie mit so großem Nutzen verkaufte, daß er für den Erlös eine ganze Ortschaft hätte erwerben können. Das Glück war flüchtig, denn Anton Schicht verlor daraufhin bei einem Wirtshausbrand in Wien sein Gespann und mußte seinen Besitz verpfänden. Diese Erlebnisse wirken stark im familiären Gedächtnis. Noch dem Vater Johann Schichts, Georg, sei seit diesen Tagen, die er als Kind erlebte, die Angst vor den Behörden gegenwärtig, sobald er sie für sein Geschäft benötigte.

Anton Schicht, der geprüfte Großvater, hatte acht Kinder zu ernähren. Das gelang erst dann wieder so recht und schlecht, als ihm ein Bauer einen Ochsen zur Schlachtung borgte und er das Fleisch mit Profit verkaufte und sich so langsam seiner Schulden entledigte. Diese Bedrängnisse brachten es mit sich, daß Georg Schicht wie seine anderen Geschwister früh mitarbeiten mußte und die Volksschule nur mit Lücken hinter sich brachte. Schulzwang gab es damals noch nicht, Schreiben stellte für Georg Schicht daher zeitlebens ein unbequemes Hindernis dar.

Als ausgebildeter Fleischer und Selcher heiratet er 1847 Theresia Sänze, deren Vater in Ringelshain eine Hausweberei besaß und mehrere Heimarbeiter beschäftigte und nach damaligen Begriffen „Fabrikant" war. Durch seine Ehefrau dürfte Georg Schicht auf den zukunftsträchtigen Boden einer Industrie gelangt sein, die damals ungeahnte Dimensionen erreichen sollte. Denn im Jahr nach der Heirat bewirbt er sich um die Erlaubnis zur Ausübung des Seifensiedergewerbes, die er am 6. Juli 1848 erhält.

Sein Betrieb blieb auch in den Folgegenerationen, die Ringelshain verließen, bei der Bezeichnung „Firma Georg Schicht." Das Stammhaus, in dem Georg Schicht sein Unternehmen gründete, lag strohgedeckt zwischen zwei Pappeln an der alten

Dorfstraße Nr. 101 in Ringelshain und war durch einen unterirdischen Gang mit einem ehemaligen Weinkeller verbunden. In diesem Kellergewölbe wurde die erste Seifensiederei eingerichtet. Zunächst nutzte Georg Schicht einen alten Wurstkessel aus der Fleischerei, ehe neues Gerät angeschafft wurde. Die Kinder, sieben Söhne und eine Tochter, hatten mitzuhelfen, hatten Dochte zu schneiden und Lichter einzufädeln, denn zur Seifensiederei war bald eine Kerzengießerei gekommen, und nebenbei lief ein Laden, in dem die Waren verkauft und später auch noch mit Soda und Speck gehandelt wurde. Von der ersten Stunde an spezialisierte sich Georg Schicht auf die Verarbeitung pflanzlicher und tierischer Fette im Gegensatz zur Mineralölindustrie.

Mit der Familie lebte Georgs Onkel gleichen Namens, der in der ersten Hälfte des 19. Jahrhunderts in Prag und Wien als Hausierer für Schneiderzubehör unterwegs gewesen war, dann an Tuberkulose erkrankte und schließlich von Georg Schicht aufgenommen wurde. Er übernahm die Rolle des Hauslehrers und gewann die Zuneigung und Aufmerksamkeit der Kinder.

Seinem Biographen zufolge ist der Einfluß des „Paten" Georg Schicht auf Johann, der am 8. März 1855 geboren wurde, nicht hoch genug einzuschätzen. Der für damalige Verhältnisse weitgereiste Mann war tief religiös und strikter Antialkoholiker, und er wurde darin Vorbild der „frühgeübten Nüchternheit" seines Schützlings.

Neben ihm gab es für den jungen Johann Schicht eine zweite „Bezugsperson", den Verwalter des von Georg Schicht erworbenen Bauernhofs, Wenzel Schiller, der die „im Dorf größten Rüben und Kartoffel baute". Er praktizierte Kreislaufwirtschaft im kleinen, verwertete als Dünger den Abfall der Seifensiederei, vor allem Kalk und die kalihaltige Salzlauge. Damit bekam allerdings der noch kleine Betrieb auch schon die Kritik anderer Bauern zu spüren, die sich beschwerten, wenn das Abwasser der Siederei über ihre Futterwiesen lief.

Johann Schicht ist elf Jahre alt, als sich im Juni 1866 die preußische Armee einquartiert. Die Angst, durch Erzählungen aus der sächsischen Nachbarschaft geschürt, treibt viele Dorfbewohner in die Wälder ringsum, sie flüchten samt ihrem Vieh und vergraben ihre Wertsachen. Johanns Vater, Georg Schicht, hingegen kauft große Mengen Mehl und Inselt ein und lagert es im Keller und auf dem Dachboden – überzeugt, daß die Soldaten solche Vorräte nicht stehlen würden. „Und er hatte richtig gerechnet. Nach der Beendigung des Krieges war große Brotnot, nun verkaufte Vater Georg im Nu seinen Mehlvorrat zu einem guten Preis. Auch der Inseltvorrat leistete seine Dienste. Die anderen Seifensieder hatten keine Rohstoffe, im Schichthause aber ward Tag und Nacht gesotten. So machte die Firma in Ringelshain glänzende Geschäfte."

Es war nicht der einzige Glücksgriff des Unternehmers, der regelmäßig die Preisberichte in den Zeitungen studierte. Im Speckhandel wurde Leopold Bachmayr in Wien sein Lieferant und später sein wichtiger Handelspartner und Kreditgeber der Firma.

JOHANN SCHICHT

Von Johann wissen wir, daß er bis zu seinem zwölften Lebensjahr die Dorfschule besuchte, dann schickte ihn sein Vater 1867 auf ein Jahr „ins Böhmische", damit er die tschechische Sprache erlerne. 1868 kam er zu einem Kaufmann nach Reichenberg in die Lehre. Es war das, wie die meisten Lehrverhältnisse damals, eine harte Zeit. Das Quartier auf dem Dachboden, das Bett im Winter mit Reif überzogen, aber „wenigstens eine gute Kost", die der schmächtige junge Mann auch nötig hatte, wenn er mit dem Handwagen auf grundlosen Wegen die Waren von der Frachtstation zum Geschäft ziehen mußte. Nicht nur, daß Johann nach diesen drei Jahren mit Frostbeulen an den Händen heimkehrt, er sieht, „daß der enge Rahmen eines Kleinverschleißes nicht sein eigentliches Feld war".

1872 wechselt Johann nach Wien und tritt als Lehrling in das renommierte Handelshaus Leopold Bachmayr ein, mit dessen Öl- und Fettwarenhandel der Vater Geschäftsbeziehungen unterhielt. Hier beginnen die fachlichen Lehrjahre, von denen der junge Kaufmann aus Ringelshain profitieren sollte, in die er aber schon als eigenwillige Persönlichkeit eintrat, wie Emanuel Bachmayr, der Juniorchef, beschreibt: „Er war einer der fleißigsten und gelehrigsten Kontoristen, die ich unter mir hatte; mit seinen Kollegen sehr verträglich, wenn er sich auch meines Wissens mit keinem einzigen näher befreundete. In seiner freien Zeit widmete er sich, wie ich hörte, dem Selbststudium von Sprachen, besonders des Französischen, las aber auch wissenschaftliche Werke gerne. Es war mir bekannt, daß er seine Sonntage zumeist zu Hause zubrachte, keinerlei Vergnügungsorte aufsuchte, nur mit seinem Verwandten, der auch in der Leopoldstadt wohnte, verkehrte und sparsam lebte."

Schon hier, aus relativ distanzierter Betrachtung, zeichnet sich im Kontoristen der asketische Charakter ab, der – von seinem Paten geformt – sich auch in seinem späteren Leben als ein Moralist verstehen sollte und der zugleich vom Bildungshunger des Autodidakten – seine Lieblingslektüre sind Goethes Schriften –

getrieben wird. Johann übt sich im Errech-
nen der Geschäftskonjunktur aus Ernteberichten und Goldkurs und belegt den liberalen Zeitgeist, wenn er beispielsweise, noch
nicht neunzehn Jahre alt, seinem Vater rät,
Aktien einer deutschböhmischen Eisenbahn zu kaufen.

Am 29. Dezember 1873 schreibt er an
seine Eltern jenen Brief, der ihn – angeregt
von außen – als jenen planenden Kopf aus-
weist, dem die industrielle Gründung gelingen sollte: „Ich hatte mit unserem Korrespondenten eine Besprechung über die
Seifen- und Kerzenfabriken Österreichs
und wir kamen auch auf die Tatsache zu
sprechen, daß das in seinen deutschen Bezirken industrielle Land, nämlich Böhmen
nicht eine einzige große Seifenfabrik besitzt."

Johann Schicht (1855–1907)

Und er setzt dem Vater auseinander, daß das, was damals in Prag oder Jungbunzlau an Seife produziert wird, etwa 10.000 Zentner jährlich „doch keine
großen Fabriken" seien. Johann zitiert einen Ausspruch des Korrespondenten, der
selbst verhinderter Unternehmer ist, aber ihm die Idee liefert: „Von Aussig aus
werfe ich doch alle anderen Fabriken über den Haufen, denn es gibt keine andere
Stadt, welche für eine Seifensiederei günstiger gelegen wäre."

Er denkt bereits die Teilhaberschaft seiner Brüder mit und führt genauer aus:
„Eine Seifensiederei in Aussig – nebenbei gesagt eine Stadt von 12.000 Einwohnern – hat den ersten außerordentlichen Vorteil, daß die Soda einem förmlich auf
der Nase sitzt [Anm: die Fabrik des Österreichischen Vereins für chemische und
metallurgische Produktion in Aussig]. Zweitens kann man dort aus Hamburg per
Elbe zu ungemein billiger Fracht die nötigen Materialien, wie Kokosöl, Palmkernöl usw. beziehen. Drittens habe ich das Feuerungsmaterial, nämlich die Kohlen, ebenfalls auf der Nase liegen. Dies wären die wichtigsten Punkte beim Ein-
kaufe. Beim Verkaufe ist vor allem die Stadt Aussig selbst. Diese müßte im Anfang
auch nebst der Umgebung die einzige Abzugsquelle [d. i. Absatzmarkt] sein. Von
Aussig aus gehen jedoch, wie Sie wissen, Eisenbahnverbindungen durch ganz
Böhmen und meist in direkter Linie.

Bis hierher wäre nun alles recht schön gegangen und meiner Idee der Grundriß gegeben. Jetzt komme ich zur Ausführung. […] wie wäre es wohl, wenn der Vater das Geschäft unter seinem Namen errichtete? Die Seifensiederei würde an und für sich gerade nicht zuviel kosten. Angenommen, diese käme auf 10.000 Gulden mit Einrichtung und allem Zubehör, so bürgt Ihnen dafür der Fleiß ihrer Söhne, daß Sie ein gutes, vortheilhaftes Geschäft machen werden.

[…] Ich bitte Sie, liebe Eltern, recht sehr um Verzeihung wegen der Sorgen, die ich Ihnen mit diesem Briefe mache und bitte nun auch Heinrich und Josefen [die Brüder], sich wohl zu überlegen, ob sie mit mir einverstanden wären, und wer dies ist, möge so gut sein, mir es mitzuteilen. Ich würde trachten, in eine größere Seifenfabrik zu kommen, um mit der Manipulation bekannt zu werden und nach den Assentierungs- und Rekrutenjahren könnte es losgehen. Besonders könnten wir gute Toilettenseifen kultivieren, welche einen schönen Verdienst lassen. Vielleicht könnten wir uns auch später eine Stearinkerzenerzeugung einrichten. Ich erwarte deshalb mit großer Begierde Ihre Meinung […]"

Diese war offenbar zurückhaltend, denn erst neun Jahre nach diesem Brief wurden erste Schritte zur Verwirklichung gesetzt. Offenbar zögerte der Vater das prosperierende Geschäft in Ringelshain durch einen Neubeginn in Aussig zu gefährden. Als Johann von Wien zurückkehrte, lieferte der Vater seine Ware per Fuhrwerk immerhin schon bis Leitmeritz.

Johann trat ins Geschäft ein und begann sofort seine Wiener Erfahrungen umzusetzen, begleitet von großem erzieherischen Anspruch. In den Werkstätten brachte er Sinnsprüche und literarische Zitate wie Parolen an. Gleichzeitig bemüht er sich um die praktische Umsetzung billiger Rohstoffbeschaffung und um die beste Ausnutzung aller Nebenprodukte. Schon jetzt überlegt er, wie er Glyzerin vor Ort raffinieren könnte, um den kostspieligen Import zu vermeiden.

1878 übernimmt Johann mit seinen Brüdern das väterliche Werk, im Jahr darauf gründen sie eine Filiale in Reichenberg. Dorthin zieht sich Georg Schicht auf einen Alterssitz zurück.

DER SPRUNG AN DIE ELBE: AUSSIG ÜBERHOLT TRIEST

Indessen wurde die Unzulänglichkeit des Standortes Ringelshain für die An- und Auslieferung immer spürbarer. Frachtprobleme und zunehmende Anrainerkritik wegen der Salzlaugenabwässer lassen die Brüder Schicht einen neuen Standort an der Elbe suchen.

Schon 1856/57 war in Aussig der „Österreichische Verein für chemische und metallurgische Produktion" gegründet worden. Ein Name, der übrigens bis heute erhalten blieb, nur ohne das Attribut „österreichische". Den Anstoß zur Gründung dieses Konzerns gab eine Versammlung im Palais des Fürsten Schwarzenberg in Wien, die Hauptaktionäre kamen aus der Aristokratie. Die „Chemische" erzeugte unter anderem Schwefel- und Salzsäure, Soda und Chlorkalk.

Unter der Leitung des Rheinländers Max Schaffner erlebte das Unternehmen Mitte des 19. Jahrhunderts seine Glanzzeit. Die „Chemische Fabrik" trug maßgeblich 1872 zur Bildung der Glashüttengesellschaft-AG am Ort bei, die als erste in der Monarchie Glasflaschen als industrielle Massenware produzierte. Der Platz jedenfalls war industriell vorbereitet, als der Seifenfabrikant Schicht auftrat. Im Spätsommer 1882 beginnt Johann Schicht in Obersedlitz am rechten Elbufer gegenüber der Stadt Aussig die neue Fabrik zu bauen, während zwei andere Brüder in Laa bei Wien eine gepachtete Firma für Kristallsodaerzeugung einrichten.

Am 14. Dezember 1882 berichtet Johann, damals 27 Jahre alt, an die Eltern: „Heute unterm kleinen Kessel hier das erstemal Feuer gemacht, um Soda aufzulösen. Alles Rohmaterial hier." In Böhmen existierten damals nur kleine Ölpressen zur Rapsverarbeitung. An die Herstellung anderer Pflanzenöle dachte niemand. Johann Schicht wußte aber bereits um die Bedeutung des Palmkernöls bei der Produktion von guter Kernseife.

1883 übersiedelt Johann mit seiner Familie nach Aussig. In Ringelshain verblieb ab diesem Zeitpunkt bis 1901 nur mehr ein Detailwarengeschäft. Aussig war inzwischen zu einem Magneten für Industrieansiedlungen geworden. Werner Drobesch hat dargestellt, wie die Stadt an der Elbe, die damit über den Schiffsweg an die Nordsee verfügte, in den siebziger Jahren des 19. Jahrhunderts sogar die bedeutende historische Hafenstadt Triest überflügelte.

„Im gleichen Ausmaß, wie Triest in eine Periode des ökonomischen Stillstands verfiel, stieg die Bedeutung Aussigs für den österreichischen Handel, vor allem den Außenhandel. Den Hauptanteil daran hatte der seit 1850 von Österreich zollfrei gegebene Elbehandel, dessen wichtigster Exponent der *Elbeverein* war. In ihm

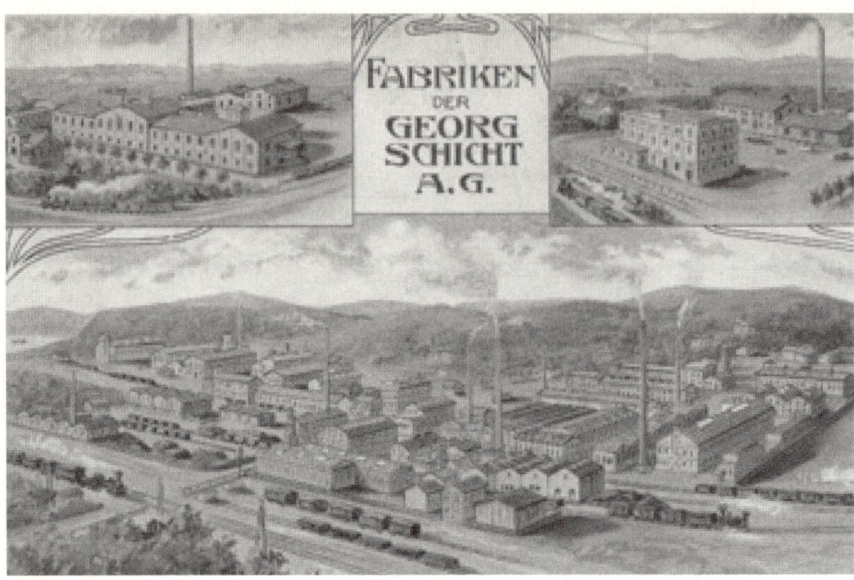

sammelten sich Banken, Versicherungen, Handels- und Industrieunternehmen des böhmisch-sächsischen Raums als ‚pressure group'. Auf ihre Initiative hin wurde der Aussiger Hafen zu einem zentralen Warenumschlagsplatz für den Export. Aussig entwickelte sich zum Mittelpunkt aller Handelsaktivitäten ins Deutsche Kaiserreich, insbesondere nach Sachsen und – für den Übersee- wie Welthandel – Hamburg. In den 1890er Jahren übertraf Aussig, was den Anteil am Gesamtexport der Monarchie anlangte, Triest" (Drobesch, 328).

Die Maßstäbe haben sich verändert. Wenn Georg Schicht, der Vater, an seinen eigenen Vater Anton und dessen Mühen zurückdenkt, redet er vom Gewerbe in Ringelshain als einem „riesigen Geschäfte", und er erinnert die Söhne brieflich an seinen eigenen Stolz, „daß wir nicht mehr nötig hatten zu borgen auf ein Stück Vieh". Von einem Großbetrieb wie jenem neuen in Aussig und den damit verbundenen finanziellen Risiken scheuten die Eltern zurück. Georg Schicht erkrankte schließlich an schwerer Depression und starb 1887 in einer „Pflegeanstalt für Nerven- und Gemütskranke" in Görlitz.

Die Firma in Aussig stand in vollem Wachstum. Johann Schicht versteht es, immer neue Kreditgeber zu finden. Wieder wird ihm das Handelshaus Bachmayr in Wien zur Stütze – Bachmayr leistet Bürgschaft bei der Aufnahme großer Geldbeträge. Reisende werden angestellt, die die „gute und billige Schmierseife" unters Volk bringen.

Johann Schichts Erfolg beruhte nicht zuletzt darin, daß er neue Grundstoffe für die Seifenproduktion entdeckte und Palmkernöl verwendete, das billiger war als Talg und das der Seife Schaum und leichte Lösbarkeit verlieh. Damit überrundete er jene Konkurrenten, die weiterhin nur Kernseife, also Seife ohne Füllmittel (= Wasserglas), erzeugten und auf die Einbindung weicher pflanzlicher Öle verzichteten. Schicht nutzte als erster diese Palmkern-, Erdnuß-oder Baumwollsamenöle. Um sie nicht importieren zu müssen, suchte er der Seifenfabrik eine Palmkernölfabrik anzugliedern.

Als Dreißigjähriger hat er sich einen Überblick über den Weltmarkt geschaffen. Er weiß, welche Ölfrüchte und welches Verfahren am vorteilhaftesten sind. 1885 kommt er mit der größten Ölfabrik Deutschlands in Wolfenbüttel ins Gespräch und will sich von diesen Fachleuten eine Fabrik mit sechs Pressen einrichten lassen. Er klopft wieder bei Bachmayr an, um ihn zu einer Beteiligung zu motivieren. Der aber muß krankheitshalber absagen. Johann steht jetzt im Wettlauf mit deutschen Fabriken, die in Nordböhmen Tochterfirmen gründen. Im August 1887 setzt er seine Palmkernölfabrik in Betrieb, wenn auch gezwungenermaßen kleiner als ursprünglich geplant, aber doch mit sicheren Rohstoffzulieferanten aus Liverpool.

Im selben Jahr trifft ihn persönliche Tragik. Seine Frau Franziska stirbt, 28 Jahre alt, an Knochentuberkulose. Johann Schicht wird plötzlich zum Witwer mit vier kleinen Kindern.

Mit der Palmkernölfabrik, wenn auch kleiner errichtet als geplant, nimmt Aussig unterdessen einen raschen Aufschwung. Noch 1887 entsteht eine Waschpulvermühle, daneben der erste Autoklav, der Fettsäuren für die Seifenfabrikation erzeugt.

EIN MARKETING-PIONIER

1888 teilt Schicht Bachmayr mit, sein monatliche Umsatz betrage 80.000 Gulden – und setzt selbstbewußt hinzu: „Luftschlösser habe ich nie gebaut, und es war bisher alles Angefangene besser als das Projektierte." 1889 erhält die Firma eine neue Dampfmaschine, eine Schleppbahn wird im Werk eingerichtet, eine Stearinfabrik kommt hinzu, 1890 werden die Werksgeleise direkt an die Nordwestbahn Richtung Prag und Wien angeschlossen, und 1891 beginnt Schicht selbst Kopra, getrocknete Schalen von Kokosnüssen, zu pressen.

Ein wesentlicher Fortschritt wurde mit der Erzeugung von festen Kaliseifen und Kalinatronseifen nach dem Eurich-Zeitlerschen Patent erreicht, das Johann 1891 für Österreich-Ungarn ankaufte. Die Hausfrauen in Österreich hielten die herkömmlichen Seifen für zu weich und damit unrationell im Verbrauch: Die Seifenerzeuger mußte deshalb ihre Seifenblöcke ein Jahr länger trocknen und härten lassen, um sie marktfähig zu machen. Mit einer Mischung, der sogenannten „Schwanseife", gelang es Schicht, eindrucksvollen Schaum und Sparsamkeit zu verbinden und damit den Markt zu erobern.

Diese Kaliseife hielt Johann Schicht für seine beste Seife, und er verwendete große Summen auf ihre Reklame unter dem Markenzeichen des Schwans. „Einmal überstreichen mit Schwanseife ersetzt dreimal überstreichen mit gewöhnlicher Seife." Der Slogan wurde so populär, daß davon auch die gewöhnliche Schicht-Kernseife (mit dem springenden Hirschen als Emblem) profitierte.

Um das Toilettenseifen- und Parfümeriewarengeschäft besser zu positionieren, wurden unter dem Namen „Elida" in Wien, Aussig und Budapest eigene Gesellschaften errichtet. Johann Schicht wurde dabei zu einem Pionier der Werbung. Selbst wenn diese sehr karg und lakonisch lautete: „Schichts Patentseife Marke ‚Schwan' ist die Beste." Schwan galt als das ideale Waschmittel für Seide und Wolle.

1901 entwickelt Schichts Chefingeneur Schnetzer eine Seifenkühlmaschine, die den Fabrikationsprozeß verkürzt. Weichere Öle konnten verwendet werden, die Seife schäumte noch mehr, war heller in der Farbe und animierte noch mehr Kundinnen zum Kauf.

Das große Investitionsprogramm zu Beginn des Jahrhunderts erforderte die Erhöhung der Kredite bei der Anglo-Österreichischen Bank in Wien. Der Leiter der Bankfiliale Aussig selbst sprach im Interesse seines Kunden in der Wiener Generaldirektion vor – und erlebte dabei im vornehmen Büro des Generaldirektors den Zeitgeist: Sein Chef führte ihn zum Fenster, deutete auf einen vorüberfahrenden Omnibus, auf dem zu lesen stand „Schichtseife ist die Beste" und meinte: „Schauen Sie, Johann Schicht fährt unser Geld spazieren. Wie kann ich meinen Kollegen empfehlen, Schicht noch mehr Geld zu borgen, wenn sie es verschwenden, indem sie ihren Namen auf Omnibusse malen lassen!" Der Filialdirektor mußte ohne Kreditzusage seine Heimreise antreten, kehrte allerdings voller Unbehagen gegenüber Johann Schicht noch einmal nach Wien zurück und nahm einen zweiten geharnischten Anlauf. Er setzte seinen Willen durch, die Bank ließ allerdings sämtliche Vorräte pfänden, ließ an den Magazinen Tafeln anbringen mit der Aufschrift „Im Besitz der Anglobank" und setzte Schicht einen Kontrollor vor die Türe, der die Verwendung der Rohstoffe dirigierte. Eine Schikane, die Schicht nicht beeindruckte, hatte er doch das Geld für den Ausbau der Firma.

Die Episode zeigt den Weitblick des Pioniers, der auf Reklame setzte, als sie noch als überflüssig, wenn nicht eitel und unnütz erachtet wurde. Bald prangte sein Schriftzug und Firmenname auch weithin sichtbar auf den Kabinen des Wiener Riesenrads, das 1897 errichtet worden war und das die „Schicht-Seife" tagtäglich über die Dächer der Haupt- und Residenzstadt hob. Ein anderer Werbeträger wurde ab 1905 der „Schicht-Volkskalender", der fünf Millionen Leser erreichte und den Johann Schicht persönlich redigierte, während sein Sohn Georg das graphische Erscheinungsbild gestaltete.

DER SCHRITT ÜBER DEN ÄRMELKANAL

1903 schickt Johann seine beiden Söhne Heinrich und Georg nach England. Sie sollen die neue Seifenkühlmaschine verkaufen. Die englische Branche, später ein wichtiger Partner in der Technologie, bleibt zunächst zurückhaltend. Der große Verhandlungspartner Lever Brothers in Port Sunlight gab sich zugeknöpft: Die

Schnellkühlung hätte seiner „Sunlight"-Seife die charakteristische Marmorierung genommen, die „feather" – wie die Engländer sagten, die sich eben bei langsamer Erstarrung der Seife bildete.

Besser landeten sie bei Crosfield in Warrington und bei anderen Seifenfabrikanten, die sich zum Kauf der Maschine entschlossen. Die Verhandlungen wurden von Josef Bachmayr zu Ende geführt, einem Sohn der inzwischen befreundeten Wiener Firma, der damals als erfahrener Organisator der Weltausstellung in St. Louis aus den USA zurückkehrte.

Noch während des Zweiten Weltkriegs erlebte Georg Schicht jun., daß in englischen Unileverfabriken jahrzehntealte Schicht-Kühlmaschinen tadellos funktionierten, die aus dem eigenen Maschinenbau in Aussig stammten.

Johann Schicht ging der Ruf von Ordnung und Sparsamkeit voraus. „Wenn er über den Hof ging und er bemerkte ein einziges verstreutes Palmkernlein, so hob er es auf. Bei solchen Gelegenheiten belehrte er gern seine Arbeiter, keine, selbst die kleinsten, Werte zu vernichten."

1896 umfaßt das Werk eine Seifen-, eine Öl-, eine Kerzen- und eine Wasserglasfabrik und 240 Arbeiter und Arbeiterinnen. Um die Jahrhundertwende erwirtschaftet die Firma einen Umsatz von 20 Millionen Goldkronen. Johann Schicht hatte immer ein Auge auf den weltweiten Rohstoff- und den europäischen Verbrauchermarkt: „Zur Zeit der hohen Glyzerinpreise rentierte sichs, den Fetten, welche ich zu Seifen verarbeitete, das Glyzerin zu entziehen und so habe ich mir damals die Fettspaltung eingerichtet. Dadurch kam ich mit Hilfe meiner Ölpressen zu Versuchen, Stearin zu erzeugen und dies führt mich wieder zur Kerzenerzeugung …"

Der Versuch, durch eigene Kohlebergwerke der Spirale ständig steigender Kohlepreise zu entrinnen, endete allerdings in einer Krise, weil Johann Schicht, falsch beraten, „günstige" Schurfgebiete aufkaufte, deren Ausbeute unergiebig war. In dieser kritischen Phase trat mit Georg und seinem älteren Bruder Heinrich Schicht die nächste Generation ins Unternehmen ein. Georg wurde zum Marketingspezialisten.

Heinrich gelang es, ein neues Verfahren der Waschmittelerzeugung zu entwickeln. Das neue Pulver hieß „Waschextract Frauenlob". Wäsche zu waschen war um die Jahrhundertwende ein langwieriger Prozeß. Zunächst sollte die Wäsche eine Nacht lang in Wasser eingeweicht werden, dem eine Kristallsodalösung zugesetzt war. Daraufhin wurden die Stücke in heißem Wasser eingeseift und auf dem Waschbrett, der Rumpel, die mit Wellblech überzogen war, gewaschen.

Dann schnitt man Seifenspäne, in denen die Wäsche auch gekocht wurde. Zuletzt war die Wäsche sauber, die Hände der Wäscherin allerdings ausgelaugt und geschunden. Kein Wunder, daß Johanns Sohn Heinrich Schicht, als er nach seinem Chemiestudium ein Seifenwaschpulver mit hohem Fettsäureanteil erfunden hatte, einen weiten Markt vorfand.

1904 kam das Waschpulver Marke „Frauenlob" in die Läden, Vater Johann wollte dem mittelalterlichen Dichter Heinrich von Meißen ein Denkmal setzen und traf damit auch das Bedürfnis jener Kundinnen, die nichts von dem Minnesänger wußten. Nationalistische und separatistische Tendenzen in der Donaumonarchie machten es nötig, auf die verschiedenen Märkte in Korrespondenz und Werbung einzugehen.

„Bei der Auswahl der Farben auf Plakaten und Affichen mußte peinlichst darauf geachtet werden, keine Farbenkombinationen zu verwenden, die nationalen Gegnern eigentümlich waren. So kam es zB im ungarischen Siebenbürgen einmal zu Verhaftungen von Kaufleuten, bei denen die Firma Emailtafeln für Schichtseife angebracht hatte. Sie zeigten auf weissem Grund in blaugelber Schrift das Wort Schicht-Seife und dazu in einem kleinen Oval auf rotem Grund den weissen Schicht-Hirsch. Klagegrund: Aufreizung gegen den ungarischen Staat, durch Verwendung der rumänischen Nationalfarben. Mit derselben Mühe und Weitläufigkeit, mit der man von England aus die ganze Welt umspannen konnte, kam man in Österreich-Ungarn von Böhmen aus gerade bis nach Triest und Czernowitz" (Heinrich Schicht, Erinnerungen).

PAZIFIST UND FABRIKANT

Johann Schicht dachte als Bildungsbürger. Zeitzeugen und Gesprächspartner berichten über Johann Schichts Vorliebe für Goethes Literatur, besonders für „Faust" und das kirchenkritische Fragment „Der ewige Jude". Er war einer der Gründer altösterreichischer Großindustrie, hatte aber seinen asketischen Lebensstil beibehalten und unter dem Eindruck Leo Tolstois kultiviert. Der russische Schriftsteller und Aristokrat bekämpfte kirchliche wie soziale Organisationen, versuchte aber seinerseits ein reines Urchristentum zu organisieren.

Johann Schicht teilte die strengen geistig-moralischen Prinzipien ebenso wie das Mißtrauen gegen akademische Bildung. Er polemisierte leidenschaftlich gegen die seiner Meinung nach falschen Bedürfnisse der Menschen, zu deren Befriedigung enorme Arbeitskraft aufgewendet werde, die damit aber der Erzeugung nützlicher Güter entzogen sei. Falsche Bedürfnisse sind für ihn Alkohol und Tabak und jede Form des Suchtverhaltens.

Sein Biograph meint, Johann Schicht holte aus Tolstois Werk auch seine volkswirtschaftliche Überzeugung, die in der Theorie von der Verwerflichkeit des falschen Konsums ihren Kulminationspunkt findet. Durch den großen Abusus, für die Herstellung von Luxusware und Rausch, würde zuviel Energie verbraucht. Schicht dachte puristisch: Luxus begann in der Glasschleiferei und endete in der Brauerei. Die „Herren Gelehrten" seien ebenfalls der Unsitte verfallen: Sie hielten sich in Standesdünkel abseits, während die Studenten durch „Saufen und Rauchen" ruiniert würden.

Es ist ein moralisierendes Reden über die Besserung des Menschen, immer in Tuchfühlung mit Tolstoi und dessen Schriften „Gottes Reich ist in Euch" oder „Wie ist mein Leben". Schicht blieb seine eigene Konsequenz nicht schuldig. 1898 lehnte er den Titel eines Kaiserlichen Rates ab und schreibt an eine Bekannte: „Vor dem Studium von Tolstois ‚Gottes Reich ist in Euch' hätte ich ihn vielleicht angenommen. Jetzt ist es unmöglich." Tolstoi sagt darin: „Die feinfühligsten, sittlichsten Menschen (welche auch meist die gebildetsten sind) fliehen diese Stellungen und ziehen ihnen bescheidenere vor, wenn sie von der Gewalt unabhängig sind."

Tolstoi wurde für Johann Schicht neben Goethe zum großen Leitbild, besonders im gesellschaftskritischen Eifer. So bemühte er sich missionarisch, Alkohol- und Tabakgenuß als paralysierendes Übel anzuprangern und rief einen Verein der Abstinenten ins Leben. Sein Engagement bewog ihn zur Gründung der Fabrik für alkoholfreie Getränke in Ringelshain, die ein für ihn geradezu als Produktbotschaft wichtiges Getränk, den Apfelsaft, erzeugte und dabei im Obstbaugebiet des Elbetals aus dem vollen schöpfen konnte. Die Fruchtsaftmarke „Ceres" war geboren.

Um dieser Begeisterung gerecht zu werden, muß man in Betracht ziehen, daß nicht nur Johann Schicht Tolstoi verehrte. Auch die österreichische Nationalökonomie war von ihm angetan. Friedrich von Wieser, der Lehrer Joseph Schumpeters, konzentriert sich unter dem Eindruck der Lektüre von „Krieg und Frieden" auf die Analyse anonymer gesellschaftlicher Kräfte und verwarf die Auffassung, daß allein große Männer Geschichte „machten".

Johann Schicht war zutiefst skeptisch gegenüber den Ideologien seiner Zeit, er bezweifelte auch, daß es möglich sei, „mit den jetzigen Menschen einen sozialistischen Staat gründen zu wollen". – Das sei nur „vollkommenen Menschen" vorbehalten. Schließlich veröffentlichte er Schriften, in denen er sich mit der „Lohnknechtschaft" des Arbeiters auseinandersetzt. Je mehr Arbeitsplätze, argumentiert er, um so mehr Not herrsche an Arbeitern, um so eher könnten sie dem Unternehmer „sozusagen als Lieferanten entgegentreten". Folglich sei das Wichtigste „die Vermehrung von Arbeitsgelegenheiten".

Er verlangt von den Banken, den Zinsfuß zu senken, um neue Investitionen anzuregen. Geld müsse in Umlauf gesetzt werden: „Wenn die Sparkassen keine Zinsen mehr zahlen werden, oder für die Aufbewahrung des Geldes gar noch eine Gebühr einheben werden, wird durch den dann eintretenden massenhaften Häuserbau bald jede Wohnungsnot beseitigt sein und es wird nicht mehr vorkommen, daß, wie in manchen Industrieorten, der Arbeiter ein Viertel bis ein Drittel seines Einkommens für Wohnungsmiete hergeben muß." Johann Schicht denkt puristisch und in teilweise forciertem Leistungsethos.

„Der Privatkapitalist, dem sein Geld nicht mehr arbeitet, keine Zinsen mehr trägt, wird es notgedrungen in irgendeinem Unternehmen investieren müssen, in dem es ihm aber dann nur soviel Ertrag bringen wird, als ihm seine persönliche Arbeit und Tüchtigkeit verschafft" (Bernt, 137). Hier wird der Vorbehalt gegen jede Form der Spekulation, wenn nicht überhaupt gegenüber reinen Finanzgeschäften ohne produktiven Zweck deutlich.

Schicht kritisiert denn auch jene „Kapitalisten, die den Russen Geld zum Kriegführen borgen" (Bernt, 138), er zitiert aus dem Werk des protestantischen Theologen Harnack ein Wort Christi, wonach „Geld geronnene Gewalt" sei, die nur dann legitimiert ist, wenn sie zum Gemeinwohl eingesetzt werde. Daraus folgert seine soziale Anklage gegen jeden Luxus und gegen jene, die ihn leben, „um dann aus ‚Menschenliebe' einen geringen Teil davon an Notleidende zu verschenken" (Bernt, 141). Die Kritik billigt dann aber doch „Außerordentliches" dem zu, der „Außerordentliches zum Wohle der Gesamtheit" leiste, ein Elitebewußtsein, das sich dort radikalisiert, wo es „Parasitenexistenzen" auszumachen glaubt.

Schichts Bekenntnis summiert sich immer wieder in Tolstoi-Zitaten wie: „Wer seinen Mitmenschen wahrhaft nützen will, muß soviel als möglich arbeiten und sowenig als möglich verbrauchen." Oder: „Wer mehr verbraucht als er leistet, ist schlecht." Diesen – die baren Konsum zum Inhalt machen – sei nur beizukommen, indem man sie verächtlich mache. Er appelliert, genauso wie später Victor Adler: „Was der Arbeiter braucht, ist Bildung", und er redet Konsumgenossenschaften das Wort. Dann allerdings kippt die „Nachschrift" ins Verschrobene, wenn er gegen „Narkotiker" und „Unzucht" wettert und Malzkaffeekonsum statt Bohnenkaffeegenuß verlangt.

Schicht, der für sich persönlich Prestige-, Wohlstands- und Machtsymbole strikt ablehnte, fühlte sich aber auch verletzt durch sozialdemokratische Agitation, die ihn als „Kapitalisten" und als solchen der Ausbeuterei bezichtigte. „Auch ich, schreibt er 1897, „fühle mich ausgebeutet durch Faulenzer, Verschwender und unnützen Konsum, während ich mich selbst nicht als Ausbeuter fühle, weil ich mir bewußt bin, nichts zu verbrauchen, was jeder haben könnte ..." Die Maßstäbe, die er an sich selbst legte, legte er auch an andere. Seine Persönlichkeit garantierte beeindruckende Stabilität. Die Schichtwerke waren zu seinen Lebzeiten, aber auch danach nie Schauplatz sozialer Unruhen und Lohnkämpfe.

Johann Schichts Schriften sind nicht frei von Polemik gegen als „Kathedersozialisten bekannte Professoren", er attackiert aber ebenso eine Kirche, die Waffen segnet. Er lobt die Wehrdienstverweigerung, korrespondiert mit der Leitfigur der Friedensbewegung Bertha von Suttner, schimpft auf eine europäische Gesellschaft, die in „Transvaal" ihr Geld verdienen will, und geht hart mit dem Kolonialismus, der freilich seine eigenen Produktions-Rohstoffe sicherstellt, ins Gericht: „Die Europäer richten alle wilden Völker, denen sie ihre Kultur aufdrängen, zugrunde. "

Mit Sicherheit schrieb Johann Schicht – wie er es in den Texten seines Idols Tolstoi erlebte – aus einer persönlichen Spannung, aus der Betroffenheit und Befangenheit dessen, der die soziale Frage hautnah spürte und ihr allein durch eigenen Verzicht doch nicht gerecht werden konnte. Und er schrieb aus einer Zeit, in der der Liberalismus in Österreich sich durch Börsenspekulation selbst kompromittierte und das Mißtrauen breiter Bevölkerungskreise nach sich zog, in der auch eine Ablehnung des Intellektuellen um sich griff.

Obwohl das Vereinsleben in der zweiten Hälfte des 19. Jahrhunderts in der österreichischen Provinz, gerade auch in Nordböhmen, sich breit entfaltete und ein städtisches Bürgertum mit seinem Bewußtsein und seinen Honoratioren ausbildete, Johann Schicht scheint in keinem der zahlreichen Aussiger Vereine auf.

Hans Peter Hye hat in einer Untersuchung nachgewiesen, wie der nationale Tenor damals auch die Gesellschaft kleinerer Städte spaltete. Der Kampf darum, „wer der bessere Deutsche sei", prägte auch Aussig.

Im Frühsommer 1904 tauchen unvorhersehbare Schwierigkeiten auf. Trockenheit führt europaweit zu extremer Futtermittelnot, die Wiener Regierung verbietet den Export von Viehfutter einschließlich Ölkuchen. Damit wird Schicht ein wichtiger Exportmarkt in Sachsen und Schlesien versperrt, ohne daß sein Nebenprodukt in der österreichischen Landwirtschaft Abnehmer fände. Denn die inländischen Bauern verfüttern nur Lein- und Rapssaat, nicht aber Kuchen aus Palmkernen und Kokosnüssen. Es half weder Aufklärung noch ein Verkauf unter dem Weltmarktpreis, in Aussig türmten sich die Ölkuchen, deren exotischer Herkunft aus Indien und Afrika die heimischen Bauern mißtrauten. Das unverkäufliche Nebenprodukt verteuerte die Produktion und fügte der Ölindustrie massive Verluste zu.

DIE VEREDELTE KOKOSNUSS

In derselben Zeit beginnt ein dramatischer Übernahmekampf, ausgelöst durch Johann Schichts Entschluß, aus Kokosöl Speisefett zu erzeugen. Nun gab es bereits pflanzliches Speisefett namens „Kunerol", das die Wiener Firma Emanuel Khuner erzeugte. Neben diesem Marktführer firmierten noch zwei weitere Fabriken auf dem Markt.

Schicht startete seine Produktion in Ringelshain, er gab dem Speisefett den bisher durch den Apfelsaft eingeführten Namen „Ceres". Und er tut alles, um dieses neue Produkt zum Marktführer zu machen. Seine Ingenieure erreichen die Geschmeidigkeit des Kokosfetts, das damals auch als Brotaufstrich gegessen wurde, durch das Einrühren von Luft. Der Konsum steigerte sich sprunghaft.

Kokosnüsse bester Qualität sollten verarbeitet werden, Schicht sah sich bald imstande, einen Wiener Konkurrenten aufzukaufen. Der Wettbewerb mit Khuner verschärfte sich allerdings, Gerichte und Gutachter duellierten sich in der Frage, ob Schichts „Ceres" die Etikette „aus frischen Kokosnüssen" tragen dürfe. Khuner ließ Ceres-Packungen aufkaufen und streute sie unter dem Großhandelspreis im Einzelhandel, um die Kaufleute gegeneinander aufzubringen. Schicht wieder schrieb einen Preis aus für die besten Ceres-Rezepte und holte damit die Hausfrauen an seine Seite.

Als ein bedeutender Kunde erschien damals das orthodoxe Judentum der Monarchie, zwei Millionen Menschen, denen aufgrund religiöser Speisegesetze Genuß und Gebrauch von Schweinefett untersagt war. Schicht wurde zum Partner, man einigte sich sogar vertraglich mit dem polnischen Rabbiner Simche Fränkel, der einen Vertrauensmann in Aussig nominierte, der die Speisefetterzeugung kontrollierte. Dieser stellte für jedes Faß ein Zertifikat in hebräischer Sprache aus, daß der Inhalt unter seiner Aufsicht koscher hergestellt worden sei. Zu diesem Zweck richtete Schicht eine eigene Küfnerei und spezielle Reinigungsstraßen ein, in denen mittels heißem Dampf und kochendem Wasser den rituellen Vorschriften entsprochen wurde.

Reibungslos wuchs dieser Geschäftszweig nicht. Die ethnische und glaubensmäßige Polarisierung begünstigte manche Provokation. So wurde in einem Fettfaß im südlichen Ungarn eine Schweinewurst entdeckt, was Rabbi Fränkel veranlaßte, mit einem Zeugen zu einem Lokalaugenschein anzureisen. Die Tatsache, daß das Siegel nicht mehr heil war, rettete den Ruf des Fabrikanten und des Aufsichtsorgans. Man hatte peinlich darauf zu achten, daß keine Verbindung zwischen der koscheren Fetterzeugung und anderen Fabriksteilen – etwa der Seifenfabrik, und sei es auch nur durch Dampfleitungen – entstand. Die Klientel als sicherer Verbraucher war die Rücksicht aber wert.

Schicht und seine Branche profitierten vom brisanten Zollkrieg, der zu Beginn des Jahrhunderts zwischen Österreich-Ungarn und Serbien ausbrach. Serbiens Bauern wurden vom Schweineimport ausgeschlossen, die ungarischen Schweinezüchter füllten die Lücke und erhöhten den Schweinefettpreis, eine Verteuerung, die die Nachfrage nach Kokosfett erhöhte. In kurzer Zeit war der Schicht-Konzern zu einem der größten Betriebe der Monarchie herangewachsen.

Schicht hatte 1888 55 Mitarbeiter beschäftigt, 1906 produzierte er mit 1900 Arbeitern in Ringelshain, Aussig und Mährisch-Ostrau. Die zusätzlichen Standorte halfen die Transportkosten, beispielsweise nach Galizien, zu senken. Gleiches galt auch für Budapest und Wien, wo ebenfalls Firmenübernahmen stattfanden.

Acht Familien, sämtliche Geschwister Johann Schichts, lebten vom Gewinn des Konzerns und waren in den unterschiedlichsten Funktionen beteiligt. Der Umsatz war von 1, 9 Millionen Kronen (1888) auf 34 Millionen Kronen gestiegen, bis zu 17.000 Eisenbahnwaggons wurden jährlich abgefertigt. (1892 hatte die Doppelmonarchie den Übergang zur Goldwährung der „Krone" vollzogen.)

1905 entschloß sich Johann Schicht, die bisherige „Offene Handelsgesellschaft der Söhne Georg Schichts" in eine private Aktiengesellschaft umzuwandeln und besonders an seine Söhne Georg und Heinrich Verantwortung zu übertragen. Die Familie übernahm 80 % der Aktien, die Anglo-Österreichische Bank und zwei weitere Aktionäre den Rest, der allerdings später wieder von der Familie zurückgekauft wurde. Der Gründungstag der neuen AG war Johann Schichts letzter Arbeitstag in seinem Werk. Nun wollte er sich ans Elbufer zurückziehen, wo er vis-à-vis der Burgruine Schreckenstein einen Garten gekauft hatte.

Eine zunächst nicht identifizierbare Krankheit zwang ihn zu mehreren Aufent-

halten in Sanatorien. Er hoffte vergeblich auf Heilung. Seine letzte Station auf diesen Reisen war Riva am Gardasee. Hier stellte sich heraus, daß Johann Schicht an
Leberkrebs erkrankt war. Ende Mai kehrte er nach Nordböhmen zurück.
Gezeichnet vom unheilbaren Leiden zog er sich in sein Refugium zurück, wo er
am 3. Juni 1907 stirbt.

Auf dem Friedhof von Obersedlitz am rechten Elbufer, auf dem sich auch das
Grab seiner Eltern befand, wird er bestattet.

DER AUFSTIEG INS EUROPAFORMAT

Nach seinem Tod expandierte die Firma weiter, seine Söhne Heinrich und Georg
erreichten ein Preiskartell mit der Konkurrenz. Damit suchte man damals auch
dem in Österreich-Ungarn noch wenig entwickelten Markt zu begegnen, in dem
Seifenerzeuger immer noch gewärtigen mußten, daß sich die Kunden in schlechten Zeiten mit Reinigungsmitteln selbst versorgten, zumal Seife noch keine Selbstverständlichkeit im Haushalt war.

Der Friede hielt nur kurz, erneut brachen Marketingschlachten zwischen
Schicht und Khuner los. Bis 1911 konnte sich Schicht zwei weitere Konkurrenten
in Ungarn und Wien einverleiben, im Juni 1912 gab dann auch Khuner auf. Die
Schicht AG kaufte die Kunerolwerke in Atzgersdorf bei Wien um 3 Millionen
Kronen, ein Abkommen, das lange geheimgehalten wurde. Damit hatte Schicht
nahezu Monopolstellung erreicht, der Konzern erzeugte jetzt nach dem Erwerb
von Khuner 90 % der Pflanzenfettprodukte Österreich-Ungarns. Viel bedeutender als der Umsatzzuwachs war aber, daß sich Schicht ab nun jährlich eineinhalb
Millionen Kronen an Werbekosten einsparte.

Die Brüder Paul und Georg Khuner, sechs Jahre lang erbitterte Kontrahenten
von Schicht, sollten im Ersten Weltkrieg zu wertvollen Kompagnons werden.

Der Gesamtumsatz der Schichtwerke war binnen sechs Jahren 1913 auf das
Dreifache gestiegen, und das Unternehmen durfte sich über jährlichen Gewinn
von 5,5 Millionen Kronen freuen. Der heutige Nachfolger am nordböhmischen
Standort, „Setuza", formuliert es in unverhohlener Anerkennung: „Da gab es
noch größere Seifenfirmen in England, eine größere Ölmühle in Deutschland und
eine größere Speisemargarineproduktion in Holland. Aber eine Kombination der-
artiger Betriebe in demselben technischen Standard existierte nirgendwo sonst."

Dem Rang entsprechend suchte man nach exklusiven Werbemethoden, die

Wahl fiel auf einen Flugwettbewerb durch die Habsburgermonarchie. Die Piloten legten im Mai 1914 die Strecken Wien–Budapest, Budapest–Aussig und Aussig–Wien zurück, 100.000 Kronen winkten als Preis. Im Kriegsministerium fand die Veranstaltung und der Leistungsnachweis österreichischer Flieger so großen Anklang, daß den Gesellschaftern der Firma Schicht ein Adelsdiplom angeboten wurde. Die Familientradition hielt – sie lehnten ab.

WELTOFFENHEIT GEGEN „RADIKALISMUS"

Nicht nur Schicht, die Bürgerschaft Aussigs und ihre Kommunalpolitik zeichnete sich durch Selbstbewußtsein aus, das sich weitgehend den dumpfen nationalistischen Appellen der Zeit verschloß: Für die selbständigen Unternehmer „stand der österreichisch-ungarische Gesamtstaat außer Diskussion, bot er doch für ihre Produkte einen idealen Absatzmarkt. Damit war für das Aussiger Handels- wie Industriebürgertum die übernationale Idee ein vorrangiges Handlungsprinzip. Das Denken in nationalistischen Dimensionen war ihm fremd. Als dies zutage trat, gab man sich kritisch: ‚Niemals sehen wir den Feind unseres Volkes in uns selbst, sondern immer nur ist der Wolf der Tscheche oder der Jude, und so droht ein Kampf aller gegen alle. Es ist höchste Zeit, daß alle, deren Denken durch Überkultur noch nicht ganz zerrüttet ist, sich aufraffen und zusammenscharen zu einem Bunde ernster Kämpfer gegen den Feind in uns selbst.' Signum einer solchen übernationalen Gesinnung war wie im Falle der Georg Schicht AG die Protokollierung des Firmennamens in allen Sprachen der Monarchie" (Drobesch, 235).

In Aussig behielten tatsächlich bis 1914 die gemäßigten Deutschliberalen vor den radikalen Alldeutschen die Oberhand bei den Gemeinderatswahlen. Dennoch warnte bereits 1899 die „Elbezeitung": „Der Radicalismus macht in ganz Böhmen – im deutschen, wie im tschechischen – große Fortschritte und es ist nur mehr eine Frage der Zeit, wann er seine unbestrittene Herrschaft antreten wird. Die Gemeindewahlen sollen und dürfen nicht darüber hinwegtäuschen. […] Und selbst in diesen Wahlen spielt der Radicalismus eine große Rolle, indem er jene Altliberalen, gemäßigten Elemente, die sonst als ‚gutes Bürgertum' galten, immer mehr ausmerzt und die radicalere Jugend, die sonst nur als ‚hergelaufen' angesehen wurde, in die Vertretungskörper bringt."

Im Jahr 1914 taucht in Aussig unerwartet ein weiterer internationaler Mitbewerber auf: Sir William Lever. Er macht Heinrich und Georg Schicht den überraschenden Vorschlag, ihm, dem englischen Seifenkönig der „Sunlight"-Marke, die Hälfte des Aktienkapitals der Schicht AG zu verkaufen. Die Gebrüder Schicht lehnten ab, sicherten aber weitere Gespräche zu. Beide Konzerne standen im ständigen Streit um Markenrechte. In England war die Eintragung der Schicht-Produkte verweigert worden mit der Begründung, daß das Wortbild „Schicht" der Marke „Sunlight" der Lever Brothers zu ähnlich sei. Der Streit, der durch den einsetzenden Ersten Weltkrieg überlagert wurde, sollte erst 1925 beeendet sein.

Nachdem Lever aus Nordböhmen abgereist war, meldete sich der holländische Margarinefabrikant Anton Jürgens, der an einer Verbindung zwischen Lever und Schicht zwecks Ordnung der Interessenzonen höchst interessiert war, in Aussig. Jürgens Vorschlag lautet: Teilen wir den Markt. Lever und Schicht sollten nur Waschmittel erzeugen und den beiden großen Holländern Jürgens und van den Bergh die Speisefettproduktion überlassen. Ein Vorschlag, der so viel Charme hatte, daß sich Heinrich und Georg Schicht immerhin zu einem Besuch auf Sir Levers Landsitz Hampstead einließen. Tatsächlich kommt es zu einer Einigung, sie vereinbaren abgestimmte Marktstrategien. Da bricht der Erste Weltkrieg aus.

Von den 2500 Mitarbeitern Schichts müssen binnen einer Woche 1000 zum Militär einrücken, jeder zivile Postverkehr kommt zum Erliegen. Die Regierung in Wien gibt sich noch der Hoffnung eines kurzen Kriegs hin, während führende Manager der Schicht AG bereits darauf hinweisen, daß die Versorgung mit Dynamitglyzerin mangelhaft sei. Schicht war die einzige Firma der Donaumonarchie, die überhaupt imstande war, diesen hochreinen Stoff ausreichend zu erzeugen. In den Konzernzentralen beginnt der Wettlauf um die Rohstoffe. Die Bauern schlachten in Panik und aus Angst vor Beschlagnahme des Viehs, der Markt wird schlagartig mit Fett überschwemmt. Schicht kauft rasch und zu Vorkriegspreisen Tausende Tonnen auf. Schon im ersten Kriegswinter verdoppelt sich der Preis für tierisches Fett, weil andere Firmen dem Beispiel Schichts folgen. Schicht profitiert aber nur kurz, denn 1915 läßt die österreichische Regierung alle Rohstoffvorräte konfiszieren und zahlt weit unter Marktniveau. Die Unternehmen gerieten immer stärker unter die Kuratel der Kriegswirtschaft. Die Qualität verfiel. Der Fettgehalt der Seife wurde rigoros beschränkt, die Seifen, zu 80 % aus Lehm hergestellt, erwiesen sich für die Wäsche als untauglich.

Für den hochkarätigen Konzern verengt sich der Spielraum. Dabei hat Heinrich Schicht schon lange vor dem Weltkrieg das Europaformat gefestigt. In Hamburg hält man zwecks Rohstoffbeschaffung ein Einkaufsbüro, der englische Seifenfabrikant George Crosfield hatte die „epochemachenden Erfahrungen" der

Fetthärtung Heinrich Schicht zur Nutzung auf dem Gebiet der Donaumonarchie überlassen. Crosfield hatte vor Jahren Schichts Vorsprung im Maschinenbau (Seifenkühlung) genutzt, jetzt profitierte Schicht von Crosfield.

Ohne zusätzliche Unterstützung gelang es Heinrich Schicht, die erste Fetthärtungsanlage auf dem Kontinent zu errichten: Aus Waltran erzeugte sie schneeweißes Hartfett, das wiederum hellere Seifenfärbung erlaubte. Als Nebenprodukt fielen Bleichmittel für Waschmittel ab. Das auf Fettchemie spezialisierte Aussiger Labor genoß internationalen Ruf.

Der technologische Fortschritt in der Industrie schafft Bindungen zu Westeuropa. Die Brüder Schicht suchten über Freunde im neutralen Ausland wirtschaftliche Kontakte aufrecht zuhalten. Hier leistete der einstige Konkurrent Georg Khuner, der vorwiegend in der Schweiz lebte, große Hilfe. Ihm war inzwischen gelungen, die Schweizer Regierung zwecks Eigenvorsorge zum Bau einer Ölmühle am Bodensee zu veranlassen. Für die Schweiz bestimmte Ölsaaten genossen auf ihrer Frachtroute aus Übersee Geleitschutz durch britische Zerstörer.

Sein Bruder Paul Khuner befand sich bereits seit 1913 auf Erkundungsreisen in die tropischen Anbaugebiete der Kokospalme, begleitet von seiner Ehefrau und einem Fachmann. Sie wurden in Übersee vom Krieg überrascht und gefangengenommen, der Experte kam bei einem Fluchtversuch ums Leben. Das Ehepaar Khuner wurde in Australien interniert und konnte erst 1920 über Südamerika nach Europa zurückkehren.

Währenddessen sicherte die Familie Schicht einen Teil ihres Vermögens auf Schweizer Konten in Goldwährung. Rechtzeitig war es gelungen, österreichische Kriegsanleihe zu verkaufen, was zeigt, daß noch 1917 Schweizer Bankiers nicht mit einer Inflation der österreichischen Währung rechneten, während Heinrich Schicht im selben Jahr bei einer Rebhuhnjagd auf seinem Gut Libochowan zum Handeln drängte und wußte: „Den Krieg haben wir verloren." Innerhalb von 36 Stunden kam die Familie überein, in der Schweiz eine Holdinggesellschaft, die „Limmat AG" mit einem Kapital von 8 Millionen Franken, zu gründen. Damit war der erste neutrale Stützpunkt für Schicht geschaffen.

Nicht ganz so reibungslos gestaltete sich der Einstieg in den Niederlanden, wo mit Jürgens ein Geschäftspartner zur Seite stand, der die Defensive, in die Schicht kriegsbedingt geraten war, immer wieder zu seinen Gunsten nutzte. Letztlich kam dann aber auch in Holland eine Finanzgesellschaft namens „Heima" („Handels- und Industrie Maatschappij") zustande.

Sowohl „Limmat" in der Schweiz als auch „Heima" in Holland hatten die Auf-

gabe, Rohstoffe für die Zeit nach dem Krieg zu beschaffen. Nachdem der U-Boot-
Krieg ab 1917 das Festland blockierte, verknappten sich die Rohstoffe in Europa,
in Übersee hingegen kam es infolge des Überangebotes zum Preissturz. Dort sammelten die beiden Gesellschaften Zehntausende Tonnen an Leinsaat, Kopranüs-
sen, Talg oder Olivenöl. Durch seinen Rohmaterialhandel am Weltmarkt war
Schicht im Gegensatz zu anderen nicht nur zahlungsfähig geblieben (was die englischen Banken in Staunen versetzte), sondern auch bald nach 1918 wieder liefer-
fähig. Ohne Schweizer und holländisches Standbein hätte sich die Firma kaum
am Leben halten können.

Nach dem Krieg mußte auch Schicht den unverhohlenen Machtanspruch der
tschechoslowakischen Regierung erkennen. Handelsminister Stransky rügte 1919,
im neugegründeten Staat stünden drei Viertel Tschechen, Slowaken und anderen
Volksgruppen ein Viertel Deutsche gegenüber. Drei Viertel der Industrie befän-
den sich aber in deutschen Händen. Die Regierung müsse dieses „Mißverhältnis"
beseitigen. Der Schicht-Konzern hatte bisher vor allem mit der Anglo-Österreichischen Bank und der Creditanstalt in Wien zusammengearbeitet. Jetzt wollte
die bedeutendste tschechische Bank, die Živnostenská banka, den Konzern als Ex-
klusivkunden und akzeptierte kein zweites Institut daneben. Genauso verwendete
das Handelsministerium sein Zustimmungsrecht als Druckmittel. Genehmigt
wurde – eine von Aktionären bereits gebilligte Fusion – nur dann, wenn die Aktienmehrheit in tschechischen Besitz fiel.

Schicht vermied es, ans nationale Gängelband genommen zu werden, und verlagerte seine Interessen daher immer mehr ins Ausland. Auf einer Konferenz in
Osnabrück im Herbst 1920 vereinbarten die Schicht-Gruppe und die Holländer
Jürgens und Van den Bergh eine Interessengemeinschaft. Die Holländer suchten
sich schon zuvor an der Centra-Gruppe zu beteiligen. In der Centra-Gruppe hatten sich noch vor dem Krieg Schichts österreichisch-ungarische Konkurrenten zu-
sammengeschlossen. Ihnen fehlte jetzt, wie Schicht, der traditionelle Markt der
Donaumonarchie von 56 Millionen Verbrauchern, die in neugegründete Nationalstaaten aufgeteilt waren. Sie boten für die Holländer eine willkommene Gele-
genheit, sich an der kriegsmüden (alt)österreichischen Industrie zu beteiligen.

Auf Intervention Georg Schichts kam es dann nicht nur zu einer gegnerischen
Konzentration zwischen den Holländern und Centra, sondern zu einer gesamt-
europäischen Lösung. Diese sogenannte „Kleine Entente" wurde am 22. November 1920 unterzeichnet. Schicht brachte 17 Betriebe, die Centra-Gruppe vier ein,
das Kapital wurde zwischen Schicht und den Holländern verschränkt. Wenige

Jahre später verschmolz Schicht, inzwischen um weitere Firmen gewachsen, konsequenterweise mit der holländisch-englischen Unilever. Aussig wurde zum Unilever-Stützpunkt für Zentral- und Osteuropa. Im Oktober 1929 verabschieden sich Georg und sein Cousin Franz Schicht von der Belegschaft in Aussig anläßlich ihrer Übersiedlung nach Berlin, um gemeinsam mit dem Holländer Van den Bergh die Unilever-Geschäfte auf dem Kontinent zu lenken. 1930 zieht Georg Schicht weiter nach London, wo er sich „nicht allzuweit vom Hydepark in Ennismore Gardens" niederläßt.

Heute erinnert die Internet-Homepage des reprivatisierten Setuza-Betriebs in Nordböhmen an die Modernität von einst: Es seien weder in Gehalt noch in Karriere Unterschiede zwischen den Nationalitäten gemacht worden. Die entscheidenden Kriterien seien Fähigkeit und ehrliche Arbeit gewesen. „Tatsache ist, daß jene, die für Schicht arbeiteten, überall offene Türen fanden." Eine Empfehlung, die am nordböhmischen Arbeitsmarkt heute nostalgisch anmutet.

„Solo"

Das erloschene Märchen von den Schwefelhölzern

Die zündende Idee kam von Adalbert Scheinost, das Feuer lebendig zu halten gelang aber nur durch Bernhard Fürth. Die beiden Männer bescherten der Kleinstadt Schüttenhofen (Sušice) im Dreiländereck zwischen Böhmen, Bayern und Österreich in der zweiten Hälfte des 19. Jahrhunderts einen Industriebetrieb, dessen einfaches Markenprodukt Weltruf genoß.

„Solo" war einst der Inbegriff des „Sicherheitszünders". Heute sind die Schwefelhölzchen der Konkurrenz des Feuerzeugs ausgesetzt. In den Werkshallen haben sich längst – wiewohl unter derselben Marke – andere Produktionsfelder breitgemacht. Hartfaserplatten und Holzverbundteile laufen von den Fließbändern, während im älteren Teil der Fabrik ausschließlich Frauen Zündhölzer für die Dritte Welt verpacken.

Die Zündhölzer tragen heute nur mehr ein Viertel zum Umsatz bei. Die Geschäftsführung verspricht sich mehr von anderweitiger Veredlung des Rohstoffs Holz. Nur benötigte man dazu Investitionen. Solange diese Finanzspritzen ausbleiben, solange muß sich die Firma als Zulieferant der Verpackungsindustrie in den Beneluxländern zufriedengeben.

Am Stadtplatz an der Fassade des Hauses Nr. 6 erinnert eine Gedenktafel an jenen Mann, der die nahen Holzvorräte des Böhmerwalds industriell zu nutzen begann. Adalbert Scheinost war am 24. April 1814 in Schüttenhofen auf die Welt gekommen. Die Tischlerlehre führte ihn nach Wien in einen Betrieb, der Kistchen für Streichhölzer erzeugte. Auf diese Weise lernte er die Streichholz-

Böhmischer Holzfäller

fabrik von Stefan Römer kennen. Der
war ausgebildeter Chemiker und stammte
aus Ungarn.

In Römers Firma begegnet der junge
Tischlermeister Adalbert Scheinost der
jungen tschechischen Arbeiterin Marie
Urbancova. Die beiden kehren als Paar
nach Schüttenhofen zurück und suchen
ihre Kenntnisse aus der Reichshauptstadt
umzusetzen. 1839 stellt Scheinost den Antrag, Zündhölzer produzieren zu dürfen.
Zunächst – beide saßen als Untermieter
im Dachstübchen eines Onkels – war nur
an Heimarbeit zu denken. Die Hölzchen
wurden mit dem Messer geschnitten,
mühsam und mit knappem Gewinn, ob-

Adalbert Scheinost (1814–1894)

wohl Scheinost bald begann, die Arbeit im Verlagswesen auf mehrere Familien
aufzuteilen.

Das ersparte Geld reicht nicht aus. Fieberhaft sucht Scheinost nach einem zwei-
ten Gesellschafter, der mit dem nötigen Kapital einsteigen sollte. Es war die
Stunde des Bernhard Fürth. Im Dezember 1841 kommt es zu ersten Gesprächen.
Fürth ist ein jüdischer Kaufmann, sein Vater soll, so will es noch die jüngere
Literatur wissen, zu den „reichsten Juden in Schüttenhofen" gehört haben.

Juden hatten keinen leichten Stand im Habsburgerreich. Nach dem Dreißigjährigen Krieg waren viele vom böhmischen Adel ins Land geholt worden, um
verwüstete Landstriche durch Handel und Geldgeschäft wieder zu beleben. Eigener Grundbesitz blieb ihnen bis 1849 versagt, und die Städte wehrten sich gegen
den Zuzug, weil christliche Kaufleute die Konkurrenz fürchteten. Noch die Generation Bernhard Fürths hatte mit einer krassen Diskriminierung zu leben: mit
den „Familianten-Gesetzen". Sie besagten, daß nur der älteste Sohn einer jüdischen Familie heiraten und eine Familie gründen durfte. Bernhard Fürths ältester
Bruder Isaak war der Begünstigte. Erst mit der Emanzipation der Juden 1848 wird
dieses Gesetz abgeschafft – was nicht bedeutete, daß damit der Antisemitismus er-
loschen wäre. 1848 lebten in Böhmen 66.000 Juden.

Zu diesem Zeitpunkt hatte Bernhard Fürth unternehmerisch schon große Probleme überwunden. Seit 1841 arbeitet er zusammen mit Adalbert Scheinost, be-

sitzt zunächst aber nur die Erlaubnis, Tabak zu handeln. 1844 darf er eine Fabrik bauen, wenig später wird das Dekret hintertrieben und widerrufen. Da allerdings kann Fürth sein Gewicht als Arbeitgeber von 200 Mitbürgern in die Waagschale werfen.

Erste Erfolge in Pilsen ermöglichten diesen Fortschritt. Pilsen war die nächstgelegene Handelsmetropole, der Markt der alten königlichen Stadt der wichtigste Umschlagplatz der ersten Jahre. „Der Platz um die Pilsener Kirche und die anliegenden Straßen, alles voller verstaubter Buden, waren am Samstag noch verhältnismäßig wenig belebt. Die Flut fremder Marktgänger kam erst in der Nacht von Samstag auf Sonntag. In die eleganten Läden des Zentrums zogen für die Dauer des Marktes die Herren Fabrikanten aus Prag, Wien und Reichenberg, lagerten ihre Waren und führten ihre Schlager vor. Sonst verwandelten sich alle nahen Straßen in ein offenes Lager von Lieferanten bestimmter Produkte. An manchen Stellen war nur Leder zu haben, woanders ungegerbte Häute und Federn, wieder woanders Besen, hölzerne Kochlöffel, Tröge und Blechwannen …", schildert ein Zeitgenosse.

Hierher waren auch die beiden Kompagnons gepilgert. 1845 stellt sich Kaiser Franz Joseph I. selbst hinter den Unternehmer Fürth und genehmigte den Kauf eines Hauses, wenig später erringen die beiden die Silbermedaille auf der Österreichischen Gewerbeausstellung. Inzwischen waren sie nämlich imstande, Phosphor für die Zündholzköpfe selbst zu erzeugen. Das hatte bisher niemand gewagt. Phosphor war teuer importiert worden. Und Phosphor war giftig. Bis der Österreicher Anton Schrötter, Ritter von Kristelli (1802–1874), 1845 den ungiftigen, „roten" Phosphor entdeckte und damit die Erzeugung der „Sicherheitszünder" begann.

Bernhard Fürth in Schüttenhofen spezialisierte sich als erster auf „Sicherheitszünder". Er hatte aber bald einen Konkurrenten, der ihn im großen Stil begleitete, den schwedischen Fabrikanten Lundström in Jönköping, der das Produkt als „schwedische" Zündhölzer verbreitete.

Das Geschäft blühte, die Zahl der Arbeiter wuchs. Scheinost, der immer im Schatten von Bernhard Fürth stand, suchte bald seine Unabhängigkeit. 1865 trennten sich die beiden Partner einvernehmlich.

Scheinost konnte seine Fabrik an seine drei Söhne übergeben, Fürth weitete seinen Betrieb bald auch auf einen speziellen Maschinenbau für die Zündholzfabrikation in Goldenkron an der Moldau aus. Die Palette reichte von Wachshölzern, Papierstreichhölzern, den klassischen Sicherheitszündern bis zu Fidibussen für die Pfeife. Die mit dunkelblauem Papier eingekleideten Spanschächtelchen, beklebt mit der rotgelben Etikette, auf der Schlüssel oder Schere als Trademark abgebildet sind, wurden weltweit zum Begriff. Im Schüttenhofen des 19. Jahrhunderts wurden sie den Familien zum dringenden Nebenverdienst. Es war Kinderarbeit zu Hause, die das Einkommen aufbesserte.

Wie aufwendig die Produktion der Hölzer trotz weitgehender Mechanisierung selbst in einer Fabrik war, zeigt eine Beschreibung aus dem Jahr 1887, die besonders den hygienischen Aspekt in Betracht zieht, weil dort neben Sicherheitszündern auch noch herkömmliche phosphorhaltige Zündhölzer produziert wurden: „Für die Holzdrahterzeugung wurden Stämme in Klötze von 4 Zentimetern Länge zersägt und von Hand mittels Schnitzmesser entrindet. Schälmaschinen drehten davon Bänder in der Dicke der Hölzchen ab, aus denen – in mehreren Lagen geschlichtet – von der Abschlagmaschine die Zündhölzer gestanzt wurden. Die rohen Hölzer wurden getrocknet, in Putzmaschinen von Fasern gereinigt und durch Gleichlegemaschinen parallel zueinander geordnet. Maschinen legten die Hölzer auch in Tunkrahmen ein. Die entstehenden Phosphordämpfe saugte ein Ventilator ohne Belästigung der Anrainer ins Freie ab. Im Tunkraum sollte daher der Aufenthalt auch bei geschlossenen Fenstern für daran gewöhnte Arbeiter gut verträglich sein." Ganz ungefährlich bleibt die Produktion nicht, sagt der Chronist von 1887: „Im Trockenraum ereignet es sich nun öfter, daß ein Päckchen solch phosphorhaltiger Zünder in der Hand der Arbeiter Feuer fängt, welche es aber ganz ruhig in die Höhe halten, bis es abgebrannt ist."

1903 wurden die beiden Fabriken Fürth und Scheinost wieder vereint zur SOLO-Aktiengesellschaft mit Sitz in Wien, der unter Beteiligung der Länderbank auch andere altösterreichische Zündholzfabriken zugehörten. Die schwedische und inzwischen auch japanische Konkurrenz verlangte ein Zusammenrücken der österreichischen Exporteure. In der Fusionszeit der zwanziger Jahre kamen zu dieser „Solo, Zündwaren- und Wichsefabriken AG" weitere Firmen hinzu.

Nach dem Ersten Weltkrieg werden die auf tschechoslowakischem Staatsgebiet liegenden Fabriken 1921 in das Firmenkonsortium „Helios" eingebracht, das ab 1922 wieder unter der Marke „Solo" firmiert. Zu diesem Zeitpunkt hatte allerdings bereits der schwedische Zündholzkönig Ivar Kreuger (1880–1932) weltweit die Macht übernommen. Damit mußten sich die österreichischen ebenso wie die tschechoslowakischen „Solo"-Standorte abfinden. Nachdem seit den fünfziger Jahren in Österreich dem schwindenden Absatz von Streichhölzern auch durch neue Produktionen wie Reißverschlüsse nicht gegenzusteuern war, wurde „Solo" in Linz

1972 liquidiert, in der Steiermark übernahmen die Schweden den „Solo“-Standort und legten ihn 1982 still.

In Sušice (Schüttenhofen) ist es für „Solo“ auch nicht bei Zündhölzern geblieben. Und es ist nicht das Holz des nahen Böhmerwalds, das in millionenfache Haushaltsartikel verarbeitet wird, sondern das Holz ukrainischer Pappeln. Die wichtigsten Kunden – so liest man auf den Etiketten der Streichholzschachteln – sind Länder Lateinamerikas und Afrikas.

Johann Steinbrener

Auflagenmillionär und Kalendermacher

Die erste Buchdruckerstadt Böhmens dürfte Pilsen gewesen sein. Hier soll, zwei Jahre vor Paris, neun Jahre vor London und 21 Jahre vor Prag, die Schwarze Kunst schon 1468 betrieben worden sein. Auch wenn diese Datierung nicht durch Dokumente gesichert ist, aus dem südwestlichen Böhmen gibt es zwei theologische Werke der Kirchenväter Augustinus und Albertus Magnus, die tatsächlich im Jahr 1484 gedruckt wurden. Beide Bücher sind in der Werkstatt des Wanderdruckers Alagraw in Winterberg entstanden, der Schüler eines Passauer Buchdruckers war.

Bevor Alagraw, wahrscheinlich auf einem der Säumerwege, auf denen auch Salz nach Böhmen gebracht wurde, an den Inn zurückkehrte, druckte er für das Jahr 1485 noch einen Kalender. Es war der erste Kalender Böhmens. Daß dieser – der sich Jahrhunderte später im Prager Prämonstratenserkloster Strahov wiederfand – gerade in Winterberg verfertigt wurde, durfte Johann Steinbrener, der mit seinen Volkskalendern Traumauflagen erreichen sollte, als günstiges Omen deuten.

In der Herrschaft Winterberg hatten sich nach dem Dreißigjährigen Krieg zunächst die Grafen Kolowrat finanziell verausgabt und Schloß und Liegenschaften an die steirischen Eggenberger verkauft, die schließlich die Schwarzenberg beerbten, die bis 1848 hier residierten. Wirtschaftlicher Aufschwung kehrte erst ein, als 1855 Johann Steinbrener seine Buchindustrie begründete, die seit 1870 zu einem weltweit tätigen Unternehmen anwuchs.

Johann Steinbrener wurde am 17. Juli 1835 als Sohn des Woll- und Stoffkaufmannes Thomas Steinbrener in Winterberg geboren. Nach dem Besuch der Realschule in Pisek geht Johann Steinbrener nach Krumau und lernt dort die Buchbinderei. 1855 läßt er sich in seinem Heimatort nieder. Bald gewinnt er seine wichtigsten Kunden: im Geschäft mit Gebetbüchern auf Kirchweihfesten und Wallfahrtsorten. Steinbrener kauft die Bücher als Rohexemplare, als „Buchkerne" und veredelt sie in seiner Werkstatt mit variantenreichen Einbänden. 1872 eröffnet Johann Steinbrener seine eigene Druckerei, im Jahr 1900 verlegt er 490 Werke in elf Sprachen, seine Kalender erreichten eine Jahresauflage von 800.000 Stück.

Noch vor der Jahrhundertwende setzte der Verleger ein Wasserkraftwerk in Betrieb und ließ elektrische Beleuchtung installieren. Er war zugleich kommunalpo-

Buchdruckerei und Dampfprägeanstalt „Mariahilf"

litisch engagiert, kümmerte sich um die Resozialisierung von Straffälligen und um die Krankenpflege. In Rabitz bei Winterberg kaufte er drei Bauernhöfe, die zum Teil als Waisenhäuser dem Orden der Borromäerinnen zur Verfügung gestellt und als Musterbetriebe bewirtschaftet wurden. Ein Adelsprädikat, das ihm 1905 anläßlich des Besuchs von Kaiser Franz Joseph I. hätte verliehen werden sollen, lehnte er ab.

Die Produktion der Winterberger Betriebe teilte sich in zwei Sparten, in die Erzeugung katholischer Gebetbücher und in die Herstellung volkstümlicher Buchkalender. Die Söhne des Firmengründers Johannes und Rupert Steinbrener führten das Unternehmen in seine Blütezeit. 1911 ernennt sie Papst Pius XI. zu „Verlegern des Heiligen Apostolischen Stuhls". Die beiden Brüder sind wie kaum ein Buchproduzent vor ihnen für die Sache Roms aktiv.

Der Gebetbuchverlag, 1870 gegründet, bringt in seinem besten Jahr 1937 3669 Titel, die in 29 Sprachen gedruckt und weltweit exportiert werden, manche davon in Millionenauflagen. Von dem Gebetbuch „Key of heaven" das hauptsächlich in die USA verkauft wurde, wurden 4,2 Millionen Stück gedruckt und gebunden. Der Bucheinband berücksichtigte die Absatzgebiete in Farbe, Material und Aufmachung. Besondere Raritäten sind heute jene Einbände, auf die winzige Glaskügelchen mosaikartig zu religiösen Motiven genäht wurden.

Päpstliches Breve vom 25. Februar 1911 mit Ernennung zu
„Verlegern des Heiligen Apostolischen Stuhles"

Ende 1937 arbeiten nahezu 1000 Personen in den ausgedehnten Betrieben. Eigene Dampf- und Wasserkraftanlagen, eine eigene Bronzewarenfabrik zur Anfertigung von Buchbeschlägen, eine Goldschlägerei und viele andere Spezialanlagen stehen neben der größten Buchbinderei des Landes mit fast 400 Maschinen und einer modernst eingerichteten Druckerei zur Verfügung. Die Gesamterzeugung von Gebet- und Meßbüchern beträgt damals durchschnittlich im Jahr 5 Millionen Exemplare, die zu 91 % exportiert werden.

Ein ähnliches Wachstum erfuhr der Kalenderverlag. 1873 hatte ihn Johann Steinbrener ins Leben gerufen. Ein Kleinhäusler auf einem Kirchweihfest, der das Kalendersortiment prüfte und enttäuscht Kalender um Kalender weglegte, weil er sich nicht angesprochen fühlte, soll ihn dazu veranlaßt haben, einen „Kalender für den kleinen Mann" zu gründen.

Johann Steinbrener hatte den richtigen Spürsinn bewiesen, seine volkstümlichen Kalender waren gefragt und genossen in der gesamten Donaumonarchie große Popularität. 1909, im Todesjahr des Gründers, erreichten sie in neun Sprachen eine Jahresauflage von einer Million.

Die einstige Buchbinderei war zu einem maßgeblichen Arbeitgeber des Böhmerwalds geworden, eine Tatsache, die nach 1918 – als die wichtigen traditionellen Märkte verloren waren – gefährdet erschien. Der dritten Generation der Verlegerfamilie gelang es trotzdem, das Gespenst der Arbeitslosigkeit ungeachtet der

Weltwirtschaftskrise in den späten zwanziger Jahren von Winterberg fernzuhalten. Das Geschäft mit Süd- und Zentralamerika gewann an Bedeutung. Dr. Rupert Steinbrener schlug auf vielen Reisen die Brücken, bis das Jahr 1938 die erfolgreiche Aufbauarbeit zerstört.

Am 7. Oktober 1938 erfolgt der Anschluß Winterbergs und des Böhmerwalds an das Deutsche Reich. Das nationalsozialistische Regime begegnet dem katholischen Verlag mit größtem Mißtrauen, der Kalenderjahrgang 1938 wird im gesamten Reichsgebiet beschlagnahmt. Die Gauleitung der NSDAP Steiermark beginnt eine Kampagne gegen den Kalender, die SS-Zeitung „Das schwarze Korps" führt die Verleumdung weiter. Die Papierzuteilung wird stark eingeschränkt, nachdem Steinbrener riskiert hatte, kirchliche Werke ohne parteiamtliche Genehmigung zu drucken. 1942 beschlagnahmt die Gestapo die polnischen Kalender, 1944 wird gegen Rupert Steinbrener ein Verfahren beim berüchtigten Volksgerichtshof in München eingeleitet.

Die Nationalsozialisten enteigneten das Erholungsheim St. Rafael und funktionierten es in eine NSDAP-Kreisschule um, sie konfiszierten nahezu das gesamte Letternmetall der Druckerei und zerschlugen die karitativen Einrichtungen der Firma. Bald erscheinen bei Steinbrener nur mehr Lebensmittelkarten oder Fahrausweise, Bezugsscheine und Formulare des Dritten Reichs.

Ungeachtet der Rolle der Unternehmer und ihrer unverhohlen oppositionellen Haltung in der Diktatur Hitlers erscheint nach Beendigung des Zweiten Weltkriegs, am 15. Juni 1945, in den Büros eine Abordnung des tschechoslowakischen Industrieministeriums und teilt den Geschäftsführern die entschädigungslose Enteignung des gesamten Unternehmens mit.

Den Verlagsinhabern bleiben nach der Vertreibung nur der klingende Name des Hauses, 12.000 Kundenadressen, die sie in Österreich verwahrt hatten, die Verlagsrechte in 28 Sprachen, die anläßlich der Verfolgungen durch die Gestapo 1942 ins Ausland übertragen worden waren, und eine Reihe von Mitarbeitern, mit denen sie schließlich 1946 in Schärding am Inn eine Neugründung wagten.

Heute fertigt Steinbrener in Oberösterreich Alben für den deutschen Markt. Was in den fünfziger Jahren noch marktgängig war, hat sich abgelebt. Damals feierte die Belegschaft stolz die Wiederaufnahme des „Natur-Perlmutteinbands für die in sieben Sprachen hergestellte Gebetbücher-Kollektion". Es war vor allem in Lateinamerika als Brautbuch begehrt. Als Rohstoff diente ostindisches Makassar- und javanisches Goldfischperlmutter, das im Direktimport für die Spezialitätenproduktion angeschafft wurde. Seit 1945 hatten sich Märkte und ihre Strukturen

soweit verändert, hatten sich in Staaten, die früher zu den Hauptabnehmern der
Firma gehörten, eigene Industrien entwickelt, die den Import von Büchern aus
Europa erübrigten. Außerdem hatten sich auch in der katholischen Kirche schon
vor Beginn des Zweiten Vatikanischen Konzils Reformen abgezeichnet, die dann
ein „Umdenken in den herkömmlichen Andachtsformen" bewirkten.

1978 erschien auch der „Große Haus- und Familienkalender" im 103. Jahrgang
zum letzten Mal. Steinbrener kam in Österreich wieder an seine Anfänge zurück
und spezialisierte sich auf Buchbinderei. Das enteignete Werk in Winterberg
(Vimperk) wurde später als „Werk 10" dem Verlag Orbis in Prag angegliedert.

Inzwischen sind die Reste des einstigen Verlagshauses und seiner Druckerei in
kanadischem Besitz. Hans Jörg Steinbrener, der in Österreich den Familienbetrieb
in der fünften Generation führt, hat in Tschechien eine kleinen Zweigfirma gegründet, die in der ehemaligen Strumpffabrik des Ortes Kleinauflagen für den
tschechischen Markt fertigt, die in Industriebetrieben keinen Platz mehr finden.
Aus Tradition hat er auch das Gründerhaus „Zum Elefanten" in Winterberg
zurückgekauft. Das Haus steht leer. Die alte Gedenktafel, die an den Beginn der
Buchbinderei erinnert, ist wieder an ihrem Platz, in einer Ausstellung wurde Aufklärung geleistet, eine Straße ehrenhalber als „Steinbrenerova" benannt.

Die alten Gebäude beherrschen immer noch das Stadtbild, eine wirtschaftliche
Nachfolge im Stil karitativen Patriziertums, wie ihn die Familie bis in den Nationalsozialismus geprägt hat, scheint undenkbar.

Die „Libelle"

Papier vom Feinsten für Raucher und Bibelleser

Es ist nicht das erste Mal, daß sich die Papiermacher im Marchtal an den Ausläufern des Altvatergebirges in völlig neuen Verhältnissen wiederfinden. In seiner Darstellung der „Österreichischen Groß-Industrie" zum 50-Jahr-Jubiläum der Regentschaft Kaiser Franz Josephs I. im Jahr 1898 schildert ein Kenner der Branche die gerade soeben im 19. Jahrhundert vollzogene radikale Wandlung: „Eine unausbleibliche Folge der ganz veränderten Methode in der Herstellung des Papiers auf Basis der Maschine war das Eingehen nahezu aller Papiermühlen. Der verbilligten mechanischen Massenerzeugung gegenüber vermochten sie, die noch immer das Papier aus der Bütte schöpften, nicht mehr aufzukommen. Von den 300 Büttenpapierfabriken Anfangs dieses Jahrhunderts [des 19.!] sind nur mehr wenige als Reste eines ehrwürdigen Handwerks übriggeblieben, dessen absonderliche Formen zum Theile noch bis in unsere Zeit hineinragten.

Die in Österreich derzeit [1898] in Böhmen, Mähren und Südtirol bestehenden 22 Büttenpapierfabriken verfertigen handgeschöpftes Papier und luftgetrocknete Hadernpappen, zumeist Specialitäten, die als solche noch gesucht und entsprechend bezahlt werden.

Viele dieser echten Werkstätten eines uralten Handwerks haben ein hohes Alter und ihre Geschichte geht oft bis ins Mittelalter zurück, wie zum Beispiel jene der von der Gräflich-Zierotinschen Herrschaft gegründeten Papiermühle in Groß-Ullersdorf in Mähren. Die ältesten Zeugen von dem Bestehen dieser Mühlen sind Urkunden aus dem Jahr 1520, die auf Papier geschrieben sind, welche den Wasserdruck ‚Ullersdorf' neben dem Gräflich-Zierotinschen Wappen tragen."

DIE UNTERNEHMERIN ALS „HEXE"

Wir sind vor Ort. Die nostalgische Erinnerung ist selbst bereits 100 Jahre alt, damals unter dem frischen Eindruck der Industrialisierung geschrieben. Groß-Ullersdorf heißt heute Velké Losiny. Ein malerischer Platz, früher einmal sogar als Bad gepriesen, mit zwei Sehenswürdigkeiten: dem Renaissanceschloß der Grafen

von Zierotin und der Papiermühle mit ihrem charakteristischen, frisch renovier-
ten Mansardendach. Das eine verweist auf das andere. Denn der Zierotinsche
Löwe auf den drei Hügeln ist heute noch das geschätzte Marken- und Wasserzei-
chen der Papiermanufaktur, und einem der Herren auf Ullersdorf, dem Grafen
Johann dem Jüngeren von Zierotin, verdankt sich überhaupt die Gründung der
Papiermühle.

Johann von Zierotin war ein typischer Renaissanceadliger, der zugleich als Un-
ternehmer dachte und in Velké Losiny einen Gutshof, eine Brauerei, Sägewerke,
Ölmühlen und eine Kalkbrennerei errichten ließ. 1589 war der Schloßbau beendet, wenig später fließt in das herrschaftliche Rentamt schon der Ertrag aus der
Papiermühle. Das bisher älteste Wasserzeichen auf dem Papier eines Kaufvertrags
stammt aus dem Jahr 1596. Die Papiermühle hatte von Anfang an zu kämpfen.
Vor allem gegen die damals schon etablierte Papiermühle der Stadt Šumperk
(Mährisch-Schönberg), die seit 1566 lief und günstigere Absatzbedingungen vor-
fand.

Der Bezirksstadt Mährisch-Schönberg, die im 16. Jahrhundert sich als „Kam-
merstadt" aufgrund ihres blühenden Handwerks bereits von den Zierotin losgekauft hatte, sollte später große Bedeutung als Textilstandort, insbesondere in der
Leinenweberei zukommen. Jedenfalls waren die Zierotin von den Einnahmen ihrer Papiermühle enttäuscht und verkauften sie an Papiermacher, die sich mit
wechselndem Erfolg in der Schreibpapierherstellung behaupteten.

Dann gerät Groß-Ullersdorf ins Räderwerk der Kirchengeschichte, die sich hier
auf grausige Weise ausprägte und dem Ort mindestens soviel Bekanntheit verleihen sollte wie seine Papiermacher. Als 1673 die Witwe des Papiermachers Bartel
Schneller den Gesellen Christoph Göttlicher heiratet, ahnen die beiden noch
nichts von dem drohenden Schicksal. Während sich andernorts in Böhmen nach
der Epoche der barocken Rekatholisierung bereits die Aufklärung ankündigt, holt
die Grenzregion zu Schlesien noch einmal die Inquisition in schrecklicher Form
ein.

1678 begann in Velké Losiny eine Reihe von Hexenprozessen. Initiiert von dem
berüchtigten Inquisitor Heinrich Franz Boblig von Edelstadt, den eine Gräfin
Zierotin offenbar in Unkenntnis seiner radikalen Ambitionen eingeladen hatte.
Heute lassen sich Gäste des japanischen „Konica"-Konzerns von Historikern der
Universität Opava (Troppau) im Saal des Schlosses als schaurige Episode erzählen,
was am selben Ort als Gerichtssache blutiger Ernst gewesen war.

Barbara Göttlicher, die Papiermacherin und als Unternehmerin ehrgeizige Frau, war eine der ersten Beschuldigten im Hexenprozeß. Nach langen Monaten der Gefangenschaft und Folterung wurde sie vom Tribunal, dem der gefürchtete Heinrich Boblik vorstand, als angebliche Hexe verurteilt und am 2. September 1680 lebendig auf dem Scheiterhaufen verbrannt. Eine Pestepidemie löscht wenig später auch die Angehörigen aus, so daß die Papiermühle zehn Jahre später verschuldet und baufällig an die Obrigkeit zurückfällt.

Im 18. Jahrhundert wird in der Mühle neue Technik eingeführt, eine hölzerne Holländermühle zum Zerstampfen und Aufbereiten der Papiermasse, die älteste dieser Art in Mähren, und ein Eisenhammer, um das Papier zu glätten. Das Haus kam aber nicht aus der Schuldenfalle, bis sich 1778 der damalige Pächter Matthias Werner einkaufte. Er war nicht nur Papiererzeuger, sondern auch ein talentierter Händler, der seine Beziehungen bis in die Bukowina oder nach Galizien spann. Aus dem Erlös des Handels konnte er die Mühle von Grund auf sanieren und seinem Schwiegersohn Franz Sterz aus Niederösterreich übergeben.

In dieser Zeit ab 1823 erhält das Haus seine heutige klassizistische Form mit dem charakteristischen Mansardendach, in dessen riesigem luftigem Raum die Papierbögen drei Wochen lang trocknen können.

DIE THERESIANISCHE PAPIERMACHER-ORDNUNG

Wie in anderen Bereichen der Wirtschaft waren es auch hier Kaiser Karl VI. und seine Tochter Maria Theresia gewesen, die dem Gewerbe systematisch zum Aufschwung verhalfen.

Die Kunst des Papiermachens war aus Fernost über Italien und Spanien (und hier vor allem durch arabischen Einfluß) nach Mitteleuropa gebracht worden. Hier, nördlich der Alpen, entsteht 1390 die erste Papiermühle in Nürnberg, 1469 in St. Pölten, 1498 in Wien und im Jahr darauf in Zbraslav (Königsaal) nahe Prag. Ende des 18. Jahrhunderts gab es im gesamten Kaiserreich 300 Papiermühlen. Einfache Stampfwerke verwandelten Hadern, die einen Gärungs- und Waschprozeß durchlaufen hatten, in Papierzeug. Die Handmühle zum Zerfasern der Lumpen wurde von holländischen Mühlenbauern im 17. Jahrhundert verbessert und damit unter der Bezeichnung „Holländer" zum bleibenden Inventar der Fabrikation.

Maria Theresia rügte die Qualitätsmängel in der österreichischen Papiererzeugung und erließ 1754 die Theresianische Papiermacher-Ordnung, die strikte Produktionskriterien aufstellte. Und sie bestätigte die Privilegien der Mühlenbesitzer,

innerhalb eines bestimmten Bezirkes allein Hadern sammeln und kaufen zu dürfen. Ihr Sohn, Kaiser Joseph II., verfügte schließlich ein Ausfuhrverbot für Lumpen und Hadern, die zur Mangelware geworden waren, weil vieles an Alttextilien
als kostbarer Rohstoff in die deutschen Länder exportiert wurde.

Parallel zum Buchdruck hatte sich der Papierbedarf gesteigert, in Österreich
machte Johann Georg Pachner Edler von Eggenstorf bereits 1780 in der Krumauer
Papiermühle den Versuch, mittels selbstkonstruierter Maschine Papier in bestimmten Längen zu erzeugen, also das Papiersieb, auf dem die Papiermasse sich
absetzt, in ein „ewiges Sieb" zu verwandeln; ein Prinzip, nach dem auch noch die
modernen Maschinen funktionieren.

Sein Sohn, Ignaz Theodor Pachner, verbessert in Neusiedl die Konstruktion,
wird aber an der Wende zum 19. Jahrhundert von der Erfindung des Franzosen
Louis Robert eingeholt. Eine der ersten dieser französischen Papiermaschinen
steht in der Büttenwerkstatt von Velké Losiny zur Ansicht. Die Werkstatt selbst
war nie über die Manufaktur hinausgewachsen.

Zunächst war der Papiermacher Sterz in der Biedermeierzeit, weil er nicht
genügend Rohstoff, also Hadern, auftreiben konnte, erneut in den Konkurs geschlittert. Dann übernahm 1855 der Textilunternehmer Anton Schmidt aus Schildberg (Stity) die Papiermühle, seine Familie führt den Betrieb bis 1945. Schmidt
konnte die Papiermühle zum Begleitbetrieb der florierenden Leinen- und Baumwollbetriebe machen, indem er hier das Packpapier für sich und bald auch für andere Textilfirmen erzeugte.

Am Ende des 19. Jahrhunderts, als die Industrialisierung der Branche schon,
wie eingangs zitiert, das handgemachte Papier verdrängt hatte, positionierte sich
Schmidt mit einer Materialeigenschaft seines handgeschöpften, ungeleimten Papiers neu: mit der hervorragenden Filtereigenschaft. Er holte sich 1881 internationale Anerkennung bei der Ausstellung im australischen Melbourne, 1912 erneut
in Wien. Und er gewann bald Marktanteile in der pharmazeutischen, der chemischen und der Lebensmittelindustrie.

In den zwanziger Jahren, in der neuen Ersten Tschechoslowakischen Republik,
wird wie anderswo die künstlerische Qualität des Büttenpapiers für Buch und Grafik wiederentdeckt. Den Ullersdorfer Karton machte nicht zuletzt auch der mit der
Familie Schmidt befreundete Maler Max Švabinsky (vielen durch seine Glasfenster
im Prager Veitsdom bekannt) bei seinen zeichnenden Zeitgenossen populär.

Richard Sedláček, der heute als Kustos mit großer Ambition die inzwischen
einzige überlebende, nicht neugegründete Papiermühle Mitteleuropas und das

Papierfabrik Otteschau, um 1921

einzige Papiermuseum Tschechiens führt, sieht genau darin die Zukunft. Velké Losiny ist ein geachteter Erzeuger feiner handgeschöpfter Papiersorten, ein Spezialist für Aquarellier- und Zeichenpapier geworden. Dieses Papier wird wie früher ausschließlich aus Naturfaser von Baumwolle und Lein erzeugt, die Papiermasse auf Drahtsieben (auf Wunsch mit verschiedenen Wasserzeichen versehen) handgeschöpft. Jeder Bogen erhält typische Eigenschaften und den unregelmäßigen Rand. Die nassen Bögen werden getrocknet, geleimt, wieder getrocknet und schließlich mit Hilfe eines Kalanders, einer Art Bügelmaschine (die übrigens ein Musealstück aus der Maschinenfabrik Zoeptau ist, einer Fabrik, die sich beim Bau der Nordbahn verdient gemacht hatte), geglättet.

Velké Losiny ist die Stammfabrik der Papierindustrie geblieben, auch wenn sie 1949 in die Olleschauer Papierfabrik eingegliedert worden war und mit ihr alle Höhen und Tiefen durchlebt hat.

In der zweiten Hälfte des 19. Jahrhunderts wuchs nämlich in der unmittelbaren Nachbarschaft ein „großer Bruder" heran. 1861 entschließen sich die Brüder Schmidt, nur namensgleich mit den Ullersdorfer Papiermühlenbesitzern, die Mühle in der Gemeinde Olleschau (Olšany) zu erwerben und dort eine Fabrik zur Herstellung von Schreibpapier aufzubauen. Zwei Jahre später geriet sie in wirtschaftliche Probleme und wurde in eine Aktiengesellschaft verwandelt, deren Teilhaber großteils Bürger aus Mährisch-Schönau und den umliegenden Städten waren. Die hohen Frachtkosten für Steinkohle, für das Rohmaterial und das fertige Produkt drückten das wirtschaftliche Ergebnis derart, daß sich die Firma 1870 gezwungen sah, eine Liquidation einzuleiten.

GROSSKUNDE TABAKREGIE

Im Zuge einer letzten Bestandsaufnahme legte der junge Ingenieur Carl Strobach dem Verwaltungsrat ein Projekt zur Sanierung vor: Er wollte die Stärke des Standorts in einer Spezialität demonstrieren, in der Herstellung von Zigarettenpapier. Damit gewann er das Vertrauen der Aktionäre wieder, die Schließung der Firma erübrigte sich. In der zweiten Hälfte der siebziger Jahre kamen die ersten Aufträge aus dem Ausland, Zigarettenpapier aus Olleschau erwarb sich einen einzigartigen Ruf. Und obwohl 1880 ein Brand das gesamte Gebäude zerstörte, stand die Fabrik nach drei Monaten wieder in der ersten Reihe der Produzenten.

Im alten Österreich hatte sich schon um die Mitte des 19. Jahrhunderts die böhmischen Papierfabrikanten Prosper Piette (aus einer luxemburgischen Familie) und Julius Eichmann um die Entwicklung von Zigarettenpapier verdient gemacht. Seit 1864 betrieb Prosper Piette die Papierfabrik Kaisermühle bei Prag und festigte dort seinen Ruf als „Begründer dieser Papierspezialität." Die Familie Piette zählte übrigens zu den ersten Aktionären im mährischen Olleschau.

Die Gründerzeit begegnet einem auch in der österreichischen Tabakregie, und davon profitierten deren Lieferanten. Zunächst verfügte das österreichische Tabakmonopol seit 1851 über das nachrevolutionäre Ungarn und hielt damit seine größte räumliche Ausdehnung. Nach 1867, nach dem Ausgleich mit Ungarn, wurde dort ein eigenes Tabakmonopol errichtet, das aber in seinem Sortiment spiegelbildlich der österreichischen Reichshälfte glich. Überall, von Klausenburg (im heutigen Rumänien) bis Iglau in Mähren, errichtete man Tabakfabriken, vielfach als Strukturmaßnahme, um den schwachen Arbeitsmarkt staatlich zu stützen.

Ernst Trost resümiert in seiner Geschichte des Tabaks in Österreich: „Die Monarchie war von einem Netz von Fabriken überzogen. Die Tabakregie wurde zum Spiegelbild des Kaiserreichs. Und ihre Fabriken waren feste Bastionen des k. k. Wirtschaftsimperiums." (Trost, 130)

Als dieses 1873 in der Wiener Weltausstellung mehr als 7 Millionen Besuchern seine Stärke präsentierte, kurz vor dem Börsenkrach, entwickelte sich die Zigarette

gerade zum populären Rauchgenuß. Das Ackerbauministerium präsentiert in seinem Pavillon die Erzeugnisse der Tabakregie, darunter 61 verschiedene Zigarren, aber auch schon zehn Zigarettensorten: damals mit C geschrieben: Superfeine Cigaretten, Feinste, Bafra, Samsun, Salon, Stambul, Sultan, Feinste Damen, Feinste Trapezunter, Feine Trapezunter. Die eigens für die Weltausstellung kreierte „Austria“ fehlte im Katalog.

„Im Vergleich zur Zigarre war die Zigarette unbedeutend. 1872 wurde über 1 Milliarde Zigarren erzeugt und nur 25 Millionen Zigaretten. Gegenüber 1860 war das jedoch eine Steigerung von 60,1 Prozent. Die Markennamen sind aus dem neuen Kult um die Orienttabake entstanden. Und so mancher nervöse Börsenmakler wird in dieser aufregenden Zeit vielleicht zur Zigarette übergegangen sein, als einzig mögliches Beruhigungsmittel in dieser Phase von Hektik und katastrophalen Zusammenbrüchen. Trotzdem brauchte die Zigarette noch mehr als 30 Jahre, bis sie 1908 die Zigarre überflügelte.“ (Trost, 133)

Über das Zigarettenrauchen in Spanien berichtet schon Giacomo Casanova im 18. Jahrhundert in seinen Memoiren, die er als Gräflich-Waldsteinscher Bibliothekar im nordböhmischen Dux (Duchcov) niederschrieb. Aber erst der Krimkrieg (1853–1856) verbreitete diese Rauchgewohnheit, als Franzosen und Engländer von russischen und türkischen Soldaten lernten, Feinschnitt-Tabake in Papier zu rollen.

1862 eröffnet Josef Hoffmann, der bereits eine Firma in St. Petersburg betrieb, eine kleine Zigarettenmanufaktur in Dresden, die Elbe wurde auch zu einem Handelsmittelpunkt für Orienttabake. 1865 präsentierte dann die Österreichische Tabakregie ihre erste Zigarettensorte, gefüllt mit gewöhnlichem Pfeifentabak. Trotzdem wurden schon im zweiten Produktionsjahr 16 Millionen Stück der neuen Rauchware verkauft. Daraus wird ersichtlich, daß Carl Strobach im mährischen Olleschau seine Hand am Puls der Zeit hatte.

1885 wurde die Zigarettenpapierfabrik Olleschau jedenfalls zum Alleinlieferanten der k. u. k. Österreichischen Tabakregie, hatte Monopolpositionen in Serbien und Griechenland, unterschrieb langfristige Verträge mit der Ungarischen und

Bosnischen Tabakregie und wurde auf der Weltausstellung in Antwerpen mit der goldenen Medaille belohnt. Sogar Frankreich, die „Wiege der Cigarettenpapierfabrication", importierte bald die Ware aus Olleschau. Der Orient zählte ebenfalls zu den wichtigen Abnehmern. Stolz berichtet man 1898: „Die Leitung des Etablissements hat es stets als ihre vornehmste Aufgabe betrachtet, in ihrem Cigarettenpapier einen Genußartikel herzustellen, so dass es von jedem Raucher ungeschaut zum Munde geführt werden könne. Es gelangen fast ausschließlich nur Flachs und Hanfgewebe im ungebrauchten Zustand zur Verwendung." Man bemüht sich schon damals die größte Sorgfalt und Hygiene auch zu dokumentieren.

Noch 1921 bestätigt der Sekretär der „Arbeitgeberstelle": „Wenn man das eiserne Gittertor der Hauptzufuhrstraße zur Fabrik passiert hat, glaubt man zunächst, sich nicht in einer Fabrik, sondern auf einem vornehmen Landsitz zu befinden, denn Blumenrabatten und malerische Baumgruppen wechseln mit den kreideweißen architektonisch gegliederten Gebäuden ab."

OLLESCHAU ALS MEISTERMARKE

Die Zigarette bringt bald Umsätze wie vor ihr nur die Zigarre. Die kleinblättrigen Orienttabake begünstigen den Feinschnitt. Verpackt werden die Rauchartikel wie Pretiosen, geschmückt mit morgenländischen Phantasien. Schon damals unterscheiden Tabak- und Marketingspezialisten Raucher nach dem von ihnen bevorzugten Zigarettentyp, aus der Levante werden Spezialitäten importiert, das Papier beziehen viele dieser Produzenten am Mittelmeer aber aus Olleschau.

Österreichs Papierindustrie war, obwohl zunächst europäischer Nachzügler, Ende des 19. Jahrhunderts zu einer der wichtigsten Exportindustriebereiche der Donaumonarchie geworden. Die k. k. privilegierte Papier-Industrie-Aktiengesellschaft Olleschau hat Österreich zu einer der ersten Adressen für feines Zigarettenpapier gemacht. Olleschau hatte inzwischen ein Zweigwerk in Wattens (Tirol), wo Dünndruckpapiere und Seidenpapier erzeugt wurden.

Während Olleschau um 1910 450 Mitarbeiter beschäftigte, beschäftigte die Fabrik in Wattens 140; Olleschau produzierte damals 1260 Jahrestonnen Zigarettenpapier, Wattens 1000 Tonnen Seidenpapier.

Olleschau besaß schließlich auch in Paris und London eigene Exportniederlassungen und in Warschau eine Generalvertretung für das Zarenreich.

NEUBEGINN MIT TRIERENBERG

Beide Standorte, Olleschau in Mähren und Wattens in Tirol, sollten Ende des 20. Jahrhunderts wieder in einem Konzern zusammenfinden, von dem damals erst der Gründerbetrieb existierte.

Damals arbeitete im oberösterreichischen Traun die „Erste Oberösterreichische Zigaretten- und Seidenpapierfabrik Dr. Franz Feurstein", 1903 vom Urgroßvater des heutigen Konzernchefs Christian Trierenberg erworben. Seit 1972 steht das Werk ausschließlich im Besitz der Trierenbergs. Jahrzehntelang war neben Zigarettenpapier Durchschlagpapier das wichtigste Produkt, ein Markt, der inzwischen mit dem Verschwinden der Schreibmaschinen auf weltweit 700 Tonnen schrumpfte. Das hochwertige Durchschlagpapier, das nicht mehr als 14 Gramm im Quadratmeter auf die Waage bringt, wurde in Zeiten des Computers von einem anderen Nischenprodukt abgelöst: vom Dünndruckpapier.

Trierenberg war seit 1980 mit dem Kauf von Wattens aus dem Besitz der englischen Bunzl-Gruppe zu internationaler Größe herangewachsen und nebenbei zum Alleinanbieter in Österreich. Gerade deshalb entwickelte der Konzern in Dünndruckpapier eine Kompetenz, die mittlerweile auch für Olšany Zukunftsperspektiven absichert. Daran war zum Ende der Donaumonarchie an keinem der drei Standorte in Tirol, Mähren oder Oberösterreich zu denken.

An Rauchern war aber kein Mangel. Olleschau erlebte gerade in Kriegszeiten eine hohe Nachfrage an Zigaretten. Gegebenenfalls wickelte man in der Not des Ersten Weltkriegs nicht Tabak, sondern Buchenlaub ins Papier oder verbot wie in Klagenfurt den Verkauf von Rauchwaren an Frauen. Die „selbstgedrehte" Zigarette kam als neue Variante ins Geschäft. Für diese Kundschaft erzeugte Olleschau einst die „abadie"-Büchel, heute nach wie vor die „Vážka" (d. h. „Libelle"), in Anspielung an die hauchzarten Flügel.

Einzig in dieser Spezialität arbeitet Olšany noch immer – während ringsum ein modernes Labor eingerichtet und Papiermaschinen umgerüstet wurden – mit bejahrten Produktionsanlagen. Die rege Nachfrage nach „Vazka" machte es gleichwohl notwendig, neben dem „Museum", wie Geschäftsführer Martin Zahlbruckner die historische Maschinenhalle nennt, auch noch Büchelpapiermaschinen anzumieten und in Olšany aufzustellen.

Büchelpapierproduzenten sind eine verschworene Gemeinschaft, in diesen Kreis einzudringen ist nur durch Fabrikübernahmen möglich. Eine Papiermaschine, die spezielle Ware für Selbstdreher (hauptsächlich in Holland oder Däne-

mark) formatiert, gibt es nicht zu kaufen. Selbst maschinenbauliche Details bleiben unter Verschluß, die Hersteller bedienen also in entsprechender Weise eine
Raucherklientel, deren Individualismus heute jedenfalls ausgeprägt ist.

Seinerzeit stellten sich ganze Familien in den Dienst der Raucher und fertigten
mit kleinen Stopfmaschinen Zigaretten sozusagen in Heimarbeit, das „Stopfen
wurde eine Herzensangelegenheit", schrieb das Feuilleton. Für die Zigarettenpa-
pierindustrie war es einerlei, wer ihr Produkt verarbeitete.

Erst 1943 mußte die Produktion in Olleschau (Olšany) wegen Mangels an
Kohle und Elektrizität gedrosselt werden. Im Oktober 1945 wurde die Aktiengesellschaft dann verstaatlicht. Elf Betriebe gehörten zum Staatskonzern in kommunistischer Zeit, darunter auch die Papiermühle von Velké Losiny.

Die tschechoslowakische Industrie war bald gänzlich auf den Export in Come-
con-Länder ausgerichtet, der weltweite Handel war Vergangenheit, eine Situation,
die bis zum Jahr 1990 andauerte und dann in den Schock mündete, daß nach der
Wende mit der Sowjetunion auch der eigene Markt verschwunden war. Die Pa-
pierfabriken von Olšany gingen nun durch ein Wechselbad von Eigentumsver-
hältnissen, die insgesamt die kritische Situation nach der Wende kennzeichneten,
in der der Staat sich zwar lossagte, aber durch die Kreditgeber, die staatlichen Banken, doch eingebunden blieb. Das Managment genehmigte sich über gewisse Zeit
mit Privatisierungskrediten attraktive Karrieren, bis dieser Tagtraum ein Ende
fand. Im Falle von Olšany gehören heute fünf Fabriken, darunter die alte Papiermühle Velké Losiny, zu einem Konkurs-Konzern, der im Schlepptau der Prager
Unionbank liegt. Sie sucht Käufer.

Der Stammbetrieb, der 1861 gegründet worden war, hat es besser: Er gehört als
„o. p. papirna" seit 1997 eben zur österreichischen Trierenberg-Holding. Dr. Martin Zahlbruckner hatte als Jurist der Trierenberg-Holding soeben ein China-Ge-
schäft abgewickelt, als er von seiner Firma nach Mähren geschickt wurde. Er fand
dort sieben Management-Ebenen vor und einen politischen Kader, der in drei
Monaten ausgewechselt wurde. Heute, nachdem die Ängste vor Ort, daß die Trierenberg-Holding die Fabrik zusperren würde, nach einer 300-Millionen-Schilling-
Investition überwunden sind, reichen zwei Management-Ebenen.

Olšany besitzt heute westlichen Standard und trägt mit 10 % am Umsatz der
Trierenberg-Holding bei, der im Jahr 2000 6 Milliarden Schilling betrug.

IM SOG DER AMERIKANER

Sanierungsprogramm und Investitionen erlauben demnächst wieder eine Jahresproduktion von 10.000 Tonnen Zigarettenpapier anzupeilen, wobei wieder Osteuropa der große Kunde ist.

Olšany zu erwerben war für Christian Trierenberg eine Vernunftentscheidung
ohne Alternative. Einer der großen Kunden, Philipp Morris, verlangte, daß sein
Papierhersteller ihn nach Osteuropa begleite. Philipp Morris hatte neben VW
eines der ersten großen Investments in Tschechien gelandet und die nationale Zi-
garettenerzeugung in Kutná Hora erworben.

Trierenberg suchte nach Standorten. Rußland schied aus, Ungarn und Polen
verfügen über keine Zigarettenpapierproduktion, Muskau in Sachsen ist marode
und inzwischen in Liquidation. Trierenberg entschied für Olšany und verhilft der
nordmährischen Fabrik wieder zu einem klangvollen Namen.

Allerdings liefert Olšany jetzt andere Qualitäten, nachdem die Kunden im heutigen Osteuropa und GUS-Raum Reemtsma, Philipp Morris oder British-Ame-
rican Tobacco heißen. Eine neue Papiermaschine ermöglicht die Verdoppelung
des Umsatzes. Olšany produziert heute wieder jenes Zigarettenpapier, das mehreren Kriterien standhält: es muß mechanisch belastbar sein, es muß ästhetisch entsprechen (daher die graphische Linienführung durch unterschiedliche Papier-
stärke), die Asche soll weiß abbrennen und nicht vorzeitig abfallen, und
schließlich beeinflußt die Papierkonsistenz sogar die Inhaltsstoffe. Das alles wird
der hauchdünnen Papierlage von 0,04 Millimetern abverlangt. Erst wenn diese
Kriterien erfüllt sind, wechselt die Bobine, die versandfertige Papierrolle, ins Lager und übersiedelt nach Traun in Oberösterreich, wo das Zigaretten-Mund-
stückpapier bedruckt wird.

Olšany profitiert heute von den Forschungszentralen in Traun und Wattens.
Mit diesem Forschungseinsatz ist es gelungen, die Nachfrage zu sichern, denn das
Zigarettenpapier, das man früher erzeugt hat, wäre heute unverkäuflich. Der
Trend zur Leichtzigarette löste in der Branche den Entwicklungsdruck aus.
Zunächst erhöhte man die Luftdurchlässigkeit des Papiers und perforierte schließ-
lich seit den siebziger Jahren die Zigarettenfilter in mikroskopischem Maßstab,
was durch Luftverwirbelung und veränderte chemische Prozesse zu erheblicher
Senkung der Rauchinhaltsstoffe beitrug.

„Jetzt sind wir bei 12 Milligramm pro Zigarette, ab 2004 bei 10 Milligramm",
skizziert Christian Trierenberg die Entwicklung. „Vor zehn Jahren hatte eine Zi-

garette 18 Milligramm Teer, der Raucher hat die ‚Erleichterung‘ mitvollzogen und geschmacklich keine Irritation erfahren. Die Zigarettenindustrie macht ihre Vorgaben, und wir entwickeln gemeinsam neues Material.“

Die Vorgabe bei Tabak hat sich amerikanisiert. Der Orient, Ägypten, die Levante – die großen Tabakquellen bis 1945 – sind inzwischen aus den Lieferantenlisten verschwunden, der amerikanische Zigarettengeschmack beherrscht inzwischen auch die Reformländer. Der Marlboro-Mann setzt den Maßstab. Hier ist noch Wachstum möglich, in Rußland, Polen oder speziell in Ungarn, wo jährlich rekordverdächtig 1920 Zigaretten pro Kopf geraucht werden. In Ost- und Ostmitteleuropa signalisiert die amerikanische Zigarette Lebensstil, ein erstes, kleines erschwingliches Rauchzeichen von materiellem Wohlstand. So wird klar, daß die 2% an weltweitem Wachstum am Zigarettenmarkt großteils von Osteuropa getragen werden, denn in den USA ist der Zigarettenmarkt stark, in Westeuropa leicht rückläufig. Da schadet es nicht, sich auf das zweite Standbein zu besinnen, auf Dünndruckpapier.

Dünndruckpapier war bis vor kurzem eine Domäne des finnischen Konzerns Tervakovski. Tervakovski wurde dann von den Franzosen überholt, inzwischen gehört das finnische Unternehmen aber ebenfalls zur Trierenberg-Holding. Diese ist – seit 1997 verstärkt durch den Standort Olšany – mittlerweile Marktführer für Dünndruckpapier in Europa, ob für Bibeldrucke, portosparendes Werbematerial, Beipack- oder Gesetzestexte: dieser Markt wächst, einerlei ob man Raucher oder Nichtraucher bedient.

Hardtmuth – „Koh-i-Noor"

Der Bleistift zwischen Biedermeier und Kaltem Krieg

Es brauchte die Begeisterung eines Sammlers, um zu retten, was noch zu retten war: die Konkursmasse der Firma Hardtmuth im burgenländischen Hirm. Ein passionierter Sanierer und Liebhaber gepflegter Schreibkultur kaufte das gestrandete Unternehmen zwischen Eisenstadt und Mattersburg.

Das Ende war der Anfang. Als Vater und Sohn Hromatka, der eine etabliert im Kunststoffhandel, der andere Physikstudent, 1996 ihren Urlaub in Spanien verbringen, flimmert eine kurze Meldung durch die Spätausgabe der Fernsehnachrichten: „Der Bleistift ist abgebrochen – Hardtmuth – ‚Koh i Noor' in Konkurs." Eine Botschaft, die zunächst den Sammler Hromatka auf den Plan ruft.

Denn eine Konkursmasse verspricht Bleistiftraritäten. „In dieser Branche gibt es viele verstaubte Lager", erzählt Alexander Hromatka. Daß sein Vater in der Absicht, seinen 35.000 Bleistiften neue Kostbarkeiten hinzuzufügen, vor Ort in Hirm den Masseverwalter traf, war ein folgenreicher Zufall.

Im Sammler erwachte der Unternehmer, und der Unternehmer wurde gleich zum Industriearchäologen, der sich mit einem Bleistiftimperium zu befassen begann, das in seinen besten Zeiten, die lange zurücklagen, Innovation und Spürsinn verkörperte, zuletzt allerdings auf verlorenem Posten stand.

DER VERGESSENE SCHATZ

Zwei Schauplätze waren von „Koh-i-Noor" übriggeblieben: Budweis, der bedeutendste Standort von einst, und Hirm im Burgenland. Doppelköpfig war die Firma zuletzt wie der altösterreichische Reichsadler und sie war, der Diagnose des Sanierers Alexander Hromatka zufolge, auch in Alt-Österreich steckengeblieben. „Eine völlig absurde Situation", erinnert sich Hromatka. Daß er den Verfall des Familienunternehmens so präzise kennenlernte, verdankt sich einem angerosteten Stahlschrank.

Als die Verwaltung der Firma Hardtmuth – „Koh-i-Noor", die in Wien personell zuletzt stärker besetzt war als die gesamte Produktion, in ein neues Gebäude übersiedelte, blieb ein wuchtiger, verschlossener Stahlschrank als unliebsames Inventarstück übrig. Als dieses niemand in sein Büro integrieren wollte, landete es schließlich vor dem Haus, umspielt von Wind und Wetter und von mehreren Aktennotizen, in denen unternehmensintern gefragt wurde, was denn in dem Schrank sei. Schließlich gab sich die Geschäftsführung dann aber zufrieden mit der Antwort, der Schlüssel sei nicht auffindbar. Als erst nach dem Konkurs der Masseverwalter die Öffnung veranlaßte, stieß man auf den Inhalt: sämtliche Unterlagen zu Markenanmeldungen seit den dreißiger Jahren, Verträge, Urkunden, kurz das Gedächtnis der Firma und ihr Kapital – aufgehoben und vergessen. Eine Anekdote, die gar keine ist, die aber illustriert, wie weit sich die österreichische Niederlassung schon vom Markt wegmanövriert hatte.

In Budweis residiert heute in der einstigen Industriellenvilla die Österreichische Creditanstalt. Die Aktienmehrheit der vormaligen Firma Hardtmuth, deren wuchtige Fabriksbauten noch heute die südliche Stadteinfahrt von Budweis beherrschen, ist inzwischen vom tschechischen Gama-Konzern übernommen worden, der die Marke redlich pflegt und nicht mehr wie in kommunistischen Zeiten 14.000, sondern wenigstens am Standort Budweis nur mehr 1000 Mitarbeiter beschäftigt.

In Hirm arbeitet inzwischen wieder ein vitales Unternehmen, das sich auf Künstlermaterial spezialisiert hat. Der burgenländische Ort, der den Zuckerhut im Gemeindewappen trägt, weil hier die größte Zuckerfabrik der Monarchie stand, lebt heute von der Büroindustrie. Gerade weil die Bleistiftfabrik wie ein Phönix aus der Asche steigt und dabei an die spannende Gründerzeit erinnert, die zunächst weder in Wien noch in Budweis vorrangig mit dem Bleistift zu tun hatte.

Die Familienmitglieder derer von Hardtmuth, die in der zweiten Hälfte des 19. Jahrhunderts in der südböhmischen Provinzstadt eine respektable Honoratiorenposition bekleideten und mit der Erhebung in den Adelsstand belohnt worden waren, ruhen auf dem Loduser Friedhof bei Budweis.

Die Ruhestätte dessen, der den stärksten Impuls an die ihm folgenden Generationen weitergab, dessen Erfindungen den Grundstein zu industriellem Erfolg legten, ist freilich nicht einmal bekannt. Dabei war sie ursprünglich in der Reichshauptstadt Wien auf dem Währinger Friedhof von den Gräbern Beethovens und Schuberts flankiert. Aber als der Währinger Friedhof in Wien 1888 aufgelassen wurde und die beiden großen Musiker in Ehrengräber überstellt wurden, vergaß man die sterblichen Überreste des Firmengründers und Industriepioniers Joseph Hardtmuth.

Sein Unternehmen und seine Familie waren schon vierzig Jahre zuvor abgewandert, von Wien nach Budweis. Seine Enkel wurden letztlich weltberühmt mit einem Produkt, das Joseph Hardtmuth als genialer Autodidakt nebenberuflich erfunden hatte: den Bleistift moderner Machart.

DER ARCHITEKT ALS ERFINDER

Joseph Hardtmuth war nämlich vor allem Architekt. Fürstlich-liechtensteinscher Architekt. Seine Familie kam aus Bayern und lebte traditionell im Tischlerhandwerk. Die Kirchen von Dillingen und Donaualtheim schmücken Hardtmuth-Altäre. Im 18. Jahrhundert wandert einer dieser Tischler, Anton Hardtmuth, nach Niederösterreich aus und läßt sich in Mistelbach nieder, wo er 1748 das Meisterrecht der Tischlerzunft erwirbt.

Das Ehepaar Anton und Theresia Hardtmuth hat acht Kinder, Joseph ist das vierte. Er wurde – nach eigenen Angaben – am 20. Februar 1752 in Asparn an der Zaya im nördlichen Niederösterreich geboren, seine Biographen datieren seine Geburt auf 1758.

Im Alter von 16 Jahren kommt er zur Lehre nach Wien, zu seinem Onkel, dem Baumeister Meissl, der seit 1771 für Fürst Franz Josef I. von Liechtenstein als Hofarchitekt tätig ist.

Im Geschäft des Onkels entwickelt Joseph Hardtmuth sein großes Zeichentalent und entwirft zahlreiche Vorlagen für Töpfer und Hafner, für eine Zunft, aus deren Kenntnis dann sein geniales Konzept entspringen sollte. 1789 löst Joseph Hardtmuth den Onkel als „Oberaufseher bei den Bauten" in Wien ab. Nach dem Tod Meissls wird er selbst per Dekret fürstlicher Architekt. 1793 heiratet Hardtmuth die Tochter des fürstlichen Mundkochs.

Joseph Hardtmuth genoß hohes Ansehen im Haus Liechtenstein. Fürst Johannes I. (1760–1836) tut alles, um den talentierten Mann zu halten. 1803 errichtet der Fürst ein eigenes Bauamt für die mährischen Herrschaften Lundenburg, Eisgrub, Feldsberg und Rabensburg unter der Leitung Hardtmuths. Vorher noch war das Liechtenstein-Palais in der Wiener Herrengasse fertiggestellt worden.

Als der inzwischen zum Baudirektor sämtlicher niederösterreichischen und mährischen Liegenschaften avancierte Hardtmuth um Unterstützung wegen kostspieliger Krankheiten von Frau und Kindern ansucht, schenkt ihm der Fürst eine goldene Dose und 1000 Gulden.

Joseph Hardmuth (1752/58–1816)

Hardtmuth verkörperte den Wegbereiter des Wiener Klassizismus, auch wenn diese Architektur, verglichen mit Barock und Historismus, nur bescheidenen Nachklang gefunden hat. Er bereitete schon im späten 18. Jahrhundert die Wende von der repräsentativen Feudalarchitektur hin zu Nutzbauten Kaiser Josephs II. vor, die bewußt zurückhaltend waren.

Mit den Napoleonischen Kriegen und dem bankrotten Staatshaushalt kommt die Bautätigkeit zum Erliegen, erst nach dem Wiener Kongreß schließt die österreichische Architektur am Josephinismus und seiner sachlichen Geste an.

Die interessantesten Aufgaben für Architekten kamen von großen Adelsfamilien, unter anderem von den Liechtenstein. In deren Diensten arbeitete Joseph Hardtmuth von 1789 bis 1812. Er hielt sich eng an den französischen Klassizismus, den sein Vorgänger Isidore Canevale praktiziert hatte, bereitete aber doch den Boden für seinen Nachfolger, den Biedermeier-Architekten Joseph Kornhäusel, dessen Bauten viel später noch die Wertschätzung Otto Wagners fanden.

Der größte Bau des fürstlichen Architekten Joseph Hardtmuth in Wien fiel der Spitzhacke zum Opfer: das Liechtenstein-Palais in der Herrengasse. 1789 hatte er es errichtet, noch als Barockbau mit hofseitig gelegenen Reitställen, die der Klavierfabrikant Ludwig Bösendorfer ab 1870 zu einem Konzertsaal umbaute, weil er ihre großartige Akustik schätzte. Ungeachtet dieser Vorzüge wurde das Palais 1913 zur Gänze abgerissen.

In Mähren hingegen wird noch fündig, wer die Spuren des Architekten Hardtmuth sucht. In den fürstlichen Gärten von Eisgrub (Lednice) in Südmähren blieb seine Handschrift erhalten. Hier errichtete er der Mode gemäß einen chinesischen Pavillon, der einem Pavillon in Versailles nachempfunden war. Als besonderer Blickpunkt entstand der Türkische Turm, für dessen Fundament Hardtmuth Eichenroste legen ließ und ein eigenes Schöpfwerk installierte, um die Mauern trocken zu halten. Hardtmuth konstruierte ein Spezialgerüst, das mit 68 Metern die volle Turmhöhe erreichte und ermöglichte so, daß schwere Bausteine auf Handwagen hinaufgezogen werden konnten. 1804 war der Türkische Turm voll-

endet. Von seiner Spitze überblickte man drei Kronländer: Mähren, Ungarn und
Niederösterreich. Um den Turm besser zur Geltung zu bringen, wurde 1808 sogar
der Flußlauf der Thaya verlegt.

Hardtmuth lieferte für die neu angelegte Landschaft dieses englischen Gartens
die zeitgemäße Architektur, ein antikisierendes Aquädukt und mit der Hansen-
burg eine romantische Ruine, die an einen Liechtensteiner aus dem 14. Jahrhundert erinnern sollte. Der Architekt Joseph Hardtmuth überragte zu Lebzeiten den
Erfinder. Der Erfinder aber machte den Familiennamen zum Begriff österreichischer Industrie.

Als Joseph Hardtmuth am 24. Mai 1816 an „Brustwassersucht" stirbt und in
Wien beigesetzt wird, hinterläßt er vier Söhne: Josef, Georg, Ludwig (Louis) und
Carl. Sie führen mit ihrer Mutter nicht nur die Tradition eines namhaften Salons
weiter, in dem Schubert und Beethoven musizierten. Sie übernehmen auch eine
„k. k. privilegierten Steingut- und Graphitstiften-Fabrik" von ihrem Vater. Sie ist
der Kern, aus dem die Bleistiftdynastie wachsen sollte.

Von Sohn Ludwig heißt es: „Der Person und dem Werk Beethovens geradezu
kultisch hingegeben, war er berühmt durch die von ihm eingerichtete Hausmu-
sik, der zuzuhören Schubert, Grillparzer und Schwind, der Musiker, der Dichter
und der Maler des vormärzlichen Wien nicht verschmähten."

Carl hingegen geht den Weg des Unternehmers.

AM ANFANG STAND GESCHIRR

Sein Vater war „vollkommener Autodidakt", der sich „umfangreiche Kenntnisse
aus der Oeconomie und Mineralogie zu eigen gemacht" hatte. So hatte er für die
Liechtensteinschen Brauhäuser eine neue Art der Malzdörre erfunden, die den
Holzbedarf um mehr als ein Drittel verringerte. Und genauso konstruierte er 1794
einen neuen Kalkofen, ebenfalls zur Einsparung des Brennmaterials.

Was ihn veranlaßte, sich auch mit Keramik zu befassen, ist unbekannt. Jedenfalls sei er von der Idee fasziniert gewesen, „ein Tafelgeschirr herzustellen, welches,
von der schädlichen Metallglasur befreyt, zugleich in Bezug auf Wohlfeilheit, Eleganz und Dauerhaftigkeit alle Wünsche erfüllen sollte". Das Material für dieses
Tongeschirr fand er in Posoritz in Mähren. Der fürstliche Architekt hatte die
Energie, sich auch ein bürgerliches Leben als Fabrikant aufzubauen. Joseph Hardtmuth gründete zunächst eine Geschirrfabrik am Alsergrund in Wien, die 1806 be-

reits erweitert wurde. Anfangs erzeugte er braunes Steingut, später weißes Tafelgeschirr. Sein Nachleben aber sicherte er sich durch eine Bleistiftmanufaktur, deren Erfolg nicht zuletzt durch seine Kenntnis der Tonerde garantiert war, die er als Rohstoff für seine Keramikproduktion brauchte. Zu Zeiten Joseph Hardtmuths beherrschte England den gesamten Bleistiftmarkt.

Die Herstellung dieses Zeichenbehelfs erfolgte, indem Graphit fein zermahlen und mit Schwefel und Antimon vermengt wurde. Diese Masse walzte man in Platten, aus denen mit feinen Sägen nach dem Erkalten die Minen herausgeschnitten wurden. Trotz aufwendiger Prozedur hatten diese Stifte einen großen Nachteil: sie waren brüchig und verunreinigt.

Joseph Hardtmuth bediente sich nun eines von dem Pariser Maler Nicolas Jacque Conte entwickelten Verfahrens, das die Herstellung unterschiedlicher Härtegrade ermöglichte. Vor allem aber ersetzte er die Bindemittel Antimon und Schwefel durch Ton. Die Tonerde wurde nach der Vermischung mit dem Graphit naß geschlämmt, die Masse war von wesentlich feinerer Konsistenz als bisher. Auch die Minenstäbchen erzeugte Hardtmuth nach einer neuen Technologie, indem er eine Maschine konstruierte, in der bereits die noch feuchte Masse durch einen Zylinder in runde Minenform gepreßt und dann gebrannt wurde. Je nach Tonzusatz und Brenntemperatur erzielte er verschiedene Härtegrade der Minen. Dieses Verfahren blieb die Basis der Bleistifterzeugung.

Hardtmuths Bleistifte, nach der „Wiener Methode", wie man sie nannte, erzeugt, verdrängten zunächst die englischen Produkte am Kontinent. Nicht nur, weil sie bedeutend besser waren, sondern weil sie nur einen Bruchteil der englischen Erzeugnisse kosteten. Ein Dutzend Hardtmuthbleistifte kostete soviel wie ein einzelner englischer. 1829 produzierte seine Bleistiftfabrik bereits mehr „als 200.000 Dutzende [!] Bleistifte, die nach Deutschland, Rußland, Italien, nach Holland und selbst nach England exportiert wurden". Mit der Erfindung dieser „keramischen Mine" war eine neue Epoche in der Geschichte der Schreibbehelfe eingeleitet worden.

1803 schon wurden sämtliche Liechtensteinsche Ämter beauftragt, nur mehr Hardtmuthbleistifte zu verwenden. Joseph Hardtmuth entwickelte auch Rötelstifte und schwarze Kreide auf dieser neuen Basis. Er erfand einen künstlichen Bimsstein, der den Stein des Vesuvs ablöste, und er erfand schließlich die elastische, unzerbrechliche Schiefertafel und neue synthetische Farben, die herkömmliche an Haltbarkeit weit übertrafen. Sämtliche dieser Erfindungen entstanden neben seiner Arbeit als Liechtensteinscher Baudirektor in den Abendstunden:

„War ihm etwas gelungen, so theilte er die Nachricht davon mit fröhlicher Hast seinen Angehörigen mit, denen er, ohne sich weiter darum zu kümmern, das Kaufmännische des Gegenstandes überließ und vergrub sich wieder in seinen Ideen und Versuchen etwas Nützliches zutage zu fördern."

Sein Sohn Ludwig erzählt: „Es ist zur näheren Charakteristik unseres Vaters nothwendig hervorzuheben, daß er, der vielseitig geniale, zum Kaufmenschen nicht die mindeste Anlage besaß, ja man möchte sagen eine gewisse Abneigung gegen diesen Stand oft an den Tag legte. Ihm war alles Feilschen und Mökeln zuwider, seinem geraden, offenen Charakter war jede, auch die erlaubteste List oder Vortheilerhaschung unausstehlich."

Es war folglich nur konsequent, daß er 1811, in jenem Jahr, das durch den Staatsbankrott zum Schicksalsjahr der Monarchie wurde, nicht aus dem Papiergeld in den Kauf von Landgütern flüchtete, auch wenn die Vermeidung dieser gewinnträchtigen Strategie seine Firma in arge Turbulenzen brachte.

Nach seinem Tod 1816 führte seine Gattin die in der Alservorstadt gelegene Geschirr- und Bleistiftfabrik bis 1828 fort, dann übernahmen die beiden Söhne Ludwig und Carl den Betrieb. Ludwig zieht sich bald aus dem aktiven Geschäft zurück, bleibt nur Mitinhaber und widmet sich ansonsten Kunstreisen, bis er nach Weimar übersiedelt, wo er als Kunstsammler 1861 stirbt.

ÜBERSIEDLUNG NACH BUDWEIS

Sein Bruder Carl führt indessen die Geschäfte. Er erfindet „neue Motore der Bleistiftfabrikazion", muß sich allerdings auch bald der Standortfrage stellen. In Wien wurden nicht nur die Arbeitslöhne immer höher, sondern auch die Preise von Grund und Boden waren so sehr gestiegen, daß die notwendig gewordene Erweiterung der Fabrik ungeheure Summen verschlungen hätte. Carl Hardtmuth machte daher eine Reise in verschiedene Gegenden des Reichs, um einen Ort aufzufinden, in welchen er das Unternehmen, das er nun in größerem Umfang betreiben wollte, mit Erfolg verlegen könnte. Als ein solcher Ort erschien ihm die Stadt Budweis. Hier erbaut er im Jahre 1847, an dem vor nicht langer Zeit trockengelegten Krumauer Teich, eine neue Fabrik. Zwei Jahre später, das Revolutionsjahr 1848 mochte das Seine dazu beigetragen haben, gibt er das Wiener Unternehmen vollständig auf.

Budweis bot neben der schiffbaren Moldau seit kurzem eine neue Verkehrsver-
bindung, deren Bedeutung Carl Hardtmuth wie wenige andere erkannte. 1807
hatte schon der Direktor der Prager Technischen Lehranstalt Franz Joseph von
Gerstner nach englischem Vorbild den Plan zum Bau eines „Eisenweges" ausge-
arbeitet, der erst 18 Jahre später unter dem Sohn Gerstners durch eine 1825 gegründete Aktiengesellschaft, die „K. K. privilegierte Erste Österreichische Eisen-
bahn-Gesellschaft", in die Tat umgesetzt wurde. 1832 wurde die Pferdeeisenbahn
dann zwischen Budweis und Linz in Betrieb genommen. Später ging sie in einer
Dampfeisenbahn auf, der Kaiserin-Elisabeth-Bahn, die genau vis-à-vis dem Hardtmuthschen Fabrikstor eine Haltestelle einrichtete.

Budweis bot vor allem auch den Vorteil, daß sich der Rohstoff Holz auf kürze-
stem Weg heranschaffen ließ.

Damals war die Bleistiftfabrikation noch ein untergeordneter Zweig, die
Grundlage des Geschäfts bildete wie in Wien die Produktion von Steingut und
Tonwaren, von Porzellan und Ofenkacheln. Dazu brauchte man Holz, später
Kohle, den sogenannten „Brand", von dem die Qualität der Ware abhing. Der
Brand wurde in den Gründungsjahren, als die Brennöfen noch nicht erprobt wa-
ren, mit Sorge beobachtet.

Die Tonerde für Geschirrerzeugung mußte Carl Hardtmuth jahrelang mit
Fuhrwerken aus der Gegend um Pilsen heranschaffen lassen. Später, als die Firma
vom Steingutbrand auf Bleistifte übergegangen war und Graphit als Rohmaterial
in größeren Mengen gesucht wurde, leistete der Industrielle Adalbert Lanna mit
der Verfrachtung aus den südböhmischen Graphitgruben einen wichtigen Beitrag.
Heute erinnern noch die Ortsnamen wie Černa am Moldausee an das Graphit-
vorkommen, an die schwarze Erde.

Innerhalb eines Jahres steigt die Zahl der Arbeiter in Budweis auf 500. 1848
wird dann allerdings zum Krisenjahr, in dem Carl Hardtmuth sogar erwägt, seine
soeben angeworbenen Arbeiter wieder zu entlassen. Der Kurs des soeben an die
Macht gekommenen jungen Kaisers Franz Joseph I. ist noch nicht absehbar, die
Staatsfinanzen sind schwierig. Carl Hardtmuths Bruder Ludwig schildert seinen
Eindruck, als er 1849 in Budweis ankommt: „Schon der erste Empfang zeigte mir
die Stimmung und die betrübte Lage, in der sich der arme Bruder befindet. Er ist
derzeit noch mehr grau geworden … Die Steingutfabrik ist in völliger Deroute,
bei der Bleistiftfabrik dürften sich die begangenen Fehler wieder bald ausgleichen
lassen, doch fehlt es überall an Fonds und das eine Unglück zieht das andere mit
sich."

Die Fabrik in Budweis

Carl suchte zunächst die drückenden Betriebsschulden abzustoßen. Die Unsicherheit der Zeit vereitelte die Bemühungen Adalbert Lannas, für seinen Freund Kapital aufzutreiben. Auch wenn die Gläubiger, die meisten waren persönliche Vertraute, nicht drängten, Carl Hardtmuth wählte selbst einen harten Schnitt.

Er trennte sich vom prächtigen Familienbesitz in Wien-Alsergrund, der späteren Hohen Warte, also von jenem Herrenhaus, in dem Schubert, Beethoven oder Carl M. von Weber zu Gast gewesen waren. 1854 verkauft er die gesamte Wiener Liegenschaft für 88.000 Gulden. Der neue Besitzer läßt den Park wenig später parzellieren und als Baugrund vermarkten.

Carl Hardtmuth hat sich für Budweis entschieden. Schicksalsschläge hatten den Plan für einen auch privaten Ortswechsel reifen lassen. Seine Frau Friederike war 1833 in Wien nach der Geburt von Zwillingen, den jüngsten von fünf Kindern, gestorben. Die minderjährigen Kinder wurden daraufhin in der Familie von Carls Bruder Ludwig erzogen. Carl Hardtmuth überlebte seine Frau beinahe um ein halbes Jahrhundert.

Er wurde zu einem der anerkanntesten Honorationen in Budweis, engagierte sich in Politik und Vereinen. Und er galt auch in sozialen Belangen als Pionier: Lange vor einer entsprechenden gesetzlichen Regelung richtete er eine Betriebskrankenkasse ein oder suchte als Landtagsabgeordneter die Tagesarbeitszeit der Arbeiter, die 1868 auf zwölf Stunden festgelegt wurde, auf elf zu kürzen.

1855 erhielt seine Fabrik für ihre in New York ausgestellte „Auswahl vorzüglicher

Bleistifte" die große amerikanische Preismedaille, und bei der Weltausstellung in
Paris wurde sie erneut ausgezeichnet. Im Jahr 1869, also 22 Jahre nach der Gründung der Budweiser Niederlassung, war deren bebaute Fläche schon doppelt so
groß wie bei der Grundsteinlegung. 1873 erntete seine Firma hohe Auszeichnungen bei der Wiener Weltausstellung, und Carl Hardtmuth wurde in den Adelsstand erhoben. Im Jahr darauf, an seinem 70. Geburtstag, der mit Flaggen-
schmuck, Ständchen, Fackelzügen und Feuerwerk begangen wurde, ernannte ihn
die Stadt Budweis zu ihrem Ehrenbürger. 1878, anläßlich der Weltausstellung in
Paris, nimmt er das Offizierskreuz der Ehrenlegion entgegen.

Unerwartet holt ihn der Tod ein. Am 19. September 1881 gerät er in Grünau im
Almtal während einer Gamsjagd in einen Steinschlag, ein Felsstück trifft ihn an
der Schläfe, seine Enkelin und deren Freundin werden Zeuginnen des Unfalls.
Sein Leichnam wird nach Budweis überführt. Am 23. September 1881 wird der Patriarch nach einer großen Trauerfeier im St.-Nikolaus-Dom in der Familiengruft
am Loduser Friedhof beigesetzt.

Sein Sohn Franz von Hardtmuth, 1832 noch in Wien geboren, führt das Unternehmen weiter. Er hatte bereits durch Aufenthalte in England Erfahrungen in
der Steingutfabrikation gesammelt, und ihm gelingt es auch, die englischen und
deutschen Bleistifte und Rechentafeln bald ganz vom österreichischen Markt zu
drängen. Mit Tonöfen erweitert er seine Palette.

Seit 1853 hatte Franz Hardtmuth schon die Geschäftsführung der Steingutfabrik innegehabt. Und er hatte früh erkannt, daß dieser vom Großvater ins Leben
gerufene Zweig Jahr für Jahr an Bedeutung verlor. Denn einerseits bevorzugten
die Kunden zunehmend die teureren, feineren Erzeugnisse der Porzellanmanufakturen, die weniger begüterten Kunden wiederum kauften bei den kleineren
Töpfern. Franz Hardtmuth entschließt sich, den Schwerpunkt auf die Bleistifte
zu setzen.

Beschleunigt wird dieser Entschluß durch die Tatsache, daß nicht nur die Tonerde für die Geschirrproduktion aus Westböhmen herangeschafft werden mußte,
sondern der Brand, das Holz für die Steinguterzeugung, immer teurer wurde.

Der fürstlich Schwarzenbergsche Forst versuchte durch seine Monopolstellung
dem Unternehmen immer höhere Preise für Holz abzuverlangen. Nach 1860
suchte Franz Hardtmuth deshalb fieberhaft nach neuer Brenntechnik, und er fand
sie in der Torffeuerung. Mit einem Schlag konnte er seinen Betrieb aus der Abhängigkeit des Schwarzenbergschen Forstmeisters befreien.

DIE DIAMANTEN-IDEE

Die Bleistiftproduktion konnte vergleichsweise leicht erweitert werden, da der befreundete Adalbert Lanna ihm den Rohstoff aus den nahen Graphitlagern am Oberlauf der Moldau besorgt. Bald sind diese Schreibwaren aus Budweis nicht mehr wegzudenken: „Auf dem Schreibtische des Gelehrten und des Beamten, am Zahltische des Geldmannes, im Geschirrkasten der Hausfrau, in der Auslage des Galanteriewarenhändlers … fast überall treffen wir Erzeugnisse dieser Weltfirma", schwärmt ein Branchenblatt jener Tage. Weltausstellungen in Paris und anderswo tragen das Ihre dazu bei.

Es gab allerdings nicht nur die englische Konkurrenz an Bleistiften, es gab auch die Traditionsfirma Faber in Nürnberg, die nach derselben Methode keramische Minen erzeugte wie Hardtmuth. Franz Hardtmuth mußte sich seinen Vorsprung durch kaufmännisches Talent verschaffen, mehr noch durch raffinierte Werbung, die zunächst auf den englischen Weltmarkt zielte.

Es war ein Glücksmoment, der den Budweiser Bleistiftfabrikanten auf den Markennamen „Kohinur" führte. Franz Hardtmuth wählte die englische Schreibweise dieses altindischen Begriffs, der soviel bedeutet wie „Berg des Lichts". Ein Wort, das damals der Kolonialmacht Großbritannien Glanz verlieh. Der Koh-i-Noor war der berühmteste Diamant Indiens, der Sage nach über 5000 Jahre alt. Und er war damals zu neuer Popularität gelangt, weil ihn die Briten 1850 über die „Ostindische Handelscompagnie" ihrem Kronschatz einverleibten. Der Stein aus den Schatzkammern der Maharadschas war also „eine Art Nationalheiligtum der Briten geworden und galt in der ganzen Welt als Inbegriff des Kostbaren und Schönen" (Wodicka).

Wer den Namen Koh-i-Noor hörte, der wußte, daß es sich um etwas Auserlesenes handle, und Franz von Hardtmuth konnte daher keine bessere Bezeichnung finden, um die Güte seiner Erzeugnisse klangvoll und einprägsam zum Ausdruck zu bringen. Diesem Marketingeffekt wurde mit Farbe nachgeholfen. Statt wie üblich Bleistifte in schwarzen oder braunen Hölzern einzukleiden, gab ihnen Hardtmuth eine leuchtendgelbe Politur, spekulierte vielleicht mit der Reichsfarbe der kaiserlichen Post.

Und schließlich versuchte er erst gar nicht durch niedrige Preise den Markt zu erobern. Im Gegenteil: Er setzte nun den Preis für den „Koh-i-Noor" über das Dreifache des Preises gewöhnlicher Bleistifte. Diese Taktik ging auf, die Fabrikate der Firma Hardtmuth wurden weltweit zum Prestigeprodukt. In Bayern bestätigte

die Akademie der Künste 1890 das Prädikat „sehr gut". Kein Geringerer unter-
zeichnete diese Urkunde als der damalige Akademiedirektor, der bekannte Maler
Friedrich August von Kaulbach. In London, wo die Firma ebenfalls eine Ver-
kaufsniederlassung besaß, gelang es dem Neffen Franz Hardtmuths auch noch,
die Generalvertretung der „Waterman"-Füllfedern zu erhalten und mit seinem
prominenten Bleistift zu verbinden.

Familiär hatte sich die Familie Hardtmuth inzwischen zu einer europäischen
Industriellendynastie entwickelt. 1860 hatte Franz Hardtmuth Mathilde von
Meyer geheiratet. Auf dem Schloßgut Puchenau bei Linz, das sein Vater als Hoch-
zeitsgeschenk für seinen älteren Bruder Gustav gekauft hatte, hatte er die Tochter
eines fürstlich-rumänischen Leibarztes kennengelernt, auf dem Linzer Pöstling-
berg feierte man die Verlobung.

Franz von Hardtmuth macht sich beliebt durch seine unprätentiöse Art,
„nichts ist ihm mehr verhaßt als Verstellung und Kriecherei. Er vermeidet steifes
Zeremoniell, und jedermann hat zu ihm freien Zutritt" (Wodicka). Er ist einer jener Unternehmer, die sehr früh auf Betriebssicherheit, auf Gesundheit und soziale
Stütze Wert legen und damit eine starke Solidarität der Mitarbeiter zur Fabrik aufbauen.

Inzwischen betreibt Hardtmuth seit 1872 auch noch eine Ofenfabrik in Budweis. Die Anregung dazu findet er neuerlich in Aufzeichnungen und Ideenskizzen
seines Großvaters Joseph. Und auch diese Öfen gewannen den Ruf des Besonderen: Zu den Kunden zählten Hochfinanz und Adel, darunter Baronin Vetsera, deren Tochter in Mayerling tragisch als Geliebte des Kronprinzen enden sollte. „Der
König von Griechenland nahm so großes Interesse an den Hardtmuthschen Öfen,
daß er sein Schloß in Athen mit ihnen ausstatten ließ."

Mit dem Pathos dessen, der erfahren hatte, wie schwer der Organismus des
Konzerns in den folgenden Jahrzehnten am Leben zu erhalten war, erinnert sich
Egon Hardtmuth in den fünfziger Jahren: „Das Herz, das diesen gewaltigen Blut-
strom bis in die feinsten und entferntesten Adern pumpte, war der Riesenbetrieb
in Budweis mit seinen stampfenden Mahlmühlen und den kreisenden Schwung-
rädern der Dampfmaschinen." Ein schon im nachhinein romantisiertes Bild.

Nach dem Zusammenbruch der Donaumonarchie lag 1918 die Budweiser
Fabrik zunächst auf verlorenem Posten, da der bisherige Inlandsmarkt von 52 Mil-
lionen Einwohnern auf das Terrain der Tschechoslowakischen Republik mit 14
Millionen Menschen zusammengeschmolzen war.

„ZERSPLITTERUNG" IM 20. JAHRHUNDERT

Es brauchte einige Jahre, auch inländische Konkurrenz trat auf den Plan, bis Hardtmuth wieder in allen Nachfolgestaaten des alten Habsburgerreichs vertreten war. Seit 1929 errichtete man, um den nationalen Tendenzen und damit auch dem Zeitgeist in Europa zu entsprechen (was sich in Großbritannien unter dem Slogan äußerte: „Be British – Buy British"), Zweigfabriken in den lebenswichtigen Märkten: in Polen, in Rumänien, in Österreich, in Bayern und in den USA. Hardtmuth war wieder ein Weltunternehmen geworden, allerdings jetzt aufgeteilt in Familienfraktionen.

1931 suchte man den Zusammenschluß mit der konkurrierenden Faber AG, um zu wachsen, 1934 wurde diese Konzentration aber von der nationalsozialistischen Wirtschaftspolitik vereitelt. L & C Hardtmuth mußte ihre Aktien an A. W. Faber um den Gestehungspreis zurückgeben, da die Nationalsozialisten ausländische Anteile an deutschen Firmen im vorhandenen Ausmaß nicht duldeten. Hardtmuth profitierte, vom Markt her besehen, ab Herbst 1938 kurzfristig vom Protektorat, in das Hitler Böhmen und Mähren zwängte. Das Ende des Zweiten Weltkriegs erschütterte aber dann das gesamte Unternehmen.

Die Familie Hardtmuth war 1945 nach Österreich geflüchtet, der Betrieb im Oktober zum Staatsbetrieb erklärt worden. So erging es allen anderen Zweigfabriken der Hardtmuths in Osteuropa. Die Familie zerfiel dabei in Interessengruppen. Die Hardtmuth-Rohan stiegen in die englische Bleistiftindustrie ein, andere konzentrierten sich auf Mailand und Paris. In Österreich entstand erst 1950 eine Minenfabrik in Attnang in Oberösterreich, die der einstige technische Direktor aus Budweis, Dr. Zückert, leitete. Eine zweite Niederlassung gab es im Burgenland.

Da zu diesem Zeitpunkt noch ungewiß war, wie die Zukunft des in Besatzungszonen unterteilten Österreich aussehen würde, übertrug man die Markenrechte an das französische Hardtmuth-Werk, das damals das größte im Familienkonzern war. Nach wenigen Jahren allerdings schlitterte der französische Betrieb in den Konkurs, die österreichischen Betriebe mußten die Produktion auffangen.

Um die wertvollen Markenrechte aus dem Frankreich-Debakel herauszuholen, brauchte die Familie aber viel Geld. Und nachdem man den weitläufigen Grundbesitz im Salzkammergut nicht aufs Spiel setzen wollte, berichtet Hardtmuth-Nachfolger Alexander Hromatka, verfiel man in den sechziger Jahren auf eine einmalige Lösung.

Um Geld für die Marken zu erlösen, wurde in Liechtenstein eine Holding gegründet, an die die Marken transferiert wurden. Dann bahnte man mit dem tschechoslowakischen Staat einen Deal an. Die kommunistische ČSSR gründete ihrerseits eine Holding in der Schweiz, mit der sie sich an der Liechtensteinschen Hardtmuth-Holding beteiligte und damit, ohne daß dies offiziell wurde, am österreichischen Betrieb. Eine Familie, die stolz auf ihren jungen Adelstitel, vor kurzem von den kommunistischen Machthabern in Prag enteignet worden war, schätzte jetzt die Einigung mit den Kontrahenten. Eine Einigung, die auch für die ČSSR nicht ohne Pikanterie war: mußten doch Devisen in die Schweiz und nach Liechtenstein transferiert werden.

Es war eine kuriose Lösung, die in Zeiten des Kalten Kriegs wohl einzigartig war zwischen dem neu definierten Osten und Westen. In der offiziellen Familienchronik liest sich die spannende Konstruktion so: „Am 9. Feb. 1967 fand in Wien die Gründung der Koh-i-Noor Hardtmuth AG statt, welche die Fortführung des bisher in Familienbesitz befindlichen österreichischen Unternehmens übernimmt. Zweck dieser Transaktion ist die Wieder-Zusammenführung des österreichischen und des Budweiser Hauses, welche beide jahrzehntelang nach dem Ende des Zweiten Weltkriegs voneinander getrennt waren."

Im Klartext: Der kommunistische tschechoslowakische Staat war über eine Liechtensteinsche Holding an der Firma Hardtmuth im österreichischen Burgenland beteiligt. Ein österreichisch-tschechischer Direktoren-Zwilling führte im Burgenland die Geschäfte.

Die Aktionärsversammlungen in Österreich waren auf jeweils zwei Tage anberaumt, die tschechoslowakische Delegation blieb – erzählt man – gern zwei Wochen, um dieses „Fenster" zu Einkaufsfahrten nach Wien zu nutzen.

Daß die nationale Identität der Firma eine ost-westliche Mischung darstellte, mochte auf Dauer ihre Existenz nicht gefährden, daß das käufmännische Talent verlorenging aber schon: 1996 mußte Hardtmuth-Österreich Konkurs anmelden.

Der passionierte Sanierer, der österreichische Industrielle Alexander Hromatka, kauft die gesamte Konkursmasse aus einer Versteigerung und führt sie als leidenschaftlicher „Bleistiftsammler" unter neuem Namen weiter. „Koh-i-Noor"-Stifte werden weiterhin in Budweis gefertigt, Alexander Hromatka erzeugt feine Schreibwaren unter dem Markennamen „Cretacolor", einer Marke, die früher schon bei Hardtmuth geläufig war, die aber – ein Glück für den neuen Eigentümer – nie angemeldet worden war. Auch dieses Faktum offenbarte der verwaiste Stahlschrank.

Die Rückkehr der Kunden beweist dem ehemaligen Marktforscher und Kunst-
stoffexperten Hromatka und seinem Sohn, daß die branchenfremde Übernahme
geglückt ist. Mehr noch: Mit dem Bleistift „Cretacolor Monolith" gewinnt ihre
Firma 1999 den Designpreis der Frankfurter Messe.

Porzellan „Thun"

und seine Nachbarn: Was blieb vom weißen Gold?

„Das Verlangen nach Porzellan ist wie das Verlangen nach Orangen", soll Friedrich August I., Kurfürst von Sachsen, populärer als „August der Starke", einmal bemerkt haben. Und er wußte, wovon er sprach, wenn er damals von der puren Lust am Exotischen schwärmte. Zeuge dieser Sammlerwut wurde sein Minister Ehrenfried Walter von Tschirnhaus. Tschirnhaus befand nüchtern: „Porzellan ist Sachsens Aderlaß." Sobald der Fürst seiner Liebhaberei frönte, ging das nicht ohne Griff in die Staatskasse. Begreiflich, daß die Mächtigen des 17. und 18. Jahrhunderts nichts unversucht ließen, um an das Geheimnis des Porzellans zu kommen, das – einmal industriell umgesetzt – bis ins vergangene Jahrzehnt ganze Regionen ernährte.

In Hohenberg an der Eger und im benachbarten Selb-Plößberg in der Oberpfalz, im Dreiländereck Böhmens, Bayerns und Sachsens, wo einst die Besitzungen der Hohenzollern, Wittelsbacher und Habsburger aneinandergrenzten, hat Porzellan Tradition. Hier liegt mit Firmen wie Hutschenreuther oder Rosenthal heute noch das umsatzstärkste Zentrum deutscher Geschirrporzellanindustrie. Hier liegt wenige Kilometer östlich auch der Ballungsraum tschechischer Porzellanproduktion. Auf deutscher Seite wird der Tourist bereits auf die „Porzellanstraße" gelotst, die mit spannend gestalteten Museen das industrielle und künstlerische Gewicht der Porzellanfabriken nachvollziehbar macht. Auf tschechischer Seite begegnet man ebenso vielen Markennamen, heute allerdings vereinigt unter dem Namen „Thun".

Die Region ist auf deutscher Seite, besonders seit der Öffnung Mittelosteuropas, in einen wirtschaftlichen Strukturwandel gezwungen, der den Porzellanproduzenten abverlangt, ihre Produktion zusätzlich auf technologische Innovationen in Elektronik, Raumfahrt und Medizin zu konzentrieren und als modernen Werkstoff zu profilieren. Das aktualisiert umgekehrt die Bedeutung der Wissenschaft vom Porzellan und erinnert an die Strategien von Unternehmerpersönlichkeiten in der Vergangenheit, die den fürstlichen Manufakturen Deutschlands und Österreichs die bürgerlichen Fabriken folgen ließen, in denen dann Künstler und Designer ebenfalls – wie zuvor ausschließlich an Fürstenhöfen – ihre Objekte und Kollektionen erarbeiteten.

DAS WEISSE GOLD

1710 wurde die erste europäische Porzellanmanufaktur durch August den Starken gegründet, der Merkantilismus der Aufklärung streute dann das Wissen von der Herstellung des „weißen Goldes" auch an andere Fürstenhöfe des Kontinents.

Später, seit dem Ende des 18. Jahrhunderts, wuchsen schließlich die Porzellanfabriken, die nicht sosehr wie die Manufakturen den Adel, sondern das erstarkende Bürgertum versorgten, die sich vor allem in der Gegend zwischen Karlsbad und Bayreuth ansiedelten und die diesseits und jenseits der Grenzen unterschiedliche Bedingungen vorfanden. Die neugebaute Eisenbahn lieferte die nötige Kohle aus Mitteldeutschland, lieferte den Rohstoff Kaolin aus Böhmen und sicherte auch den raschen Transport der fertigen Ware.

Auf deutscher Seite läßt sich 1814 der Porzellanmaler Carolus Magnus Hutschenreuther als Pionier der Branche in Hohenberg nieder. 1866 siedelt sich Jacob Zeidler in Selb als Fabrikant an, er wird der Vorläufer Philipp Rosenthals. Dessen Familie, in unserem Jahrhundert vom Nationalsozialismus vertrieben, kehrte nach dem Zweiten Weltkrieg zurück, sein Sohn machte die Firma in Selb-Plößberg zum kreativen Zentrum, in dem die ersten avantgardistischen Geschirrformen entstanden, in dem das legendäre „porcelain noire" entwickelt und auch die berühmte Rosenthal Studio-Linie ins Leben gerufen wurde.

Heute gehört Rosenthal zum englischen Wedgwood-Konzern, und Hutschen-

reuther wurde vom deutschen Porzellanriesen Winterling übernommen, Konzen-
trationsprozesse wie anderswo auch.

DER WIEDERGEFUNDENE NAME: THUN

Auf tschechischer Seite gehörten vor 1989 14 Fabriken zur Karlsbader Porzellanfabrik, nach der Wende wurde ein Teil privatisiert. Sechs firmieren heute gemeinsam unter dem Namen Thun. Ein Kuriosum, daß man sich der historischen Familie als neuer Dachmarke bedient.

Ein Kuriosum auch, daß der Nachfolger der letzten aristokratischen Besitzer
der Porzellanmanufaktur, Lukas Thun Hohenstein, heute in seinem Geschäft in
der Wiener Wollzeile von seinem eigenen Namen konkurriert wird.

Denn seit seine österreichischen Kunden ihr Markenporzellan selbst aus Tschechien importieren können, ist sein Umsatz als Händler in Wien eingebrochen und
der Großhandel um drei Viertel geschrumpft. Von der Verwendung seines
Namens in Tschechiens staatlicher Manufaktur profitiert Lukas Thun nicht. Die
Familie war 1945 enteignet worden, die „Nabelschnur" war schon zu Zeiten seines Vaters abgerissen.

Im Thun-Schloß zu Klösterle an der Eger ist heute ein Porzellanmuseum un-
tergebracht. Mineralien wie Jaspis und Amethyst zeigen, daß – schon lange bevor
die weiße Erde, das Kaolin, begehrter Rohstoff wurde – der nordwestböhmische
Boden die Künstler versorgte. In Schloß Karlštejn, von Kaiser Karl IV. erbaut, verwendete der Baumeister Platten aus polierten Halbedelsteinen dieser Region zur
Wandverkleidung. Die Familiengruft der Thun in Klášterec (Klösterle) ist inzwischen generalsaniert, der Stammbaum über dem Treppenabgang führt sogar Familienmitglieder auf, die Klösterle gar nicht mehr betreten haben – eine Reverenz,
nur Eingeweihten leserlich.

Für das Geschäft in der Wiener Wollzeile ist das ohne Folgen, der tschechischen Fabrik in Klášterec verleiht es immerhin verlorengegangene Tradition. Thun
ist älter als Rosenthal und Hutschenreuther.

Die Thunsche Manufaktur in Klášterec (Klösterle) produzierte in ihrer ersten
Stunde mehr für Brünn, für Linz und für Lemberg als für die Hauptstadt Wien.
Dann befleißigte man sich des Wiener Geschmacks, und seit 1855 gehörte das Geschäft in der Wollzeile zu den ersten Handelsniederlassungen, über die böhmisches Porzellan nach Österreich gelangte.

EUROPA UND OSTASIEN

Schiffsladungen von China-Porzellan wurden in den Jahrhunderten davor auf den Seeweg geschickt, enorme Summen für die Einrichtung fürstlicher Porzellankabinette aufgewendet, während sich Europas Alchimisten langsam an das Geheimnis des weißen Goldes herantasteten.

Es ist die Ironie der globalen Wirtschaft, daß heute manches an europäischer Porzellanproduktion nach Ostasien, nach Indonesien und Sri Lanka ausgelagert wird, daß aufgrund der Lohnkosten wieder in den historischen Herkunftskontinenten erzeugt und in der Alten Welt nur verkauft wird.

Die bayerische Oberpfalz und ihre Porzellanstraße sind von dieser Entwicklung hart betroffen, das benachbarte Tschechien selbst als Billiglohnland nicht mehr verschont. Im Dezember 1998 kapitulierte die 1803 gegründete Porzellanfabrik Pirkenhammer. Kurz vor seinem 200jährigem Bestehen wurde der Betrieb im böhmischen Bäder-Dreieck zugesperrt.

Der Generaldirektor von „Thun"-Karlovarský porcelán erzählt, früher habe es rege Kontakte zu deutschen Firmen gegeben, heute spüre jeder die Konkurrenz, die Kontakte seien „auf dem Gefrierpunkt". Dennoch: Kaolinerde wird aus Tschechien nach Deutschland exportiert, die Tschechen beziehen ihre Dekorfarben aus dem deutschen Degussa-Werk.

Die Region, ob Bayern, Thüringen oder Böhmen, in der einst eine Porzellanfabrik neben der anderen lebte, hatte noch nie gemeinsame Bedingungen vorgefunden. Gemeinsam war nur die Hartnäckigkeit, mit der in historischen Zeiten versucht wurde, dem wertvollen Wissen der Porzellanerzeugung auf die Spur zu kommen.

In Delft ahmten die Holländer erfolgreich die asiatischen Dekors in blauweißer Fayence nach, aber ohne die hauchdünne Qualität zu erreichen.

Der Kurfürst von Sachsen, August der Starke, tauscht 600 Dragoner gegen Porzellanvasen und beschäftigt Johann Friedrich Böttger, den „Goldmacher". Er gewährt Böttger zunächst Asyl vor Friedrich von Preußen, nimmt ihn dann allerdings selbst in Gewahrsam, um sich seine Künste zu sichern. Jahrhundertelang suchten Alchimisten – nicht zuletzt im Goldenen Gäßchen auf der Prager Burg – nach dem „Stein des Weisen", suchten nach Tinkturen, die Metalle wie Kupfer und Silber zu Gold verwandeln sollten. Einer dieser Spezialisten, die die Begehrlichkeit befriedigen sollten, war Böttger. Ihm stellt der Kurfürst Bergleute zur Seite mit großer Erfahrung im Hüttenwesen und aufgeklärte Wissenschafter wie den

Schloß Klášterec (Klösterle) an der Eger

Physiker Tschirnhaus. In diesem Team, das zum Teil unter haftähnlichen Bedingungen gehalten wurde, gelang die Erfindung des Porzellans.

Es war tatsächlich eine völlige Neuerfindung. Denn Böttger und seine Bergknappen konnten sich nicht auf die in Asien vorhandene ideale Zusammensetzung der Tonerde stützen, sondern mußten die Komponenten und ihr ideales Mischverhältnis erst finden. Und schließlich mußten ein Brennofen gebaut werden, der einer Temperatur von 1450 Grad standhielt.

GEHEIMWISSEN BREITET SICH AUS

1709 gelingt es Böttger Porzellan zu erzeugen. Im Jahr darauf entsteht in Meißen die erste europäische Porzellanmanufaktur, die gerade in der Pionierphase für den böhmischen Raum prägend wird. Freilich dauert es mehr als ein halbes Jahrhundert, daß die böhmischen Porzellanmanufakturen ihren Betrieb aufnehmen. Indessen arbeiteten bereits die fürstlichen Manufakturen in Wien (ab 1719) und in Nymphenburg (ab 1747).

Man gab sein Wissen nicht freiwillig preis. Sachsen suchte zunächst durch Abschirmung von Erfindern und Facharbeitern das „Arkanum" des Porzellans zu schützen, also jenes Geheimnis, das die qualitativ hochwertige Herstellung garantierte. 1719 allerdings floh ein Bergknappe aus dem Porzellanlabor namens Stölzel nach Wien und überbrachte dem Hofkriegsagenten das Wissen um die Zusammensetzung der Porzellanmasse. Jetzt produzierte in Wien Europas zweite Manufaktur.

Die ersten Fabriken, die, dem Rohstoff folgend, im westböhmischen Egertal zwischen Loket (Elbogen) und Klášterec (Klösterle) seit 1793 Schlag auf Schlag gegründet wurden, waren nicht fürstlichen Ursprungs. Sie verdankten sich bürgerlichen Unternehmern – und die hatten es schwer. Das habsburgische Österreich bremste den Gründerimpuls. Längst schon importierten sächsische und thüringische Händler weißes Porzellan nach Böhmen, seit dem Beginn des 18. Jahrhunderts wurden Meißner Stücke im Erzgebirge bemalt. Als jedoch böhmische Unternehmer ihrerseits die weiße Erde, das Kaolin, nutzen wollten, sei es für Steingut oder für feineres Porzellan, fanden sie sich von der Bürokratie umzingelt.

1789 regte der Hausierer Jakob Just aus Schlaggenwald (Slavkov) den Landwirt Franz Anton Habertitzl in Rabensgrün (Háje) an, sich an der Porzellanerzeugung zu versuchen. 28 Teilhaber konnten für das Projekt gewonnen werden. Dann kam das Aus. Denn: „Nach dem privilegium privativum hatte in den Ländern der Habsburgermonarchie nur die Wiener Manufaktur das ausschließliche Recht der Porzellanerzeugung." Der erste Versuchsballon bürgerlichen Unternehmergeistes war geplatzt. Entmutigen ließ man sich dennoch nicht, auch dachte niemand daran, die Wiener Manufaktur zu konkurrieren, man wollte nur den Importen aus Thüringen durch Eigenerzeugung Paroli bieten. Der zweite Start erfolgt in Schlaggenwald 1793, erlebte allerdings erst eine Generation später den Aufschwung. Zeitgleich beginnt es in Klösterle. In einem heute noch waldreichen Tal zwischen Erzgebirge und Duppauer Gebirge liegt Klösterle, umgeben von Burgen des 13. Jahrhunderts, gegründet bereits im 12. Jahrhundert von Benediktinern.

Nach der Schlacht am Weißen Berg kauft 1623 Freiherr Christoph Simon von Thun die von protestantischen Adelsfamilien konfiszierten Güter Klösterle und Neu-Schönburg und vereinigt sie zur Herrschaft Klösterle.

Die Thun sind alter Südtiroler Adel, 1628 erhielten sie das Grafendiplom, mit Klösterle bleiben sie mehr als 300 Jahre in Verbindung.

HÜRDEN FÜR UNTERNEHMER

Der Mann, dessen Initiative den Anstoß gab für die Porzellanmanufaktur in Klösterle an der Eger, hieß Johann Nikolaus Weber und war am 26. Jänner 1743 in Lützelstein im Elsaß geboren worden, war dann ab 1759 Hofjäger in Zweibrücken. 1782 trat er in den Dienst des Grafen Franz Josef von Thun und wurde Oberforstmeister und Gutsverwalter der Herrschaft Klösterle. Deshalb trägt das erste Markenzeichen des ältesten erhaltenen böhmischen Porzellans auch ein Hirschgeweih als Signatur und erinnert so an den Beruf des Urhebers.

Obwohl wirtschaftlich sehr erfolgreich, wird Johann Weber 1788 aus dem gräflichen Dienst entlassen, ein Grund dafür wird nirgends angeführt. Allerdings stellt ihn der Graf nach dem Tod der Gräfin wieder an. Im Jahr 1800 ist er wieder in Amt und Würden, stirbt aber im Jahr darauf während eines Urlaub in seiner elsässischen Heimat.

1793 bereits hatte der Graf versucht, zusammen mit Weber Porzellan zu erzeugen. Der erste Anlauf ist ein Experiment. Im Schloßgarten wurde ein Muffelofen gebaut, in Privathäusern Geschirr geformt, im April 1794 der erste Porzellanbrand durchgeführt. Der Pfarrer des Ortes berichtet in seinen Tagebüchern vom Scheitern dieses Versuchs. Der Ofen selbst zerspringt nach zwölfstündiger Brennzeit, kein einziges Geschirr bleibt heil. Der Bau eines neuen Ofens wird in Angriff genommen.

Weber selbst spricht in seinen Tagebüchern nur ein einziges Mal über seine Porzellanfabrik, da aber bei aller Festigkeit mit leichter Resignation: „Den 5. Hornung 1794. Mein Frühling, Sommer und Herbst sind verlebt, ich bin im Winter, mein Haupt ist mit Schnee bedeckt, ich stehe am Rande meines Lebens, ich habe ehemals im Sommer und Herbst, in dem ich lebte, mit geschäftigem Kopf und Händen für das Beste der Welt gearbeitet, mein gantzes Leben war nie ohne Tätigkeit, nie ohne Sorgen, auch jetzt noch in meinem Alter von 60 Jahren, da ich von allen vormals begleiteten Herrschaftlichkeiten sehr beschwerlichen Ämtern in Pension versetzt bin und ausruhen soll … bin ich bei der Ruhe meines Alters bemüht, für das Wohl meiner Brüder zu sorgen, zum wenigsten arbeite ich nunmehr für die Nachkommenschaft und um den hiesigen Klösterlichen armen Leuten mehr Nahrung und Verdienst zu schaffen, lege ich eine Fayence fabrique auf eigene Unkösten an, ich mache Pläne und Entwürfe in der Zukunft, aber nicht vor mich, denn ich werde wenig davon genieszen, sondern vor meine Mitmenschen richte ich diese Fabrique ein. Ich will aber hier mit regem Fleiß noch alles verrichten, was meine Bestimmung von mir fordert und meine Fähigkeiten, meine Kräften zur Ehre Gottes und zum besten meiner Mitbürger anwenden. Stärke mich o Gott durch Deine Gnade und Beystand, segne meine Bemühung und Unternehmen, mein Gott und mein Heyland."

An die Stelle einer verlassenen Loretokapelle und eines Hospitals wurde der neue Brennofen gebaut. Die Kapelle war 1791 abgerissen worden, Weber konnte den Platz für seine erste Fabrik nützen. Dreherstube, Maler- und Glasurstube folgten. Weber stand dabei ganz auf eigenen unternehmerischen Beinen. 1794 sicherte er sich Wasserrechte, Holznachschub und Grundstücke auf zehn Jahre.

Es war damals nicht einfach in der Bevölkerung, die Zustimmung zur Errichtung eines Brennofens zu erhalten, denn „beim Scharffeuerbrand schlugen oft meterhohe Feuerlohen, genannt Füchse, aus dem Schornstein, deren Funkenflug großes Risiko brachte" (Fischer, 15). Deshalb dauerte es auch lange, bis sich in dichtbesiedelten Städten wie Prag überhaupt eine Porzellanfabrik etablieren konnte.

Als heftigste Gegnerin begegnet Weber in Klösterle allerdings die Gräfin selbst. Sie will das Spitalsgebäude nicht der gewerblichen Nutzung überlassen und verlangt sogar, Weber müsse ein neues Spital bauen. „Hätten Sie sich doch zuerst an mich gewendet", schreibt ihm Graf Thun und verspricht, ihm jedenfalls, sollte die Sache zu scheitern drohen, „zur hand zu gehen, obwohlen alle glauben, weil man zuletzt an mich denkt, daß ich garnichts zu sagen hätte". – „Ich lebe noch", protestiert der Graf gegen die Blockade seiner Frau und als offensichtlich kompromittierter Ehemann.

Graf Thun mußte aber auch gegen das Kreisamt Schützenhilfe geben, das das Spitalsgebäude als Staatseigentum betrachtete und nicht umwidmen, sondern abreißen und Ziegel und Steine verkaufen wollte. Franz Josef Thun argumentiert ganz ökonomisch: Bei Überlassung des Gebäudes an Johann Weber könnten viele Leute Brot finden, und der Religionsfond hätte weniger Bettler zu erhalten.

Die Fachleute für derlei Industriegründungen waren gezählt. Wir dürfen annehmen, daß die namhaftesten einander kannten. Es wurde abgeworben und zwischen den Manufakturen gewechselt. Die Voraussetzungen blieben schwierig, der finanzielle Spielraum so bemessen wie die Perspektive mancher Geldgeber. Franz Josef Thun jedenfalls war überzeugt, daß eine Fabrik nützlich sein konnte.

Als Werkmeister und Brenner wurde Johann Gottlieb Sonntag engagiert, der schon beim ersten Versuch eines Porzellanbrandes in Rabensgrün dabei war und 1793 stolz Milchkanne, Zuckerdose und einen weißen Becher vorweisen konnte.

Sonntag organisierte seinerseits Dreher und Maler. Der erste Brand im neuen
Ofen fand am 15. September 1794 statt. Erhalten blieb aus diesem Brand das älte-
ste Stück böhmischen Porzellans: eine Tasse, „rosa mit rothen Festons" und der
Aufschrift „Vivat Böhmen".

Patriotismus allein hielt aber auch damals keinen der mühsam angeheuerten
Fachleute. Schon ein Jahr nach der Fabriksgründung räsoniert der lokale Chronist
Pfarrer Petran aus Klösterle: „Weber steckt in Schulden, er zahlt den Leuten zuviel
Gehalt und Arbeitslohn." Die Verluste steigen, der Absatz bleibt schwierig. Weber
verpachtet. So kommen Thüringer Porzelliner an die Brennöfen. Meißen übt auch
hier – da alle Thüringer Fabriken von der Meißner Manufaktur lernten – als „Mutter
der europäischen Porzellanindustrie einen überwältigenden Einfluß aus" (Fischer).

Besonders in den üblichen Mustern der Blaumalerei, im sogenannten Zwiebel-
muster, zeigt sich diese Prägung. Mit Zwiebeln hat dieses Muster ostasiatischen
Ursprungs nichts zu tun, die Früchte sind japanische Pfirsiche und Granatäpfel,
die ältesten bekannten in Europa hergestellten Dekors stammen aus der Mitte des
18. Jahrhunderts.

Die Porzelliner, wie sich die Fachleute in der Industrie nennen, arbeiteten schon
im 18. Jahrhundert als Spezialisten. Da war zunächst der „Vorsatz" zu bereiten, die
Mischung der einzelnen Bestandteile zur Porzellanmasse, danach kam die „Gestaltung", das Anfertigen von Geschirr und Form. Die Arbeiter, die die Gestaltung
übernahmen, nannten sich „Fabrikanten" und teilten sich in das „Weiße Korps" der
Former, Dreher, Bossierer und in das Malerkorps der Maler und Staffierer, wobei
der Modelleur, als der Künstler im engeren Sinn, Modelle und Figuren anfertigte.

Es bedurfte in Klösterle einer dreijährigen Anlaufzeit, bis nach wiederholtem
Pächterwechsel erstmals Märkte in Brünn, dann auch in Polen und Holland be-
schickt werden konnten.

Diesen Schritt zur Lebensfähigkeit „seines" Porzellanbetriebs konnte Johann Nikolaus Weber noch erleben. Nach seinem Tod 1801 macht sich der Graf selbst die
Fabriksangelegenheiten zu eigen. Sein erfolgreicher Pächter Christian Nonne, der
erste, der die weltbekannten Kaolingruben von Zettlitz (Sedlec) aufschließt, verabschiedet sich allerdings bald, weil ihm in Klösterle zuviel Pachtzins abverlangt wird.

So entsteht neben Pirkenhammer (gegründet 1803) jetzt auch in Gießhübel
(Kyselka) durch Nonnes Initiative ein weiterer Konkurrenzbetrieb für die Thunsche Fabrik in Klösterle, die für alle namhaften Wegbereiter der böhmischen Porzellanindustrie im Lauf ihres Arbeitslebens einmal Arbeits- und Lebensmittel-
punkt gewesen ist.

Der Beruf wird vielen Familientradition. Der Sohn des Begründers böhmischer Porzellanmanufaktur Raphael Habertitzl, dessen Vater in Rabensgrün den ersten Schritt gewagt hatte, arbeitet 1819 als Werkführer beim Grafen Thun.

Eine Generation dauert es nun schon, daß sich die Fabriken rund um Karlsbad an der hinhaltenden Wiener Bürokratie abarbeiten.

Das größte Hindernis bei der Entstehung der Porzellanindustrie in Österreich war die Auffassung, daß die Wiener Porzellanmanufaktur das Privilegium privativum, das alleinige Recht, Porzellan zu erzeugen, besitze. Schon in den Anfängen der Porzellanerzeugung hatte der Leiter der Wiener Manufaktur Baron Sorgenthal gebeten „diesem unbefugten und widerrechtlich sich anmaßenden Fabrikanten Johann Gottlieb Sonntag in Rabesgrün bei Falkenau seine Arbeit einzustellen".

Auch Johann Nikolaus Webers Antrag von 1795, im Kreis Saaz das Privileg einer ausschließlichen Porzellanerzeugung zu erhalten, war abgelehnt worden. Man wünsche sich Konkurrenz, hieß es aus der Landesbehörde. Und: er sei „noch viel zu weit zurück" in Sachen Qualität. Weber vermutete hinter dieser Abweisung und der beleidigenden Qualitätskritik die Eifersucht der Wiener Manufaktur. Erst im „Gubernialbericht von 1799" befinden es die Regierungsstellen wenigstens für angemessen, daß „der Fabriksinhaber in seinem Betrieb nicht zu beirren sey".

Jeder Unternehmer suchte für seinen eigenen Betrieb ein kleines Monopol zu gewinnen – und wurde im Interesse des großen Monopols vertröstet. 1776 hatte sich Klösterle erstmals um das Privileg beworben, 1822 erst erreichte man dieses Ziel, als sich Graf Thun selbst darum angenommen hatte. Der Graf wieder, zu diesen Zeiten ist es Josef Matthias von Thun, hatte zunächst keine glückliche Hand bei der Wahl seines Fabriksdirektors: Heinrich Wilhelm Ritter übernimmt die Fabrik, scheitert aber als Großsprecher und wird 1832 gefeuert.

„Keine andere Fabrique oder Manufacture ist so vielen Gefahren und Wissenschaft von Anfang bis Ende unterworfen, als eben eine Porcelain-Fabrique, sonderlich, wann solche von uneinsichtigen Leuthen geführet wird", wußte schon früher der Nymphenburger Arkanist Härtl.

MARKENZEICHEN, TECHNOLOGIE UND SOZIALE FRAGE

Das Markenbewußtsein in der Porzellanmanufaktur brauchte Anlaufzeit. Auch in Meißen herrscht zunächst kein Markenbewußtsein. In Klösterle verwendete die Fabrik bis 1803 das besagte Hirschgeweih als Signatur, da der Pionier Weber im früheren Beruf Förster war, wie in Meißen Böttcher als einstiger Apotheker anfangs mit dem Schlangenstab signierte. Ab 1803 ist dann „TK-Thun Klösterle" zu lesen, ab 1895 TK mit gräflicher Krone. Heute vermerken die Fabrikate der Dachmarke Thun zusätzlich das Gründungsjahr 1794.

Konkurrenz war anfangs landauf, landab durch Hausmaler gegeben, die vorfabrizierte Weißware kauften und bemalten. Die ausgebildeten Kunsthandwerker und Porzellanmaler polemisierten begreiflicherweise gegen die „Faulenzer", wie die Malschablonen genannt wurden. Und doch machte sich ein Dresdner Verlag die Nachfrage nach bequemer Liebhaberkunst zunutze und brachte gleich Abziehbilder von beliebten Stichen als bequemen Porzellanschmuck auf den Markt.

Klösterle durchlebt im Biedermeier eine Krise, die Hauptkasse des Grafen muß finanziell zuschießen. Erst ab 1836 gelingt langsam eine Sanierung, die dann gleich die Blütezeit der Thunschen Fabrik einleitete. Diese Epoche ist eng verbunden mit dem Namen Karl Venier. Er übernimmt im Revolutionsjahr 1848 die Leitung.

1812 als Sohn eines Forstmeisters in Altenberg bei Böhmisch Brod geboren, studierte Venier 1828–1831 am Polytechnischen Institut in Prag und schloß an dieser Vorläufer-Institution der Technischen Hochschule als Uhrmacher ab. Seine Ehe mit Christiana Bayer brachte ihn nach Klösterle, wo er als zwölffacher Familienvater lebte und sich grenzüberschreitende Anerkennung in der Industrie durch seine Erfindung des Porzellan-Brennofens mit Gasfeuerung erwarb.

In Klösterle bleibt er verkannt: Gekränkt, weil seine Erfindung vielleicht nicht erkannt, jedenfalls aber nicht umgesetzt wurde, tritt er 1872 aus den Thunschen Diensten und übernimmt die Leitung der Fabrik Pirkenhammer. Schon vier Jahre später stirbt er an Lungenlähmung.

Veniers Leistung war die Qualitätsverbesserung des Klösterler Porzellans. Und er erkannte, daß, da die Ware nun fast ausschließlich in Wien abgesetzt wurde, der Wiener Geschmack ausschlaggebend war für den Erfolg seines Porzellans. 1855 beschäftigt die Fabrik 179 Personen. Damals besaß die Thunsche Firma Spezialpatente, die heute exotisch anmuten, etwa den kleinen Porzellannagel für Tapezierer, mit dessen Produktion 100 Mädchen beschäftigt waren. Kaffeemaschinen und Siebe wurden aus Porzellan erzeugt, und Klösterle verstand sich als erster Betrieb auf die Verwendung gefärbter Massen.

In dieser Zeit beginnt Karl Venier in enger Verbindung mit der Manufaktur Meißen die Gasfeuerung zu entwickeln, 1862 wird in Klösterle erstmals mit Generatorgas gebrannt. Venier war der erste, der die Eignung des Steinkohlengases erkannte, deshalb entwickelte er einen eigenen Gasgenerator „und machte die den ganzen Apparat belebende Dampfmaschine noch in anderer Richtung dienstbar, indem sie mittels Transmission die Drehscheibe bewegte". Als aber die ersten Versuche mißlangen, brach der Graf das Experiment ab und verstimmte damit auch Venier, der, da er der Fabrik immerhin zur größten Anerkennung verholfen hatte, sich mehr Unterstützung seiner neuen Technologie erwartet hätte.

Karl Veniers Nachfolger Johann Herttan war vor allem Kaufmann, ein Direktor, der – dem Zeitgeist entsprechend – das ungezügelte Spiel wirtschaftlicher Kräfte vor jede soziale Frage stellte. Herttan setzte sogleich die Löhne um 20 % herab und schrieb seinem Vorgänger und dessen Technologie zu, daß die Ergebnisse der Fabrik zu wünschen übrigließen. Graf Oswald von Thun schätzte das „stetige Steigen der Ziffern" und ermutigt ihn „nur lustig drauflos" zu gehen. Herttan muß sich bald den Vorwurf des „Manchestertums" gefallen lassen und wird heftig kritisiert, weil er durch billige Lehrlinge versuche, die Erträge der Fabrik zu verbessern.

Die erste Stunde der Thunschen Fabrik war von der Absicht Johann Webers begleitet, der armen Bevölkerung durch die Fabriksgründung ein besseres Leben zu bereiten. 1885 allerdings, gut 100 Jahre später, suchte die Geschäftsführung möglichst viele Lehrlinge anzustellen, „welche uns um die Hälfte des Lohnes arbeiten müssen".

Das brachte Unruhe. Die gesenkten Löhne bewirken nämlich, daß – so die Klage – „unsere Bevölkerung zu der traurig-berühmten Hungerbevölkerung des Erzgebirges zu gehören beginnt".

Zwar war in der Generation davor ab 1835 eine eigene Fabriks-Krankenkasse eingerichtet worden und es gab wöchentliches Karenzgeld, so erwiesen war, daß die Krankheit „weder von Völlerei, Nachtschwärmerei und ähnlicher Unordnung und Selbstvernachlässigung" entstanden war. Es gab Witwengeld und Kinderzulagen. Kostenlose ärztliche Beratung und freie Medikamente standen allen Arbeitern zu. 1869 bestand bereits ein Konsumverein, durch den viele Lebensmittel im großen eingekauft und unter den Arbeitern verteilt wurden. Aber die inzwischen gebräuchliche Strategie der Firmenleitung, sich mittels Lohnkürzungen die Konkurrenzfähigkeit zu erhalten, erhöhte gleichzeitig die sozialen Spannungen.

Im März 1869 – die übliche Arbeitszeit dauerte damals von 6 Uhr früh bis 6 Uhr abends – kündigte die Direktion der Belegschaft erneut eine 25prozentige Lohnkürzung an. Die Arbeiterschaft reagiert mit Streikdrohung. Es folgt die schroffe Antwort der gräflichen Zentraldirektion in Prag: Kündigung jener Arbeitervertreter, die Einspruch angemeldet hatten.

Die Arbeiter denken zunächst, es handle sich um eine Schikane der gräflichen Bürokraten ohne Wissen des Grafen und ersuchen diesen persönlich um Rücknahme der Entlassungen. Der liest daraus allerdings eine „zarte Drohung" und empört sich über die Einmischung jenes Zeitungsredakteurs, der das Vorgehen publiziert hatte, mit einem geharnischten Schreiben: „Überzeugt, daß die Arbeiter meiner Fabrik für ihre Leistungen vollkommen genügend bezahlt werden und sich in einem ihrer bürgerlichen Stellung entsprechenden Wohlstande befinden, werde ich niemals mir von denselben etwas abtrotzen lassen und jedenfalls eher die Fabrik gänzlich sperren und aufgeben." Seine Arbeiter, befindet Josef Graf Thun, seien „von Zeitungsartikeln verhetzt" worden.

Seit dem Ende der sechziger Jahre des 19. Jahrhunderts nehmen Spannungen und Arbeitsniederlegungen in der Porzellanindustrie zu. Die Unternehmer wollen auf Härte setzen, schließen sich zusammen und suchen streikende Arbeiter auf Dauer aus der Branche zu verbannen. Diese drakonische Maßnahme wird aber nicht lückenlos befolgt. 1880 gründet sich in Klösterle ein sozialistischer Arbeiterverein, der die in verschiedene traditionelle Unterstützungskassen (Sozialversicherungen) unterteilten Arbeiter zu einer geschlossenen Organisation vereinen will. 1889 konstituiert sich in Paris die II. Internationale.

Ein mit Bleistift geschriebenes Papier des Fabriksdirektors Herttan vom 2. Mai 1890 dokumentiert die Konfrontationen, die sich zwischen Arbeitnehmern und Arbeitgebern anbahnten. „Gegen die 1. Mai-Feiern als Folge des internationalen Arbeiterkongresses im vorigen Jahr in Paris" schreibt Herttan, „ist Frankreich und Deutschland im allgemeinen strenge vorgegangen, während man sich in Österreich erst im letzten Augenblicke zu etwas strengerem Vorgehen entschließen konnte. – In gewissen Arbeiterzeitungen und einigen anderen verkommenen Blättern wurde schon seit dem Vorjahre zur Rüstung des 1. Mai als Arbeiterfeiertag aufgemuntert. Die Behörden übersahen solche ungesetzlichen Aufrufe gänzlich und man ließ solche Blätter ruhig weiter folgen." Herttan räumt dann aber ein, die Arbeiterfeiern seien „ohne die geringste Störung verlaufen" und „es waren heute alle sehr pünktlich am Platze".

Graf Thun denkt kaum anders als sein Direktor. 1892 schreibt er, er wolle keinen Arbeiterfesttag mehr genehmigen. „Die Verhältnisse haben sich geändert und andere Fabriken haben schon im Vorjahr die Bewilligung verweigert. Im Falle einer Arbeitseinstellung ist insbesonders auf das volle Erscheinen der Lehrlinge zu sehen und auf eine ausnahmsweise stärkere Bewachung der Fabrik." Bis zum Ersten Weltkrieg begleiten diese Auseinandersetzungen die Porzellanfabrik. Dann kam die Produktion ohnedies beinahe zum Erliegen.

Oswald Graf Thun (1849–1913) ist einer der gemäßigten Vertreter des böhmischen Großgrundbesitzes. Seine Briefe als Politiker aber sind voll von Kritik gegenüber Wien, wo man sich seiner Meinung nach kein realitätsnahes Bild über die böhmischen Verhältnisse mache.

In Böhmen diktieren inzwischen immer mehr die Radikalen auf tschechischer wie deutscher Seite. „Daß unsere Häuser nicht geplündert wurden, haben wir wohl nur dem Umstand zu verdanken, daß auf der Kleinseite [in Prag; Anm.] überhaupt immer viel Militär vorhanden ist", schreibt er 1897. Thun denkt deutschorientiert, seine Briefe spiegeln das Nationalitätenproblem, dem er auch durch seine Besitzungen, die in deutschen wie tschechischen Siedlungsgebieten liegen, ausgesetzt ist.

Für Oswald Graf Thun ist die Porzellanindustrie nur ein Teil seiner unternehmerischen Ambitionen, zu denen Zucker- und Stärkefabriken, Forste und Brauereien gehören. Porzellan bedeutet für ihn Export in die USA. Sie sind um die Jahrhundertwende zu seinem wichtigen Abnehmer geworden. In diesen Jahren denkt Thun schon resignativ, ein schweres Lungenleiden zwingt ihn aus der politischen Öffentlichkeit: „Der Baum treibt etlichemal Blätter und Blüten und endet doch als kahler Besen", notiert der 47jährige in seinen Aufzeichnungen. „Die Sorgen einer nervösen, aufgeregten Zeit überläßt man seinen Mitmenschen und genießt in Ruhe und mit seltenem Egoismus in vollen Zügen die Herrlichkeiten der Natur." In Klösterle sammelt der Aristokrat und Naturliebhaber seltene Koniferen in seinem Schloßgarten. Den Ausbruch des Ersten Weltkriegs erlebt Oswald Thun nicht mehr.

Auch in der neugegründeten Tschechoslowakischen Republik erholt sich der Betrieb in Klösterle kaum, jedenfalls blieb die Produktion weit hinter den Jahrgängen vor 1914 zurück. Bis 1926 wurde die Fabrik durch die Thunsche Zentralkanzlei in Prag administriert, dann, mit dem zunehmenden Verlust des tschechischen Besitzes der Grafen Thun, verlagerte man die Leitung nach Klösterle. Nach dem Zweiten Weltkrieg wurden 1956 alle Porzellanfabriken verstaatlicht und in einen Konzern mit 14 Betrieben zusammengefaßt.

Heute sind die seit 1989 wieder privatisierten, ehemaligen staatlichen Porzellanfabriken Tschechiens in einer Aktiengesellschaft als „Karlsbader Porzellan" unter der Dachmarke „Thun" versammelt. Zu dieser Aktiengesellschaft gehören die sechs Porzellanfabriken in Klášterec, Nová Role, Loket, Chodov, Most und Lubenec.

DER NEUE AUFTRITT

„Thun", eine gräfliche Krone, das Gründungsjahr 1794 und der Schriftzug „Česka Republika" sind im neuen Firmenlogo auf dem Geschirr vermerkt. Vlastimil Argman, der Generaldirektor von Thun-Karlovarský porcelán, ist zuversichtlich, gerade mit dem alten neuen Namen Thun. In Tschechien sei er den Menschen schon seit jeher geläufig gewesen, jetzt habe man die Marke wieder aufgefrischt. Eine Traditionsmarke, die noch dazu, vom Namen her, auch in Deutschland und Österreich klingt, für alle anderen traditionsreichen Standorte zur Dachmarke zu machen ist allemal günstiger, als jeden einzeln auf den Markt zu schicken. Weil das Management beim Nachbarn Pirkenhammer glaubte, alles, auch das Marketing, im Alleingang renovieren zu müssen, sei schließlich die Fabrik, in der sein Vater zehn Jahre Direktor gewesen sei, in Konkurs gegangen.

Die Traditionsmarken wurden doch 40 Jahre lang nicht verwendet und vergessen. Alle standen seinerzeit unter „Karlovarský porcelán", was heute zwar noch als Firmenname, nicht aber als Logo-Kürzel „KP" wie vor 1989 taugt.

Thun-Karlovarský porcelán beschäftigt heute 2500 Mitarbeiter. Zum größten Teil sind es Frauen. Auch im Thun-Studio, einer kleinen feinen Manufaktur in Lesov östlich von Karlsbad, wo mitten im Grünen in einem Porzellanatelier kleine Auflagen von Designer-Stücken hergestellt werden. Der kreative Kopf dieser Werkstatt ist der Bildhauer Jiři Laštovička. Vor dem Hotel Don Giovanni in Prag steht seine zwei Meter hohe Plastik „Das zersprungene Herz", hier in Lesov jene Service-Kollektionen, mit denen sich das Thun-Studio schon in den Vitrinen von Ivan Lendl, Emil Zatopek, Gina Lollobrigida, Gregory Peck oder des norwegischen Königshauses einen Platz reserviert hat.

Auch für die „Burg", für Václav Havel, habe man soeben ein Speiseservice geliefert, gemessen an den avantgardistischen Kreationen Laštovičkas zurückhaltend
im Design, erzählt Vlastimil Argman stolz. Das Thun-Studio ist der innovative
Motor für den gesamten Konzern und in der Fertigung ein Nischenproduzent für
jene Käufer und Sammler, die sich kleine Auflagen auch etwas kosten lassen.

Die Fabriken unter der Marke „Thun" produzieren heute 10.000 Tonnen Porzellan jährlich. Mehr als die Hälfte wird im Wert von 800 Millionen Kronen exportiert, Ware um 100 Millionen Kronen geht nach Rußland, ein Markt, den man
nach und nach wieder aufbauen will. Die Russen lieben das handgefertigte, mit
24karätigem Gold verzierte Rosaporzellan, bei dem bereits die Porzellanmasse
durchfärbt ist – Porzellan, auf das sich die Manufaktur Chodov spezialisiert hat.

Chodov (Chodau), 1811 von Franz Miesl auf eigenen Kaolinlagern gegründet,
wurde Mitte des 19. Jahrhunderts an den Prager Industriellen Moses Porges von
Portheim verkauft, an den heute noch sein Wohnsitz, das ehemalige Lustschloß
des Barockbaumeisters Kilian Ignaz Dientzenhofer in Prag, erinnert. 1872 wechselte die Manufaktur in den Besitz der Firma Haas und Čžjižek. Aus dieser Zeit
stammen die heute noch üblichen Initialen H & C unter zwei Fichten.

„Concordia" in Lesov bei Karlsbad, gleich neben dem „Thun-Studio" gelegen,
reicht zurück ins Jahr 1888. 1919 erwarben die Geschwister Rosa, Joseph und Adolf
Löw die Fabrik und wählten für ihre Erzeugnisse den Markennamen „Concordia", der bis heute verwendet wird. Die Löws vermieteten 1933 die Fabrik an den
deutschen Familienkonzern Winterling, dessen Inhaber ab 1941 bis zur Verstaatlichung 1945 Eigentümer des Betriebs Lesov werden. Concordia-Lesov ist bekannt
für sein Jahrzehnte erzeugtes klassisches Speiseservice „Bernadotte", in dem sich
von der Uhr bis zu Messerbänkchen und Zitronenpresse alles in Porzellan findet.

Die Fabrik in Nová Role (Neu-Rohlau) zählt zu den jüngsten in Tschechien. Gegründet 1921 in der Ersten Republik, erreichte die Firma unter dem Namen „Keramische Betriebe Bohemia AG" bereits im ersten Jahrzehnt große Erfolge mit Ge-
brauchsporzellan. Danach gehörte die Firma kurzzeitig zum deutschen Rosenthal-
Porzellan. Dabei wurde sie von Massenproduktion auf feines Porzellan umgestellt.

Hatte dem Erfinder Friedrich Böttger noch ein „vollkommenes Service" als Ziel
genügt, so fabrizierten die Fabriken bald zusätzlich eine Vielzahl von Kleinplasti-
ken, die aber immer Tischschmuck blieben; als Teil einer gesellschaftlichen Insze-
nierung, als dauerhafter Ersatz für Zuckerwerk, wobei ihre gemeinsame Verwah-
rung mit dem Tafelgerät in der „Hof-Conditorey" immer an ihre alte Funktion in
der Tischkultur erinnerte.

Heute ist Nová Role der zweitgrößte Betrieb in der Porzellanflotte Tschechiens, gleich hinter dem Werk in Klášterec, dessen historischer Hintergrund dem Marketing neue Dienste leistet.

Bruce Chatwin, der berühmte englische Reiseschriftsteller, hat dem Porzellan ein Roman-Denkmal gesetzt. Sein Lebenskünstler Baron Utz überdauert in einer Prager Wohnung als skurrile Sammlernatur die kommunistische Ära dank einer erlesenen Fülle von Meißner Figuren, die ihn an einem Abschied in den Westen hindern. Er will dem Erzähler und dem Leser die Faszination erklären, die ihn an sein privates Prager Porzellankabinett in totalitärer Zeit bindet. Und er landet wieder bei den Alchemisten: „Die Suche nach Gold und die Suche nach Porzellan waren einst Facetten ein und desselben Strebens gewesen: die Substanz der Unsterblichkeit zu finden." Denn „Porzellan stirbt im Feuer und danach wird es wieder lebendig" – Porzellan, resümiert Utz, sei „das Gegenmittel gegen Verfall".

Die alte Dame und ihr Klavier

Petrof in Königgrätz

Zwei Blinde, eingeschlossen in gläserne, schalldichte Arbeitskabinen, stimmen die lieferbereiten Pianinos. Ihr absolutes Gehör ist die Qualitätsprüfung, kurz bevor die Instrumente auf die Lastwagen gepackt werden. Der Geschäftsführer, der wieder Jan Petrof heißt, seit das Unternehmen in Familienbesitz zurückgekehrt ist, ist stolz darauf, daß die Firma 42 % ihres Umsatzes in den USA macht. Am anderen Ende des Fabriksareals liegt – in der Größe eines Einfamilienhauses – ein Tonstudio, in dem die Klangqualität, auf die sich Petrof soviel zugute hält, nach allen Regeln der Akustik konstruiert wird, an Prototypen, ehe noch die Manufaktur anläuft.

Königgrätz ist stolz auf seinen Instrumentenbau. Viktoria Svihlikova, eine energische Dame, die bis 1963 Pianistin der tschechoslowakischen staatlichen Konzertagentur war (die sämtliche Auftritte kontrollierte, Schallplattenverträge genehmigte und Auslandshonorare kassierte), hat ihr Teil dazu beigetragen. Bis 1963 lebte Svihlikova in Prag, dann gelang es ihr nach Schweden zu übersiedeln. Von dort

wechselte sie 1980 nach Wien. In den fünfziger Jahren hat sie das Innenleben der Klaviere aus Königgrätz mitgestaltet und eingestimmt, heute ist sie immer noch kritische Begleiterin und mahnt den Klang ein, der Petrof einst bei klassischen Konzertpianisten beliebt gemacht hat.

Geboren wurde jener romantisch-sanfte Ton der Petrof-Klaviere in einer knisternden europapolitischen Sphäre, in der sich bald die Katastrophe von Königgrätz entladen sollte – 1865 –, damals nahm in einer kleinen Schreinerei der Innenstadt das erste Klavier Gestalt an. Damals zielt der preußische Ministerpräsident Otto von Bismarck auf die Vorherrschaft Preußens durch „Blut und Eisen", Moltke schreibt im Rückblick: „Nicht um Ländererwerb oder materiellen Gewinn ging es, sondern um Machterweiterung."

Es war ein längst beabsichtigter Kampf, den Preußen vom Zaum brach und der am 3. Juli 1866 nordöstlich von Königgrätz, im Dorf Sadova, zwischen der preußischen und österreichischen Armee begann.

Königgrätz wurde zu einem altösterreichischen Schicksalsort, das geflügelte Wort „So schnell schießen die Preußen nicht" zum grausigen Irrtum. Das Zündnadelgewehr der Preußen feuerte dreimal so schnell wie der Vorderlader der Österreicher, 7000 Gefallene blieben am Abend des 3. Juli 1866 rund um Königgrätz zurück, Kirchen, Gehöfte und Schlösser waren mit Verwundeten gefüllt, das Land lag verwüstet. Der Sieg der Preußen über Österreich führte zu einer grundlegenden Wende in der Politik der Donaumonarchie, zur Abkehr von Ambitionen in Westeuropa, zur Konzentration auf Südosteuropa.

Strategisch war die Stadtfestung von Königgrätz damals ohne Bedeutung, aber mit den rückflutenden Truppen suchten die Seuchen die Stadt heim. Und holten aus der ersten Unternehmergeneration der Petrofs ihr Opfer.

Auch die Petrofs waren als Soldaten in dieses Land gekommen, ein Jahrhundert davor. Petrof – der Name gehörte einem russischen Soldaten des 18. Jahrhunderts, der sich Martin Pietrow schrieb, aus dem sibirischen Tomsk stammte und 1765 in Mladá Boleslav seine Kompanie verließ, um Rosalia Živna zu heiraten und sich als Weber niederzulassen.

Sein jüngerer Sohn wurde Zimmermann, und sein Enkel Jan, der 1806 zur Welt kam, erlernte das Tischlerhandwerk. Jan übersiedelte nach Hradec Králové – nach Königgrätz in die heutige Rokytanska, eine Straße unmittelbar gegenüber der gotischen Heiliggeistkirche. Hier wurde am 15. August 1839 sein zweiter Sohn, Antonín, geboren, der wie sein Vater die Tischlerei lernte. Antonín hatte sieben Geschwister.

Sein Handwerk führte ihn durch viele Wohnungen der Stadt, unter anderem in die Wohnung eines Chordirigenten. Dort erlebte er, während er ein beliebiges Möbel reparierte, den Musiker bei seiner Arbeit am Klavier. Das Instrument faszinierte ihn, und er folgte seinem jüngeren Bruder, der zu dieser Zeit bereits bei einem Onkel in Wien Klavierbau lernte. Später arbeitete dieser ebenfalls als Angestellter der Fabrik in Hradec Králové. Mehr als eine halbe Million Klaviere wurden seither in der Firma Petrof erzeugt.

1857 begann Antonin Petrof die Lehrjahre bei seinem Onkel mütterlicherseits, bei Johann Heitzmann. Heitzmann war bereits Klavierfabrikant. Klavierbau zu studieren war in jenen Tagen sehr modern, die Nachfrage durch die Blüte der bürgerlichen Salons rege, das Musikleben war Teil des kulturellen nationalen Aufbruchs. Antonin Petrof nützte seinen vierjährigen Wien-Aufenthalt, um neben der Firma des Onkels auch die Klavierwerkstätten Ehrbar und Schweighofer kennenzulernen und sein Wissen mit der Ausbildung zum Klavierstimmer abzurunden.

Als Antonin 1864 in die Werkstatt des Vaters zurückkehrte, begann er sogleich mit dem Bau eines eigenen Instruments in der väterlichen Schreinerwerkstatt.

Insgesamt vier Klaviere entstanden in den ersten Jahren und fanden in Prag ihre Käufer. Dann folgte der Rückschlag im Österreichisch-Preußischen Krieg von 1866. Hunderte von verwundeten Soldaten der geschlagenen österreichischen Armee strömten durch die Stadt und schleppten die Cholera ein.

Antonins Vater überlebte die Epidemie nicht. Er starb als 60jähriger, und sein Sohn hatte nun allein für die Familie aufzukommen. Er bleibt auf dem eingeschlagenen Weg, mehr noch: Antonin Petrof entschloß sich, überhaupt eine neue Firma zu bauen, außerhalb der Stadtbefestigungen von Königgrätz. Er kauft das kleine Wirtshaus „Zur Stadt Brünn" und gründet dort eine Piano- und Harmonikaproduktion. 1869 vermählte er sich mit Marie Götz aus Kukleny, die rasch zu einer tatkräftigen Unternehmersgattin wird, nicht bloß, weil sie sonntags auch für die Meister mitkochte, sondern weil sie die Prokura besaß und den jungen Betrieb kaufmännisch steuerte.

Antonin Petrof hatte den Ehrgeiz, besonders technische Erneuerungen sofort aufzugreifen. 1875, ein Jahr nach der Übersiedlung der Firma aus der Altstadt ins neue Königgrätz, wurden seine Klaviere bereits mit der englischen Mechanik ausgerüstet, dem revolutionären Schritt im Klavierbau, der erstmals ermöglichte, die Taste rascher wieder anzuschlagen. Petrof hatte diese Errungenschaft schneller eingesetzt als die Wiener Klavierbauer. Im Jahr darauf, 1876, ließ er die gesamte Fabrik bereits mit Energie aus Dampfmaschinen betreiben, und er hatte auch eine glückliche Hand in der Auswahl seiner Zulieferanten. Eine kleine Gießerei, Josef Porkert und Söhne in Skuhrov an der Běla, versorgte ihn mit gußeisernen Rahmen und tut das bis heute. Petrof war der erste, der diese Bautechnik des eisernen Rahmens in der österreichisch-ungarischen Monarchie einsetzte.

„Das Klavier ist das industriellste aller Instrumente", und nicht nur die Europäer, auch die Amerikaner verstanden sich auf den Klavierbau. In der „Neuen Welt" war schon 1825 das erste Patent für einen gußeisernen Rahmen ausgestellt worden. Der Bedarf nach transportablen, robusten Klavieren stieg gerade im Pionierzeitalter Amerikas. Die Firma Steinway in New York verwendete den Eisenrahmen, weil solcherart gebaute Konzertflügel „den Attacken romantischer Pianisten standhalten" (Gill).

Anthony Philipp Heinrich, 1810 aus Böhmen ausgewandert, brachte es in den Vereinigten Staaten später zu Prominenz. Als komponierender Autodidakt verhalf er der Klaviermusik durch neue unkonventionelle Musikfarben zu sensationeller Popularität. Zwischen 1860 und 1900 versiebenfachte sich die Produktion der Klavierbauer, das Instrument wurde zum leistbaren Luxus des aufstrebenden Bürgertums. Die neue Stabilität und der damit erreichbare pathetische Auftritt machten das Klavier zum beliebten Möbel bürgerlicher Salons. Davon profitierte auch der Klavierbauer in Königgrätz.

1881 eröffnet Petrof ein Vertriebsbüro in Temesvar in Siebenbürgen, seine Instrumente gewannen Ansehen in Privathaushalten, Schulen, Theatern und Konzerthäusern. Internationale Auszeichnungen folgten. 1894 begann der Export, 1895 durfte sich Petrof „k. u. k. Hoflieferant" nennen. 1908 wandelte er sein Unternehmen in eine Aktiengesellschaft um und begann mit dem Bau von Pianolas.

In dieser Zeit arbeitete nicht bloß Antonin Petrof und seine Frau Maria als Prokuristin, sondern auch deren Söhne Jan, Antonin und später Vladimir für die Firma. Inzwischen hatte man die früheren Konkurrenten Kallas aus Litomišl, Heitzmann aus Wien und Lhota aus Königgrätz übernommen und in London eine neue Verkaufsfiliale eingerichtet.

1914, kurz vor dem Ersten Weltkrieg, lieferte Petrof noch ein Klavier an Thronfolger Franz Ferdinand. Zu diesem Zeitpunkt war Petrof mit 250 Mitarbeitern die größte Klavierfabrik der Monarchie. Im Juni 1914 übernahm Vladimir Petrof, der jüngste der Söhne, die Leitung der Fabrik und ihrer kriegsbedingt beeinträchtigten Produktion. Er war als einziger der drei Brüder vom Militärdienst befreit.

Im zweiten Kriegsjahr starb der Firmengründer Antonin Petrof im 76. Lebensjahr, seine Frau folgte ihm drei Monate später. Die Bauten aus ihrer Ära stehen noch. Das ehemalige Wirtshaus „Zur Stadt Brünn" allerdings existiert nicht mehr, das alte Firmentor ist zugemauert, die Villa aus der Gründerzeit vermietet. Aber die Stadt hat ihren Charme behalten, der aus der Stadtplanung der Ersten Republik herrührt, als Königgrätz sich einen Ruf als „Salon der Republik" erwarb.

Die Gründung der Tschechoslowakischen Republik brachte eine neue Ära. Ein Nachfahre des berühmten Historikers František Palacký wirkte in diesen Jahren als technischer Direktor der Firma. Er erprobte auch eine neue Art der Mechanik, schrieb 1933 ein Werk über Klavierbau und entwickelte spezielle Methoden der Holztrocknung und Bearbeitung, die schon in den ersten Jahren nach dem Ersten Weltkrieg in die Praxis umgesetzt worden waren. Die Nachfrage stieg im Land und außerhalb. Petrof belieferte ganz Europa, aber auch Nordafrika, Japan und Australien.

1924 begann Petrof unter dem Markennamen „Fonola" elektropneumatische Pianos zu erzeugen, Instrumente, die automatisch spielten, geführt von perforierten Papierstreifen. Pneumatisch bewegte Hebel schlugen die Tasten an, ein leiser Motor Schweizer Fabrikats setzte diese Musikmaschine in Bewegung. Sie war eine Begleiterin und ein Schrittmacher der Massenkultur, und sie wurde später vom Plattenspieler abgelöst. Das Pianola, wie es markenübergreifend genannt wurde, hatte zunächst in den USA seine Erfolge gefeiert. Es bot die Unterhaltung für jene kleinen Lokale, die sich keinen Musiker leisten konnten, und wurde unentbehrlich in der Stummfilmbegleitung. „Die Geschichte des automatischen Pianos ist ein hoffnungsloses Gewirr von Patenten, Fusionen, Gerichtsprozessen und Gaunereien. Es scheint heute unmöglich, genau zu entscheiden, wann es erfunden wurde", meint der Musikhistoriker Dominik Gill. Jedenfalls nutzte Petrof einen Trend, der den Zuhörer vor den Musizierenden stellte, den Musikkonsum vor die musikalische Praxis. Und er war erfolgreich. Drei Jahre später errichtete Petrof ein fünfstöckiges Firmengebäude. Das Werk beschäftigte Ende der zwanziger Jahre 355 Arbeiter und erzeugte 2300 Instrumente pro Jahr.

Werbeplakat aus den 30er Jahren

1932 trat die dritte Generation ins Geschäft: Dimitri, Eduard und Eugen, die wie der Gründervater im Ausland studiert und Erfahrung geschöpft hatten. Sie arbeiteten in Leipzig und Hamburg bei Steinberg und in Berlin bei Bechstein.

Im selben Jahr erwarb die Firma die Handelslizenz zur Erzeugung des radio-
akustischen Pianos „Neo-Bechstein", in dem der Ton von Sensoren aufgenommen
und durch Lautsprecher erweitert wurde. Ein System, das Dr. Nernst-Siemens
entwickelt hatte, ein Radioklavier, das statt des Resonanzbodens Röhren besaß
und einen weiteren Schritt in der Musikautomation darstellte.

Die junge Unternehmergeneration nutzte aber auch die Aufenthalte im Ausland gesellschaftlich: In der Schweiz lernte sie Tomáš Baťa kennen, in Berlin bei
Bechstein Albert Einstein. Jedenfalls verstanden sie es, die damals noch sehr unterschiedlichen Ansprüche von E- und U-Musik zu erfüllen.

Mit ihrem Grand Piano Petrof erreichte die Fabrik die höchste Auszeichnung,
den Grand Prix der Weltausstellung Brüssel 1935 und den Großen Preis von Paris
1937. Damals entschied aber auch die Familie, daß nur mehr ein Sohn aus jeder
Familie ins Unternehmen eintreten sollte, zwei der Jungen schieden aus, Dimitri,
Eugen und Eduard blieben in der Firma.

Das Geschäft breitete sich aus, mancher einstige Angestellte hatte sich selbst-
ändig gemacht, hielt aber engen Kontakt, und sei es als Klavierstimmer in der Pro-
vinz. Viel Aufwand wurde in die Ausbildung der Lehrlinge investiert. Es war eine
Zeit, in der die Firma das gesellschaftliche Leben, die Vereine, die Freizeit ihrer
Arbeitnehmer mitgestaltete, die Löhne lagen bei Petrof immer etwas über dem
Durchschnitt der kleinen Stadt. Bis 1938 führten die drei Brüder Jan, Antonin und
Vladimir die Geschäfte.

Dann stoppte der Zweite Weltkrieg den Aufstieg, die Arbeiter wurden zur Arbeit in der deutschen Rüstungsindustrie eingezogen, der Verkauf der Instrumente
sank. Jene Firmenteile, die die Holzvorbereitung übernommen hatten, hatten jetzt
Munitionskisten zu fertigen. Da diese Arbeit wenig Qualität und fachliches Können verlangte, waren die Arbeiter imstande, offiziell den Armeebedarf zu produzieren, insgeheim aber führte man in verdeckter Weise den Instrumentenbau fort.

1945 beschäftigte die Klavierfabrik noch 90 Arbeiter, ihnen gönnte man bei
Kriegsende zwei Wochen Ferien, dann wurde allmählich das europaweite Ausmaß
der Zerstörung spürbar, Lieferanten mußten neu geworben werden. Rumänien
war nicht mehr imstande, Klanghölzer anzubieten, also holte man das Tonholz
jetzt aus dem Böhmerwald. Die Petrofs suchten indessen in ganz Europa ihre
Kontakte wiederherzustellen. Erst jetzt konnten sie einen Preis in Empfang nehmen, der ihnen noch vor dem Weltkrieg auf der Weltausstellung in den USA zu-
erkannt worden war.

Wenig später zerschlugen sich die Hoffnungen, 1948 wird das Unternehmen
enteignet und verstaatlicht, die Besitzer müssen das Haus verlassen. Produktion
und Handel werden getrennt. Dadurch ist es unmöglich, im Export auf die Mitbewerber zu reagieren, umgekehrt arbeitet der Produktionsbetrieb losgelöst von
allen kommerziellen Dringlichkeiten. Ab 1953 bemühte man sich dennoch, ausländische Märkte wiederzugewinnen.

Dabei bildeten die Pianistin Viktoria Svihlikova und der Chefkonstrukteur aus
den Tagen vor dem kommunistischen Regime ein kongeniales Team. Zehn Jahre
lang feilten sie gemeinsam an einem Konzertflügel, bis das Modell namens „Viktoria" das Licht der Welt erblickte und gefeiert wurde. Die Künstlerin erzählt, wie
beim Konzertereignis des „Prager Frühlings" der italienische Star Arturo Benedetti
Michelangeli auf der Bühne zur Probe zwei Instrumente vorfand, das Meisterstück
aus Königgrätz und einen Steinway. Vom Balkon aus belauscht sie den für seine
Launen und seine Akribie berühmten Italiener. Als dieser sich für den Petrof-Flü-
gel entscheidet, spricht sie ihn an. Arturo Benedetti Michelangeli bewertet das Instrument als das „gefühlvollste", das ihm bis dahin zur Verfügung gestanden sei.
Er entscheidet sich spontan zum Kauf, zwei Viktoria-Flügel übersiedeln nach Italien, Michelangeli gibt ein legendäres Konzert im Vatikan.

In Serie wird der Flügel in kommunistischer Zeit aber nicht mehr gebaut. Es
bleibt beim Prototypen. Die Fabrik hieß nun „Klavier und Orgelwerke" und
schloß alle verstaatlichten Firmen ein, ob Förster, Scholze, Rösler aus Böhmisch
Leipa, Koch oder Lidl aus Mährisch-Krumau. Der letzte von den Kommunisten
verdrängte Eigentümer der Fabrik, Vladimir Petrof, erlebt die Wende nicht mehr.
Er stirbt 1981 im Alter von 93 Jahren.

Jan Petrof, der heute das Unternehmen führt, war von Beruf Bauingenieur
beim Staatsforst, ehe er sich entschied, gemeinsam mit seinem Cousin das Tradi-
tionsunternehmen wieder in familiäre Hand zu nehmen. Die Marken Weinbach,
Scholze und Rösler sind im Konzern geblieben, der sich über mehrere Orte erstreckt: ein Werk in Česka Lipa, eines in Moravský Krumlov. Es ist ein Kampf um
gute Facharbeiter entstanden, und es kostet Geld, einerseits in Deutschland Pia-
nomechanik und Speziallackierungen einzukaufen und andrerseits die Löhne zu
erhöhen.

Heute zählt Petrof mit mehr als 210.000 Quadratmetern, fünf Werken und
über 1000 Beschäftigten zu den größten europäischen Klavierfabriken. Unterstützt
von einem Akustik-Forschungslabor, von Design und Entwicklungsstudios erzeugt Petrof heute fünf Standardgrößen an Klavieren mit verschiedenen Politu-

ren, auch Pianinos, alle mit handpolierter Oberfläche in Schwarz, Weiß, Walnuß und Mahagoni – verspricht der Katalog.

Aber da ist auch noch Viktoria Svihlikova, die gleichsam als Kassandra mahnt, Petrof möge nur nicht Instrumentenbau mit Möbelbau gleichsetzen. Sie ist eine „Kämpferin", sagt Jan Petrof selbst. Zum 135-Jahr-Jubiläum beschwor sie vor versammelter Belegschaft in Königgrätz die glorreiche Vergangenheit und rief die Arbeiter zu neuem Qualitätsbewußtsein auf.

Die Firma muß sich heute tatsächlich auf das Wissen der fünfziger Jahre beziehen, und die Direktion sucht jene beiden Konzertflügel aus Italien zurückzukaufen, für die Arturo Benedetti Michelangeli schwärmte. Wohl als Studienobjekte aus der eigenen Firmengeschichte.

Petrof muß sich heute neu positionieren: will man den Weg der Massenfabrikation einschlagen (auch der Musikautomat hat bei Petrof seine Tradition) oder auf den Konzertbühnen und Hochschulen Flagge zeigen.

Soviel hat der Besuch der alten Dame immerhin bewirkt.

Ringhoffer

Von der Kupferschmiede zur Waggonfabrik und zum „Tatraplan"

Der Minister für Industrie, Handel und Gewerbe lobt 1927 die Ringhoffer als eine jener „heimischen Familien, die industrielle Betriebe von Weltruf geschaffen haben". Durch fünf Generationen hatten sie eine Maschinenfabrik etabliert, die Brennereien, Brauereien und Zuckerfabriken genauso bediente wie vor allem die internationalen Eisenbahnlinien. Die komfortabelsten Salonwagen in Brasilien oder Ägypten kamen von Ringhoffer in Prag-Smichov.

Ringhoffer setzten Maßstäbe der technischen Entwicklung, ehe sie 1923 mit ihrer Maschinenbaukompetenz im Škodakonzern aufgingen. Der Zweig ihrer Automobilproduktion hingegen wuchs in den zwanziger Jahren des letzten Jahrhunderts mit der Nesselsdorfer Waggonfabrik AG zusammen, einer Fabrik, die schon seit 1839 bestand und die nun die Automarke „Tatra" kreierte.

DER EINWANDERER

Alles begann 1769, als Franz Ringhoffer sich – aus dem Ödenburger Komitat kommend – in Prag als Kupferschmied niederließ und sich auf die Anfertigung von Braupfannen spezialisierte. Sein Sohn Josef errichtet noch zu Lebzeiten seines Vaters in Kamenice unweit von Prag ein Kupferhammerwerk für größere Produkte, und in der nächsten Generation erwerben die Ringhoffer dann 1852 ihren Grundbesitz in Prag-Smichov, um dort ihren Waggonbau zu etablieren. Keine zehn Jahre später wird Franz Ringhoffer einstimmig zum Bürgermeister von Smichov gewählt und wenig später in den Landtag.

Die Stunde der Industriellenfamilie Ringhoffer kam, als die Eisenbahnen ihr weitläufiges Netz ins Land legten und ein wesentlicher Schrittmacher der Industrialisierung wurden. Die erste Bahn auf dem europäischen Kontinent entstand auf böhmischem Boden. 1824 erteilte Kaiser Franz der „k. k. privilegierten ersten Eisenbahngesellschaft" ein ausschließliches Privileg zum Bau einer Moldau und Donau verbindenden Bahn, die 1825–1832 zwischen Budweis und Linz ausgeführt wurde; eine Pferdebahn, die zum Zeitpunkt ihrer Eröffnung technisch allerdings bereits überholt war.

Erst 1835, zehn Jahre nachdem in England die erste Dampflokomotive auf Schienen lief, entschloß man sich in Wien zum Bau der Kaiser-Ferdinand-Nordbahn zwischen der Donaumetropole und Galizien. Sie führt über Brünn und Prag, im Juli 1839 wird ihre erste Etappe eröffnet. 1846 verfügten die österreichischen Eisenbahnen über eine Gesamtlänge von 900 Kilometern, ein Verkehrsnetz, das rasch wuchs. Mit ihm gedeiht die entsprechende Spezialindustrie.

Zunächst versuchten sich die Witkowitzer Eisenwerke des Bankiers Rothschild, die Schienen erzeugten, auch im Waggonbau. Sie überließen ihn aber bald anderen, nämlich den Ringhoffers.

Vor ihnen war der Eisenbahnwagenbau eine Sache mehrerer Gewerbe: Die bekannten Wagen nach englischer Machart der Pferdebahn Linz – Budweis waren Erzeugnisse eines Prager Mechanikers, der sie gemeinsam mit Wagnern bzw. mit den Eisenwerken im böhmischen Hořovice und im steirischen Mariazell lieferte.

Bei Ringhoffer begann der Waggonbau mit der Fertigung von Güterwaggons für die Nordbahn. Von der Holzverarbeitung bis zum Werkzeugmaschinenbau geschah alles in einer Fabrik. Die politischen Krisen des 19. Jahrhunderts spiegeln sich in den stark schwankenden Aufträgen für Eisenbahnwaggons. Der inländische Bedarf reichte nicht, bald ist man auf den Export angewiesen. Nach dem Krisenjahr 1873, ausgelöst durch den Börsenkrach, gelang es, die Staatsbahnen in Rußland, Deutschland und Rumänien als Kunden zu gewinnen. Sobald diese Staaten aber ihre eigenen Waggonfabriken aufgebaut hatten, brauchte die Branche wieder Nachfrage im Inland. Kam sie nicht, so schwankte die Zahl der Arbeiter aufgrund der unregelmäßigen Produktion oft in einem einzigen Jahr (1885) zwischen 1400 und 770. Trotzdem wächst Ringhoffer zur größten Waggonfabrik der österreichisch-ungarischen Monarchie heran.

Und man lieferte an die ersten Adressen: Die Eisenbahn galt als Prestige, in den Salonwagen ließ sich jüngster Zeitgeschmack mit komfortabler Interieurgestaltung verbinden. Solche Wagen wurden bei Ringhoffer konstruiert, aber von Architekten ersten Ranges ausgestaltet, etwa vom Erbauer des Prager Nationaltheaters Franz Ženišek oder von Jan Kotěra. Mit der Ausführung spezieller Ornamentstücke wie Bronzen, Skulpturen, Stickereien, Intarsien und ähnlichem wurden die renommiertesten Kunstgewerbeateliers betraut. Selbst Deckengemälde durften nicht fehlen. So baut Ringhoffer in den siebziger Jahren des 19. Jahrhunderts nicht bloß Bierwagen mit Eiskühlung oder Zisternenwaggons für Baku, son-

DER RINGHOFFERWAGEN IN DER WELT

Vierachsiger Personenwagen I./II. Kl. d. Bulgarischen Staatsbahnen

Sechsachsiger Bulgarischer Hof-Salonwagen.

Arbeitsraum im Bulgarischen Salonwagen.

Inneres des Bar-Wagens der Argentinischen Bahnen.

Salon der Argentinischen Bahnen.

Pullman-Wagen der Brasilianischen Bahnen.

Schlafabteil III. Kl. der Baltischen Bahnen.

Schlafabteil der Wagons Lits.

Schlafwagen III. Kl. der Baltischen Bahnen.

Vierachsiger Automobiltransportwagen der Österreichischen Bundesbahnen.

Rauchersalon im Speisewagen der Wagons Lits.

Schlaf- und Speisewagen der Aegyptischen Eisenbahnen.

Eisenbahnwaggons: Interieur als Prestige (Prager Presse 1927)

dern 1891 auch den ersten österreichischen Kaiserzug oder einen „vierachsigen Salonwagen für das rumänische Kronprinzenpaar", Postwagen für die ägyptischen
Staatsbahnen, Güterwagen für Indien oder Luxusseilbahnwagen für Karlsbad,
alles auf dem etwa 15 Hektar großen Gelände in Smichov.

Man wollte und konnte sich mit den Pullmanwagen der Pazifikbahn messen.
Nichts fehlt: weder Waschtisch noch Diwans, weder Ölbeleuchtung noch Brikett-
öfen. Züge ersetzten in den Weiten Rußlands in kleineren Stationen die Hotel-
wohnungen, die internationale Schlafwagengesellschaft Wagon-Lits gehört zu den
Großkunden.

Im Lauf von 75 Jahren produzierte der Konzern 135.000 Waggons, einen Ei-
senbahnzug, der von Prag über Paris bis Brest an die Atlantikküste reichen würde.

Stolz berichtet eine Jubiläumsschrift von verwendeten Mahagoni, Teakholz
oder Pitchpinehölzern: „Die verbrauchte Holzmenge würde einen Würfel in der
Seitenlänge von 97 Metern ergeben, also der Höhe des Turms des Prager Veits-
doms entsprechen, an Eisen wurden mehr als 1,2 Millionen Tonnen verbraucht"
– für die Verhältnisse jener Zeit eine Materialschlacht.

1911 entschließt sich die Familie Ringhoffer, ihre Maschinen- und Waggonfabrik unter Einbeziehung von Großbanken in eine AG umzuwandeln, im gleichen
Jahr stößt sie den Maschinenbau ab und spezialisiert sich ausschließlich auf Wag-
gonfabrikation.

AUTOMOBILE AUS NESSELSDORF

Während Ringhoffer in Prag-Smichov seine Firma ausbaut, entsteht im mährischen Nesselsdorf (Koprivnice) ebenfalls eine Waggonfabrik. Ignaz Schustala,
Dorfwagner in Nesselsdorf, hatte sie 1853 ins Leben gerufen, ausgehend von einer
Werkstättenfläche von 400 m². Ihm mußte zunächst Adolf Raschka, ein benachbarter Steingutfabrikant, finanziell unter die Arme greifen. Mit diesem als Kompagnon schließt er 1882 sein erstes großes Eisenbahngeschäft ab.

Dann wird er zu einem Auto-Pionier Österreichs. Die Entwicklung des Automobils war damals in Deutschland, Frankreich und Österreich schon weit gediehen. Blenden wir zurück: Die Voraussetzungen und der Grund, sich mit der
neuen Verkehrstechnik zu befassen, waren auch in Österreich nicht schlecht: Die
Doppelmonarchie war durch ihre Ölfelder in Galizien der größte Erdölproduzent
Europas geworden (Seper, 14).

Der Mechaniker Siegfried Marcus baute 1870 in Wien den ersten Motor, der Benzin als Treibstoff brauchte. Das Problem des Antriebs durch einen Verbrennungsmotor wurde dann durch Nikolaus August Otto gelöst. Ihm folgend konstruierte Marcus Viertaktmotoren, die die „Maschinenfabrik, Kesselschmiede und Eisengießerei Märky-Bromovsky und Schulz" in Königgrätz 1887 in einem eigenen Prospekt anpreist. 1888 baut Bromovsky das erste viertaktgetriebene Auto mit „Marcusmotor". Es steht heute im Technischen Museum in Wien.

Die Firma Bromovsky wollte die Konstruktion noch verbessern, aber Siegfried Marcus war nicht mehr dazu in der Lage, er starb 1898 an einem Herzleiden. Inzwischen hatte 1886 Carl Benz in Mannheim den ersten „Benz Patent Motorwagen" präsentiert. Anfang der neunziger Jahre beginnt das „Zeitalter der Kraftfahrer" in Österreich.

Am 31. Oktober 1893 besucht der Reichenberger Textilindustrielle Baron Theodor von Liebig Carl Benz in Mannheim und bestellt einen „5-PS-Benz-Victoria", 1894 trifft das Fahrzeug in Reichenberg (Liberec) ein, und noch im selben Jahr unternimmt Theodor Liebig eine Fahrt ins französische Reims. Auf 939 Kilometern verbraucht der Benz 1500 Liter Kühlwasser und 140 Liter Benzin, aber die „Entdeckung der Landschaft vom Motorwagen aus" hatte begonnen.

Autos waren damals Exoten, das Fahrrad soeben für den Individualverkehr gewonnen und durch Massensport gefördert. Es gab im Wiener Prater zwei „Velodrome", es gab Radfahrorden, und der spätere Autofabrikant Laurin & Klement war in der ersten Stunde auch Fahrrad- und Motorradkonstrukteur.

Das Auto gehörte einer finanziellen Elite, die sich aber zum Teil mit der Leidenschaft von Pionieren darum annimmt. In Nesselsdorf ist es der Prokurist Hugo Fischer von Röslerstamm, ein ehemaliger Eisenbahningenieur, der 1897 die Autoproduktion veranlaßt und mit Benz ein Übereinkommen trifft: Das erste Auto der Nesselsdorfer Fabrik läuft mit einem Benz-Motor und heißt „Präsident". Der „Präsident" erinnert in seinem Erscheinungsbild noch deutlich an den Kutschenwagen, die Hinterräder sind höher als die Vorderräder. Aber als „Motorwagen" wird er sofort einem Härtetest unterzogen und mit prominenten Insassen, dem Vorstand des Ersten Österreichischen Automobilclubs (1898 gegründet), darunter Baron Liebig, von Nesselsdorf nach Wien geschickt.

„Das ‚Neue Wiener Abendblatt' vom 17. Mai 1898 kündigte diese Fahrt für den 21. und 22. Mai an, wobei es gleichzeitig die Radfahrvereine um Unterstützung der Strecke bat, ‚insofern, als die Fahrt eines Automobils in den ländlichen Gegenden leicht zum Scheuwerden von Fuhrwerken etc. führen kann.' Man verlieh der Hoffnung Ausdruck, daß die Radfahrer so liebenswürdig sein würden, von Ort zu Ort auf eine gewisse Distanz voranzufahren, um auf das Passieren des Motorwagens vorzubereiten.

Für die 328 km von Nesselsdorf nach Wien wurden 24$^1/_2$ Stunden benötigt, davon 14$^1/_2$ Stunden wirkliche Fahrzeit. Wie das Neue Wiener Abendblatt weiters zu berichten wußte, verlief die Tour ganz programmgemäß, ‚nur in der Hannakai waren die Radfahrer, welche als Eclaireurs (Aufklärer) vorausfuhren, den Insulten der Landbevölkerung ausgesetzt, welche sie mit Steinen bedachte …‘" (Seper, 40).

Liebig schreibt später seine „Erinnerungen eines Autopioniers" nieder, die in die erste Stunde der Autoindustrie führen und in der die Fahrt freundlicher aufgenommen wird: „Die Fahrt verlief glatt, bejubelt von der Bevölkerung der Ortschaften, die wir durchfuhren. Der erste Wagen hatte eine Stundengeschwindigkeit von ca. 15 Kilometern.

Im Oktober 1898 gewann ich mit einem Nesselsdorfer Wagen auf der Wiener Trabrennbahn den ersten Preis. Im darauffolgenden Frühjahr wagte sich Nesselsdorf zum ersten Mal an das Internationale Rennen Nizza–Draguignan und ich wurde von der Fabrik gebeten, den Wagen zu führen. Es war das erste Internationale Rennen, wo Franzosen und Deutsche mit einer niedrigen Wagenbauart [bis dahin hatte man das Fahrwerk noch hochformatig in Kutschenform gehalten, Anm. d. Verf.] die Welt überraschten und zu der der Nesselsdorfer Wagen gar nicht mehr recht hereinpaßte. Trotz Abratens meiner besten Freunde wagte ich das Rennen und gewann den zweiten Preis und am folgenden Tag gewann ich im Rennen Nizza–Turbie den ersten Preis, nachdem mein schwerster Konkurrent, der brave Ingenieur Bauer von Kannstadt, in der ersten Kurve tödlich verunglückte. Die ausgezeichneten Erfolge, die ich mit Nesselsdorfer Wagen erzielt hatte, bewogen mich auch, meine Hochzeitsreise im Automobil zu unternehmen. Die Fahrt begann ich mit einem ganz neuen Typ in Villach und reiste über Ober-Italien und die Schweiz, wobei der Wagen die bekannten Gebirgspässe St. Gotthardt und Arlberg anstandslos nahm. Ich hatte das ganz besondere Glück, daß von Anbeginn bis zum Ende dieser ca. 2000 Kilometer langen Reise weder an der Maschine noch an den Pneumatiks ein Defekt eintrat, was für damalige Zeiten gewiß eine Seltenheit war. "

Baron Theodor Liebig gründete später selbst in Reichenberg eine Autofabrik (RAF), die dann 1912 von Laurin & Klement übernommen wurde, ein Kapitel, das schon zur Geschichte von „Škoda" gehört.

Die Autoproduktion, die der Textilindustrielle Liebig lange vorher selbst testete, war freilich immer noch ein Zweig der Nesselsdorfer Waggonfabrik. Damals hatte man Autos noch als Unikate hergestellt und „getauft".

HANS LEDWINKA, DER VATER DES „TATRA"

Das Auto erhielt in den ersten Jahren des 20. Jahrhunderts modernere Karosserien, 1905 erzeugte Nesselsdorf im Jahr bereits 15 Automobile.

1910 konstruiert Chefingenieur Hans Ledwinka, der schon an der Konstruktion des „Präsident" mitgearbeitet hatte, einen Sechszylinderwagen mit oben gesteuerten Ventilen, damals eine absolute technologische Meisterleistung. Noch vor dem Ersten Weltkrieg begann Nesselsdorf die Motoren aus einem Block zu gießen, und im Jahr 1914 präsentierte Ledwinka erstmals der erstaunten Autowelt einen Sechszylinder mit Vierradbremse; eine Innovation, die in den zwanziger Jahren zum Stand der Technik gehören sollte.

Im Jahr 1917 beschäftigt die Nesselsdorfer Fabrik durch kriegswirtschaftliche Auslastung fast 6000 Arbeiter. Nach dem Ersten Weltkrieg brechen die Bestellungen der Staatsbahnen, auch in der neugegründeten Tschechoslowakei, zunächst in sich zusammen. Der Rationalisierungskurs führt 1923 zur Fusion mit den Ringhofferwerken in Prag-Smichov, setzt aber jetzt so viel Energie frei, daß eine neue Autofabrik in Nesselsdorf errichtet wird und der Aufstieg des Tatra-Wagens beginnt.

Tatra ersetzt als Automarke die Bezeichnung „Nesselsdorfer Automobile". Es war ein neuer Markenname, den sich das Auto redlich erworben hatte: In der Hohen Tatra absolvierte ein Wagen 1919 unter winterlichen Fahrbedingungen einen Bremsentest und sorgte für Aufsehen in den Bergdörfern. „Ein Auto für die Tatra!" Das anerkennende Prädikat gab den Anlaß zur Markenfindung.

Nachdem er zwischendurch die Firma verlassen hatte, kehrte Hans Ledwinka 1921 zu Tatra zurück und wurde bald zum Schöpfer der ersten Generation nach dem Ersten Weltkrieg. Immer von der Vision begleitet, einen „Volkswagen" zu entwickeln, ein Vorhaben, das Steyr damals fallengelassen hatte.

Die Philosophie der damaligen Automobilkonstrukteure grenzte sich bereits sehr bewußt von den amerikanischen Herstellern ab. Geradezu programmatisch formuliert es die Tatra-Werkszeitung 1927: „Ein komfortabler, aber auch sehr schwerer amerikanischer Wagen, welcher seinen elastischen Gang einem starken Motor zu verdanken hat, der jedoch einen großen Inhalt und großen Verbrauch aufweist, kann nicht als ideales Modell für europäische Verhältnisse bezeichnet werden. Wer unsere Straßen kennt und teuere Gummi und Betriebsstoffe kaufen muß, der kann das Bestreben der Nesselsdorfer Automobilfabrik voll würdigen, das Gewicht auch des großen, bequemen Wagens auf das geringste Maß zu bringen, um auf diese Art die Vorteile des amerikanischen Wagens bei bedeutend geringeren Betriebskosten zu erzielen. Dieses Bestreben ist die Devise der modernen Autoindustrie: ‚Gewicht ist Feind‘.“

Die Konkurrenz aus den USA, wo bereits am Fließband Autos produziert werden, wogegen in Nesselsdorf Ende der zwanziger Jahre durchschnittlich zehn kleinere Autos, neben Lastwagen und wenigen Sechszylindern, die Tagesproduktion bilden, diese Konkurrenz wird kritisch erkannt. Es bekommt aber auch der Kunde, der partout zum Übersee-Produkt greift, den Spiegel vorgehalten, wie ungleich die Anforderungen von ihm gestellt werden: „Bei unseren Kunden ist es unmöglich, zu erzielen, daß neue Wagen während der ersten einigen hundert Kilometer geschont und erst langsam eingefahren werden, obzwar sie dies alles bei fremden, hauptsächlich amerikanischen Wagen, machen müssen. Ein Automobil Marke ‚Tatra‘ muß gleich bei der Übergabe an den Käufer seiner Maximalleistung fähig sein, muß zeigen, ‚was es kann‘, das sind seine Übergänge, die Elastizität seines Ganges, alles, was der Käufer eines amerikanischen Wagens erst nach Ablauf einiger Monate mit seinem Wagen erzielen kann.“

Bleibt nach diesem Hinweis auf die unterschiedlichen Maßstäbe und daraus folgende „Erzeugungs-Handicaps“ europäischer Autokonstrukteure die Frage offen, ob inzwischen die quasi barbarischen mitteleuropäischen Automobilisten bekehrt worden sind hinsichtlich der pfleglichen Behandlung ihres Prestigeobjekts oder ob die Robustheit der handgearbeiteten Montage dem Styling der Karosseure und der Mode einfach geopfert werden mußte.

ERSTMALS EIN „VOLKSWAGEN“

1923 jedenfalls, im Jahr der Übernahme der Nesselsdorfer Betriebe durch die Ringhoffer AG, gelingt es Hans Ledwinka mit einem kleinen „Tatra“ (Tatra T 11) den Prager Autosalon zu erobern, vor allem aber den Mittelstand zum Autokauf zu bewegen. Dieser Wagen mit liegendem luftgekühltem Zweizylindermotor, der als das „Auto des kleinen Mannes“ gefeiert wurde und 90 Stundenkilometer Höchstgeschwindigkeit fuhr, erlebte auch in Österreich als „ausgezeichneter Bergsteiger

Der Tatraplan

im Alpenterrain" große Importerfolge. Hier, wo die Firma in Wien-Simmering
seit der Monarchie eine eigene Niederlassung besaß, wurden aus zolltechnischen
Gründen nach dem Ersten Weltkrieg die aus dem tschechischen Koprivnice (Nesselsdorf) eingeführten Teile montiert. 1924 errang der T 11 in der Stuttgarter Auto-
Ausstellung den ersten Platz für elegantes Design.

Während überall der große Wagen der Vater des Kleinwagens wurde, geschah
bei den Tatrawerken das Gegenteil. Der kleine Tatrawagen, die Idee des Kon-
strukteurs Hans Ledwinka, wurde der Stammvater einer ganzen Generation, selbst
der sechsrädrigen 5–6-Tonnen-Lastwagen.

1933 setzte Tatra erneut Signale für den modernen Autobau. Im Oktober des
Jahres präsentierte der britische Generalvertreter während der Olympia-Motor-
Show den Prototypen eines stromlinienförmigen oder windschlüpfrigen Automobils, den nach ihm benannten Tatra-Fritzmaurice, ausgestattet mit einer luftgekühlten Vierzylindermaschine.

Der 5. März 1934 ist dann der denkwürdige Tag, an dem der Tatra 77 vorgestellt
wird, jenes Auto, das für sich in Anspruch nehmen kann, das erste in Serie produzierte, nach aerodynamischen Kenntnissen gebaute Auto zu sein. Eine massive,
geräumige und luxuriös ausgestattete viertürige Limousine, deren Passagiere auf

tiefgelegten Sitzen Platz nehmen und auf die Stärke eines Achtzylinders vertrauen konnten. Diese erste moderne Autokarosserie des T 77 verdankte sich neben Hans Ledwinka auch Erich Überlacker, einem zweiten Talent in der Ingenieur-Riege und einer Konstruktionslizenz aus den USA, wo ein Verwandter von Ledwinka, Joseph Ledwinka, arbeitete.

1936 wechselt wieder der Firmenname. Baron Hans von Ringhoffer, Eigentümer der Tatrawerke seit 1923, führte Tatra mit seiner Prager Waggonfabrik zum Ringhoffer-Tatra-Konzern zusammen. In diesem Jahr erscheint Ledwinkas Favorit, der T 87, der eine verbesserte Gewichtsverteilung und hervorragende Beschleunigung erreichte. Trotz schwerer Bauweise fand dieser Wagen mit 12 Liter das Auslangen. Der Wagen war teuer und exklusiv, wurde aber bis 1950 in mehr als 3000 Exemplaren – nahezu handgefertigt – verkauft.

Als Tatra unter deutscher Besatzung ab 1939 der Rüstungsindustrie unterstellt wird, ordnete der deutsche Generalinspekteur an, den T 87 in begrenzter Zahl für zivile Zwecke als „Autobahnauto" zu produzieren, während sonst nur Militärfahrzeuge die Fabrik verließen. Strikt untersagt blieb unter deutscher Herrschaft die Erzeugung des populären kleinen Tatra: Er war Porsches Volkswagen wohl zu verwandt und sollte als konkurrierende Marke – nach kurzer erfolgreicher Ära – von den Autosalons verschwinden.

Hans Ledwinka, der unbestrittene Gründungspionier und Konstrukteur, wurde 1945 nach Kriegsende verhaftet und mußte bis 1951 in der Tschechoslowakei im Gefängnis bleiben. Dann verließ er das Land und lebte bis zu seinem Tod 1967 in München. Seinen legendären silbernen T 87 besitzt heute das Deutsche Museum.

Hans Ledwinka war der letzte große österreichische Autopionier. Er hatte sich vor allem durch den luftgekühlten Motor, die Entwicklung von „Stromlinie" und Fahrgestell einen Namen gemacht. Und seine Person verbindet immerhin alte Zentren des Automobilbaus. Sosehr er als Technischer Direktor zu „Tatra" gehörte, zwischen 1917 und 1921 konstruierte Hans Ledwinka bei der österreichischen Waffenfabriksgesellschaft in Steyr das erste „Steyr-Waffenauto".

ČKD – Českomoravská Kolben Daněk

Die Geburtsstunde der Elektrotechnik und das Verschwinden einer Familie

Die Suche nach den Anfängen des bedeutendsten elektrotechnischen Konzerns der Tschechischen Republik beginnt in einem Reihenhaus im Norden Münchens. Sein Besitzer heißt Diplomingenieur Heinz Kolben, er ist Triebwerkskonstrukteur. Die Firma MTU hat den Mittsiebziger soeben für ein Spezialprojekt aus der Pension in das Berufsleben zurückgeholt.

Die Herausforderung, für die technologisch fortschrittlichste Antriebstechnik Geburtshelfer zu sein, hat ihn keinen Augenblick zögern lassen, in die Branche zurückzukehren. Im Jänner 2000, als das Gemeinschaftsprojekt der führenden Flugzeugmotorenhersteller Europas unterzeichnet wurde, schlüpfte Heinz Kolben wieder in seine Profession. Schon zwei Generationen seiner Familie hatten vor ihm Forschung und Technik in Mitteleuropa beschleunigt.

Was blieb ist ein Markenname und – er zeigt es stolz dem Besucher – der Orden der Eisernen Krone, den sein Großvater Emil Kolben 1910 von Kaiser Franz Joseph I. in Wien erhalten hatte. Es ist eines der wenigen Erinnerungsstücke, die Heinz Kolben herübergerettet hatte, als er 1968 die Tschechoslowakei verließ.

Emil Kolben hat ausführlich die ehrenvolle Audienz beim Kaiser protokolliert und brieflich seiner Frau in Prag mitgeteilt. Er war in jeder Faser ein Landespatriot alten Stils, loyal gegen die Monarchie und von protestantischer Leistungsethik getragen. Seine Zuversicht und seine Verwurzelung in der großbürgerlichen Tradition, sein kosmopolitisches Selbstbewußtsein als einer der führenden Industriellen der Ersten Republik ließen ihn an seinem Lebensende in den dreißiger Jahren das Grauen unterschätzen, das sich anbahnte.

Emil Kolben wird am 1. November 1862 in Strantschitz bei Prag als eines von neun Kindern eines kleinen Bauern geboren. Er besucht deutsche Schulen und maturiert 1881 an der Oberrealschule auf der Prager Kleinseite, im Stadtteil unterhalb des Hradschins. Dann beginnt er sein Maschinenbau-Studium, das er fünf Jahre später mit Auszeichnung beendet.

Damals wurde Elektrotechnik noch im Rahmen des Maschinenbau-Studiums vorgetragen, für Emil Kolben gewann sie allerdings solche Anziehungskraft, daß er sie zu seinem Fach schlechthin macht. Nach einjähriger elektrotechnischer Praxis in Böhmen erhält der ehrgeizige Techniker eine Förderung, deren Name an einen Pionier österreichischer Technik-Ausbildung erinnert und die ihm zum Sprungbrett wird.

DER WEG ÜBER DIE NEUE WELT

Emil Kolben (1862–1943)

„Als ich am 16. März 1888", erzählt Emil Kolben, „vom Rektorat der Deutschen Technischen Hochschule in Prag die Verständigung erhielt, daß der hohe Landesausschuß des Königreichs Böhmen beschlossen habe, mir den Gerstnerschen Reisestiftungsplatz per 600 Gulden jährlich in klingender Münze auf die Dauer von zwei Jahren zu verleihen, hatte ich das sichere Gefühl, daß dieser Erlaß einen entscheidenden Wendepunkt in meinem Leben herbeiführen würde. Ich plante nicht nur ausgedehnte Studienreisen in Europa, sondern auch im Lande der damals unbeschränkten Möglichkeiten – in den Vereinigten Staaten von Nordamerika, dem Dorado der technischen Entwicklung. Damals – o selig entschwundene Zeiten – gab es keinen Paßzwang, keine Einreisebeschränkungen, keine Einwanderungskontingente, keine Aufenthaltbewilligungen, keine Dokumentenkontrolle, keine Devisenschwierigkeiten; der nachgewiesene Besitz von 50 Dollar genügte vollkommen zum Einzug ins gelobte Land.

Über die Wiener Weltausstellung, über Berlin, durch das deutsche Industriegebiet, über Zürich, Paris, London kam ich mittels ‚Schnell'-Dampfers der Red Star-Linie nach zehntägiger Seereise in New York an, unternahm Studienreisen nach Philadelphia, Pittsburgh, Cleveland, Chicago, Minneapolis.

Als ich nach einigen Wochen nach New York zurückkam, fühlte ich mich wegen des unglaublichen Fortschritts in diesem Land schwach und niedergedrückt. Eines Tages las ich in der Zeitung, daß die große Metallgießerei der Firma Edison Machine Works am Flusse Mohawk abgebrannt war. Dies nahm ich als einen Hinweis dafür auf, daß eventuell Arbeitskräfte gebraucht würden. Kurzerhand schickte ich meine Bewerbung dorthin. Schon am nächsten Tag erwartete mich telegraphisch folgende Antwort: Wenn Sie sofort antreten wollen, können Sie bei uns arbeiten.

Ich fuhr sofort los und wurde wirklich in Schenectady für ein Wochengehalt von 15 Dollar im Konstruktionsbüro aufgenommen. Ein Jahr darauf wurde ich zum Chefingenieur der technischen Abteilung ernannt, und in dieser Zeit kam ich häufig mit Edison zusammen. Ich erinnere mich noch heute an ihn, als wäre es gestern gewesen. Edison war damals ein vierzigjähriger Gentleman, mittelgroßer Statur, glatt rasiert. Er war immer frohgemut, sah sehr jung aus und hatte ein napoleonisches Kinn. Schon beim Kennenlernen streckte er mir die Hand hin und sagte: ‚Wir werden gute Feinde sein. Wir werden uns selten gern haben, weil uns eine Menge gemeinsam zu bewältigender, undankbarer Schufterei bevorsteht.‘ Später kam ich in Thomas Alva Edisons ‚Laboratorium‘ in Orange, New Jersey. Der Eindruck seiner Persönlichkeit auf mich war bezaubernd und imponierend zugleich. Zahllos waren die Aufgaben, an denen er in seiner zähen Forschungsweise arbeitete, und diese seine tiefgründigen, die geringste Einzelheit berücksichtigenden Arbeitsmethoden blieben mir ein leuchtender Leitstern für all meine zukünftige Ingenieur- und Industrietätigkeit" (Kolben, 113)

Kolbens „amerikanische Zeit" überschritt die Dauer des Stipendiums. Er arbeitet zunächst als Ingenieur in den Werken der Edison Machine Company, der späteren General Electric Company im Bundesstaat New York, avancierte dann zum Assistenten von Thomas Alva Edison in dessen Forschungsabteilung in Orange, von wo er schließlich als Chefingenieur und Leiter der gesamten technischen Abteilungen zurück in die Edison General Electric Company nach Schenectady berufen wurde.

NIKOLA TESLA UND EMIL KOLBEN: DIE WECHSELSTROM-PIONIERE

Es war jene Zeit, in der in den USA die öffentlichen Stromnetze dank der raschen Entwicklung der Starkstromtechnik ausgebaut wurden, und Kolben wirkte als leitender Angestellter des größten elektrotechnischen Unternehmens Amerikas aktiv an der Elektrifizierung der Straßenbahnen mit. Emil Kolben modernisierte die alten Edison-Dynamos, bereitete die Serienreife von Standardtypen vor und ihre Kupplung mit Dampfmaschinen.

1889 trifft Kolben in New York Nikola Tesla, der sein Fachstudium über elektrische Maschinen ebenso wie Kolben bei Karl Domalip in Prag erweitert hatte. Tesla

„ersetzte später die sechsfache Stromleitung durch drei Leiter und wurde so Inhaber
von 41 Patenten auf dem Gebiet der Theorie des Drehstroms und zum Begründer
einer neuen Epoche in der Erzeugung, Übertragung und Nutzung der elektrischen
Energie". Teslas Patente sollte die Firma Westinghouse erwerben, die sie erstmals
in großem Maßstab beim Ausbau des Niagara-Kraftwerks in die Praxis umsetzte.

Emil Kolben jedenfalls besucht Tesla in seinem New Yorker Labor und besich-
tigt die ersten Drehstrommotoren im Betrieb. Diese Erfahrung gibt seiner technischen Laufbahn einen neuen Impuls. Er wird zum überzeugten Pionier und
Bahnbrecher des Wechselstroms, er engagiert sich in Vorträgen und Fachzeit-
schriften für die neue Technik und muß dabei noch gegen eine Übermacht eta-
blierter Lehrmeinungen ankämpfen.

Denn bis dahin wurde ausschließlich Gleichstrom angewendet. Kolbens These
von der Zukunftsträchtigkeit der sich drehenden Magnetfelder, die er sich an der
Seite Nikola Teslas aneignet, stößt auf die Skepsis der großen Konzerne, die alle
noch auf Gleichstrom ausgerichtet sind. Was Rang und Namen hatte: Siemens &
Halske, AEG, Schuckert in Deutschland oder in Böhmen der Erfinder František
Křižik, der die erste Bogenlampe zur Straßenbeleuchtung schuf, sie alle kannten
nur Gleichstrom.

Vor allem aber Thomas Alva Edison, der sich noch 1889 als strikter Gegner des
Wechselstroms positionierte und meinte: „Wechselstrom ist ein Unding und hat
keine Zukunft, ich will nichts von Wechselstrom wissen noch sehen" (Kolben).
Emil Kolbens Weitblick erkennt damals, daß der Vorteil des Wechselstroms in seiner Effizienz bei der Fernübertragung elektrischer Energie liegt. Er sollte bald Was-
ser- und Wärmekraftwerke ausstatten, die wirkungsvoll und ohne große Verluste
ihren produzierten Strom in die Städte schickten und das Techniker-Bonmot
Lügen straften, wonach man statt eine Stromleitung zu legen, besser gleich die
Kohlen nach Prag fahren konnte.

Von 1887 bis 1892 lebte Emil Kolben in den USA, dann kehrte er der Neuen
Welt den Rücken, weil seine junge Frau Malvine, die inzwischen aus Böhmen
nachgefolgt war, dort nicht heimisch wurde. Der Aufenthalt in den Vereinigten
Staaten brachte ihm allerdings genügend Startvorteil in Europa. Mit 28 Jahren finden wir ihn als Chefingenieur der Elektroabteilung des Maschinenbau-Unterneh-
mens Oerlikon bei Zürich.

Sein Vorgänger in dieser Position war kein anderer als Charles Brown (Brown-
Boveri), der erstmals eine Stromübertragung über 100 Kilometer zustande brachte.
Die Maschinenfabrik Oerlikon war maßgeblich an der aufsehenerregenden Dreh-

stromübertragung von Lauffen am Neckar nach Frankfurt am Main beteiligt. Kolben arbeitet nun an der Perfektionierung dieser Technik. Auch Gleichstrommaschinen werden bei Oerlikon schon damals für elektrolytische Zwecke ebenso wie für elektrische Bahnen gebaut.

AUS DER SCHWEIZ NACH PRAG

Im Jahr 1896 verläßt Kolben dann die Schweiz und läßt sich wieder in seiner alten Heimat – in Prag – nieder. Hier gründet er im Stadtteil Vysočany eine eigene elektrotechnische Fabrik mit 25 Mitarbeitern, die aufgrund ihres technologischen Vorsprungs rasch bekannt wurde.

Beim Aufbau seiner Fabrik verwirklichte Kolben die Grundsätze der dezentralisierten Elektro-Antriebstechnik. In den Produktionsstätten entfielen damit die unangenehm lauten, ineffektiven und störanfälligen Transmissionen mit langen Wellenzügen und Riementrieben, jede der Arbeitsmaschinen erhielt ihren eigenen Dreiphasen-Elektromotor. Die Elektroausstattung wurde in Eigenregie mit werkseigener Kraftzentrale und auf der Basis von dreiphasigem Wechselstrom gefertigt. Kolben organisierte modernste Werkzeugmaschinen, die er bei seinen Auslandsaufenthalten kennengelernt hatte. Das schafft ihm Resonanz in der Fachpresse und den internationalen Ruf ein „œuvre de siècle" – ein Jahrhundertwerk – zu errichten.

Kolben ist jetzt 36 Jahre alt. Alle Berechnungen und Konstruktionen der ersten Dreiphasenmotoren führt er selbst durch. Einer seiner ältesten Mitarbeiter, F. Dubsky, berichtet im Rückblick: „Es klingt fast unglaublich, aber bereits fünf Monate nach Ankauf des Grundstücks, das im Hinblick auf eventuelle Werksvergrößerungen großzügig bemessen und verkehrsmäßig erschlossen war, wurden erste Produkte dieser Firma Synchronmotoren, Transformatoren, Dynamos und Antriebe für Hebezeuge zum Verkauf angeboten. Es versteht sich von selbst, daß er kompromißlos den Drehstrom vertrat."

Kolbens Firma stellt sich durch ihre Maschinenqualität, aber auch durch ihre „gefälligen konstruktiven Formen", also durch Design, ebenbürtig neben die elektrotechnische Großindustrie im In- und Ausland. Kolben verband mit seinem Betrieb von Haus aus eine Stahlgießerei, die nicht nur für die Elektrotechnik, sondern für den ganzen Maschinenbau von Bedeutung wurde. Auch eine Abteilung für Wasserturbinen, deren Umsatz mit der Entwicklung der elektrischen Kraftübertragung zunahm, hat Kolben angegliedert.

Als in Prag 1898 anläßlich des Aufbaus der städtischen Elektrizitätswerke der Streit zwischen den Gleichstrom- und Wechselstromtechnikern ausbrach, entschied Professor Domalip, der Lehrer Kolbens und Teslas, als Sachverständiger zugunsten des Wechselstroms, und Kolben erhielt den Auftrag für fünf Drehstromgeneratoren.

Zu Beginn des Jahrhunderts häufen sich Auslandsaufträge für Kraftwerkseinrichtungen in aller Welt. Kolben exportiert nach London (1902), nach Spanien, rüstet die Kraftwerke Selzthal, Wattens und Pola aus und liefert sogar nach Tasmanien. „Aus einer kleinen Werkstatt erwuchs ein Werk, das einen guten Ruf errang und zu einem Stützpunkt der allgemeinen Elektrifizierung der Tschechoslowakei nach dem Ersten Weltkrieg wurde."

Die rasante Expansion machte die Suche nach finanziellen Partnern dringlich. 1899 steigt die Gewerbebank ein, die Firma wird in eine Aktiengesellschaft umgewandelt, Emil Kolben wird ihr leitender Direktor. Kurz nach der Entwicklung von Wasserturbinen nimmt Kolben den Bau von Dampfturbinen für Wärmekraftwerke in Angriff.

In den Jahren vor dem Ersten Weltkrieg wurde die Produktion systematisch auf den Bedarf der Rüstungsindustrie eingestellt, auf Elektroausstattungen für Kriegsschiffe, Munitionsaufzüge, Scheinwerfer, Elektroaggregate oder Antriebe für Panzer- und Geschütztürme. Die Rückkehr zu Zivilgütern nach 1918 bereitet dem Unternehmen keine größeren Probleme, Kolbens „Elektrizitätsgesellschaft" wird für die junge Erste Tschechoslowakische Republik von allergrößter Bedeutung. Durch seine persönlichen Beziehungen in die USA gelingt es ihm, Lizenzverträge mit Westinghouse Electric in Pittsburgh zu schmieden, die den Zugang zu den Forschungsergebnissen der amerikanischen Industrie garantieren.

Die Entwicklung der elektrotechnischen Industrie, technisch wie finanziell und das enorme Wachstum der Branche, bereiteten den Weg für die großen Fusionen der Maschinenbauindustrie der Nachkriegszeit. 1921 verband Kolben sein Unternehmen mit der Böhmisch-Mährischen Maschinenfabrik zur Českomoravská-Kolben AG. 1927 vereinigt sich dieser Konzern mit der Maschinenfabrik Breitfeld-Daněk zur Českomoravská Kolben Daněk AG.

Damit war aus einem Konglomerat von traditionsreichen Firmen (denen die Automobilwerke „Praga" ebenso zugehörten wie Evans & Lee oder die Eisenwerke Blansko), Fabriken, die großteils in der zweiten Hälfte des 19. Jahrhunderts entstanden waren, der Riese ČKD geworden.

GROSSBÜRGER ZWISCHEN DEN ZEITEN

Inzwischen hatte Emil Kolben zwei weitere Fabriken gegründet, die der Elektrotechnik zulieferten: die Prager Kabelfabrik GmbH. und die „Elektroisoliergesell-
schaft" in Prag-Hloubětin. Erstere wurde später von seinem Sohn übernommen,
nachdem dieser zunächst, um Distanz zum väterlichen Konzern zu gewinnen, 1918
in die Eisenindustrie nach Aussig gegangen war.

Emil Kolben wohnte in einer eleganten Villa der Jahrhundertwende in Prag-
Vinohrady, die Familie des Sohnes am Masarykkai Nr. 20. Der Enkel Heinz Kolben erinnert sich an das großbürgerliche Milieu, in dem den Kindern Sparsamkeit abverlangt wurde, in dem aber andrerseits Mäzenatentum gegenüber
Künstlern selbstverständlich schien. Und sogar die Kleinen wußten: „Wenn der
Großvater kam oder wenn wir ihn in der Villa am Attersee besuchten, so stand da
ein prima aussehender alter Herr, sorgfältig in seinen Trachtenanzug gekleidet, mit
zwickerartiger Brille, der unser Taschengeld mit silbernen Zwanzigkronenmünzen
aufbesserte." Emil Kolben war ein Patriarch europäischen Zuschnitts und zugleich
ein korrekter, jeglicher Spekulation abgeneigter Leistungsethiker, der sich in der
Zwischenkriegszeit strikt dagegen verwahrte, sein Wissen als Repräsentant der Industrie in Kapitalgeschäften zu nützen.

Die Villa Kolben am Attersee

„Das Arbeitsleben meines Großvaters", so notiert der Enkel Jahrzehnte später, „lief zum größten Teil in einer tschechischen Umgebung ab, was ihm keinerlei Probleme schaffte, da er wie fast jeder Prager Deutsche seit seiner Kindheit perfekt Tschechisch sprach. Im Spannungsfeld eines Vielvölkerstaates aufgewachsen, vertraut mit dem Sprach- und Kulturgut beider Völker, existierte meines Wissens keinerlei Nationalitätenproblem für ihn.

Er war zeitlebens bemüht, die Problematik des Zusammenlebens möglichst zu meistern und existierende nationale Gegensätze durch positive Maßnahmen eher zu beruhigen als anzuheizen, d. h. Gemeinsamkeiten zu pflegen, Trennendes aber nicht hervorzuheben."

THERESIENSTADT UND AUSCHWITZ

Solche Lebensmaxime war in den dreißiger Jahren weder auf deutscher noch auf tschechischer Seite Allgemeingut. Erst verschärft sich die Tonlage, dann spitzen sich die Lebensverhältnise zu. Auch für die Familie Kolben, die bis zuletzt an ihre staatstragende Rolle in der Ersten Tschechoslowakischen Republik, an ihre Zugehörigkeit zur deutschen Minderheit und an ihre Dialogfähigkeit mit der tschechischen Regierung glaubte. Aber Heinz Kolben weiß heute: „Wir lebten auf einem Vulkan." Ab 1939, als Hitler die Tschechoslowakei gewaltsam in ein „Protektorat" verwandelt, werden die Kolben systematisch in ihrem wirtschaftlichen Einfluß entmachtet. Obzwar protestantischen Glaubens und Repräsentanten des deutschsprachigen Bürgertums, werden sie nach den Nürnberger Rassegesetzen als jüdische Bürger eingestuft. Am 15. März 1939 muß Emil Kolben seine Vizepräsidentschaft im ČKD-Aufsichtsrat zurücklegen.

Das Judentum bietet der Familie keine Identität, die deutschböhmische Zugehörigkeit wird ihnen abgesprochen. Bleibt das Vertrauen auf die Verdienste und auf die Loyalität einflußreicher Prager Mitbürger. War doch der Großvater Vorsitzender der Staatsprüfungskommission an der Deutschen Technischen Hochschule in der Stadt gewesen und vieles mehr. Man trug nicht den verordneten Davidsstern, man nutzte selbstbewußt weiter (entgegen der Weisung der nationalsozialistischen Statthalter) das Abonnement im Deutschen Theater – bis die Denunziationen einsetzen, bis, nach einer Aufführung des „Zigeunerbarons", der Vater erpreßt wird, weil seine Kinder in der Vorstellung gesehen werden.

„Wir waren immer auf der falschen Seite", stellt Heinz Kolben mit bitterer Ironie fest. Am 6. Juli 1942 beginnen die Verhaftungen, den Bruder trifft es zuerst. Ein ehemaliger Mitschüler, der Hans Werner Kolbens Sympathien für die politische Linke kennt und der inzwischen bei der SS angeheuert hat, läßt ihn aus dem Bus weg verhaften. Die Stadt ist voll von roten Listen, auf denen die Namen jener stehen, die unmittelbar nach dem Attentat auf den Reichsprotektor Reinhard Heydrich in Prag standrechtlich erschossen wurden. Eine Intervention des Vaters bleibt folgenlos, die Polizeidirektion ist längst mit Leuten besetzt, denen der Name Kolben gleichgültig ist.

Über Hans Werner Kolben (1921 geboren) schreibt Jürgen Serke in seiner maßgeblichen Bestandsaufnahme deutschböhmischer Literatur: „H. W. Kolben kam 1942 nach Theresienstadt und wurde im Lager zum Lyriker. Er entstammte jener Großindustriellen-Familie, die in Konkurrenz zu Škoda den ‚Praga'-Personenwagen baute, auch Flugzeuge und Lokomotiven. ‚Vorzeitiger Tod' heißt ein Gedicht, das in Theresienstadt entstand: … ‚Aus tiefem Traum das Horn erschallt: / Du irrst, niemals wird neu geboren, / was nutzlos umkam durch Gewalt, / was vor der Ernte ward verloren, / Ist unersetzlich hingeschunden.'"

Am 6. Juni 1943 werden auch Heinz Kolben und mit ihm seine anderen Verwandten ins Ghetto Theresienstadt deportiert, einer Sammelstätte vor der Vernichtung. Den Großvater holen zwei als Sanitäter getarnte SS-Männer aus seiner Wohnung. Nachbarn beobachten, wie der alte Mann protestiert. Seine Bewacher entreißen ihm den Handkoffer, in dem er die Aktienscheine bei sich trägt. Als sie im Lager eintreffen, redet Emil Kolben kein Wort mehr. Einen Monat danach, am 3. Juli 1943, stirbt der Industrielle in Theresienstadt.

Sein Tod, sagt der Enkel, habe der Familie den letzten Schutz entzogen. Denn Emil Kolben selbst wäre möglicherweise als „prominenter" Insasse eingestuft worden, was die Bleibe, auch der Angehörigen, im Ghetto verlängert hätte. Längst hat ein subtiler Terror von Ungewißheit, Privileg und Auswahl eingesetzt.

Am 18. Dezember 1943 werden der Vater und Heinz Kolben dem Transport nach Auschwitz zugeteilt, der Bruder ein knappes Jahr später. Heinz Kolben: „Mein Vater hat noch in Auschwitz nicht geglaubt, daß es dort Gaskammern gibt, wo jeden Tag die fürchterlichen schwarzen Rauchschwaden über dem Lager hingen." Der Vater wird in den Gaskammern ermordet, der Bruder Hans Werner kommt im Frühjahr 1945 durch Flecktyphus um. Heinz Kolben betrachtet es als „Glück", daß er selbst, nachdem der „totale Krieg" erklärt worden war, als arbeitsfähiger Auschwitz-Häftling in ein Außenlager gebracht wird.

Als am 21. Jänner 1945 von den Wachmannschaften dieses KZ-Nebenlagers ein letzter „Todesmarsch" zusammengestellt wird, versteckt sich der 18jährige Heinz Kolben im Stroh eines leeren Schweinestalls. Er entgeht den Bajonetten eines Suchtrupps und entfernt sich Stunden später, als der Geschützlärm der näher rückenden Front schon im Lager hörbar ist, aus dem verlassenen Konzentrationslager. Über Tschenstochau und die Karpaten schlägt er sich in die Slowakei durch. Dort schließt er sich im Februar 1945 der Tschechoslowakischen Auslandsarmee an und kehrt mit ihr nach Prag zurück.

EIN PRIVATER NEUBEGINN

Sein einziges nahes Ziel ist es, so rasch wie möglich das Ingenieurdiplom zu erreichen. 1950 ist er einer der ersten Absolventen der Technischen Hochschule Prag, die sich auf Luftfahrttechnik spezialisieren. Trotzdem bekommt er nur schwer einen Arbeitsplatz, weil Kaderpersonal der Kommunistischen Partei ihm vorgezogen wird, weil jetzt nicht mehr sein Schicksal während des Kriegs, sondern der Name der einstigen Industriellenfamilie als klassenfeindliches Signal gelesen wird. Einem ehemaligen Arbeiter der ČKD verdankt er schließlich seinen ersten Arbeitsplatz in einer Flugzeugfabrik.

Heinz Kolben ist dabei, als das erste Strahltriebwerk in der ČSSR eingebaut wird, ein englisches Rolls-Royce-Triebwerk, das – auf dem Weg über die Sowjetunion – für MIG-15-Kampfflugzeuge vorgesehen ist. Kolben lebt ein Paradox: Er wird in gewissem Ausmaß Geheimnisträger, bleibt aber immer außerhalb der Partei; er wird Vertrauensmann bei der Gewerkschaft, obwohl er in den Versammlungen immer Unbequemes anspricht und seine beiden Kinder vom Kommunismus fernhält. Nur seine Soldatenlaufbahn begünstigt seine Karriere als Techniker in der Flugzeugbranche des Landes, davon acht Jahre bei AVIA, jenem tschechoslowakischen Flugzeugwerk, das als letztes weltweit noch Motor, Flugzeugzellen und Propeller in *einer* Fabrik fertigte.

Die ČKD war damals längst verstaatlicht. Aber kurz nach dem Krieg, 1946, hatte der Enkel noch als namenloser Praktikant in der einstigen Firma seines Großvaters in Prag-Vysočan in der Dampfturbinenmontage gearbeitet. Daß er die Aktien, die seinem Großvater geraubt worden waren, für ungültig hatte erklären lassen, war inzwischen – nach Enteigung und Nationalisierung – wieder wirkungslos geworden.

Seine spätere Frau lernt Heinz Kolben kennen, weil auch sie eine der zigtausend Bürger ist (ihr Großvater baute als Maschinenfabrikant den Aussichtsturm auf dem Prager Laurenziberg), die sich durch ihre bloße Herkunft im stalinistischen Regime verdächtig machten und in die Industrie verbannt wurden.

Beide nützen die Ereignisse des Jahres 1968 zum Absprung und flüchten mit ihrer Familie über Wien nach München.

Als Heinz Kolben 1990 an die Plätze seiner Vergangenheit zurückkehrt, findet er die Firma in Prag-Vysočan halb verlassen, im Werkhof stehen noch die verpackten, aber nicht mehr abgeholten Lieferungen an Kompressoren und Ventilatoren für ein russisches Raumfahrtprojekt. Der Markt im Osten war gerade zusammengebrochen.

Von den alten drei großen Teilen der ČKD-Fabriken existieren der elektrotechnische Zweig, die Fabrik in Vysočan und jene in Karlin (Prag-Karolinenthal), die die Familie Daněk in den Konzern eingebracht hatte, heute nicht mehr. Einzig der Standort der alten Böhmisch-Mährischen Maschinenfabrik in Prag-Liběn arbeitet noch unter dem Namen ČKD. Hier geht man eifrig daran, die verlorene Vergangenheit wachzurufen, schafft Emil Kolben einen Gedenkplatz und produziert gemeinsam mit Siemens Eisenbahn- und U-Bahn-Systeme, unter anderem für die Ausstattung der Strecke zwischen Dresden und Wien.

Für Heinz Kolben ist es eine kleine, späte Genugtuung, die Festschrift über die Gründer vorzubereiten, nachdem er seine Energie jahrzehntelang darauf verwendet hatte, im „Westen" der Rüstungsindustrie der NATO zu dienen.

Das „Sturmfeuerzeug" des Ferdinand Piech

Škoda und seine Renaissance nach der Wende

Das erste massenhafte Auftreten kam mit der Wende. Noch im Kollektiv mit Trabi und Wartburg. Während die ostdeutschen Automarken inzwischen bis auf einen nostalgischen Rest verschwanden, macht der tschechische Škoda als vierte Marke des Volkswagenkonzerns mobil.

Gruppenbild in Mladá Boleslav am 14. Februar 1995: Tschechiens Präsident Vaclav Havel, Industrieminister Dlouhy und VW-Chef Ferdinand Piech im Wintermantel, Sektschalen in Händen, vor dem Grundstein der modernsten Autofabrik Europas. Der Einstieg des deutschen Konzerns hatte sich gelohnt. Piech lobt Škoda, neben Audi und Seat in der VW-Flotte als ein „Sturmfeuerzeug". Nachdem der Wolfsburger Konzern jahrelang als Mehrheitseigner 70 % der Škoda-Aktien gehalten hatte, übernahm VW im Frühjahr 2000 škoda-auto a. s. zur Gänze.

Milan Smutný, der Škoda-Pressesprecher, resümiert in der Zentrale am Prager Moldaukai: „Škoda ist jetzt das Modell der Privatisierung. 1991 hatten manche noch Angst: Da kommt der deutsche Partner, und da kamen die Ressentiments, aber das große Kapital möchte Gewinne produzieren und ist nicht interessiert an Ressentiments aus der Vergangenheit."

Sie rücken in dieser deutsch-tschechischen Wirtschaftssymbiose jedenfalls in den Hintergrund, der Erfolg überzeugt. Škoda-Ingenieure erkannten: Die Möglichkeit, sich bei der Basis der Entwicklung im gesamten Konzern umzusehen bringt im Vergleich zum nationalen Schwesterbetrieb Tatra große Innovationsvorteile. In der neueren Geschichte hatte Škoda keinen Dieselmotor, die Kunden aber verlangen einen solchen.

„Man stelle sich vor", sagt Milan Smutný, „wir hätten eigenständig einen Diesel entwickeln müssen, dasselbe gilt für Sicherheitsansprüche wie ABS und Airbags. Ohne diese Technik können Sie aber in Westeuropa kein Auto verkaufen."

Škoda schaffte den Durchbruch mit seinem Modell „Felicia", als die japanischen Autoriesen durch den hohen Yen-Kurs in der Defensive lagen, und punktete vom Start weg mit einem Dieselmotor, den die Japaner vernachlässigt hatten. Jetzt endlich, meint der Pressesprecher, gelinge es Škoda Nachteile wettzumachen: „Die Ergebnisse der sozialistischen Zeit waren verheerend. Die guten Firmen, die, wie Škoda auch, Gewinne erwirtschaftet haben, konnten nicht investieren, weil die zentrale Bürokratie alles weggenommen und weiterverteilt hat an jene, die unfähig waren."

Nach der Revolution mußten in vielen Unternehmen die Management-Etagen ausgewechselt werden, im Sozialismus hatte man weder marktwirtschaftliche Buchhaltung noch Marketing gebraucht. Wenn man dieses Wissen rasch einholen wollte, mußte man Köpfe kaufen. Bei Škoda kamen 170 Fachkräfte aus dem Konzern in Deutschland, inzwischen ist die Zahl auf wenige gesunken, die tschechischen Kollegen haben schon viele Aufgaben übernommen.

Škoda konnte die Produktion von 180.000 Autos im Jahr 1990 im noch staatlichen Unternehmen auf 340.000 im Jahr 1997 und bald auf eine halbe Million steigern. Und das mit 20.000 Mitarbeitern, davon 3000 polnische Mitarbeiter, mit denen das Autowerk, das den Arbeitsmarkt rund um Mladá Boleslav ausgeschöpft hat, die noch begrenzte Mobilität in der Republik wettmacht.

Inzwischen hat sich das Unternehmen längst als größter Exporteur des Landes profiliert und ist zu einem wesentlichen Faktor für die Stabilität der tschechischen Währung geworden. Das deutsche Massenblatt kürte den Škoda Fabia zum besten Auto seiner Klasse: „Bild am Sonntag" verlieh das „Goldene Lenkrad".

DER ENTTÄUSCHTE KUNDE ALS GRÜNDER

Der Weg zur renommierten Automarke begann vor mehr als 100 Jahren in kleinen Schritten. Und er beginnt mit einer Reklamation. Václav Klement, Buchhändler in Mladá Boleslav, hatte 1894 ein Fahrrad der Marke „Germania VI" aus der Dresdner Fabrik Seidel & Naumann erworben. Das Stück – für damalige Verhältnisse ein Prestigefahrzeug – hatte allerdings einen Schönheitsfehler: die Kette sprang immer wieder vom Zahnrad. Klement schreibt nach Aussig in die Filiale, legt den Garantieschein bei und ersucht um Reparatur. Er schreibt in Tschechisch, in seiner Muttersprache. Das Antwortschreiben der Firma läßt nicht lange auf sich warten, spiegelt allerdings ein eigentümliches Kundenverständnis. Da schreibt der deutschböhmische Chef der Filiale: „Wenn Sie von uns Antwort haben wollen, verlangen wir Ihre Mitteilungen in einer uns verständlichen Sprache!"

Das war unmißverständlich. Die Sache war für den Verkaufsdirektor in Aussig abgetan, aber nur für ihn. Nicht für Klement. Er faßte den Entschluß, eine eigene Firma zu gründen.

Václac Klement war Sohn eines
Landarbeiters und Briefträgers, seine
Mutter stirbt, als er elf Jahre alt ist.
Die Stiefmutter schickt ihn als
Viehhirten auf die Weide, bis sein
Lehrer, vom Talent des Buben überzeugt, ihn an einen Buchhändler
nach Slaný als Lehrling vermittelt.
Hier ist Klement in seinem Ele-
ment. Er beginnt eine Laufbahn als
Buchhändler, die ihn nach Prag
führt, wo ab 1880 bereits ein Fahr-
radclub existiert. Klement hat neben
Büchern und Musikalien bald eine
weitere Leidenschaft. 1891 macht er
sich in Mladá Boleslav als Buchhändler selbständig und ist bald Besitzer des Fahrrades „Germania" –
eine nationale Beschwörung mittels
Modellnamen, die prompt brieflich
bestätigt wird.

Slavia-Rennrad, 1900

Klement ist schon genug Unternehmer, um die Sache nicht auf sich beruhen
zu lassen. Im nahen Turnov lernt er Václav Laurin kennen. Laurin ist Mitinhaber
eines Fahrradgeschäfts, das aus England importierte Teile zusammenbaut. Die beiden setzen sich ein Ziel: Kein Tscheche sollte in seinem Nationalgefühl verletzt
werden. Wenn sein Geld gut genug war, sollte es auch seine Sprache sein.

Kurz vor Weihnachten 1895 eröffnen die beiden ein gemeinsames Fahrradge-
schäft an der Peripherie von Mladá Boleslav. Auf 120 Quadratmetern arbeiten sie
mit pedalgetriebenen Werkzeugen, bald mit einer 2-PS-Dampfmaschine. Nach
Jahreswechsel sind insgesamt schon sechs Arbeiter beschäftigt, vorrangig mit der
Erzeugung neuer Fahrräder, die jetzt in konsequenter Opposition „Slavia" heißen.

Klements Frau führt indessen die Buchhandlung weiter, und Klement schreibt
auch gleich ein Buch für „Radfahrer und solche, die es werden wollen", und er
agitiert voll nationalem Stolz im Stil der Zeit: „Jeder, der sein Geld ins Ausland
schickt für etwas, was er auch im eigenen Land bekommt, begeht eine Sünde gegen die Ökonomie seiner Nation." Die Beleidigung durch die Fahrradfirma war

zunächst die Triebfeder, die Länderbank gab 1897 den ersten Kredit zum Grund-
kauf und zur Ausweitung des Unternehmens.

DER MOTORISIERTE BUCHHÄNDLER

Als den Jungunternehmer dann eine Reise nach Paris führt, erlebt er dort im Bois
de Boulogne sein erstes Motorrad, ein Fabrikat der Werner Brothers. Er kauft ein
Modell und bringt es mit nach Hause, und auch hier war wieder die Fehlerhaftig-
keit der Anreiz zur eigenen Kreativität, die sogenannte „Motocyclette" technisch
zu verfeinern.

Auch jetzt sucht er wieder Partner, bei Robert Bosch etwa in Stuttgart, der bereits die englischen Produzenten, die Gebrüder Werner, mit Zündungen beliefert.
Bosch schlägt vor, Klement sollte einen Mechaniker samt Fahrzeug nach Stuttgart
schicken, um die Zündung zu adaptieren. Man konnte sich nicht einigen, die Sache schien für die Zweiradpioniere in Jungbunzlau zu teuer. Sie konstruieren letztlich Rahmen und Zündung selbst, und Klement begibt sich auf Verkaufstour
nach Dresden, Leipzig, Berlin und Hamburg, um – was er in Böhmen selbst nicht
fertigbringt – mit 35 Bestellungen zurückzukehren.

Ende 1898 fabriziert die Firma Motorräder, im Jahr 1900 trennt sich Klement
von seinem Buchladen. Das zweite Standbein ist stabil genug.

1901 holen sich Laurin & Klement auf drei internationalen Ausstellungen den
ersten Preis und beginnen mit der Erzeugung der ersten Vierräder. Im selben Jahr
entscheiden sie sich, am Auto- und Motorradrennen Paris–Berlin teilzunehmen,
obwohl sie noch nicht über die nötigen Mittel verfügen, um Rennfahrer zu spon-
sern. Aber es ist der geeignete Weg, seinen Modellen Aufmerksamkeit zu sichern.

Klement reist mit Narcis Posedniček, den er als Fahrer ausgewählt hatte, von Prag
an. In Paris nehmen sie aus Sparsamkeit ein Einbettzimmer. Weil aber der Fabrikant
und sein Rennfahrer schon aus Platzgründen nicht unter einer Decke stecken wollen, wechselt man sich ab. Posedniček weiß um die in jeder Hinsicht magere Ausrü-
stung, besonders um die Mängel der Reifen. Als er nächtens die Straßen von Paris
durchstreift, stößt er auf eine Schneiderei, die in Nachtschicht arbeitet. Die Arbeit
der Näherinnen beschert ihm einen wertvollen Einfall. Er läßt einen strapazierfähi-
gen Schlauch nähen, mit dem er seine Reifen präpariert. Normalerweise schaffte ein
Luftreifen damals 5000 Kilometer, dieser schaffte die vierfache Fahrtstrecke. Die beiden fuhren die gesamte Strecke bis Berlin ohne Reparatur.

Wenig später gehörten L & K-Motorräder in jedes Siegerbild, die Maschinen belegten beim Bergrennen über den Arlberg 1902 genauso die ersten Ränge wie beim ersten Rennen auf böhmischen Boden in Poděbrady.

Inzwischen war die Fabrik mit ihren 204 Mitarbeitern auf die ausschließliche Produktion von Motorrädern übergegangen. Und 1904 kommt eine – späte – Genugtuung aus Dresden. Der große Betrieb Seidel & Naumann, der damals mit 2800 Beschäftigten Fahrräder, Nähmaschinen und Schreibmaschinen erzeugt, fragt um eine Exklusivlizenz des L & K-Motorrads für Deutschland an. Und jene Firma, deren Kundendienst Klement einst provoziert hatte, lobt jetzt unvoreingenommen im Katalog: „Nach langen Testreihen verschiedener Motorsysteme haben wir uns für Laurin & Klement entschieden – einfach zu pflegen, ausdauernd und leistungsfähig." Wenig später startete eine Germania-Motocyclette mit einem Slavia-Innenleben. Zur gleichen Zeit importiert L & K aus Deutschland Präzisionswerkzeuge zur Fertigung von Zylindern.

In der nächsten Rennsaison lud der Österreichische Motorradclub L & K ein, Österreich beim Gordon-Benett-Cup in Frankreich zu vertreten, bei dem sich unversehens ein Treibstoffengpaß einstellte. Das Benzin, das L & K für ihre Motorräder brauchten, war auf dem Land nicht erhältlich. Als sie es schließlich nahe Paris organisiert hatten, blieb das Problem: Wie bekommen sie es an die Rennstrecke, wo doch der Benzintransport auf der französischen Eisenbahn verboten war. Václav Klement kaufte schließlich zwei alte Koffer, packte die Kanister hinein und schleppte sie in den Waggon. So erreichte er den Startort St.-Arnoult.

Die Bedingungen jenes Rennens waren denkbar unerfreulich. Französische Fans streuten den ausländischen Teilnehmern Haufen von Nägeln vor die Motorräder, das Gebirge tat das Seine. Klements Fahrer Toman erreichte dessenungeachtet als Zweiter das Ziel, obwohl er seinen Sattel verloren und sein Rennfahrergesäß notdürftig mit der Kappe schützen mußte.

DER RENNFAHRER-PRINZ

Im Herbst des Jahres siegte L & K auch auf der heimatlichen Strecke Prag – Pisek. Unter den ersten landete ein „Fürst Klatovsky". Niemand wußte von einer Familie dieses Namens in Böhmen. Es war ein Pseudonym für Alexander „Sascha" Kolowrat, einen motorbegeisterten Aristokraten, dessen Vater Vorbehalte gegen den Rennsport hatte.

Mittlerweile ernteten die Motorräder der Firma auch im Fuhrpark der königlichen Post Lorbeeren. Offensichtlich glaubten die beiden Unternehmer jetzt den Zenit erreicht zu haben und wechselten auf die Erzeugung von Automobilen. L & K-Mitarbeiter aus Mladá Boleslav, etwa der Motorexperte Václav Přitel, wechselten damals nach Graz, wo Johannes Puch 1903 mit der Motorraderzeugung begonnen hatte. Václav Přitel trägt in der Steiermark wesentlich zum Erfolg der Marke Puch bei.

Indessen wurde das erste eine Auto, eine L & K-„Voiturette", Baujahr 1906, auf der Prager Automesse präsentiert und erntete eine Goldmedaille. Im Vergleich mit Benz, Mercedes und Clement Bayard bestach auch der Preis. Das Fahrzeug mit 7 PS und einer Höchstgeschwindigkeit von 80 km/h kostete 3600 Kronen.

Die Arbeiter bei L & K erhielten zwei Kronen Tageslohn. Ihre Verträge verpflichteten sie auf einen zehnstündigen Arbeitstag mit zwei Kaffeepausen und einer Mittagspause. 1906 brach nach einer Preissteigerung der soziale Friede, die Belegschaft forderte den 9-Stunden-Tag und Lohnerhöhungen und belegte die Firma mit Streik. Während Laurin als Techniker im Hintergrund blieb, kehrte der geachtete, aber gleichwohl gefürchtete Klement seine Härte hervor. Wochenlang lähmte ein Arbeitskampf den Betrieb, die Arbeiter spürten die Sympathie der Nachbarn. In den Wirtshäusern durften sie gratis Billard spielen.

1907 wandelten Laurin und Klement ihr Unternehmen in eine Aktiengesellschaft um: Hauptaktionäre sind die „Länderbank" und die „Živnobanka", ein österreichisches und ein tschechisches Institut und eine Reihe von Aristokraten. Die beiden Pioniere werden jetzt zu Direktoren und bleiben zu 10 % am jährlichen Gewinn beteiligt.

Ihr unterschiedlicher Umgang mit dem Personal wird zur Legende: der Familienvater Laurin, ein jovialer Teamarbeiter nach wie vor – der bärbeißige Klement ein Patriarch, der nicht nur hart gegen sich selbst war. Als er eines Abends mit Gattin, Buchhalter und Chauffeur im Prager Hotel Pařiž speist, bemerkt er, daß eine Semmel eingerechnet wird, die sein Fahrer zur Suppe bestellt hatte. Klement weist den Buchhalter an: „Der Fahrer bestellt Weißbrot, wenn für mich Schwarzbrot gut genug ist! Lassen Sie das den Chauffeur selbst bezahlen."

Der auf strikte Hierarchie erpichte Unternehmer suchte andrerseits das beste Personal, um die Fabrik als europäischen Hersteller zu positionieren. So kam Otto Hieronimus, der Rheinländer, ein bekannter Konstrukteur und Rennpilot nach vierjähriger Erfahrung bei Benz, 1907 zu L & K und wurde nach Klement der bestbezahlte Mann.

Hieronimus, der mit einem L & K-Wagen in England den Rekord von 118 km/h aufstellte, und Kolowrat waren die Asse dieser jungen Sportart. Das Topmodell dieser Jahre war der FCR mit 100 PS. Dieses Auto sah aus wie ein Unterseeboot, hatte Blechstärken bis zu 1,5 Millimeter und erhielt den Beinamen „der Sarg", obwohl es zu dieser Benennung glücklicherweise nie Anlaß gab. Es wurden nicht mehr als zwei Modelle produziert, die aber brillierten beim Rennen am Semmering. Stardesigner und Motorkonstrukteur „Hiero" Hieronimus fuhr Sieg um Sieg ein. Er hielt L & K bis in den Ersten Weltkrieg die Treue, auch wenn er sich schon vorher der Luftfahrt zuwandte. Während er bei Bleriot in Frankreich eine Pilotenausbildung absolvierte, ging er in Mladá Boleslav daran, einen Flugzeugmotor zu entwickeln, den ersten dieser Art in der Monarchie. Im Frühjahr 1910 vollführte „Hiero" zwei makellose Testflüge über der Autofirma, aber den Aktionären fehlt der Mut, in die neue Industrie einzusteigen.

St- Petersburg–Moskau, 1908

Die Luftfahrt erntete damals allgemein großes Aufsehen: Auch der Schriftsteller Franz Kafka interessierte sich und verfolgte technikbegeistert die Testflüge verschiedener Pioniere in Prag-Kuchelbad.

Otto Hieronimus und Alexander Kolowrat waren als erfolgreiche Test- und Rennfahrer Männer, die improvisierten und schnell entschlossen handelten: Als Kolowrats Wagen beim Rennen von Gaillon in Frankreich nicht rechtzeitig per Bahn eintraf, startete er kurzerhand mit dem von seinem Bordingenieur überarbeiteten Reisewagen, der bereits 18.000 Kilometer auf dem Buckel hatte – und errang den Sieg als Außenseiter. Da er selbst, der Prinz, an die 120 Kilogramm Körpergewicht auf die Waage brachte, wählte er mehrfach als Beifahrer einen Liliputaner, um den strengen Auflagen zu entsprechen.

1912 erwirbt Klement die Reichenberger Automobilfabrik RAF, gegründet von Theodor Baron von Liebig, der als vermutlich erster Langstreckenfahrer 1894 die Route von Reichenberg (Liberec) nach Reims gefahren war.

Lange hatte die Konkurrenz zwischen deutschen und tschechischen Unternehmen Früchte getragen, mit der Fusion der beiden Firmen wurde Theodor Liebig Aktionär bei L & K. Jeder Autohersteller beschränkte sich damals auf die Erzeugung eines fahrtauglichen Chassis, die Karosserie war ein eigenständiges Produkt, das meist in eigenen Fabriken gefertigt wurde, die aus Kutschenwerkstätten hervorgegangen waren. Es gab keine Serienfertigung, sondern die Erzeugung geringer Stückzahlen für individuelle Kunden. Flaggschiff bei Laurin und Klement wurde in diesen Jahren bis 1914 ein eleganter Sportwagen mit einer zur Gänze aus Eschenholz gefertigten und mit Pappelfurnier bezogenen Karosserie. „Phaeton" hieß das Modell.

KRIEG UND KONZENTRATIONEN

In diesen Jahren erzeugte Benz in Stuttgart zwar bereits sechsmal so viele Autos wie L & K, aber in der österreichisch-ungarischen Monarchie standen die Fabrikanten aus Mladá Boleslav an erster Stelle, gefolgt von Puch.

Mit dem Beginn des Ersten Weltkriegs kam die Autoproduktion fast zum Erliegen. Das Klima wurde äußerst konspirativ: Von den 36 Mitarbeitern Laurin und Klements in der Außenstelle in Rußland schlossen sich 25 der Anti-Habsburg-Bewegung an und wurden später Offiziere der Tschechoslowakischen Legion, die auf seiten der Alliierten gegen die österreichisch-ungarische Monarchie aufgestellt wurde und dem späteren ersten Präsidenten der Republik, Tomáš G. Masaryk, als Stütze zur Gründung eines eigenständigen Staates diente.

Klement wurde mehrfach aufgefordert, er solle seine Mitarbeiter zur Räson bringen. Er entzog sich mit dem Argument, er könne doch längst keinen Einfluß mehr auf russischem Terrain geltend machen. Tatsächlich hatten diese Agitationen aber seine Unterstützung. Wien setzte bald eine Militärverwaltung ein und stellte auf Waffenproduktion um.

Nach dem Ersten Weltkrieg war es nicht einfach, wieder den zivilen Markt zu erobern. Mitte 1921 kam in der neuen Tschechoslowakei ein Pkw auf mehr als 3000 Personen, der Staat lag in der Motorisierung an 14. Stelle in Europa, Bulgarien besaß etwa die doppelte Autoanzahl, in den USA kam ein Pkw auf elf Einwohner.

L & K gerieten nach dem Ersten Weltkrieg unter Druck, viele Autos wurden aus Österreich oder Deutschland importiert. Andere tschechische Autowerke retteten sich, wie zunächst „Tatra" in Koprivnice, in ihre ursprüngliche Branche, in die Eisenbahnwaggonerzeugung, L & K versuchen sich in der Landmaschinensparte. Zugleich wurde angestrebt, den Weg zum Kunden zu verkürzen. 1920 eröffnet die Firma eine Reparatur- und Verkaufswerkstätte in der Reitschule des Waldstein-Palais auf der Prager Kleinseite, schon damals ein umstrittenes Projekt, aber ein Versuch, mitten in der Hauptstadt Service und Gebrauchtwagen anzubieten.

Währenddessen hatten sich auch die Mitstreiter in Koprivnice wieder auf dem Autosektor etabliert, mit einem neuen Pkw, dem „kleinen" Tatra 11, entworfen von Hans Ledwinka. Im Jahr 1923 wurden davon 500 Stück verkauft. Autos waren nicht mehr die Sache des Chauffeurs, sondern des Selbstfahrers. Auch L & K baute einen neuen Wagen, aber im Gegensatz zu Tatra kostete das Modell das Doppelte und war kein „Volkswagen".

Und schließlich der personelle Aderlaß: Der Chefkonstrukteur Emil Rezler verließ Mladá Boleslav und wechselte zu Škoda nach Pilsen. Auch der persönliche Chauffeur Václav Klements ging von L & K weg, immerhin ein Mann, der im Ersten Weltkrieg für seine Firma in Belgien Industriespionage betrieben hatte. Allmählich erkannte Klement, daß die Zukunft ausschließlich der Serienfertigung gehörte und nur die Massenproduktion einen billigen oder erschwinglichen Volkswagen schaffen konnte. Die Zeit drängte nach neuen Lösungen. Ein neues, ein kleineres Auto war – wie man in Koprivnice bei „Tatra" bereits erkannt hatte – nötig geworden, aber dazu brauchte man frisches Kapital.

1925 bahnte sich eine Vernunftehe an: Die Škodawerke in Pilsen hatten das Geld. Und auch sie hatten bereits – obwohl klassischer Maschinenbaukonzern – Automobilluft geschnuppert. Škoda Pilsen baute mit französischer Lizenz den teuersten tschechischen Wagen, den „Hispano Suiza".

Am 27. Juni 1925 war die Übernahme von L & K durch Škoda beschlossene Sache. Diese Übernahme war Teil eines weitreichenden Konzentrationsprozesses in der tschechoslowakischen Industrie jener Jahre, nach dem 25 Großunternehmer rund 80 % der Industrieproduktion kontrollierten.

Woher kam „Škoda"? 1859 hatte Graf Waldstein die Pilsner Maschinenfabrik gebaut, um dorthin die Einrichtungen seines Betriebs in Šťáhlavy zu übersiedeln, der geschlossen worden war. Nach dem Rückschlag im Preußisch-Österreichischen Krieg von 1866 kam Ing. Emil Škoda als 27jähriger nach Pilsen. Er hatte in Karlsruhe und Stuttgart studiert und übernahm als 30jähriger das Werk von den Waldsteins, um es ausschließlich auf Stahlproduktion zu konzentrieren und in den siebziger Jahren die Weichenstellung in die Waffenindustrie vorzunehmen: 1888 erzeugte Škoda seine erste Kanone, blieb aber ebenso Lieferant und Ausstatter der Zuckerindustrie, der Eisenbahnen und der Bergwerke. Als Emil Škoda im August 1900 auf einer Bahnfahrt durch die Steiermark plötzlich starb, hinterließ er eine Fabrik mit 4000 Arbeitern.

Die Belegschaft von 30.000 Arbeitern während des Ersten Weltkriegs zeigt den Rang der Fabrik als Waffenschmiede Alt-Österreichs. Nach 1918 freilich war die

Lage prekär. Manche wollten den Indu-
striegiganten stilllegen, andere ihn als Rüst-
kammer der jungen Republik nutzen.
Nachdem die größte tschechische Bank
abgelehnt hatte, wurde ein starker Partner
und Investor im französischen Rüstungskonzern Schneider-Creusot gefunden, der
die Aktienmehrheit erwarb.

1921 nahm Škoda dann noch – im Zuge
der erwähnten Industrie-Konzentration –
die Vereinigten Maschinenwerke AG unter seine Fittiche. Diese Maschinenwerke
waren im Lauf der Zeit schon aus dem
Zusammenschluß der drei bekannten
böhmischen Maschinenbaufirmen Bro-
movsky-Schulz, Ruston und Ringhoffer
hervorgegangen. Mit dieser Fusion weitet

Emil Škoda (1839–1900)

sich die Produktion des Škoda-Konzerns auf Kraftwerke, auf Lokomotiven und
Stahlbau aus. Die Autoproduktion war auf dieser breiten Palette nur eine weitere
Branche, derer man sich annahm.

Der größte heimische Mitbewerber auf dem Autosektor war ab 1927 ČKD, die
die Automarke „Praga" erzeugte, wie Škoda bisher den „Hispano Suiza" oder
Ringhoffer in Nesselsdorf die Automarke „Tatra".

Noch vor der Übernahme der Laurin & Klement AG besaß Škoda ein neues
Markenzeichen: den geflügelten Pfeil. Ein Markenzeichen, das allerdings zunächst
nur auf den Dampflokomotiven prangte. Eine blumige Geschichte weiß zu berichten, Emil Škoda sei auf seiner Reise durch die USA vom Federschmuck eines
Indianers angeregt worden und habe mit einem indianischen Reliefbild die Inspi-
ration zum Markenzeichen nach Pilsen gebracht.

Zwei Jahre nachdem die Marke Laurin & Klement aus dem Handelsregister
verschwunden war, verließ einer der ersten Begleiter der Firma für immer die Au-
toszene: 1927 starb Alexander Sascha Kolowrat 41jährig an Krebs. Er war auch
nach dem Ende der Donaumonarchie mit seinen Freunden in Mladá Boleslav in
Verbindung, verlagerte aber sein Engagement nach seiner Heirat mit einer russischen Prinzessin auf den Film und betrieb ein Kino in Wien.

Autos waren in den zwanziger Jahren immer noch Luxusgüter. Die Fabriken bemühten sich durch den Protektionismus der Regierungen um geschützte Märkte. Angesichts steigender Arbeitslosigkeit und wirtschaftlicher Krisen suchte diese allerdings den Autofahrer in die Pflicht zu nehmen.

Um der Landwirtschaft und den Zuckerfabriken zu helfen, verordnete Prag einen „nationalen Treibstoff", dem Alkohol beigemischt werden mußte. Als die Eisenbahnen in die roten Zahlen rutschten, folgte die allgemeine Steuer auf Automobile. Unter diesem Druck legten 700 Taxiunternehmer in Prag ihre Lizenz zurück, ein Drittel der Autobesitzer meldete seine Karosse ab. Die Motorisierung stagnierte.

Erst als 1934 Škoda seinen „Popular" als neues Modell vorstellte, leichter und preisgünstiger als alles davor, erholte sich die Firma, und Škoda überholte die heimischen „Praga" und „Tatra" in den Verkaufslisten.

Václav Klement mochte das noch vernommen haben, bevor er im August 1938 starb. Wenig später interessierte sich kaum mehr jemand für Automarken. Mit dem Münchner Abkommen wurden die Sudetengebiete an das Deutsche Reich abgetreten und damit bald in die deutsche Kriegswirtschaft einbezogen. Das bedeutete den Verlust von zwei Fünftel der Industrie, von einem Drittel der Bevölkerung und von einem Drittel des Ackerlandes. Der Rest der Tschechischen Republik hielt sich noch ein halbes Jahr als souveräner Staat begrenzt lebensfähig, bis er am 15. März 1939 als „Protektorat Böhmen Mähren" dem Deutschen Reich einverleibt wurde. Unter diesen politischen Umständen zogen sich die westeuropäischen Industriepartner, voran der französische Rüstungskonzern und Hauptaktionär Schneider-Creusot, zurück.

Als Škoda 1939 beim Berliner Autosalon mit seinem Erfolgsmodell „Popular" teilnimmt, kommt es zu einem denkwürdigen Auftritt. In dem Moment, als Hitler und sein Propagandaminister Goebbels sich dem Škoda-Stand nähern, springt ein Ingenieur der Firma nach vorne und leistet den Hitlergruß, während die Geschäftsführung erstarrt. Lange 15 Minuten hält sich der Reichskanzler bei Škoda auf und läßt sich von der Geschäftsführung die Details des Autos erklären.

In Jahresfrist gehörte der Škoda-Konzern in Pilsen zu den „Reichswerken Hermann Göring", und Zug um Zug ergriff die Rüstungsindustrie Besitz. Bald wurden neben Fahrzeugen auch Tragflächen der Messerschmitt-Flugzeuge gebaut.

Škoda-Generaldirektor Karel Hrdlička aber rettete ein Foto, das ihn gemeinsam mit den Nazi-Größen am Berliner Autosalon bei der Demonstration des Škoda-„Popular" zeigte, das Leben. Denn bei einer Hausdurchsuchung seiner

Villa durch die Gestapo fiel den leitenden Beamten das Foto in die Hände. Sie beschränkten sich darauf, den 54jährigen sofort zu entlassen, er durfte aber als Privatier in Pilsen bleiben.

Währenddessen verließ in Mladá Boleslav das aufsehenerregende Monstrum „Radschlepper Ost" die Montagehallen. An dem riesigen Zweiachser mit Stahlrädern für den Rußlandfeldzug hatte Ferry Porsche mitkonstruiert.

Nach den Bombardements der letzten Kriegstage, die die Fabrik schwer in Mitleidenschaft ziehen, kündigt sich eine neue Ära an. Zunächst wäre der einst erfolgreiche Manager Karel Hrdlička ausersehen gewesen, die Firmenleitung zu übernehmen, aber das Angebot war verknüpft mit der Bedingung der kommunistischen Partei beizutreten, die sich seit den zwanziger Jahren bereits als strikt moskautreu formiert hatte. Ein Angebot, das Hrdlička ausschlug.

Nach dem KP-Putsch im Februar 1948 bestimmten die Parteisekretäre den Gang der Dinge, die verstaatlichten Autofirmen wurden nach sowjetischem Muster in das Planwirtschaftssystem eingeordnet, die Pkw-Produktion der ČSSR in Mladá Boleslav konzentriert. Das Tatra-Pkw-Modell aus Mladá Boleslav sollte „Tatraplan" heißen, eine Reverenz an das kommunistische Ökonomiekonzept der Planwirtschaft.

Rüstungskonzern Škoda 1939

Später, in den siebziger Jahren, beeilte sich die Regierung, dem großen Bruder das Beste vorweg zu widmen. Die ersten beiden Škoda 110 R Coupés wurden an den bekannten Autosammler Leonid Breschnew gesandt. Techniker fotografierten die rollenden Präsente auf ihrer Testfahrt vor der Abreise nach Moskau: Zwischen den beiden Autos steht eine verwüstete Kapelle in dörflicher Umgebung, auf der zu lesen ist „Oroduj za nás – Hilf uns!" Umsonst. Breschnew nahm keinen der beiden Škodas, er schickte sie retour.

Jener Mann, der dann beauftragt wurde, ein neues exporttaugliches Škoda-Modell zu entwickeln, hieß Petr Hrdlička. Hatte schon im Leben seines Vaters Karel, des Direktors der Vorkriegszeit, das ominöse Foto mit Hitler und Goebbels eine Rolle gespielt, so holte auch ihn die Geschichte ein. Was dem Vater in den Augen der Gestapo Gnade verschafft hatte, das machte den Sohn für das KP-Regime der Kollaboration verdächtig. Nachdem er von jedem Studienplatz ausgeschlossen war, wurde es für ihn zur Genugtuung, daß er den italienischen Designer Nucio Bertone gewann, um die Traditionsmarke zu erneuern und marktfähig zu machen. Es war dies ein kleines Wunder in einem Land, das Orangen für Weihnachtsmärkte strikt rationierte, daß ein Auto aus landeseigener Produktion die Teststrecke von Porsche in Stuttgart mit Bravour meisterte: Im Sommer 1987 erlebte der Škoda „Favorit" seine Premiere.

Škoda Octavia, 1996

Zweieinhalb Jahre später stand die Produktion des Modells still. Unmittelbar nach seiner Wahl zum Präsidenten einer freien Republik hatte Václav Havel Anfang 1990 nämlich eine Amnestie ausgesprochen, die auch jene Gefangenen freisetzte, die in kommunistischer Zeit zum Arbeitsdienst im Škoda-Preßwerk eingesetzt und am Werksgelände selbst inhaftiert waren. Diese Häftlinge mußten kurzfristig durch Soldaten ersetzt werden, um die Autoproduktion zu sichern.

VW-ŠKODA

Škoda stand erneut am Scheideweg. Erstmals, seit das französische Kapital, der Aktionär Schneider-Creusot, Ende der dreißiger Jahre vor Hitlers Zugriff geflüchtet war, stellte sich die Frage der Privatisierung. 24 strategische Partner wurden eingeladen, Renault und VW kamen in die Endrunde. Am 9. Dezember 1990 erhielt VW den Zuschlag. Anders als die Franzosen, die in Tschechien ihre eigene Marke produzieren wollten, versprachen die Deutschen, Škodas Erbe zu revitalisieren und die Marke zu belassen.

Vier Jahre später tauft der Prager Bürgermeister auf der Karlsbrücke den neuen Škoda auf den Namen „Felicia".

VW investiert in den ersten sechs Jahren mehr als 2 Milliarden DM in Mladá Boleslav. Inzwischen ist Škoda – gemessen am Verkaufserfolg – die am schnellsten wachsende Automarke des letzten Jahrzehnts vor der Jahrhundertwende. Mladá Boleslav wuchs zur Region mit der höchsten Kaufkraft im Lande heran, aber dafür, betont Škoda-Pressechef Milan Smutný – „bringen die Leute Leistung, und wenn die Nachfrage gut ist, wird jeden Samstag gearbeitet".

Škoda ist heute mit seinen Produkten wie mit seinen Händlerorganisationen dank Eigentümer VW in die Europäische Union integriert, die Produktivität in Mladá Boleslav hat nahezu jene in Wolfsburg erreicht. Das Werk genießt eine Sonderstellung durch seinen Rang.

Das bringt gesellschaftspolitisch Verantwortung mit sich, die Milan Smutný über Erwartungen und Perspektiven nicht nur seiner Firma, sondern des Reformlandes schlechthin nachdenken läßt: „Die westlichen Länder stehen selbst an der Kreuzung – wollen sie den sozialen Wohlfahrtsstaat, auch wenn sich die sozialen Leistungen in der globalisierten Welt nicht mehr bezahlen lassen? Aber für uns, für die Reformländer war das beispielhaft. Wir möchten diesen Weg gehen, der eigentlich zu Ende ist. Man muß sich im klaren sein, daß das eine politische Zeit-

bombe für uns wird, denn unsere Bürger haben seit dem Krieg keine Erfahrung
mit Arbeitslosigkeit gemacht. Wenn ein Arbeitsloser im Westen daran denkt: Was
mache ich mit mir, ich muß mich requalifizieren und weiterverkaufen, dann ist
hier die Gefahr, daß man sitzenbleibt und sagt: ‚Die Regierung muß etwas machen.‘ Diese Tendenz gibt es jedenfalls verstärkt. Da bekommen Sie dann politische Differenzen und das Risiko einer populistischen Regierung, die die Probleme
nur weiter in die Zukunft verschiebt. Nach den Jahrzehnten, in denen Eigen-
initiative praktisch verboten war, verlangt man die Eigenverantwortung, die noch
nicht da ist. Man muß in der kritischen Phase sagen: Es geht nicht anders, wir
müssen unsere Hausaufgaben machen, die übrige Welt wartet nicht auf uns. Die
Euphorie der sanften Revolution, die Begeisterung ist weg. Škoda zeigt, welchen
Weg wir gehen müssen – innovative Produkte, weltweite Kooperation und einen
günstigen Preis, weil der ehemalige Osten spielt in den Köpfen von potentiellen
Kunden immer noch eine Rolle. Wir müssen zuerst einwandfreie Qualität liefern,
und das zu einem besseren Preis.“

Zwischen 1999 und 2003 investiert Škoda 65 Milliarden Kronen in neue Produkte. Am Beginn des neuen Jahrtausends wird ein neues Motorenwerk errichtet.
Wer durch die gläsernen Stahlbauten der Produktion geht, sieht, daß, wie in einer
fraktalen Fabrik, die Zulieferanten in das Werk integriert sind, daß man auf dem
Weg ist, eine Kreislaufwirtschaft einzurichten, zumal heute schon 80 % der „Ab-
fälle“ wiederverwertet werden. „Die Facharbeitertradition ist ja noch wirksam, wir
bei Škoda haben selbst an einer eigenen Schule 900 Lehrlinge in Ausbildung. Die
Personalkosten spielen bei Škoda derzeit noch keine große Rolle“, erzählt Presse-

chef Smutný. „Warum sollte der Konzern daher alles automatisieren, solange qualifizierte Leute zu niedrigen Löhnen flexibel arbeiten. Später können wir die Menschen immer noch durch Maschinen ersetzen. Und es bleibt auch die grundsätzliche Frage: Ist die zivilisierte Menschheit imstande, jene die aus dem Arbeitsprozeß fallen, kulturell und sozial zu halten und zu integrieren? Man braucht die Arbeit, ansonsten ist man psychisch paralysiert. Ich würde sagen: Immer noch gilt das Motto: ‚Aus Böhmen kommt nicht nur die Musik, sondern auch Ingenieurgeist.‘ Das galt schon in der k. u. k. Monarchie, wo hier Luxusautos sogar für den japanischen Kaiserhof gebaut wurden. Diese Tradition muß man jeden neuen Tag bestätigen."

Und man tut es auch in den „Markenerlebniswelten" des Škoda-Museums in Mladá Boleslav, wo Selbstbewußtsein professionell und entstaubt dokumentiert ist; genauso wie im Pavillon in Wolfsburg oder am Berliner Lindenkorso.

Allerdings: Selbst wenn Deutschland wichtigster Exportmarkt ist, das Land mit dem größten Škoda-Marktanteil in Westeuropa ist Österreich.

Kunert

Das Damenbein zwischen „Kunert Legwear" und „Elite"-Strumpf

„Privataudienz bei Kaiserin Soraja" – „Die Kaiserin des Iran ehrt den Inhaber und die gesamte Mitarbeiterschaft der Kunertwerke Immenstadt", triumphierte die Schlagzeile. Das offizielle Organ des Bundesverbandes des deutschen Textileinzelhandels widmete dem Ereignis im März 1955 einen Sonderdruck. Ein Nachtfoto des hell erleuchteten Werks am Allgäuer Alpsee eröffnet die Serie von Exklusivbildern über die Audienz Gertraud Kunerts bei der persischen Kaiserin.

Julius und Gertraud Kunert nutzten die Visite des Schahs im Nachkriegsdeutschland. Sie logierten als Vertreter der deutschen Industrie im selben Hotel auf dem Petersberg, in dem die Staatsgäste ihre 35-Zimmer-Suite bezogen hatten und das bis 1952 als Hauptquartier der Alliierten Hohen Kommission gedient hatte.

Das Kunert-Werk in Immenstadt war gerade erst zehn Jahre alt und schon im vordersten Rang der Wirtschaftsprominenz. Das war nicht neu. Auch das nicht, daß die Firma den Glanz gekrönter Häupter oder vielmehr ihrer Beine für eigene Produkte nutzte. 1937 trug eine Kunert-Strumpfpackung Bild und Namenszug der neuvermählten Kronprinzessin und nachmaligen Königin von Holland, „Juliane". 1953 bestätigt der deutsche Botschafter in Peru den Kunert-Werken Immenstadt, daß sich der Perlonstrumpf „Soraja" auch „in den Tropen gut bewährt". Kein Wunder, daß bei derart hochrangigen Empfehlungen der Strumpf längst vor dem Hofbericht im deutschen Wirtschaftsmagazin nach Teheran geliefert wurde. Kunert hatte es geschafft, am neuen Standort nach 1945 rasch zum Branchenführer zu avancieren. Aber das Stammhaus mußte man verlorengeben.

Begonnen hatte es in Nordböhmen. In Warnsdorf war es Julius und Maria Kunert gelungen, in Rekordzeit eine Firma zu etablieren, die dem Phänomen Baťa in Zlin in nichts nachstand. Mit 80 % Exportanteil an der Produktion gehörte Kunert zu den wichtigsten Devisenbringern der Ersten Tschechoslowakischen Republik.

DER TISCHLER UND DER SEGEN DER BÜROKRATIE

Julius Kunert hatte nicht als Strumpffabrikant begonnen, sondern 1895 mit einer Tischlerwerkstatt, in der er nach 1918 einen besonderen unternehmerischen Anfang setzte. Nach dem Zusammenbruch der Donaumonarchie baute die neuetablierte erste Republik der Tschechen und Slowaken, losgesagt vom einstigen Habsburgerreich, zunächst ihren eigenen Verwaltungsapparat. Es mangelte nicht an Räumen, es mangelte an geeignetem Mobiliar, an Büroeinrichtungen.

Julius Kunert macht das Geschäft. Der damals 47jährige kauft zwei kleine Möbeltischlereien und tut, was er später erfolgreich wiederholen sollte: Er spezialisiert sich und bewirbt sich erfolgreich um Behördenaufträge. Er fertigt einige wenige Büromöbeltypen, diese aber in großer Serie und entsprechend preiswert. Er erkennt aber auch rechtzeitig das Ende des Büromöbelbooms und verkauft beide Fabriken, um den Erlös in Cotton-Strickmaschinen zu investieren. Der Wechsel in diese Branche hat seine Vorgeschichte.

Maria Kunert, die Gattin des Möbelfabrikanten, hatte sich 1905 eine Handstrickmaschine gekauft. Es lag in der Familie, in der sich schon früher Generationen – typisch für die Textiltradition Nordböhmens und des Sudetenlandes – als „Kattundrucker" und „Blaufärber" verdingt hatten. In der kleinen Strickerei, die Maria Kunert 1907 als Gewerbebetrieb angemeldet hatte, erzeugte sie zunächst Strickstrümpfe, später bestritt sie mit ihrer Tochter, die an der k. k. Staatsfachschule für Strickerei und Weberei in Schönlinde ihre Ausbildung erhalten hatte, den Familienunterhalt, als Julius Kunert im Ersten Weltkrieg seinen Militärdienst leisten mußte. Die beiden Frauen produzierten, wie andere Betriebe in der Nachbarschaft, inzwischen Heeresbedarf: Unterleibchen und Bauchbinden, mangels anderer Rohstoffe zuletzt aus Brennesselgarn.

Daß der Tischlermeister Julius Kunert nach seiner Rückkehr aus dem Krieg alles auf die Textil-Karte setzte, war seinem Sohn Heinrich zu danken, der die Familie zur Anschaffung von Cotton-Maschinen drängte, deren zwölf sein Vater dann im sächsischen Chemnitz kauft.

Cotton-Maschinen (benannt nach ihrem Erfinder) stellten eine neue Generation dar. Bisher hatte die Strumpfwarenindustrie mit Standardmaschinen das Auslangen gefunden. Das waren englische Rundstrick-Automaten, auf denen sich „schlauchartige Gebilde" erzeugen ließen. Das reichte für die Damenbeine des alten Europa, dem eine kunstvolle Frisur, ein Hut, ein theatralisches Kleid mehr galt. Nur für eine schmale Gesellschaftsschicht wurden ungeachtet der blickhem-

Julius und Maria Kunert

menden langen Röcke mit Cotton-Maschinen Strümpfe gefertigt, die Paßform garantierten und faltenfrei der Form des Beines nachgearbeitet waren.

Das Verhältnis von Standard- zu Cotton-Maschinen stand im alten Österreich 100 : 2. Orientierte man sich an herkömmlichen Moden, war es also riskant, Geld in die Anschaffung von Cotton-Maschinen zu stecken. Allerdings, so resümiert ein Fachmagazin schon 1938: „Der Moralbegriff aus Großmutters Zeiten: ‚Ein anständiges Mädchen hat keine Beine‘, wurde mit Begeisterung über Bord geworfen. Schön bestrumpfte Beine: das war die Forderung des Tages und der Wunschtraum jeder Frau. Zuerst drängte sich der Strumpf noch auf; er war glänzend, hautfarben und übertrumpfte sozusagen die Nacktheit. Kein Wunder, denn er entstand ja in einer fiebrig kranken Zeit [!]. Bald aber siegte der gesunde Geschmack. Die Strümpfe wurden zarter, matter und immer feiner in den Farben. Sie legten einen Hauch lebendiger Grazie über das Frauenbein. Damit war es mit den Standard-Strümpfen aus. Das grobmaschige Gewirk, die schlechte Paßform war plötzlich eine Unmöglichkeit geworden und die Nachfrage nach Cottonstrümpfen wuchs lawinenartig an.“

„WENIGER IST MEHR" – DIE STRICKMASCHE JULIUS KUNERTS

Die alte Handstrickmaschine der Kunerts wurde durch zwölf solcher Cotton-Maschinen ersetzt. Julius Kunert eröffnete die neue Firma 1921 unmittelbar jenseits der Staatsgrenze im sächsischen Großschönau, um den Namen des klassischen Strumpf- und Wirkwarenlandes zu nutzen. Die Inflation in Deutschland vereitelte aber den Start, Großschönau wurde zugesperrt.

1924 nahm die „Feinstrumpffabrik Julius Kunert & Söhne" ihren zweiten Anlauf, zu Hause im böhmischen Warnsdorf. „Ein Stückchen Grund wurde gekauft und ein kleiner Fabrikbau errichtet. Die Bauleute waren noch nicht mit den Aufräumungsarbeiten fertig, da trafen bereits die fieberhaft erwarteten Cotton-Maschinen ein. Die Feinstrumpffabrik begann mit achtzehn Arbeitskräften bei einer Tagesleistung von 300 Paar, 1929 mit 800 Beschäftigten 15.000 Paar und erzeugte schließlich 1939 mit 5000 Beschäftigten täglich 100.000 Paar Strümpfe."

Zwischen 1929 und 1934 entstanden nacheinander die sechsstöckige, 100 Meter langen Großbauten, in denen alles, vom Rohgarn bis zur fertigen Ware hergestellt wird.

Der Aufstieg der Firma wird durch die Weiterentwicklung der Kunstseide begünstigt, die nun erstmals auf Strumpfwirkmaschinen verarbeitet werden konnte. Viele traditionelle Wirkwarenerzeuger lehnten Kunstseide ab und verpaßten die Zukunft. Während ein Paar Strümpfe aus Naturseide bis zu 80 Kronen kostete, bezahlte die Kundin für Kunstseidenstrümpfe höchstens 25 Kronen. Dieser Preisvorteil führte zu einer beispiellosen Konjunktur der Kunstseidenbranche.

Jeder Unternehmer kaufte plötzlich Cotton-Maschinen und träumte vom schnellen Geld, was sich rächte. Die Preise verfielen, jene Strumpfproduzenten, die ihre Maschinen, mit hohen Gewinnspannen spekulierend, aus Krediten finanziert hatten, rutschten in eine schwere Krise.

Nur Kunert hatte zu diesem Zeitpunkt schon eine neue Strategie im Vertrieb entwickelt. Während Schleuderpreise die Branche schüttelten, knüpft Kunert Kontakt zu Einzelhändlern, stellt dreißig Vertreter mit eigenen Autos an und überspringt den Großhandel. Er bearbeitet konsequent den europäischen Markt, errichtet in Wien, Kopenhagen, Amsterdam und Oslo Fabrikslager und strukturiert den Verkauf neu. „Zwölf Jahre nach dem Start hatten die Kunerts die gesamte europäische Konkurrenz überrundet. Von 1000 Cottonmaschinen, die 1937 in der Tschechoslowakei in Betrieb waren, liefen 700 bei Kunert" (Textilwirtschaft). Nicht nur, daß er auf Kunstseide und ihren Preisvorteil setzte, kennzeichnet Julius Kunerts

Kunert-Werk Warnsdorf, 1938; heute „Elite"-Strumpfwerke Varnsdorf

Spürsinn. Anders als die meisten Strumpffabrikanten, die ein möglichst breites Programm pflegten, spezialisiert sich Kunert auf einige wenige ausgereifte Artikel – eine Parallele zu seiner Taktik im Möbelgeschäft, eine Parallele auch zu Tomáš Baťa.

Kunerts wichtigstes Produkt wurde der Seidenstrumpf „Elite": nur drei Größen, nur sechs Farben. 1935 sind „Elite"-Strümpfe wegen ihres niedrigen Preises bei hoher Qualität die am meisten verkauften Damenstrümpfe in Europa. Nur der deutsche Markt bleibt ihnen aufgrund der Zollgrenze verschlossen.

Als infolge der Weltwirtschaftskrise auch Österreich, Dänemark und Ungarn Zollschranken errichten, hatte Kunert bereits im British Empire Fuß gefaßt und Kontakte zu Marks & Spencer aufgebaut. Der führende englische Einzelhandelskonzern mit damals 280 Filialen in Großbritannien wurde zum besten Partner der Warnsdorfer Firma. Geliefert wurden nur drei Artikel, die aber lagen in allen Geschäften.

SCHULTERSCHLUSS MIT TOMÁŠ BAŤA

Eine vergleichbare Kooperation hatte sich mit dem tschechischen „Schuhkönig" Baťa angebahnt. Mit der Werbelinie „Baťa-Schuhe und Kunert-Strümpfe gehören zusammen" wurde in sämtlichen Baťa-Niederlassungen beides angeboten, ein prestigeträchtiges Doppel, ein qualitätvolles Massenprodukt, das für alle erschwinglich sein sollte.

Vergleichbar mit Tomáš Baťa schuf Julius Kunert ein soziales Service rund um seine Fabriken: Werksküche, Café und Gastgärten gehörten zur Infrastruktur. Das waren neue unternehmerische Akzente, die in der nordböhmischen Textilindustrie der habsburgischen Ära wenig Tradition hatten.

Zweifellos profitierte der Kunert-Konzern auch von der angespannten politischen Situation jener Tage. Das Zentrum für Strumpfeinkäufer aus aller Welt war bis dahin Chemnitz gewesen. In der Umgebung der sächsischen Stadt, im Erzgebirge, arbeiteten die meisten Strick-Lieferanten. Seit 1933, seit Hitlers Machtübernahme in Deutschland, mieden viele europäische Handelshäuser das deutsche Textil-Mekka wegen der aggressiven rassistischen Politik der Berliner Regierung. Die Strumpferzeuger außerhalb der Reichsgrenzen waren Nutznießer. Kunert konnte zwischen 1933 und 1938 die Zahl seiner Mitarbeiter verdreifachen und mußte die maschinelle Kapazität rasch erhöhen.

Das bewerkstelligte der Strumpf-Riese durch einen Exklusivvertrag mit einem deutschen Textilmaschinenbau-Konzern, dessen komplette Maschinenproduktion Kunert auf Jahre hinaus für sich reservierte. Mit dem Vorteil, daß immer die neueste technologische Entwicklung für das eigene Haus vereinnahmt war, aber auch mit dem Risiko eines rückläufigen Strumpfabsatzes. Der Tatsache, daß solche Strategien aufgingen und daß dem Betrieb während des Zweiten Weltkriegs eine zwangsweise Umsiedlung nach Polen erspart blieb, verdankte es Kunert, daß das Unternehmen bis 1945 funktionierte. Es litt weder unter Bombenschäden noch unter Mangel an Rohmaterial.

Dann allerdings setzte der aus dem Exil zurückgekehrte tschechoslowakische Präsident Beneš seine Dekrete über die Aberkennung der tschechoslowakischen Staatsbürgerschaft an Deutschen und Ungarn in die Tat um.

IM GEPANZERTEN LASTWAGEN

Im Frühsommer 1945 wurden die Brüder Heinrich und Julius Kunert eines Morgens aus ihrer Wohnung geholt und im Auto nach Prag gebracht. Die bürgerlichen Kräfte in der Tschechoslowakei um den Außenminister Jan Masaryk in der damaligen provisorischen Regierung hatten ein Interesse daran, die beiden international bekannten Warnsdorfer Strumpffabrikanten im Land zu halten. „Wir brauchen Ihre Erfahrungen und Ihre Verbindungen", wurde den beiden Brüdern in Prag gesagt.

Sie erhielten ohne eigenes Zutun Aufenthaltsgenehmigung und Arbeitserlaubnis. Damit ausgestattet, fuhren sie mit dem Zug nach Hause zurück. Dort wurden sie auf dem Bahnhof von Kommunisten in Empfang genommen. Vor ihren Augen wurden die Papiere zerrissen, die ihnen in Prag ausgehändigt worden waren. Sie selbst kamen ins Gefängnis. Vertrauensleute Masaryks setzten sich vergeblich für ihre Freilassung ein. Julius und Heinrich Kunert wurden mit ihren Familien schließlich im Keller ihrer Privatvilla inhaftiert.

Die breite Anerkennung in der Stadt in der Zeit vor der Herrschaft der Volksmilizen erwies sich jetzt als Rettungsanker. Chauffeure der Firma präparierten einen Lastwagen mit kugelsicheren Platten. Nach einiger Zeit gelang es, die Wärter zu bestechen und die Familie aus ihrem Verlies zu lotsen. Fluchtziel war Sachsen. An der Staatsgrenze fehlte noch die später geläufige Armierung, so daß der Fluchtwagen zwar beschossen wurde, aber doch heil außer Landes kam.

Ende 1945 treffen die Brüder Kunert in Bayern ein. Sie dachten zunächst nur an einen Zwischenstopp und planten, sich im Rheinland niederzulassen, wo sie ihre großen Rohstofflieferanten wußten. Aber es kam anders. Der damalige bayerische Wirtschaftsminister stimmte sie um, verhalf ihnen zu Fabriksgebäuden im Allgäu und konnte sie als Starthelfer für den Wiederaufbau an Bayern binden. Dieser Wirtschaftsminister war Ludwig Erhard, der Vater des deutschen Wirtschaftswunders.

Mit 24 Mitarbeitern begannen Julius und Heinrich Kunert in Immenstadt aufs neue. Die erste Generation ihrer Mitarbeiter bildeten zu drei Viertel vertriebene Sudetendeutsche. „Besondere Begeisterung löste die Ansiedlung bei den Immenstädtern nicht aus", vermerkt eine Firmenchronik kritisch. Bis Mitte der siebziger Jahre war der Textilbetrieb dann aber immerhin der größte Arbeitgeber der Region. Die Dynastie der Kunert verzweigte sich, als die Brüder getrennte Wege gingen und jeder für sich den deutschen und österreichischen Markt aufbereitete. Auch die anderen Verwandten blieben in der Branche. Eine Schwester gründet in Ried im Innkreis in Oberösterreich mit ihrem Mann die Sport-Bekleidungsmarke „Löffler".

Der Erfolg der Nachkriegsjahre erlaubte zunächst eine Expansion. 1966 wurde das kunerteigene Garn „Chinchillan" entwickelt, ein Garn, das zum Synonym für seidigen Glanz wurde. Die Standorte Mindelheim und Berlin wurden ausgebaut; in Berlin konzentrierte Kunert die gesamte Garnveredlung. Der Umsatz wird in dieser Zeit verdoppelt.

Am 17. Dezember 1977 gibt das Bundeskartellamt in Berlin dann die Genehmigung für einen entscheidenden Wachstumsschub. Julius Kunert teilt noch am
Abend desselben Tages in München der Presse mit, daß er die qualifizierte Mehr-
heit an seinem größten Konkurrenten, an den „Hudson"-Strumpffabriken, erworben hatte. Hudson war bis dahin ein Teil der „Schiesser"-Gruppe gewesen.

DIE UNGLEICHEN SCHWESTERN

Für die Branche war das eine Sensation, für Julius Kunert der Gipfel eines Le-
benswerks. Nach 40 Jahren war die Firmengruppe Kunert wieder die Nummer
eins in der europäischen Feinstrumpfindustrie. Mit der Übernahme von „Hudson" kommt das erste Auslandswerk in Athen dazu. Die Tür zu einer internationalen Arbeitsteilung war geöffnet. In Nordafrika und Portugal werden weitere
Strumpffabriken gegründet. Die turbulente Entwicklung gerät für viele in der
Branche zum Existenzkampf. Inzwischen hatte Julius Kunerts Neffe Rainer Michel das Steuer übernommen. Er bringt die Markenrechte wieder in eine Hand
und kauft nach dem Börsengang das Strickstrumpfwerk Geyer im Erzgebirge, das
nach der Wende aus dem Strumpfkombinat der DDR auftaucht.
     Mehrmals hatte sich die deutsche Strumpfindustrie nach 1945 völlig neu orien-
tieren müssen. In den fünfziger Jahren mußten wegen der Umstellung auf Naht-
los-Strümpfe die gesamten Produktionsanlagen gewechselt werden. Nach dem
Siegeszug des Minirocks ließen sich schließlich nur mehr Strumpfhosen verkaufen, dann folgte die Verdrängung der Strümpfe durch die Jeans. Die Umsätze brachen ein. Von 95 Strumpffabriken im Jahr 1970 existieren Mitte der neunziger
Jahre gerade noch 25.
     Die Konzentration ist unausweichlich, die Konkurswelle ebenso. Kunert geht
allerdings nicht nur den Weg der Verlagerung von Strickereibetrieben in Bil-
liglohnländer, sondern steuert einen konsequenten Öko-Kurs – aus kaufmänni-
schem Kalkül: Erfahrungen hätten gezeigt, daß das typische Industrieunternehmen etwa 20 % der Umweltbelastung reduzieren und zugleich etwa 2 % der
Gesamtkosten sparen kann.
     Der Wettlauf um die Gunst der Kundinnen, die hohen Ansprüche an Ver-
arbeitung und Preis machen selbst Standorte in Nordafrika nicht zu sicheren
Oasen: Das Kunert-Strumpfwerk in Tunesien wurde wegen „geringer Flexibilität"
geschlossen, seine Produktion auf Marokko und Ungarn aufgeteilt.

Der knappe Handlungsspielraum und die Internationalisierung spiegeln sich im Firmenlogo, das seit 1999 sachlicher, ohne – wie Jahrzehnte gewohnt – spielerische textile Einrahmung, neuerdings „Kunert Legwear" signalisiert. Wie einfach nimmt sich dagegen die „Elite"-Strumpfmarke im tschechischen Varnsdorf aus. Dort hat, nach Fünfjahresplan und Kouponprivatisierung, die einst legendäre Vorkriegsmarke sogar als Betriebsname überwintert.

Während Kunert in Immenstadt Optik inzwischen mit kosmetischer Pflege, die erste „Creme zum Anziehen", anpreist und mit immer neuen Raffinessen bei Strümpfen der schwierigen Marktsituation gegenzusteuern versucht, verharrt das einstige Stammwerk in der Rolle des Mauerblümchens.

Natürlich – bestätigt Rainer Michel, Vorstandschef von Kunert zur Zeit der Wende 1989 – natürlich habe er Varnsdorf, das er als Zehnjähriger verlassen mußte, wieder besucht. Es kam sogar eine Zusammenarbeit zustande. Die Allgäuer stellten moderne Strickmaschinen ins alte „Elite"-Werk und ließen dort Lohnarbeiten ausführen. Aber diese ersten gemeinsamen Gehversuche waren bald erlahmt. In Varnsdorf seien tschechische Facharbeiter schwer zu halten, die meisten pendeln nach Sachsen, heißt es aus dem Management.

Eine neuerliche Begegnung könnte für den „Elite"-Konzern im Reformstaat zum strapaziösen Kräftemessen ungleicher oder längst entfremdeter Schwestern werden. Dann nämlich, wenn eintritt, was der Geschäftsbericht von „Kunert Legwear" in Deutschland kundmacht: „Interessante Perspektiven für unsere (westlichen) Marken bestehen durchaus in den wachsenden Märkten Osteuropas."

bis 1946   1946–1956   1956–1957

1958   1959–1992   1993–1999

ab 1999

Tomáš Baťa

Der Schuhkönig aus Zlin

Es könnte symbolträchtiger nicht sein, und es hatte jenes pathetische Format, das der Paradeunternehmer in vielen späteren Auftritten schätzte.

Man schreibt das Jahr 1894. Tomáš Baťa hatte sich, soeben erst achtzehnjährig, mit dem Erbteil seiner Mutter selbständig gemacht. Der junge Mann kehrt von einer seiner zahllosen Verkaufstouren in sein Heimatdorf Zlin zurück.

Dieses Dorf nördlich von Brünn lebte zum Teil von der Fabrikation von Hausschuhen. Die Wiener der Kaiserzeit nannten Mähren spöttisch die „Potschen-Gießerei". Auch Baťa hat sich, der Familientradition folgend, diesem Handwerk verschrieben.

In der Dämmerung dieses Vorweihnachtsabends 1894 legt er die letzten sieben Kilometer zu seinem Heimatort zu Fuß zurück: Seine Schuhe füllen sich auf der morastigen Landstraße mit Wasser, er zieht sie kurzerhand aus. Während der Schneefall einsetzt, läuft der junge Schuhmacher barfuß durch den Winterabend nach Hause. Tags darauf tritt er, glücklich über ein neues Paar Schuhe, das er für sich selbst bestellt hatte, ins Dorfwirtshaus. Da deutet einer beim Billardspiel auf sein Schuhwerk und sagt verächtlich: „Wann wirst du sie bezahlen, du Bettler?" Für Baťa ist es ein einschneidendes Erlebnis: „Ich verschwand und zog nie mehr etwas an, was nicht bezahlt war", erinnert er sich.

Diese Nähe von Demütigung und ehrgeizigem Beginnen, von Armut und der Sehnsucht nach materiellem Glück setzte in Tomáš Baťa Energien frei.

Er wird zur berühmtesten Unternehmerfigur der Ersten Tschechischen Republik nach 1918. Er entdeckt die Wirkung gezielten Marketings, orientiert sich seit seinem ersten Besuch in Amerika 1904 an den Unternehmern der USA, übernimmt die Fließbandarbeit und bringt als weiterer Schritt auch die standardisierte Bauweise in die europäische Architektur – zunächst im Fabriksbau, später, als erfolgreicher Kommunalpolitiker, in den Siedlungsbau, eine Innovation, die das Interesse des französischen Architekten Le Corbusier an Zlin weckte. Tomáš Baťa war der erste, der das Flugzeug nicht nur zu Sport- und Militärzwecken, sondern für Geschäftsreisen nutzte und der sich für neue Kommunikationsmedien einsetzte, indem er in Mähren die Errichtung von 3000 öffentlichen Telefonen finanzierte.

Lange vor seiner Volksschulzeit lernt Tomáš Baťa das Geschäft des Schuhmachers in der Werkstatt seines Vaters, wo er aus Lederresten Puppenschuhe bastelt –
und verkauft. Und er lernt instinktiv zunächst eines: Die Familie lebt zufrieden,
wenn der Verkauf landauf, landab erfolgreich ist; der Verkauf wieder läuft gut,
wenn die Ernte der mährischen Bauern gut ausfällt und diese in den Städten und
Märkten sich mit dem Nötigen versorgen können. Geld wurde zu einer magischen Sache, sei es, daß Tomáš als Ratschenbub im katholischen Mähren von älteren Ministranten darum betrogen wurde, sei es, daß er es von Verwandten für
kunstvolle Gebete als Kind zugesteckt bekam.

Und Geld wurde bald als existenzieller Faktor spürbar. Um so mehr, als – nach
dem Tod seiner Mutter – sein Vater nicht eben planvoll das Geschäft betrieb. Was
Tomáš veranlaßte, sich als 18jähriger gemeinsam mit seinen beiden Geschwistern
aus erster Ehe das Erbteil der Mutter ausbezahlen zu lassen, um sich selbständig
zu machen. Ein finanzieller Aderlaß, der den Vater allerdings hart ankam.

Glaubt man seinem ersten Biographen und Vertrauten Antonin Čekota, so begann Baťa seine Unternehmensgründung mit einer Selbstdisziplinierung für sich,
Schwester und Bruder, mit geregelter Arbeitszeit zwischen 6 Uhr morgens und 6
Uhr abends. Vor allem den damals üblichen „Blauen Montag der Schuster" gab
es bei Baťa junior nicht. Ein ausgeprägtes Klassenbewußtsein war es, das ihn zu
seiner Selbständigkeit veranlaßte: „Wir wollten Gentlemen werden", Herren also
wie Schuldirektoren, Offiziere, Beamte der damaligen Monarchie, die sie sonntags als honorige Gesellschaft erlebten.

Die ersten Jahre gerieten allerdings turbulent. Sein Bruder bürgt für den Vater,
der geschäftlich in Not geraten war, während der Bruder selbst in die k. u. k. Armee einrücken mußte.

DAS LEICHTGEWICHT BRINGT ERFOLG

Tomáš zieht die Geschäfte an sich und schafft es, durch die Kreation eines neuen
leichten Textilschuhs, eines Sommerschuhs, der im damaligen Handwerk eine
Revolution darstellte, die Probleme zu lösen. Tomáš Baťa setzt auf Schönwetterware und Bequemlichkeit statt auf massives Lederwerk. Und er setzte darauf, daß
das Sohlen herkömmlicher Schuhe teurer war als der Kauf neuer Schuhe seiner
Machart.

Für Tomáš Baťa wird „Wettbewerb" zur Menschenpflicht schlechthin und Teil seiner persönlichen Moral, wie er nicht müde wird zu verkünden. Er destilliert seine Lebenserfahrung in Sentenzen und Sprüche: „Kampf ist der Vater von allem" lautet ein besonders martialischer, den er später in drei Meter großen Lettern an die Fabrikswand von Zlin schreiben läßt. Auch: „Wettbewerb ist etwas Großes, Heiliges" oder „Ich kenne keine Ausgebeuteten, ich kenne nur Mitarbeiter".

Auch wenn er zum Inbegriff eines Selfmademans wird, seine Prägung erhält er durch die Gesellschaft seiner Zeit, in der der Darwinismus als Denkmuster große Popularität genießt. Und gerade in kleinen Nationen, wie der tschechischen, suchte man in verschiedenen Verbänden und Vereinen das Rüstzeug für Konfrontationen zu gewinnen. Ideologisch und physisch stand Wehrhaftigkeit auf dem Programm, nicht nur auf deutscher, auch auf tschechischer Seite, im Sokol-Verein. Sokol („Der Falke") prägte Baťas Gruppenerlebnis: Darwin lehrte, daß nur der Stärkste überlebt. Sokol, die panslawistisch orientierte Turn- und Sportvereinigung, unterfütterte die wirtschaftlichen und gesellschaftlichen Erfolge der Tschechen in der Donaumonarchie mit nationalen Argumenten.

Immerhin kamen um 1910 40 % der Industrieproduktion und rund 45 % des Steueraufkommens der Gesamtmonarchie aus den böhmischen Ländern. Wenn Mähren damals noch vergleichsweise stärker als Schlesien oder Böhmen von der Landwirtschaft lebte, so mußte das einen Menschen wie Baťa nur um so mehr in seinem Unternehmertum reizen.

Im Jahr 1900 – die meisten Schuster produzieren noch in Heimarbeit – wechselte Baťa mit seiner Werkstatt aus einem Mietshaus bereits in ein neues Betriebsgebäude. Er beschäftigt 250 Arbeiter, seine Fabrik zählt zu den acht größten im Land. Sie liegt der neuen Eisenbahnstation gegenüber, die kurz vor der Jahrhundertwende in Zlin errichtet worden war, und sie beherbergt bereits die erste Dampfmaschine.

Der neue Leichtschuh Baťas stößt auf Unverständnis in der Branche selbst, der Handel verweigerte sogar, den textilen Konkurrenten ins Regal zu nehmen – zum eigenen Nachteil, wie sich herausstellte. Tomáš Baťa suchte nämlich sofort nach neuen Vertriebsmethoden. Bald belieferte er mit seinen Schuhen sogar Trafiken und Gemischtwarenhändler, und er führte neue Werbemethoden ein. Jeder Händler, der seine Ware ins Sortiment nahm, erhielt gratis ein Metallschild, das er vor seinem Laden anbrachte. Diese damals neue Art der Dauerreklame hatte Baťa aus den USA mitgebracht.

1904 war er erstmals nach Amerika
gereist. Dort hatte er ein Jahr lang in
Lynn in Massachusetts gearbeitet, um
die maschinelle Produktion kennenzulernen. Dann kehrt er über Deutschland zurück, voll von Enthusiasmus
für amerikanisches Unternehmertum
und Erfindergeist. Thomas Edison,
der Erfinder von Telegraph und Glühbirne, ist seit damals zu einer lebens-
langen Leit- und Begleitfigur für Batá
geworden. 1931, als Batá vom Tod
Edisons erfährt, läßt er seine Fabriken
stoppen und holt in Zlin stattdessen
tausende Arbeiter ins Freie, um ihnen
mitzuteilen, daß er, Batá, ein Tele-
gramm an den amerikanischen Präsidenten schicken werde, um für die
Geschenke Edisons an die Menschheit
zu danken.

Tomáš Batá (1876–1932)

1904, als er auf seiner Rückreise aus den USA noch im deutschen Pirmasens Er-
fahrungen in der Schuhproduktion sammelt, beklagt er, man habe ihn in diesem
Betrieb in Deutschland als „amerikanischen Narren" abgetan, weil er so hohe
Stückzahlen vorgelegt habe. Er habe 800 Absätze geputzt, während die anderen
Arbeiter nur 100 fertigbrachten. Und der weitgereiste Unternehmer schloß dar-
aus: „In den deutschen Werkstätten fehlte damals der Geist der Gemeinschaft."

Sein Verständnis von sozialer Verantwortung und Solidarität, das seine Dominanz zeitlebens begleitete, führte er selbst auf den Gedanken der Böhmischen Brüder zurück, auf die Tradition eines Jan Amos Comenius, der die radikale religiöse
Reform der Hussiten in friedvolle humanistische Bahnen lenkte. Diesem frühen
Aufklärer aus der Zeit des Dreißigjährigen Kriegs fühlte sich Batá verbunden.

Noch vor seinem ersten Amerikaaufenthalt sympathisiert Batá auch mit den
Sozialdemokraten in seiner Heimat, aber der Kontakt blieb folgenlos. Batá selbst
erlebt in seinem Betrieb erstmals 1908 die Konfrontation mit den Arbeiterorgani-
sationen. Dann geht er seinen vieldiskutierten Sonderweg und sagt 1928 am
Höhepunkt seiner Erfolge: „Seit dieser Zeit, also seit 20 Jahren, gab es bei mir kei-

nen einzigen Streik, und ich habe niemals mit Gewerkschaften verhandelt." Batás Sozialmodell war – wie noch zu erfahren ist – ein strikt patriarchalisches, in dem er selbst Ziele und Wohlbefinden definieren wollte.

1912 heiratet Tomáš Batá in Wien die Tochter des Direktors der Hofbibliothek, Marie Menčik. Ihr Vater hatte es nicht versäumt, sich über den erfolgreichen Unternehmer, der in Zlin bereits eine Privatvilla anbieten konnte, beim örtlichen katholischen Pfarrer zu erkundigen. Der beschreibt den 36jährigen Bräutigam dem kaiserlichen Spitzenbeamten und künftigen Schwiegervater als „harten Arbeiter mit gutem Umgang", allerdings seien „seine Ansichten und Meinungen zeitweise höchst unorthodox".

1914 bricht der Erste Weltkrieg aus. Als Batá 1914 auf der Bezirkshauptmannschaft vom Mobilmachungsbefehl hört, ist er schon auf dem Sprung nach Wien. Drei Tage später hat er eine Bestellung für 50.000 Paar Militär-Segelschuhe in der Tasche. Er hat sein „Kriegsverdiener-Uhrwerk eingeschaltet", räsonieren seine Kritiker später bissig. Freilich entgingen so auch Batás 2000 Arbeiter der Mobilisierung. Batá, der zunächst den Auftrag gar nicht allein erfüllen konnte, stellte rasch ein Lieferantenkonsortium aller Zliner Schuhmacher unter seiner Patronanz zusammen. Gleichzeitig wurde der Vorwurf laut, Batá habe die Situation der Bevölkerung in der Kriegszeit ausgenutzt und die Vertrauensleute der Arbeiter hinausgeworfen, „während die österreichischen Offiziere ganze Nächte in Ihrer Villa Gelage abhielten", wie ein Zliner Mitbürger 1915 in seiner Beschwerde über die Willkür der unter Staatsaufsicht stehenden Fabriksverwaltung schreibt. Batá qualifiziert das ganze als Schande und Lüge ab. Unter kriegswirtschaftlichen Verhältnissen, auch Kriegsgefangene wurden eingesetzt, wächst sein Betrieb bald auf 5000 Arbeiter und eine Tagesproduktion von 10.000 Paar Schuhen an.

In der Nachkriegszeit sucht Batá durch seine Familie die Kontakte in den Ländern der zerfallenden Donaumonarchie zu halten. Er spürte den nahen politischen Nationalismus und seine wirtschaftlichen Einschränkungen. Und er reist 1919 erneut in die USA, wo sich die Straßen allmählich mit Autos füllten, vor allem mit dem legendären T-Modell Henry Fords. Tomáš Batá ist fasziniert, er inspiziert Händler und Tankstellen, liest die Ideen des Autoindustriellen, der Geschäft als „public service" definiert, als „Dienst an der Öffentlichkeit". Batá studiert diesmal nicht die Schuh-, sondern die Autoproduktion in Detroit. Vor allem entdeckt er das System der Fließbandarbeit für sich und seine Branche: So wie hier von der Karosserie- bis zur Motorproduktion alles aufeinander abgestimmt wurde, so sollte es auch in der Schuhindustrie kommen: von den Gerbereien bis zur Qualitätsabnahme alles zentral geplant und gelenkt, ohne Unterbrechung. Und Henry Ford bewundert wie er selbst Thomas Edison.

Zurück in Europa, sah er sich in der kürzlich erst ausgerufenen Ersten Tschechoslowakischen Republik mit zwei dramatischen Entwicklungen konfrontiert. Selbst wenn der Verlust des alten österreichischen Wirtschaftsraums von der Tschechoslowakischen Republik glimpflich abgefangen wurde, kam es zunächst zur Herausforderung.

Die erste Wirtschaftskrise der Nachkriegszeit bescherte der jungen Republik 1922 400.000 Arbeitslose, das waren mehr als 15 % der Industriearbeiter im Land. Der damalige Prager Finanzminister Alois Rašín vertrat eine Stabilisierungspolitik, die zwar den Kurswert der tschechischen Krone hob, aber der Industrie zu schaffen machte, weil diese ihre Märkte in den von Inflation geschüttelten Absatzländern rundum verloren. Diese Antiinflationspolitik der Prager Regierung hat den Export im Schuhgeschäft mehr als halbiert, was besonders kleinere Firmen traf, aber auch Baťa drei Viertel seines Schuhexports kostete.

Damals konzentrierten sich 80 % der tschechoslowakischen Industrieproduktion in den Händen von 25 Großindustriellen. Für den Großteil der Bevölkerung war die Industrie ein Buch mit sieben Siegeln. Die Industriellen ihrerseits waren wiederum kaum organisiert.

DER HALBIERTE PREIS ALS GROSSER COUP

Unter dem Druck der Verhältnisse fanden sie sich im August 1922 dennoch in Prag zusammen, um als Industrievertreter ihre Interessen gegenüber der Regierung zu vertreten. Baťa hörte zu und meinte dann:

„Wir haben lange geredet, was der Staat tun könnte. Ich bin Schuhmacher, und zu mir kommen Kunden, zum Beispiel Bauern, die sagen, ‚ich bekomme für meinen Weizen nur halb soviel, also werde ich erst kaufen, wenn Ihre Schuhe billiger sind.‘ Wir in Zlin werden also demnächst die Preise unserer Schuhe halbieren!" Baťa erntete dafür nur Gelächter. Er reist aus Prag ab, er reiste nachts wie immer, weil ihm die Tagesstunden zu kostbar waren. Tags darauf ging er an die Umsetzung des Plans.

Wie immer flankiert den Schritt eine einzigartige Werbekampagne. Großformatige Plakate kündigen in den Städten den inszenierten Preisrutsch an: Eine Schwerarbeiterfaust zertrümmert das Wort „drahota", das für hohe Lebenskosten

steht, ein eleganter Damenschuh verkörpert das bislang Unerschwingliche, das ab
sofort für jeden Durchschnittsverdiener wieder erschwinglich sein sollte.

Und der liest in allen Tageszeitungen großformatige Inserate, die dem Nationalgefühl gleichermaßen auf die Sprünge helfen wie seiner Kaufkraft: „Um die
Einkaufsfahrten nach Deutschland (Anm.: wo sich mit der stabilen Krone gut
konsumieren läßt) zu stoppen, um die Vollbeschäftigung im Land zu sichern, senken wir unsere Preise um die Hälfte."

Die Polizei mußte eingreifen, um den Ansturm auf die Batá-Geschäfte zu regeln. Im Nu war alles ausverkauft, die Nachfrage beschäftigte die Batá-Arbeiter
rund um die Uhr. Batá begleitet die Preissenkung mit Appellen an seine Arbeiter.
Denn mit der Preisreduktion um die Hälfte mußte er auch die Produktion ver-
billigen, unter anderem dadurch, daß er die Löhne seiner Mitarbeiter um 40 %
kürzte. Er garantierte im Gegenzug Unterstützung im Lebensunterhalt: Nahrung,
Kleider, Mieten mußten ebenfalls billiger werden. Die Arbeiterschaft billigte die
Strategie, was von den Batá-Anhängern als „einzigartig in der Geschichte der industriellen Welt" gefeiert wurde.

Der grundlegenden Entscheidung „folgte eine Reorganisation des Betriebs und
die Schaffung des sogenannten Batá-Systems, das auf individueller Motivation
bei der Arbeit und dem Gefühl der sozialen Wichtigkeit des eigenen Handelns ba-
sierte. Die Werkstätten erhielten Autonomie und es wurde eine aus ‚Batá-Einhei-
ten' bestehende Organisation aufgebaut. Jede dieser Einheiten arbeitete nach eigenen Produktionsplänen, besaß eine eigene Buchhaltung; die Einheiten
unterhielten untereinander normale Handelsbeziehungen, ähnlich dem Verhältnis von Lieferant zu Klient. Die Autonomie der einzelnen Abteilungen führte zu
einer Lohnpolitik von Gewinn- und Verlustbeteiligung. Mit dieser Eigenverant-
wortlichkeit, die Batá seinen Arbeitern zubilligte, gelang es ihm, bei ihnen Unter-
nehmungsgeist zu wecken und damit die Arbeitsleistung zu erhöhen. 1922 wurden mit 1800 Arbeitern 8000, 1928 mit 12.000 Arbeitern 75.000 und 1932 mit
18.700 Arbeitern 144.000 Paar Schuhe pro Tag erzeugt. Ende der dreißiger Jahre
hatte die Produktion die tägliche Erzeugung von fast 200.000 Paar Schuhen erreicht" (Šlapeta, 26).

Die medien- und öffentlichkeitswirksame Preissenkung des Jahres 1922 gab
dem Unternehmen Batá enorme Schubkraft. Die „Selbstverwaltung der Werkstätten" und die „Gewinnbeteiligung der Arbeitnehmer" ab dem Jahr 1924 taten
ein übriges.

Der Ehemann seiner Nichte, Baťa-Manager Dominik Cipera, setzte die Ideen des Patriarchen in die Realität um. Nicht aus „Großmütigkeit des Herzens", sondern um die Herstellungskosten zu senken, wollte Baťa das neue Teilhabersystem, in dem Motivation und Selbstkontrolle in kleinen Einheiten Vorrang erhielten.

Hört man seinen Kritikern zu, so bestätigen diese zwar, daß 1922 erst drei, fünf Jahre später hingegen bereits 50 Fabriksgebäude errichtet waren. Die schnelle Reaktion des Unternehmers auf Widerstände blieb den skeptischen Zeitgenossen aber verdächtig.

Die Herabsetzung der Preise habe Baťa bei der niedergelassenen Kaufmannschaft nicht durchsetzen können. Deshalb habe er eigene Verkaufsstellen errichtet und seine 350 Filialleiter angehalten, die Schuhe billiger zu verkaufen, die Differenz aber aus eigener Tasche zu tragen. Mit der bloßen Hoffnung auf die hierdurch in der Zukunft entstehenden größeren Umsätze seien sie abgespeist worden, müßten aber harte Pönale hinnehmen, sollten sie auch andere Ware ins Regal stellen.

Der Grund dafür, warum denn jemand solche Verträge annehme, liege – so der damals heftigste Kritiker des Erfolgsunternehmers, der deutsche Journalist Rudolf Philipp – „in der wirtschaftlichen Lage der Tschechoslowakei und in der Mentalität des Stehkragenproletariats".

Und Philipp geht noch weiter: Der „Bruderzwist des Proletariats" sei der beste Nährboden für Batás System, räsoniert er. „Es war ein Fehler des Wiener Führers Victor Adler, die revolutionären Kräfte, die im altösterreichischen Nationalitätenproblem steckten, zu unterschätzen. Dadurch brachte er nämlich die Arbeitermassen aller Minoritäten in einen Gegensatz zur Wiener Zentrale und vor allem die tschechischen Sozialdemokraten. Daß es außerdem unter den Wiener Führern einige deutschnationale Typen gab, verstärkte noch das Streben der tschechischen Sozialdemokraten nach Selbständigkeit und so kam es zur Gründung einer selbständigen tschechischen Sozialdemokratie. Da ein Teil – die sogenannten Zentralisten – bei der alten SPÖ blieb, war von nun ab die tschechische Arbeiterfront politisch gespalten."

Schon 1906 hat sich die Schuhmachergewerkschaft geteilt, es folgte die zusätzliche Gewerkschaftsgründung der tschechischen National-Sozialisten (die sich allerdings von ihren Namenskollegen unterscheiden). 1922 spaltete sich der „Zentralverband der Schuhmacher", im Jahr darauf wurde diese Interessenvertretung überhaupt polizeilich aufgelöst, Batá habe also kaum Widerstand zu befürchten gehabt, meint sein Kritiker. Das Nebeneinander mehrerer Gewerkschaften und ihre Konkurrenz habe Batá und seinen „Wirtschaftskörper", wie er den wachsenden Konzern selbst nannte, begünstigt.

Der eigenen Produktion sind Hilfsbetriebe vorgelagert. Sie liefern, was Batá sonst zukaufen müßte: Fast die Hälfte des benötigten Leders stellt er in eigenen Gerbereien her, ebenso seine Gummisohlen. Ein Sägewerk liefert die Bretter der Leistenfabrik, sogar die Versandkartons kommen aus eigener Produktion. Er verfügt über eine eigene Druckerei, die auch Zeitschriften druckt, er verfügt über private Eisenbahnnetze und Lokomotiven und über vier Firmenflugzeuge.

Batá ist einer der ersten Unternehmer der altösterreichischen Leichtindustrie, die nach dem Vorbild amerikanischer Autokonzerne ihre traditionell auf Handwerk abgestellten Produktionen strikt mechanisieren. Ein schlesischer Großindustrieller jener Jahre glaubt zu wissen: „Der einzigartige Erfolg dieser Firma liegt in ihrem Arbeitssystem, durch das sie eines der größten Hemmnisse der europäischen Industrie, den Gegensatz zwischen Arbeit und Kapital vollständig überwunden hat.“

DER EHRGEIZIGE PÄDAGOGE

Dazu gehörte Batás emphatisches Auftreten als Erzieher. Das einzige, was der Mährer an dem US-Amerikaner Ford zu bemängeln fand, war, daß dieser zuwenig Einfluß nehme auf das Leben seiner Mitarbeiter.

Für seine eigenen Beschäftigten konzipierte Baťá eine „Erziehung zum Wohlstand“. Junge Männer sollten zuerst ihre wirtschaftliche Unabhängigkeit entwickeln, ehe sie eine Familie gründeten. Jeder sollte 100.000 Kronen gespart haben, ehe er das 24. Lebensjahr erreicht. Genauso müsse man für die Mädchen sorgen, daß sie Kochen lernten. Kochen als Schule und Wissenschaft, um damit die Gesundheit der Familie und des Mannes zu erhalten, der seine Leistungsfähigkeit im Beruf, in der Fabrik unter Beweis stellen müsse.

Tomáš Baťá im Originaltext: „Bei den Mädchen wollen wir nicht so hohe Ersparnisse erreichen wie bei jungen Männern, weil sie ja weniger verdienen und mehr für Kleider ausgeben müssen. Trotzdem sollten sie zu begehrenswerten Bräuten aus moralischer, sozialer und wirtschaftlicher Sicht heranwachsen. Zwei junge Menschen, die in ihre Ehe die Fähigkeiten einbringen, die sie durch zehn Jahre gelernt haben, nämlich Geld zu verdienen und Ausgabedisziplin, dazu Ersparnisse von 150.000 Kronen, werden eine Familie mit wirtschaftlich stabiler Zukunft gründen. Sie werden zu Kapitalisten werden, weil das Geld für sie arbeitet.“

Der erfolgreiche Umgang mit Geld macht für Baťá den Menschen mündig. Daher, meinte er, sollte man schon den Schulkindern unter Aufsicht Geld überlassen.

Vom Präsidenten der Republik, von Tomáš G. Masaryk, erhielt Baťá die Erlaubnis, eine Privatschule zu eröffnen. Und so richtet er in Zlin seine „Schule der Arbeit“ ein, an der er Jugendliche zu „industriellen Menschen“ zu formen sucht. Dieser Gedanke war andernorts vorbereitet worden: Frederick W. Taylor, der Ökonom, stellte statt des Menschen das Arbeitssystem in den Vordergrund und setzte als erster auf Rationalisierung, Henry Ford gab Baťá den „conveyor belt“,

das Fließband aus den USA mit. In Europa hatte immerhin der französische Ro-
mancier Zola schon 1901 über eine „Stadt der Arbeit und des Denkens, des Glücks
und der Gerechtigkeit" nachgedacht.

Tomáš Batá gestaltet aber das erste Modell in der Praxis, ein Modell, das den
Menschen vereinnahmt: „Leistungswille, Disziplin und Begeisterung allein waren
die Bedingungen für eine rasche Karriere, Herkommen und Vorbildung hatten
keine Bedeutung. Die kilometerlangen Arbeitsbahnen und Fließbänder in den
Werkshallen bewegten sich im Takt der Herzfrequenz, und wer schwerfällig war,
am Arbeitsplatz bummelte oder seinen Vorgesetzten widersprach, wurde gefeuert.
Dementsprechend groß war sein Verschleiß an Arbeitskräften. Unter den rund
25.000 beschäftigten ‚Batá-Männern und Frauen', wie sie sich stolz nannten, gab
es nur wenige, die über vierzig Jahre alt waren" (Palla, 278).

Eine eigene Firmenzeitschrift, deren Redakteur Antonin Čekota später autori-
sierter Batá-Biograph wurde, veröffentlichte in Merkworten, was im Fach „Be-
triebserziehung" an Grundsätzen vermittelt wurde:

„Die Bedeutung des Begriffs Arbeit: Unterschied zwischen Tages-(Stunden-)
Arbeit und Akkordarbeit. Wir neigen zur Akkordarbeit (Ziel- oder Planarbeit), da
diese den menschlichen Bestrebungen besser entspricht. Auf der anderen Seite ver-
urteilen wir die Tages-(Stunden-)Arbeit, weil sie den Menschen zum Müßiggang
und zur raffinierten Absenz von der Arbeit verleitet.

Tugenden des jungen Mannes: Sparsamkeit, Selbstgenügsamkeit, Geselligkeit,
Wahrhaftigkeit, Nachdenklichkeit, Elternliebe, Liebe zum Vorgesetzten, moralischer Stolz, sexuelle Reinheit, Opferfreude, Einigkeit.

Schlechte Eigenschaften: Gleichgültigkeit, Stumpfheit, Frechheit, Neugier,
Geiz, Schadenfreude, Spitzeltum, Schmeichelei.

Die Feinde des jungen Mannes: Alkohol, Nikotin, schlechte Lektüre, Selbst-
befleckung, Prüderie.

Die Bedeutung der Devise: Ein Unternehmen – ein Ziel.

Die Maschine als Sklave des Menschen, menschliche und maschinelle Kraft,
menschliche Ermüdung, Ermüdung der Maschine, Ermüdung des Metalls. Die
Maschine als guter Freund bei guter Pflege.

Die Bedeutung der Devise: Unser Kunde – Unser Herr.

Die gutsituierte Fabriksarbeiterschaft, die weniger gut situierte handwerkliche
Arbeiterschicht.

Batás Gedanken über das Thema: Sich nicht vom Kapital versklaven lassen,
sondern das Kapital versklaven."

Das Baťa-Werk, 1934

Zur sogenannten „psychotechnischen Erziehung" gehörte die rasche Einschätzung von Produktionsabläufen, von Materialqualität und Wirtschaftlichkeit. Die Schüler mußten über ihre Lebenshaltung Buch führen und sollten einen Teil ihres Lohns zur Verzinsung in Baťás firmeneigene Sparkasse einlegen. Eifrige Sparer wurden öffentlich gewürdigt. Baťa hatte einen ganzheitlichen Anspruch. Er legt sich mit den Pädagogen seiner Zeit an, weil er den Schulen Praxisferne vorwirft.

In seinem Firmeninternat in Zlin lebten die jungen Männer in 20köpfigen Gemeinschaften, geführt von einem, den sie selbst gewählt hatten. Die Anstalt war hierarchisch aufgebaut. Der Wochentag begann um 5.30 mit 15 Minuten Gymnastik, dann kam Frühstück, von 7 bis 12 Uhr Fabriksarbeit, anschließend zwei Stunden Mittagspause. Von 14 bis 17 Uhr wurde wieder in der Fabrik gearbeitet, nach dem Abendessen stand bis 21 Uhr gemeinsames Lernen auf dem Plan, um 21 Uhr war Nachtruhe. Wer zu spät in den Schlafsaal kam, zahlte Strafe. Sonntags war frei.

Baťa ermöglichte jedenfalls Jugendlichen aus den ärmsten Schichten einen Zugang zur Arbeitswelt, drei Jahre dauerte die Grundausbildung. Und sie hatte Eigenheiten, die zu Anekdoten wurden: Als ein junger Mitarbeiter aus einem Gebirgsdorf in den Beskiden geschäftlich nach Indien reisen sollte, warf man zwei

Tage vor seiner Abreise ein, der Junge sei tüchtig, könne aber kein Englisch. „Na gut", meinte Batá, „was macht er denn übers Wochenende?"

Diese Spontanpädagogik paßte schwer in Ausbildungssysteme. Allerdings wurde in Batás Schule bereits damals Geographie oder Mathematik prinzipiell in einer Fremdsprache, in Englisch, Deutsch oder Französisch, unterrichtet. Auch der Gesundheitssektor galt als bahnbrechend. Allerdings war die gesamte Pädagogik dem Ziel untergeordnet, Arbeitskräfte heranzuziehen, die sich den modernen Maßstäben betrieblicher Produktivität organisch einfügten.

An Feiertagen präsentierte dann Batá, der passionierte Erzieher, seine Elite in schmucken Firmenuniformen, in weißen Hosen oder Röcken und Blazer mit Batá-Emblem. Dieser Kaderschule entsprossen tschechoslowakische Repräsentanten unterschiedlichster Prägung: der legendäre Sportler Emil Zatopek, ein mehrfacher Olympiasieger, der Schriftsteller Ludvik Vakulik, der später vom kommunistischen Regime geächtet wurde, aber auch der letzte kommunistische Regierungschef des Landes, Miloš Jakeš. Zlin, vor dem Ersten Weltkrieg ein Dorf von 3557 Einwohnern, ist nunmehr das Detroit der Schuherzeugung geworden, eine Stadt, die die Geschäftsphilosophie Tomáš Batás verkörperte.

Und er hatte weitere Pläne.

DER BAUHERR DER GARTENSTADT

Zlin sollte um das Zehnfache wachsen und seine gesamte Umgebung in eine „Gartenstadt" einbinden. Batá: „Ein größeres Zlin kann nur von größeren Menschen gebaut werden. Der kleine Mann arbeitet nur, um seinen Magen zu füllen. Derjenige, der an seine Familie denkt, ist größer, aber erst mittelmäßig. Ein großer Mann ist der, der so viel arbeitet, daß seine Arbeit anderen nützt, seinem Land, vielleicht der ganzen Welt." Folgerichtig engagiert sich der Unternehmer in der Kommunalpolitik, will das Budget der Stadt sanieren und seine Kontakte in der Finanzwelt geltend machen, will Bürgermeister werden. Mit seinem Wahlprogramm erreicht er 1923 prompt 17 Sitze im Stadtparlament, zwölf bleiben der Opposition.

Batá hebt den Lebensstandard der Einwohner und errichtet die erste funktionalistische Stadt Mitteleuropas, deren Prinzipien später von einem konzerneigenen Architekturbüro weltweit umgesetzt werden. Die „inhaltliche und formale Modernität" der Batá-Bauten ist bis heute unbestritten und wurde auch von

Größen wie Le Corbusier gewürdigt. Zlin wurde neben Prag und Brünn das wichtigste Zentrum moderner tschechischer Architektur.

Tomáš Batás Architektur ist nicht ohne sein soziales Engagement zu denken (Batá: „Wir brauchen Häuser, die die Frauen entlasten"), aber auch nicht ohne das Wachstum seines Konzerns. Herkömmliches, strikt individuelles Bauen erschien Batá als zu teuer, schon gar für Betriebsanlagen. Er wollte eine Fabrik in 4–5 Wochen errichten und suchte nach Standardisierung und Mechanisierung. Der Wohnraum reichte damals für viele Menschen über zwei Zimmer nicht hinaus, die hygienischen Bedingungen waren vielfach schlecht.

František Gahura, seit 1923 Stadtarchitekt von Zlin, erklärt das Neue an der Batá-Stadt: „Von Anfang an haben wir uns bemüht, die Stadt aus der Industriearchitektur wachsen zu lassen. Sie sollte die neue Ausdrucksform darstellen … Das Bild der Stadt Zlin beeinflußt das Industrieobjekt, das Fabriksgebäude. Dieses Gebäude stellt das Hauptmotiv der Zliner Architektur dar. Das Motiv wiederholt sich auch bei den öffentlichen Gebäuden, den Schulen, Wohnheimen, beim Gemeinschaftshaus usw. Es war Aufgabe der Architekten, die öffentlichen Gebäude der standardisierten Konstruktion der Fabrik anzugleichen. Dieser ‚Standard' ist das Grundelement der Zliner Architektur, es handelt sich hier um ein Modul von 6,15 x 6,15 Metern. Dieser Modul liegt den Grundrissen aller Gebäude zugrunde. In der Zliner Architektur führt dieser Modul zu einer einheitlichen, aber variantenreichen Architektur." Variiert wird durch Fensteröffnungen, durch Füllmauerwerk, auch dadurch, Mauerwerk durch Glas zu ersetzen, eine Methode, die erstmals bei der Fassade am „Haus des Dienstes", an der Batá-Verkaufszentrale am Prager Wenzelsplatz, die heute noch besteht, 1928 angewandt wurde.

Neben František Gahura, der die Prager Kunstgewerbeschule absolviert hatte, arbeitete vorher schon der renommierte Akademieprofessor Jan Kotěra, selbst ein Otto-Wagner-Schüler, im Dienste Batás. Kotěra hatte bereits in Louny in Nordböhmen eine Gartenstadt für Eisenbahner konzipiert. Für Zlin entwarf er Reihenhaussiedlungen und ein Kino.

In der Industriegartenstadt an den Ufern des Dřevnice-Flusses erstreckten sich bald standardisierte Vier-, Zwei- und Einfamilienhäuser, deren Entwurf Batás Philosophie entsprach, daß seine Mitarbeiter „kollektiv arbeiten und individuell wohnen" sollten. Die Hauseingänge lagen strikt getrennt, Gartenzäune allerdings gab es nicht. „Der Wohnungsstandard repräsentierte das Ansehen der Firma" (Šlapeta), die die Häuser für eine symbolische Miete von 1 Krone pro Woche den Mitarbeitern zur Verfügung stellte. In seiner zweiten Amtsperiode als Bürgermeister verwirklichte Batá den größten Teil der städtischen Infrastruktur. Nun arbeitete er auch auf eine Abschaffung aller Kommunalsteuern hin, nur die Alkoholsteuer sollte beibehalten werden.

Sein politischer Ruf hatte längst Prag erreicht, aber Batá lehnte Ämter auf gesamtstaatlicher Ebene ab, nur in die Regionalvertretung Mährens ließ er sich wählen. Diesen Amtsantritt bekräftigte der Industrielle mit einer Schenkung von 3000 öffentlichen Telefonen in den Dörfern des Landes, in der Zwischenkriegszeit war dies ein privater Kommunikationsschub von missionarischer Überzeugung. Batá war ein überzeugter Verfechter der lokalen Stärkung von Handel und Wirtschaft und der Subsidiarität: Was auf regionaler Ebene erledigt werden konnte, sollte auch dort erledigt werden und nicht in den Prager Zentralen. Manche schimpften ihn, räumt sein Vertrauter Čekota ein, einen Diktator. Seine Partei hielt inzwischen 25 von 30 Sitzen im Rathaus von Zlin.

1931 verloren dann die Kommunisten ihren letzten Sitz im Stadtparlament. Die Kommunisten waren zu Batás erklärtem Feindbild geworden, zu den Gewerkschaften hatte er ein gebrochenes Verhältnis.

DIE KAMPAGNE DER GEGNER

Sein geschäftlicher Erfolg in der Leichtindustrie und seine stolzen Exportzahlen brachten Batá auch organisierte Gegner ein. Besonders den „Deutschen Verband der Schuhfabrikanten". Die Konfrontation spitzt sich in einer Kampagne zu, als 1927 der deutsche Schriftsteller und Journalist Rudolf Philipp ins Werk Zlin zur Recherche kommt. Drei Tage, heißt es von Firmenseite, sei Philipp offiziell im Werk gewesen, „wie lange er tatsächlich in Zlin zubrachte, weiß niemand". Jedenfalls, unterstellt Batás Biograph Čekota noch später im Exil in Kanada, sei dieser Mann „heimlich geführt worden von den kommunistischen Untergrundzellen, die hier wie in allen größeren Gesellschaften des Landes operierten".

Tatsächlich erscheint nach Jahresfrist eine massive publizistische Attacke auf Batás Lebenswerk auf dem deutschen Buchmarkt. Batá schaltet Rechtsanwälte und Gerichte ein. Rudolph Philipp will den Unternehmer entlarven: „Es ist die Pflicht nicht nur jedes Wirtschaftspolitikers, sondern vor allem jedes deutschen und österreichischen Verbrauchers von Schuhen – und wer wäre das nicht? – sich davon Kenntnis zu verschaffen, unter welchen Bedingungen diese wichtigen Gebrauchsgegenstände hergestellt werden."

Die Schuhindustrie ist damals ein Beispielfall für Industrieexpansion: Im Jahre 1924 stand die ČSR in dieser Branche an vierter Stelle, 1925 an dritter, 1926 und 1927 bereits an erster Stelle aller Weltstaaten. Und 1928 erringt sie Platz eins mit mehr als 3,5 Millionen Paaren Schuhen, vor Großbritannien und den USA. Das erregt Aufsehen bei Arbeitnehmern und Arbeitgebern in ganz Europa und führt zu breiter Diskussion. Ohne Bankkapital in Anspruch zu nehmen, sei es Baťa gelungen, innerhalb von knapp drei Jahren, seine Jahresproduktion von ca. 3 Mio. Paar Schuhen auf 22,5 Mio. Paar „hinaufzupeitschen", gestehen die Kritiker zu. Diese kolossale Produktionssteigerung sei aber fast ohne Vermehrung der Belegschaft, ja, „bei Abbau der qualifizierten Arbeiter und Einstellung von ungelernten Jungen und Mädchen gelungen".

Philipp will eine objektive Analyse des Baťa-Systems anbieten, sein Buch ist aber durchaus eine flammende Verteidigung sozialpolitischer Errungenschaften jener Jahre und ein spannendes Dokument zu einem Streitfall, wie er in Diskussionen um den Neoliberalismus heute nicht ganz fremd ist. Der Autor Philipp zeigt sich teilweise als Technikskeptiker, weil „in unserer Zeit der Fortschritt der Maschine mit vermehrtem Elend der arbeitenden Menschen einhergeht". Er wolle beitragen gegen die Ausbeutung der Arbeitskraft und hier ein Exempel statuieren: „Diesen Kampf kann keine Macht der Welt den Arbeitern und Angestellten der Tschechoslowakei abnehmen."

Philipp beklagt, Baťas Gegner seien bisher ohnedies „dilettantisch" vorgegangen, und er entrüstet sich über das perfekte Marketing des Unternehmers: der bombardiere die Öffentlichkeit mit Annoncen, gebe zwei eigene Zeitungen heraus, versende Bücher in aller Herren Länder und lege jedem deutschen Abgeordneten ein Buch mit vielen Illustrationen auf den Tisch, in welchem er den Vorwurf des sozialen Dumpings als besonders unbegründet und kränkend zurückweise und seinen Betrieb als vorbildlich hinstelle.

Philipp wirft in seiner Polemik dem englischen Industriellen Eatough vor, seinen Landsleuten Baťa als Überwinder des Gegensatzes zwischen Arbeit und Kapital zu präsentieren. Mr. Oliver Eatough aus Leicester habe sich mit einer Führung durch den Betrieb in Zlin begnügt und ihm, Philipp, hinterher gesagt: „Über Menschen wie Baťa darf ein Journalist Gutes oder nichts berichten." Das bestärkt den Journalisten nur noch mehr in seiner Absicht, „Baťas System seines Wohltätigkeitsmäntelchens zu entkleiden und als System der Ausbeutung zu entlarven um seine Übertragung auf andere Länder und Branchen wenn schon nicht zu verhindern so doch zu erschweren".

Im Herbst 1927 hatte Eatough in der Zeitung „The Shoe and Leather Record"
über seine Batá-Exkursion berichtet, Batá sei der größte Konkurrent geworden,
die von Batá gezahlten Löhne seien im Vergleich zur Eatough Ltd. um 67 % niedriger! Am 13. September 1927 habe er deshalb, um sich ein Bild zu machen, die
Batá-Werke besucht.

Eatough redet im Branchenblatt als Schuhfabrikant, nachdem zuvor bereits in
derselben Zeitung englische Gewerkschafter über das Batá-System zu Wort gekommen waren. Mehr noch, auch die englischen „Schuh-Detaillisten" hatten sich
zu Wort gemeldet und angeregt, „ausländische Schuhware" solle gekennzeichnet
werden, da die Kunden mehr inländische Ware verlangen, nicht zuletzt, weil die
Batá-Schuhe unter „skandalösen Bedingungen" hergestellt würden. Eatough ent-
gegnet seinem Landsmann, dem Gewerkschaftsfunktionär, nach seinem Besuch
Zlins: „… daß ich bei allen meinen Besuchen in Schuhfabriken während der letzten 30 Jahre sowohl in Amerika als in England noch nie eine besser ausgestattete
und vorteilhafter organisierte Schuhfabrik gesehen habe als die von Batá. Ich
würde stolz darauf sein an der Spitze eines solchen Konzerns zu stehen. Batá bedeutet wirklich für die europäische Schuhindustrie dasselbe wie Ford für die amerikanische Automobilindustrie."

Eatough referiert, die Löhne Batás seien höher als die jener Fabriken, die von
Gewerkschaften kontrolliert würden. Er sagt dann aber auch – 1927: „Batá will
mit den Gewerkschaften nichts zu tun haben und er kontrolliert das Geschäft
vollständig. Man könnte ihn mit Mussolini vergleichen, da er ein Mann ist, der
die Dinge auf seine eigene Weise erledigen läßt."

Genau diesen Satz, so empört sich Ankläger Philipp, lasse Batá in seinen deutschen Zitaten der Rede Eatoughs konsequent weg. Er wolle also nicht mit Mussolini verglichen werden. Batá hat in jener Zeit offenbar auch in Deutschland gegen ein Ausbeuterimage anzukämpfen, er inseriert Ende 1927 ganzseitig in Fach-
und Branchenblättern Deutschlands „Ehrenerklärungen" und antwortet auf Vor-
würfe über „unsoziale Arbeitsmethoden".

Sein Berliner Anwalt führt Presseprozesse gegen kritische Stimmen aus der
Schuhbranche. Das Zentralorgan der Deutschen Sozialdemokratischen Partei in
der Tschechoslowakei „Der Sozialdemokrat" schreibt 1928, etwas gespalten, der be-
kannteste Mann der ČSR sei weder Republikgründer Masaryk noch Schwejk, sondern „ihr rücksichtslosester, wagemutigster Unternehmer – der Schuhkönig Tomáš
Batá". Und da seine „Unternehmungen zu den wenigen der Tschechoslowakei
gehören, die Weltbedeutung besitzen", rechtfertige das eine „kritische Würdigung".

Nicht nur Politiker im Land, auch ausländische Exkursionen werden in Zlin vorstellig. Batá bekräftigt als eines seiner Ziele: die Demokratisierung von Industrieerzeugnissen. Er berichtet stolz den Journalisten und wird dann nicht nur in der Prager Zeitung „Tribuna" zitiert: „Die tschechoslowakische Bevölkerung gehört jetzt schon zu den bestbeschuhten Europas, und es ist unser Programm, daß sie die bestbeschuhte Nation der Welt werde." Und er argumentiert weiter: Er leiste auch der „Nation des Deutschen Reiches gute Dienste". Denn er liefere zwar nur 2 % der in Deutschland verbrauchten Schuhe, aber seine niedrigen Preise hätten dem deutschen Konsumenten Vorteile gebracht und der Industrie genützt, weil sie „ihre Methoden revidiert und verbessert hat".

„Über unsere Fabrik" – meint Tomáš Batá – „ärgern sich in Deutschland bloß die Erzeuger von Schuhen, welche am Prinzip festhalten: ‚Wenig dienen – viel verdienen.'" Und Batá macht sich auch gleich zum Garanten der Religiosität. Diese sei gerade im Industriearbeitertum abhanden gekommen, nicht zuletzt, sagt er, weil die Interessen von Arbeitgeber und -nehmer entgegengesetzt verstanden wurden. Durch die Entfernung dieser Gegensätze (der Batá-Gegner Philipp mutmaßt: durch die Eliminierung der Gewerkschaften im Betrieb), sagt Batá selbst, sei die Arbeit der Geistlichkeit im Bezirk Zlin erleichtert worden.

Philipp kritisiert, Batá zwinge niemanden, das besorge sein System: es zwinge „den Werkmeister, mit der gleichen Anzahl neueingestellter Bauernjungen und Landmädchen das gleiche Quantum in gleicher Qualität zu schaffen, wie gestern mit alterprobten Arbeitern".

Es bleibe ein System, „das die Mitarbeiter oft am Wochenende statt Bargeld Schulden für Verluste nach Hause bringe ließe, das vom Arbeiter ‚Kaution' fordere, die verfällt, wenn ein Maschinenteil kaputtgeht, und dem Arbeiter nur einen Bruchteil des Lohnes auszahle und den Rest als ‚Gewinnanteil' oder ‚Kaution' in der Fabrikskasse festhalte. Ein System, das den ‚Gewinnanteil' laut gedrucktem Vertrage, jederzeit ohne Angabe von Gründen kündigen, ja während der Kündigungsfrist noch durch ‚unvorhergesehene' Abzüge auf Null reduzieren könne."

Philipp, der sich zugute hält, ein halbes Jahr offiziell und inoffiziell in Zlin recherchiert zu haben, stellt fest, daß die Arbeiter seit jenen Zeiten, als sie noch ohne geheimes Wahlrecht und Koalitionsfreiheit gewesen seien, kaum jemals in größerer wirtschaftlicher Unsicherheit und politischer Abhängigkeit ihr Brot verdient hätten „als derzeit in Europas größter Schuhfabrik".

Dem Skandal folgen offizielle Attacken, 1931 auf dem Kongreß der Schuhproduzenten in Wien. Anti-Batá-Proteste und der Boykott seiner Läden werden organisiert. Das nationale Argument schwingt kräftig mit. Außer in Deutschland werden Proteste in Polen, Ungarn, in Jugoslawien und in den baltischen Ländern laut. Im Vorderen Orient muß Polizei die Batá-Geschäfte schützen. In den USA und in England bleibt die Kampagne hingegen ohne große Resonanz. Während europaweit eine hitzige Diskussion über Vor- und Nachteile des Batá-Modells stattfindet, entwickelt sich Zlin zu einer der Säulen des tschechoslowakischen Exports.

BAŤA WELTWEIT

Der Zenit wird im Jahr heftigster Kontroversen, 1928, erreicht. In diesem Jahr wird die Tschechoslowakei zum weltweit größten Schuhexporteur und bleibt es – mit Ausnahme des Jahres 1930 – bis zur Okkupation durch Hitler-Deutschland im Jahr 1939. Längst wird auch global produziert. In Amerika und in Asien errichtet die Firma ihre eigenen Industriesatellitenstädte.

In der Tschechoslowakei selbst wird das Land mit Batá-Geschäften überzogen, den bereits erwähnten „Häusern des Dienstes". Mit ihnen nimmt Batá vorweg, was heute als Service und Corporate-identity verstanden wird: Die Häuser des Dienstes boten „mehr als den Verkauf von Schuhen, sie boten alle Arten von Dienstleistungen für die Fußpflege. Bei der einheitlichen Inneneinrichtung der Geschäfte war Hellgrün vorherrschend, die Stirnwand verglast, darüber leuchtete das weltweit einheitliche Batá-Zeichen."

Inzwischen war es dem Bruder Tomáš Batás, Jan Batá, gelungen, Vladimir Karfik, einen international erfahrenen jungen tschechischen Architekten, zur Rückkehr in seine Heimat zu motivieren. Karfik hatte bei Le Corbusier praktiziert und danach zwei Jahre bei Frank Lloyd Wright in Wisconsin und Arizona gearbeitet. Jetzt wurde er in Zlin Chef der hauseigenen Planungsabteilung und errichtete hier das Gemeinschaftshaus, das in jenen Jahren größte und modernste Hotel der Tschechoslowakei.

29 internationale Unternehmen gründete Batá zu Lebzeiten, 22 allein in den Jahren zwischen 1929 und 1932.

Batá war einer der ersten Unternehmer, die das Flugzeug geschäftlich nutzten. Kurz nach dem Ersten Weltkrieg hatte er einen Doppeldecker mit offenem Cockpit gekauft, ein Kriegsrelikt, mit dem er sogar auf den Viehweiden entlang des Flusses Dřevnice landen konnte. Althergebrachtes und moderner Innovationsgeist verband sich in Baťás Charakter zu einer schillernden Mischung. „Als ich" – erinnert sich Antonín Čekota, sein Begleiter – „das erste Mal mit ihm und seiner Frau nach Prag flog, meinte Tomáš Baťa: ‚Wir wollen ein Marienlied anstimmen' – während er sich anschnallte. Und er sang während des Starts die Marienlitanei, wie sie die Wallfahrer sangen in Erinnerung an die Errettung Mährens vor den Tataren im 13. Jahrhundert."

Zum Jahreswechsel 1931/32 ist Baťa mit einem englischen Piloten auf Geschäftsreise Richtung Nordafrika unterwegs. Orkanartige Stürme zwingen Captain Stack zur Notlandung in Sizilien, was Baťa gleich zu Konsumentenstudien für den italienischen Markt nützt. Drei seiner Verkaufsmanager begleiten ihn. Per Schiff fährt er voraus nach Tunis, dann geht es mit der dreimotorigen Fokker weiter, von Militärbasis zu Militärbasis. Ein verletztes Bein und die Gefahr einer Thrombose lassen den 56jährigen nicht an einen Zwischenstopp denken. Erst ein Motorbrand beim Flug über der Küste veranlaßt den Aufenthalt und einen Motorwechsel in Syrte. Ein historisches Foto zeigt den Industriellen und seinen englischen Piloten, mit Krawatte und Anzug im Wüstensand sitzend, beim Picknick.

Die Schilderung dieses Flugs durch Baťa läßt an Bert Brechts berühmtes Hörspiel vom Atlantikflug Charles Lindberghs denken. Baťa erzählt: „… der regelmäßige Puls der Maschine hatte für uns soviel Gewicht wie unser Herzschlag, wir, die Maschine und ich, wurden Freunde."

Zu Jahresbeginn 1932 erreichen sie Indien. Hier wollte Baťa die Konkurrenz mit japanischer Importware aufnehmen, seine Schuhproduktion auf die ansässige Textilindustrie stützen. Ähnliches plante er für Singapur und Djakarta. Aber das sollte er selbst nicht mehr erleben. Der Tod holte ihn ein, nicht über dem Ozean und nicht auf dem riskanten Rückflug über das Taurusgebirge in Kleinasien, sondern zu Hause.

Am 12. Juli 1932 startet Tomáš Baťa zum Flug in die Schweiz. Über Zlin liegt Bodennebel, aber Baťás Pilot Broucek ist flugerfahren. Diesmal steuert er eine einmotorige Junkers. Um 6 Uhr früh hebt die Maschine ab. Kurz danach zerreißt ein Knall die Stille des ländlichen Sommermorgens. Suchtrupps finden das zertrümmerte Flugzeug in einem Waldstück nördlich des Flugfelds. Tomáš Baťa und sein Pilot waren sofort tot. Die Nachricht vom Absturz löst in Zlin einen Schock aus. Die Stadt hatte ihre wichtigste Gründerfigur verloren.

Aber der Kontinuität des Unternehmens tat die Tragödie keinen Abbruch. Baťás Stiefbruder Jan führte den Konzern mit einem gut eingespielten Führungsteam weiter. Er tat das Seine, um Zlin den Ruf einer nahezu avantgardistischen

Industriestadt zu erhalten. 1937 ließ er von Vladimir Karfik ein 17geschossiges Bürohochhaus in Batá-Bauweise, aber mit vertikaler Kommunikationsstruktur errichten. In dem klimatisierten Gebäude war ein Aufzug als fahrendes Chefbüro eingerichtet, mit dem der Konzernherr zwischen den Abteilungen pendelte.

Jan Batá bemühte sich aber auch um neue Wohnhaustypen. Ein eigener Wettbewerb mit internationaler Jury wurde ausgeschrieben. Diesmal arbeitet Le Corbusier mit. Der französisch-schweizerische Stararchitekt entwirft sogar den Batá-Pavillon für die Pariser Weltausstellung 1937, aber dann scheitert die Gemeinsamkeit zwischen dem Industriellen und dem Architekten an Finanzierungsproblemen.

Einen Vergleich mit dem Firmengründer hält Jan nicht stand. Er war in der Belegschaft nicht annähernd so beliebt wie sein verunglückter charismatischer Stiefbruder. Jan Batá machte nach der Verwandlung seiner Heimat in ein Protektorat der Nationalsozialisten keinen Hehl aus seiner Sympathie mit dem Regime Hitlers.

1938 war das Unternehmen Batás ein globaler Schuhkonzern mit mehr als 65.000 Mitarbeitern, ein Drittel davon im Ausland. Lange Zeit wurde kolportiert, Jan Batá habe sich angeboten, über seine amerikanischen Firmenstandorte der deutschen Industrie zu rüstungswichtigen Rohstoffen zu verhelfen, was sich allerdings nie nachweisen ließ. Tatsache ist, daß er aus den USA als Sympathisant des Dritten Reichs ausgewiesen wurde. 1965 starb er in Brasilien. Die tschechoslowakischen Gerichte hatten ihn 1947 in Abwesenheit zu 15 Jahren Haft verurteilt.

Der Schriftsteller Jan Tabor faßt zusammen, was Jan Batá als schwerwiegendes Vergehen an seiner Nation angelastet worden war: „1941 hatte die Exilregierung in London die geheim angefertigte Abschrift eines Memorandums erhalten, in dem Jan A. Batá den NS-Machthabern die Umsiedlung der Tschechen aus Böhmen nach Patagonien vorschlug. Diese Aktion sollte zehn Jahre und 500 Schiffe in Anspruch nehmen, die Kosten schätzte er auf 40 Milliarden Reichsmark. Der Tschechenstaat in Argentinien war bis ins Detail geplant, er sollte nach dem Vorbild von Batás Groß-Zlin organisiert werden und Batagonien heißen. Die Kommunisten nutzten diese Geschichte aus, um auch Tomáš Batá II., den damals 25jährigen Sohn von Tomáš Batá I., des Verrats zu bezichtigen. Auch er verließ 1939 die Tschechoslowakei, ging nach Kanada, wo er eine neue Schuhstadt, Batawa, gründete. Er meldete sich freiwillig zum Dienst in der kanadischen Armee und nahm als Pilot am Krieg gegen Deutschland teil. 1950 prozessierten er und seine Mutter Marie Batá in New York gegen Jan Antonin Batá um ihren Erbschaftsanteil."

Nach dem kommunistischen Putsch im Februar 1948 war die Fabrik verstaatlicht und umbenannt worden wie die Stadt selbst. Die Marke „Batá" war in Ungnade gefallen und hieß fortan „Svit" (Lichtstrahl), die Stadt Zlin hieß bis 1989 Gottwaldov, dem Staatspräsidenten Gottwald Klement (1948–1953) zu Ehren.

Diese Spuren stalinistischen Personenkults wurden nach der Wende gelöscht, Stadt und Schuhfabrik leben heute wieder unter ihrem alten Namen, der Schuhkönig Tomáš II. ist zurückgekehrt. Im Geburtshaus Tomáš Batás arbeitet heute eine Batá-Stiftung, die sich um die Ausbildung Jugendlicher in den Reformländern Osteuropas kümmert.

Gablonz, Riedel, Moser

Die Glasmacher Böhmens

URGLAS VOM HIMMEL

Die Geschichte des böhmischen Glases beginnt eigentlich an den Rändern, dort, wo dichte Waldflächen den Rohstoff bereitstellten. Und nachdem bereits im 18. Jahrhundert Glas als „das beste Kleinod des Landes" gerühmt wurde, siedelten manche ahnensüchtige Forscher die Wurzeln der blühenden Industrie gerne in mythischen Vorzeiten an.

Die Erdgeschichte hätte das Ihre dazu getan. Im Tertiär wurde das Nördlinger Ries (im heutigen Baden-Württemberg) von einem Meteoriten getroffen, dessen Materie bei dem Einschlag verdampfte und einige hundert Kilometer östlich über dem heutigen Budweiser Becken als Glasregen niederging. Im südböhmischen Boden blieben Unmengen von braungelben oder grünfarbenen Naturglastropfen zurück, sogenannter Moldavit, der heute in einer geologischen Auswahl in den Vitrinen des Museums von Týn (Moldautein) zu besichtigen ist. Dieses Naturglas wurde im 19. Jahrhundert aufgrund seiner mineralischen Zusammensetzung kurzerhand als „Bouteillenstein", als Flaschenglasschlacke und als Industrieabfall angesehen.

Das kosmische Ereignis sollte also die schönsten Beweise für die flächendeckende Existenz einer fleißigen Manufaktur auf den Granit- und Gneisböden liefern. Daß es sich um Urglas handelt, ist ja bis heute unbestritten, ebenso unbestritten ist inzwischen aber auch, daß sich dieses Glas nicht emsigen Glashütten, sondern im wahrsten Sinn des Wortes dem Himmel verdankt.

VENEDIGS NEUE KONKURRENZ

Ein historischer Mittelpunkt der europäischen Glasindustrie war – bis zum Ende des 17. Jahrhunderts – Venedig und die Insel Murano. Das Glas der Adriastadt war berühmt, die Flotte der Serenissima verteilte es im Mittelmeerraum. Venedig lieferte dünnwandige, zarte Luxusware, als nördlich der Alpen noch einfaches „Waldglas" produziert wurde, das den Ansprüchen des Adels nicht genügte. Man importierte, solange es nicht zu kostspielig war. Als aber der einträgliche Silberbergbau Böhmens versiegte, suchten die Grundherren die gläsernen Kostbarkeiten im Land selbst herzustellen. Über erste Erfahrungen verfügte man bereits.

Eine der frühesten Glashütten entstand in Falkenau im nördlichen Böhmen auf den Gütern der Berka von Duba, im 14. Jahrhundert sind dann Glashütten im Süden des Landes bezeugt. Die Dominikaner, ein Orden, mit dem viele Italiener ins Land kamen, betrieben nahe dem Agneskloster in Prag eine Glasschmelze. 1617 ist die Rede von einer „uralten Stögerhütte" auf dem einstigen Besitz der Herren von Rosenberg, wo später in Gratzen (Nove Hrady) eines der innovativsten Glaszentren gedeihen sollte.

Im 18. Jahrhundert werden dann von den nordböhmischen Siedlungen Haida (Nový Bor) und Steinschönau (Kamenický Šenov) aus etwa 100 Niederlassungen von Glashandelsgesellschaften an der Küste Europas und der Levante beliefert. Von Nordböhmen und aus dem Böhmerwald wird die stilistische und wirtschaftliche Vorherrschaft venezianischen Glases im 19. Jahrhundert letztendlich gebrochen.

1841 existierten in Böhmen 69 Glasraffinerien (Verarbeitungsstätten von Glas), in Venedig nur noch drei. Um 1700 bereits hatten Handelspioniere aus Böhmen den aufnahmefähigen Markt Spaniens erschlossen. Erst Napoleons Kontinentalsperre beendete 1805 diese Verbindungen.

Böhmen mußte zwar zwischendurch, in der Zeit des Vormärz, auch technologisch klein beigeben, nachdem England eine neue Glassorte, das weiche Bleiglas und den Brillantschliff entwickelte. Aber das motivierte die böhmischen Glasmanufakturen zu neuen Wegen, so daß sie bald wieder führende Stellung erreichten und ihre Domäne, das verzierte Hohlglas, ausbauten.

Das Wissen um die Glaserzeugung hatten die Orden der Benediktiner und die in der Ostkolonisation aktiven Zisterzienser aus der Spätantike herübergerettet. Glas taucht erstmals im 5. vorchristlichen Jahrhundert in Mesopotamien auf. Glaserzeugung ist aber, unabhängig davon, auch für die Hallstattkultur nachgewiesen.

Im nördlichen Europa beherrschten zunächst die Klöster die Glaskunst, vorrangig zur Illustration in den Kirchenfenstern des 12. und 13. Jahrhunderts als eine Art der Bilderbibel. Sobald sich das Wirtschaftsleben in die Städte verlagerte, entstand die Nachfrage der Bürger nach Gebrauchsgegenständen und Fensterglas. Die Waldhütten lieferten. Es waren Glasmachersiedlungen, die sich aufgrund ihres enormen Holzbedarfs regelrecht als Rodungsinstrumente erwiesen. „Die Glashüttengebäude der frühen Neuzeit waren in der Art großer Holzstadeln auf steinernen Grundmauern mit Öffnungen im Satteldach zum Abzug der Ofengase gebaut. Häufig gab es drei Öfen: einen ‚Werkofen‘ zur Erzeugung von Hohlglas, einen Streck- oder Tafelofen für die Flachglasproduktion sowie einen Kühlofen für das langsame Abkühlen der Gläser. Rund um die Glashütte lagen das Glasmeisterhaus, die Wirtschaftsgebäude wie das Glasmagazin zur Lagerung der fertigen Glaswaren … sowie die Häuser bzw. Holzhütten der Glasmacher, Schürer, Aschenbrenner, Glasveredler, Holzhacker, Fuhrleute und Tagwerker und die wasserbetriebene Pochmühle", in der Quarzbrocken zerstoßen und zu Sand zerrieben wurden (Palla, 113).

Dieser Sand, Siliziumoxyd, sollte möglichst eisenfrei sein. Um das Schmelzen bei normalen Feuertemperaturen zu erreichen, wurde der Schmelzsand je nach Wissensstand und Erfahrung der Hüttenleute mit Soda, Kalk, Kreide, Pottasche und Glaubersalz versetzt.

Soda war das „Flußmittel" der Antike, im Mittelalter bediente sich Venedig spezieller sodahaltiger Sumpfpflanzen. Nördlich der Alpen setzte man Pottasche ein, die durch das Auslaugen von Holzasche gewonnen wurde. Die Glasschmelze dauerte zwei Tage und zwei Nächte und mußte, um reines Material zu gewinnen, tunlichst ohne Rauchentwicklung mit klarer Flamme aus trockenem Holz befeuert werden. Holz brauchte man sowohl zur Pottascheerzeugung als auch als Brennstoff für die Schmelzöfen. Flüsse und Bäche lieferten Quarzsand für die Schmelze.

Allmählich – begünstigt durch Handel und Wanderung von Arbeitern – wurden die Rezepturen verfeinert. Die meisten deutschen Waldglashütten, die grün- bis braunfarbene Gläser produzierten, weil sie die Glasmasse noch nicht von Eisen reinigen konnten, entstanden im 13. Jahrhundert.

Im 14. Jahrhundert sind Glashütten im Bayerischen Wald und im böhmischen Winterberg bezeugt. Für ein geringes „Brandgeld" durfte der Glaspächter bei Winterberg auch noch später aus dem Schwarzenbergischen Forst soviel Holz entnehmen, wie er wollte. Gerade im Dreiländereck von Bayern, Böhmen und Österreich war der Wald aufgrund schwieriger Erschließung sich selbst überlassen, ein Urwald, der im Lauf der Zeit bis zu 145 Glashütten mit Rohstoff versorgte. Anderswo, wo der Waldbestand dürftiger war, kam es aufgrund des hohen Holzbedarfs schneller zu Konflikten. So wanderten – vorteilhaft für den Fortschritt böhmischer Glaserzeugung – sächsische Glasmacher in die Nachbarschaft aus, nachdem sie in ihrer Heimat die Holzvorräte an den Silber- und Zinnberg-

bau abtreten mußten und daher in Nordböhmen neue handwerkliche Möglichkeiten suchten. Gebrauchsglas und Trinkbecher sind im 15. Jahrhundert schon
weit verbreitet, immer noch als grünes Waldglas.

Ein Jahrhundert später breitet sich die Kunst der Bemalung aus. Sie hat in den
venezianischen Emailfarben ihren Ursprung, deren Rezepturen aus dem Orient
stammen. Zunächst wurden hauptsächlich Wappenbilder gemalt, dann, als auch
walzenförmige Humpen verziert werden, ist mehr Platz für religiöse oder jagdli-
che Motive. Die Trinkkultur belebt sich, mit ihr die Auswahl an Gläsern, so daß
ein protestantischer Prediger in Joachimsthal von „unfletig großen Gläsern" in seiner 1592 veröffentlichten „Bergpostill" schreibt.

GLASLABORANTEN IN DER PROVINZ

Gegen Ende des 17. Jahrhunderts erfreut sich neben der Bemalung der Glasschnitt
immer größerer Beliebtheit und läuft im 18. Jahrhundert endlich der Glasmalerei
den Rang ab. Dazu brauchte es aber qualitativ bessere Glasmasse. Schritt für
Schritt holte man das Wissen der Glasmanufakturen des antiken Mittelmeer-
raums, Venedig besaß in der Verwendung von Soda einen Vorsprung, veneziani-
sche Glasscherben wurden daher häufig, wo vorrätig, der Glasschmelze beige-
mengt.

Im Mittelalter war der Glasschnitt in Vergessenheit geraten. Über die Werkstätten der Edelsteinschleifer, die am Hof Kaiser Rudolfs II. in Prag kostbare Intarsien und Steinbilder anfertigten, rückte der Glasschnitt wieder ins Bewußtsein.
Bald ersetzte man den Bergkristall durch Glas, in das mit kleinen Schneidrädern
Dekor eingeschnitten wurde.

Caspar Lehmann, der am Prager Kaiserhof als Edelsteinschneider für die
Kunstkammer Kaiser Rudolfs beschäftigt war, half dem Glasschnitt zum Durchbruch. 1598 errichtet man in der Hauptstadt eine eigene Glashütte, an deren Roh-
lingen Lehmann das in München erlernte Handwerk zur Blüte bringt.

In der zweiten Hälfte des 17. Jahrhunderts trennen sich viele Glasschmelzhüt-
ten von Glasveredlung, Graveuren und Glasschnitt. Die Spezialisierung beginnt.
Die Kunsthandwerker machen sich selbständig und organisieren sich in Zünften.

Mit der Kunst des Glasschnitts auf Hohlgläsern beginnt Böhmens Glaserfolg.
Damals trat die südböhmische Glashütte der Grafen Buquoy in Gratzen erstmals
bahnbrechend hervor. Die Herrschaft Gratzen war schon im 16. Jahrhundert für

ein reichhaltiges Glassortiment berühmt. Die Grafen Buquoy waren im Zuge des Dreißigjährigen Krieges nach Südböhmen gekommen, Karl Bonaventura Buquoy erhielt das Besitztum Gratzen (Nove Hrady), das zuvor den Rosenbergern und später den protestantischen Schwanberg gehörte, aus der Konfiskationsmasse nach der Schlacht am Weißen Berg für seine Erfolge als Feldherr in Diensten Habsburgs. Die kleine Residenz an der Grenze zu Oberösterreich umfaßte 8000 Hektar Wald, eine Poststraße führte durch ihr Gebiet, und Eduard Mörike verewigte die Kleinstadt später in seiner Novelle „Mozart auf der Reise nach Prag".

Die Glashütte Gratzen, der fünf Standorte zugehören, entwickelte 1674 durch die Beimengung von Kreide ein neues Glasrohmaterial, das dickwandig und stärkere Verarbeitung zuließ und damit dem Glasschnitt vorteilhafter war. Das barocke Dekor traf den Zeitgeschmack, und so überrundet Böhmen die fragilen, dünnwandigen Renaissancegläser Venedigs.

Venedig reagierte darauf mit Importverbot für böhmisches Kreideglas. In eigenen Handelsabkommen ging aber Venedig später so weit, böhmisches Rohglas begrenzt zu importieren, es in böhmischer Manier zu bearbeiten und weiterzuverkaufen.

Anders als in der Lagunenstadt Venedig, lagen die böhmischen Glashütten in den Waldregionen, aus denen die Ware mittels Tragegestellen in langen Fußmärschen in die Handelsniederlassungen gebracht wurde. Solche Niederlassungen besaß die Hütte Gratzen in Wien, Linz und Prag. Der Zustand der Wege war miserabel und bestenfalls für Schubkarren tauglich. Viele der nordböhmischen Hütten nutzten ihrerseits die vorhandenen Wege des Leinwandhandels.

Ende des 17. Jahrhunderts verdichten sich die Zeugnisse, daß der Glashandel mit Spanien aufblüht. 1691 hatte ein Kaufmann aus Cadiz 20.000 Gläser geordert, die über Hamburg auf dem Seeweg geliefert werden. Auch Jesuitenmissionare wirkten als Boten und Vermittler, packten auf ihren Weltreisen gläserne Probestücke für ferne Kunden ein. Der spanische Markt warf erhebliche Gewinne ab. Glasverleger wurden aufgrund ihrer Finanzkraft oft zu Kreditgebern der Aristokratie. Handelskompanien entstehen, die von den Hütten das Rohglas beziehen und dieses raffinieren, veredeln lassen und kistenweise über Amsterdam, Hamburg oder Triest an die Niederlassungen auf der Iberischen Halbinsel versenden.

Böhmisches Glas verdankt seinen weltweiten Erfolg diesem Zusammenspiel von Glashütten, kunstvoller Veredelung und weitgespanntem Handel.

Im 14. und 15. Jahrhundert werden Händler in Südböhmen erwähnt, die Glasperlenschnüre für Rosenkränze nach Nürnberg und Breslau bringen.

Nach der Entdeckung Amerikas wurde Zierat und Schmuck aus Glas zum Zahlungsmittel im Sklavenhandel. Der südböhmische Bezirk Winterberg, so weiß der Topograph Schaller 1790, liefere Millionen Glasperlen nach Spanien, Holland und weiter nach Indien „an die Mohren, bei denen sie im größten Werthe stehen".

KAMPF UM FACHLEUTE UND SCHADEN DURCH NAPOLEON

Zwischen 1705 und 1805 erlebt der böhmische Glashandel sein Goldenes Zeitalter. Der Wettlauf um die neuesten Fertigungsmethoden und Werkzeuge war immer auch ein Wettlauf um Fachleute. In der Zeit der Aufklärung erleichterte man die Pacht von Glashütten. Gewerbefreiheit einerseits und Einfuhrbeschränkungen andrerseits sollten die Glasindustrie fördern. Während das eine Land Auswanderungsverbote über Glasmacher verhängte, schrieb ein anderes, etwa Portugal, Einwanderungsprämien für diese Facharbeiter aus.

Es entspann sich ein Kleinkrieg zwischen europäischen Staaten um qualifiziertes Personal, auch zwischen Preußen und Österreich. Das begünstigte die soziale Stellung der Glasmacher. Wo Glashütten zusperren, wird der Obrigkeit aufgetragen, zur Verhütung der Auswanderung der Arbeiter besonders sorgfältig für ihren Unterhalt aufzukommen und möglichst rasch einen neuen Arbeitsplatz zu beschaffen. So entstand auf dem Umweg über industriellen Wettbewerb eine gewisse Fürsorge.

Das Leben von Glasmachern wird in zeitgenössischen Quellen als hart und kurz geschildert. Extreme Hitze am Ofen, häufige Temperaturwechsel, Überanstrengung der Lunge und das Aufputschmittel Arsenik zeitigten ihre Wirkung.

Anfang des 19. Jahrhunderts gerät der einträgliche Spanienhandel ins Stocken. Das sächsische Kurfürstentum sperrte die Elbschiffahrt, weil die Pächter der Straßenzölle durch die Handelsschiffe um ihren Profit fürchteten.

Dem entsprechen im Zeitalter des Merkantilismus die genannten Importerschwernisse und die strikte Bevorzugung landeseigener Produktionsstätten. Vor allem aber brachten die Franzosenkriege und Napoleons Kontinentalsperre 1805 den böhmischen Glashandel beinahe zum Erliegen. Während der Kontinentalsperre Napoleons gelingt es der englischen Glasindustrie, den sogenannten Brillantschliff weltweit populär zu machen. Das neue englische Bleikristall besitzt zwar nicht die Härte des böhmischen, aber das sogenannte Flintglas übertrifft das böhmische an Leuchtkraft.

Bis Joseph Meyr (erneut ist es ein Pächter der Glashütten Silberberg und Bonaventura auf der südböhmischen Herrschaft Gratzen) eine Glasmasse entwickelt und schmilzt, die in Härte und Reinheit die Qualität der englischen Ware übertrifft. Joseph Meyr verdankt Böhmen seinen Wiederaufstieg zum begehrten Glasland. Er hatte schon um 1800 den Brillantschliff in der Böhmerwaldhütte Adolf betrieben. Bald wandert sein Wissen in die Gräflich-Harrachsche Hütte nach Neuwelt (Novy svět) in Nordböhmen, 1810 besucht sogar der Kaiser den Meyrschen Betrieb in Silberberg. Im Lauf des 19. Jahrhunderts wird Meyr zum wichtigen Partner des Wiener Glashändlers Ludwig Lobmeyr.

Ein weiterer Faktor für den erneuten Aufstieg böhmischen Glases ist die im Biedermeier einsetzende Entwicklung des Farbglases. Die Konkurrenz der einzelnen Hütten spornte den Experimentiergeist an und brachte eine Vielfalt von Symbiosen von Färbung, Schnitt und Bemalung hervor. Zunächst war es, wieder in Gratzen, gelungen, undurchsichtiges, dunkelrotes oder schwarzes Hyalitglas zu schmelzen. Bald entstanden Glasimitationen von Edelsteinen in allen Farben.

Währenddessen waren auch im nordböhmischen Haida neue Glasrezepturen entwickelt worden. Das Glaszentrum Haida, Hauptexporteur nach Spanien und Holland, hatte zunächst unter der Kontinentalsperre besonders zu leiden, dann mußte die Konkurrenz des Brillantschliffs aus England und die Massenproduktion von Preßglas aufgefangen werden. Obwohl die böhmischen Gläser in sorgfältiger Handarbeit und bei niedrigen Löhnen gefertigt wurden, litt der Absatz unter dem neuen Preßglas, und die Marktpreise für böhmisches Glas wurden sogar unter die Gestehungskosten gedrückt (Pitrof, 64).

RENAISSANCE MIT RUBINGLAS

Diesen rapiden Preisverfall aufzufangen war das Verdienst von Friedrich Egermann und seinem Handelspartner Wilhelm Müller in Frankfurt am Main. Friedrich Egermann (1777–1864), der in seiner Jugend, obwohl der Vater Oberamtmann in Harrachschen Diensten ist, wenig Zuwendung erfährt, macht sich bald auf die Wanderschaft durch die Porzellanfabriken der Nachbarländer. In Meißen lernt er die Feinmalerei, lernt Farbmischungen und Brenntechniken kennen und beginnt als Autodidakt in Falkenau (Sokolov) Glas zu erzeugen. Er wird zum Glaspionier der Biedermeierzeit in Nordböhmen. Vor allem entwickelt er um 1832 das Rubinglas, das bis dahin nur mit Dukatengold produziert werden konnte und das er mittels Kupferoxyd wesentlich billiger erzeugt. Erst durch das Rubinglas entstand die Überfangtechnik, die sich größter Beliebtheit erfreute.

Egermann genießt mit seinem innovationsreichen Betrieb vielfach die Ehrungen Kaiser Ferdinands, der in der Prager Burg seinen Lebensabend verbringt. Und er weiß, daß er von seiner französischen Konkurrenz, die im Farbglas die Spitzenstellung hält, ernst genommen wird: „Böhmen ist für Baccarat zu einer immer bedrohlicheren Konkurrenz geworden", gibt die Jubiläumsschrift der Glashütte Baccarat unumwunden zu.

Die Verbreitung und Marktbeherrschung verdankt Egermann aber nicht nur der neuen Rubinglasbeize, sondern auch der Arbeit des Frankfurter Glashändlers Wilhelm Müller. Der brachte aus der Messestadt internationale Kunden nach Haida und nahm über eine eigene Niederlassung selbst Einfluß auf Fertigung und Ideenaustausch, so daß allmählich der weltweite Ruf Böhmens in dieser Branche wiederhergestellt werden konnte. Egermanns Rubinglas bildete nun die Basis für Joseph Meyrs Kreation des Überfangglases: Es waren dies Hohlgläser, die mit einer zweiten farbigen Glasschicht überzogen wurden, um dann im Schliff effektvolle Kombinationen beider Glasschichten zu erzeugen.

Diese landesweite Kreativität begünstigt ein zahlenmäßiges Wachstum der Betriebe, das bis zum Jahr 1888 mit 93 Glashütten auf böhmischem Boden ihren Höchststand erreicht. Mit dem Jahr 1834 war jenseits der Grenzen der Deutsche Zollverein geschaffen worden, der erstmals die Zollschranken in vier Fünftel des späteren deutschen Reichsgebiets öffnete. Die Elbschiffahrt war seit 1822 möglich. Die Habsburgermonarchie allerdings gehörte weder zum Deutschen Zollverein, noch brachte sie vor 1850 ein einheitliches Zollgebiet mit Ungarn zustande.

Das 19. Jahrhundert erlebt eine rasante Entwicklung, Raum und Zeit gewinnen neue Dimensionen durch die Eisenbahn, die Abfolge der Kunststile beschleunigt sich seit dem Biedermeier. Diese Erholung nach der Napoleonischen Ära und nach dem Wiener Kongreß findet statt, obwohl die Technologie der Hütten nachhinkt.

England hatte schon früh von Holz auf Steinkohle umgestellt, während die böhmischen Glashütten nach wie vor auf Holz setzten, um ihre Glasöfen zu befeuern und Pottasche zu gewinnen. 1580 erwähnt der hessische Landgraf bereits bewundernd mit Blick auf England, „Gläser, die mit eitel Steinkohle ohne ein Spießlein Holz gemacht werden". Jedermann wußte zwar, daß per kaiserlichem Hofdekret der enorme Holzverbrauch eingeschränkt werden sollte. Die Versuche mit Steinkohle waren in Österreich aber unbefriedigend, so daß durch dieses tech-

nische Defizit ein enormer Kahlschlag in den Wäldern um sich griff, der den Rohstoff Pottasche verteuerte. Die Glasmeister protestierten mehrfach gegen den zusätzlich preistreibenden Export von Pottasche, ein Protest, der besonders nach 1848
im zunehmend liberalen Wirtschaftsklima verhallte. Zudem verfügte man damals
auch schon über das Leblanc-Verfahren zur Soda-Produktion, das Pottasche allmählich erübrigte. Erst in der zweiten Hälfte des 19. Jahrhunderts gelang in Österreich-Ungarn die etappenweise Umstellung auf Holzgas und später auf Kohle und
damit die Herstellung kostengünstigerer Produktionsbedingungen.

Dessenungeachtet hatte Böhmen wieder seinen alten Glanz im Glashandel erreicht. Die meist in den Familien weitergegebene Fertigkeit im Glasgewerbe, der
Kunstsinn, das Gefühl für Schmuck und Proportion bei Schliff und Schnitt der
Hohlgläser, die technische Spezialisierung, die ausschließlich autodidaktisch und
bis in die zweite Hälfte des 19. Jahrhunderts ohne unterstützende Berufschulbil-
dung erfolgte, waren imstande, technische Rückständigkeit aufzuwiegen.

Die Heimarbeit, in der Familienmitglieder aller Generationen mitwirkten,
garantierte auch eine konkurrenzfähige Preisgestaltung. Sogar die Löhne der Manufakturen lagen in Österreich unter dem Niveau konkurrierender Staaten wie
Deutschland, Frankreich oder England. Dieses Lohngefälle veranlaßte freilich
nach 1848 auch viele Glaskünstler Böhmens, nach Frankreich auszuwandern, wo
sie ein Mehrfaches an Lohn erwarten durften.

Immerhin schuf die Regierung durch den verstärkten Ausbau des Eisenbahnnetzes günstige Transportmöglichkeiten, nicht nur für den Glasexport, sondern
auch für die Beschaffung der Rohstoffe. Inzwischen wird auch die Verbindung mit
den Kohlerevieren wichtig, zumal nicht mehr nur Holz der einzige Rohstoff und
Energieträger der Glashütten war.

GLAS IM NORDEN UND SÜDEN: LOBMEYR UND LOETZ

Die bedeutendsten Glasregionen des Landes entwickelten sich in den nordböhmischen Herrschaften Böhmisch Kamnitz und Bürgstein, beide im Besitz der
Fürsten- und Grafenfamilien Kinsky. Hier war vor allem die Glasveredelung angesiedelt. Von den 73 Glasraffinerien in der österreichischen Monarchie, die Mitte
des 19. Jahrhunderts mit Fabrikerlaubnis versehen waren, hatten 69 in Böhmen
ihren Sitz und von diesen wiederum 54 im Gebiet von Haida und Steinschönau.
Dem entspricht auch die Dichte der Schleifstätten: Von 7000 Schleifstätten in

Böhmen arbeiten 5300 in dieser Region. 1856 und 1870 erhielten Steinschönau und Haida auch die nötigen Fachschulen.

Die Erzeugung von Rohglas, das Hüttenwesen also, konzentrierte sich wiederum im Iser- und Riesengebirge und in den Tälern der Böhmisch-Mährischen Höhe. Während im Westen Steinschönau diese Glasregion begrenzte, lag im Osten Neuwelt mit der Glashütte, die seit 1763 im Besitz der Grafen Harrach stand und besonders dem Hüttenleiter Johann Pohl ihren ausgezeichneten Ruf verdankte. Die gräfliche Verwandtschaft trug ebenfalls zum Aufbau einer exklusiven Klientel bei. Schließlich wurde auch das Flußgebiet der Sazawa und die Böhmische-Mährische Höhe von namhaften Glashütten und Raffinerien besiedelt, von Josef Inwald, Franz Küß oder Johann Wagner und Johann Rückl.

Am exportträchtigsten erwies sich Massenware an Farbgläsern mit eingeschnittenen Tier- und Jagdmotiven, die als „böhmisches Glas" nach Frankreich und – trotz Preßglaskonkurrenz – nach England und in die Kolonien geliefert wurde. Der Weg Böhmens zurück auf die Weltmärkte war begleitet von zahlreichen Erfolgen auf Industrie- und Gewerbeausstellungen, die laufend Neues aus der böhmischen Glasindustrie präsentierten.

Die Glaserzeugung erlebte mehrere Moden, vergewisserte sich aber auch immer wieder selbst der besonderen Stärken und Eigenschaften ihres Materials. So hatte bereits um die Mitte des 19. Jahrhunderts der Engländer William Morris mit seiner „arts and crafts"-Bewegung die Rückbesinnung auf kunsthandwerkliche Qualität erreicht. In Wien und Prag entstanden im Sog dieser Bewegung die Kunstgewerbeschulen und das Museum für Kunst und Industrie 1864.

Stil- und bewußtseinsbildend wirkte das Glashaus J. & L. Lobmeyr als Lieferant des kaufkräftigen Adels und Bürgertums der Monarchie. Lobmeyr förderte die Renaissance der Graveurkunst, beschäftigte Architekten, die gemeinsam mit ihm neue Tafelservice, aber auch Beleuchtungskörper entwarfen. Seit 1860 darf sich Ludwig Lobmeyr „k. k. Hofglaswarenhändler" nennen, seine prachtvollen Luster schmücken die Schlösser in Dresden und Herrenchiemsee, das Wiener Rathaus und die Redoutensäle. Er regte die Fertigung des „Kaiserservices" an, das dann auch im südböhmischen Winterberg erzeugt und geschliffen, in Haida graviert und in Wien mit Gold und Silber verbrämt wurde, um dann im Marmorsaal der Wiener Hofburg in Vitrinen als Schaustück bei Empfängen zu dienen.

Die altösterreichische Glasbranche hatte ihre Verbindungen gefestigt: Ludwig Lobmeyr war mit dem Glasfabrikanten Wilhelm Kralik in Winterberg verschwägert. Das Kaiserservice brachte der Glasmeisterfamilie Kralik in Eleonorenhain/Winterberg großes Ansehen. 1856 erzeugte allein diese Hütte 6700 Zentner Hohlglas und beschäftigte vom Holzknecht bis zum Glasschneider rund 1000 Personen.

Nach Ludwig Lobmeyr lenkt ab 1917 sein Neffe Stefan Rath die Geschicke der Firma, verbreiterte die Zusammenarbeit mit dem Lusterspezialisten Reinhold und Adolf Palme in Steinschönau und mit dem Architekten Josef Hoffmann. 1918 kauft Stefan Rath in Steinschönau eines der schönsten Patrizierhäuser Nordböhmens (es dient heute als Glasmuseum). 1925 wird Adolf Loos sein Partner im Glasentwurf. Auch Marianne Rath kreiert Farbgläser, die dann bei Moser in Karlsbad aus seltenen Erden gefertigt werden. Böhmen wird in der Zeit des Nationalsozialismus, als Stefan Rath aufgrund der „Ariergesetze" das Wiener Haus seinem Sohn übergeben muß, seine eigentliche Heimat und sollte es unter widrigen Umständen auch noch nach 1945 sein.

Im Jahr 1840 übernahm Johann Loetz (1778–1848) die Glashütte in Klostermühle bei Bergreichenstein. Loetz war schon seit der Prager Ausstellung 1831 bekannt in seinem Metier. Er stellte die Hütte Klostermühle von Tafelglas und Perlenerzeugung auf Hohlglas um. Nach seinem Tod firmierte das Unternehmen unter „Johann Loetz Witwe" und konzentrierte sich auf Farbglas. Unter dem Enkel Max Ritter von Spaun erlangte die Firma mit ihren Jugendstilgläsern in schimmernden Onyx- oder Jaspiseffekten Weltberühmtheit. Loetzgläser teilten sich den Rang mit Tiffany in New York oder Gallé in Nancy. Durch den Wiener Glashändler Bakalowits bestand enge Verbindung zur Kunstgewerbeschule. Kaufmännische Fehler führten 1911 in den Konkurs, die Firma bestand aber bis in den Zweiten Weltkrieg als Aktiengesellschaft.

KARLSBAD UND GABLONZ, MOSER UND RIEDEL

Erfindungen und Kreativität im Werkstoff waren eine Seite der Konjunktur, die andere geschickte Handelshäuser mit Verbindungen zu aufnahmefähigen Märkten oder einflußreichen Kunden. Ein Treffpunkt letzterer war zweifelsohne das Bäderdreieck im Westen des Landes.

Berühmten Kurgästen wurden die luxuriösen Landesprodukte in Karlsbad oder Franzensbad gewissermaßen an den Sprudel gereicht. J. W. Goethe, selbst begeisterter Gast, war befreundet mit den Grafen Buquoy, legte Glasgeschenken an die Kaiserin Maria Ludovica 1810 eigens verfaßte Gedichte bei und überreichte Frau

Gablonz in den 1930er Jahren

von Levetzow und ihren Töchtern, deren eine ihm zur „Marienbader Elegie" Anlaß gab, zierliche Glasbecher zur Erinnerung.

Goethe kaufte für den Eigenbedarf beim Glasschneider Anton Heinrich Mattoni (1779–1864) in Karlsbad. Dessen Arbeiten benutzt er sogar zu Experimentierzwecken für seine Farbenlehre. Karlsbad war eine Hochburg des Glasschnitts, und einer der Schüler Mattonis hieß Ludwig Moser (1833–1916), der ebenfalls wie viele andere mit einer kleinen „Butik", einem Verkaufsladen, auf der „Alten Wiese" im Kurzentrum am Teplfluß seine unternehmerische Karriere begann.

1855 mietete Ludwig Moser den Laden. Sein Vater und sein Großvater hatten als Gastwirte ein jüdisches Restaurant in der Kurstadt betrieben. Ludwig Moser erkannte die Bedürfnisse des Souvenirhandels und machte sich die sentimentale Neigung der Gäste zunutze, die vom heilsamen Sprudel auch Andenken mit nach Hause nehmen wollten. Er bezog die Gläser aus der Harrachschen Hütte in Neuwelt im Riesengebirge, aber auch aus Winterberg im Böhmerwald und gab ihnen in seiner Glasschneidewerkstatt den letzten Schliff. Mit der Wiener Weltausstellung 1873 wird er königlicher Hoflieferant und betreibt damals bereits eigene Niederlassungen in London, Paris, New York und St. Petersburg.

1892 gründet Moser, um von seinen Lieferanten unabhängiger zu werden, eine eigene Glashütte in Meierhöfen bei Karlsbad, obwohl die Behörden sich massiv dagegenstemmten, „weil durch die Errichtung einer Glasfabrik die curärztlichen Interessen des Weltcurortes Carlsbad in erheblicher Weise geschädigt würden". Lud-

wig Moser muß sich an Auflagen halten und versucht seiner Fabrik den Ruf eines
Ausflugsortes zu verleihen. Was für Venedig Murano, sollte für Karlsbad Meierhöfen
sein. 1901 produziert seine Fabrik 600.000 Kilogramm Tisch- und Zierglas, Luxusglas, das laufend bei internationalen Bewerben Medaillen einbringt.

Die Region des Iser-, Adler- und Riesengebirges und vorgelagert die Stadt Gablonz bildeten eine weitere, bald erfolgreich industriell orientierte Glaslandschaft.
Hier residierten die „Glaskönige des Isergebirges", die Unternehmerfamilie Riedel. Die Hütten der Region erzeugten Rohglas und veredelten es selbst. Bis in die
Mitte des 19. Jahrhunderts fertigten sie wie anderswo Hohlglas. Danach gewann
hier die Glaskurzwarenindustrie immer größere Bedeutung, die Produktion von
Halbfabrikaten, von Perlen, Knöpfen, Lusterbehang, Glasschmuck und speziellen Exportschlagern für Indien.

Viele der Glasschneider wechselten in die „Glasdrückerei" und nutzten die
rasch wachsende Schmuckindustrie. Oder sie lieferten nach Steinschönau an die
Luster- und Glasleuchtenfabrik Palme. Es war der bestechenden Lichtbrechung
ihres Glases zuzuschreiben, daß er die Venezianer und Engländer übertraf und
Schlösser des Prinzen Eugen ausstattete, genauso wie Residenzen in Fontaine-
bleau, Brüssel oder St. Petersburg.

In der Fabrikation der Glaslüster arbeiteten unterschiedliche Handwerker zusammen, Kugler, Glasmaler, Schleifer, Vergolder und Gürtler. Palme holte viele
aus dem Isergebirge, eine Region, die sich, wie später Gablonz durch ihre Heimarbeiter, zu einer bedeutenden Zulieferindustrie entwickelte.

Die Familie Riedel gibt ein hervorragendes Beispiel für den Aufstieg aus kleinen Verhältnissen, für eine Karriere, die in eine Glasdynastie mündet.

Nach zwei Generationen im Glasgeschäft – seine Vorfahren sind Glasmaler
und Glashändler in der Region um Böhmisch-Leipa (Česka lipa) – schafft es
Johann Leopold Riedel (1726–1800): Er nutzt nach dem Siebenjährigen Krieg das
Geld, das Kaiserin Maria Theresia zum Wiederaufbau zur Verfügung stellt, er entwickelt statt der bis dahin üblichen in Blei gefaßten Butzenscheiben großforma-
tiges Fensterglas und hat damit Erfolg. Sein Weg blieb dennoch mühsam. Er begann 1756 in der Zenknerhütte in Antoniwald, die Johann Riedel von den Grafen
Desfours gepachtet hatte. Aber erst nach 20 Jahren Unternehmertum als Leib-
eigener der Fürsten Kinsky erhält er die Freisprechung, nicht ohne vorher mit den
Forstbeamten der Grundherrschaft einen Dauerstreit ausgefochten zu haben, weil
diese seine „wälderverwüstende" Glasproduktion bekämpften.

Als freier Bürger gründet Johann Leopold Riedel die Glashütte Christiansthal, das erste Haus in eigenem Besitz, das in der Folge vier Generationen bewirtschaften sollten. Am glanzvollsten gelang das unter Josef Riedel dem Älteren (1816–1894). Er galt als der „König des Isergebirges", er begründete die Gablonzer Bijouterieindustrie und entwickelte in seinen Betrieben in Polaun 600 Glasfarben unter Verwendung von Uranoxyd, die durch die Patenschaft seiner Frau die Bezeichnung „Annagläser" erhielten.

Noch Johann Leopold Riedel gehörte zu jenen, die das Sortiment ausdehnten, wie seine Geschäftspapiere in blumigen Artikelnamen belegen. Er verkauft: „Bier- und Weingläser, Seidelbecher, Stamper, Fingerhütchen, Spaniolgläser, Johannes- und Freimaurerbecher, Urnen, Bouteillen, Katzenköpfe, Schraubenflaschen, Krügel, Karafins, Salzfäßchen, Waschbecken, Gießkännchen, Glasteller, Schreibzeuge und Dosen". Mehr noch: Seine Manufaktur wird bekannt für „hüttenfertige" Weihbrunnkessel und Wasserbarometer. Diese Vielfalt reichert er in der zweiten Hälfte des 19. Jahrhunderts noch an mit „Lüsterbehangteilen" aus Kristallglas wie „Rösel, Sternel, Herzel, Kugeln und Pyramiden".

HARTE GLITZERWELT UND INDISCHE KUNDEN

Damit war der Schritt zur typischen Gablonzer Glas- und Schmuckindustrie getan. Ein Schritt, der von der Entwicklung eines neuen Berufsbildes, des Glasdrückers, begleitet war. Die Erzeugung kleiner Glasteile im Schmelzofen wäre umständlich gewesen, man fertigte deshalb zunächst Glasstangen als Zwischenprodukt. Dieses Stangenglas wurde dann in kleineren Öfen wieder erhitzt und mit besonderen Zangen in kleinteilige Formen gebracht, die bei Bedarf noch von einem Hilfsarbeiter, dem Stecher, mit Löchern zum Auffädeln versehen wurden.

Die Glasdrückerei öffnete neue Gewerbezweige, die von der armen Landbevölkerung des Isergebirges begierig besetzt wurden. Aus Bauern wurden Glasdrücker, Hohlperlenbläser, Kristallglasschleifer-Spezialisten, die alle einer Branche zuarbeiteten. Aus häuslichem Nebenerwerb entstand so allmählich eine Verbundindustrie mit einer großen Anzahl an Zulieferanten.

In der Biedermeierzeit erlangte Gablonz mit seinen 3200 Einwohnern bereits wirtschaftliche Prominenz. 1841 bescheinigt Carl Josef Czörnigk dem nordböhmischen Ort schon weltweite Bekanntheit. Gablonz verspreche einer der bedeutendsten Gewerbeorte des Königreichs Böhmen zu werden. Denn, so führt

Czörnigk aus: „Den Hauptteil des Preises dieser Ware macht der Arbeitslohn aus, der kaum irgendwo niedriger sein kann. Der Gebirgsschleifer lebt genügsam mit seiner Familie, Jahr aus, Jahr ein, von Kartoffeln und Brot; und mancher starb, ohne je woanders Fleisch gegessen zu haben als bei einem Hochzeitsschmaus. Daher die dem Fremden oft unbegreifliche Wohlfeilheit der hier geschliffenen Glasartikel."

Brauchte man mehr als manuelle Kraft, so baute man an den zahlreichen Wasserläufen eigene Schleifmühlen, die das Kristallglas glätteten, bevor es durch Feuer und Säure nochmals poliert wurde. Diese „Kristallerie" gedieh in den Gebirgstälern, bis Textilfabrikanten oft gleich mehrere Schleifmühlen aufkauften, um mit deren Wasserkraftpotential eine einzige Textilfabrik betreiben zu können. Mit der Ausbreitung der elektrischen Energie existierten die Schleifmühlen dann unabhängiger von ihrem Standort. Konjunkturabhängig und anstrengend blieb ihr Arbeitsfeld trotzdem: „Feuchte Luft, Zugluft aus den Transmissionsöffnungen im Fußboden und vor allem der Glasstaub, welcher besonders bei der Polierarbeit entstand, förderten Rheumatismus und Tuberkuloseerkrankungen. Bis in die neuere Zeit erreichten Glasschleifer nur ein Durchschnittsalter von 35 bis 40 Jahren. So stark wütete die Lungensucht unter ihnen" (Zenkner, 104).

Gablonz ist das historische Beispiel für Anpassungsfähigkeit und Innovationsstärke einer Branche. Hohlglasfertigung verwandelt sich im 19. Jahrhundert in „Glaskurzwarenindustrie", die andere Gewerbe wie Gürtler und Goldschmiede mit einbezog. Künstliche Glasschmucksteine kannte man schon früher aus Frankreich. Ein Wiener Juwelier namens Joseph Strasser bot bestechende Diamantimitationen an, die als „pierre de Strass" reißenden Absatz fanden. Die französischen Glassteinfabriken im Jura beschleunigten die böhmische Nachrüstung, denn sie verwendeten bereits mechanische Schleifmaschinen.

Als erfolgreichster Konstrukteur von Steinschleifmaschinen macht sich Daniel Swarowski (1862–1956) einen Namen. Seine Prototypen stellte Swarowski in Johannesthal nahe Reichenberg (Liberec) auf. Er übersiedelt seine Fabrik aber bald nach Wattens in Tirol, um, nunmehr abseits gelegen, vor Industriespionage geschützt zu sein. Swarowski ist heute unumstritten in Produktion und Vermarktung, seine funkelnden Glasminiaturen finden sich weltweit in allen Duty-free-Zonen der Flughäfen.

1898 war Verkaufsstrategie und Präsentation schon ein wichtiger Erfolgsfaktor. In einer Jubiläumsschrift aus der damaligen Zeit mißt deren Autor selbstbewußt die Distanz der Gablonzer Industrie zu ihren Gründerjahren: „Die Waare wurde zu jener Zeit noch nicht auf elegante Karten und in Cartons verpackt, sondern 1–2 Dutzend auf Pappendeckel aufgesteckt, dann in Papier eingeschlagen. Heutzutage (1898) würde diese Verpackungsweise das Staunen der Käufer erregen, nachdem auf Eleganz der größte Werth gelegt wird."

Der sensationellste Verkaufserfolg, den die Gablonzer Industrie jemals auf den Markt brachte, waren die *„bangles"*: Armreifen aus Farbglas, die von Hindufrauen in Indien als Schmuck und als Opfergabe verwendet wurden. „Hindu-Pilger warfen diese bangles in der Stadt Benares Gott Shiva zu Ehren in den heiligen Fluß der Inder, in den Ganges. Und da Millionen frommer Hindus jährlich nach Benares pilgerten, war der Umsatz der Gablonzer Industrie an bangles entsprechend groß" (Rössler).

Ab 1880 liefen die Exporte über den österreichischen Seehafen Triest nach Bombay. 1912 taufte der Österreichische Lloyd sogar einen Frachter und Passagierdampfer auf den Namen „Gablonz". Eine eigene „Gablonz Indian Trading Corporation" betreute das Geschäft, das auch seine Krisen erlebte: „Die im Jahre 1896 über Indien hereingebrochene Pest und Hungersnoth hatte den Export brachgelegt. Speciell davon betroffen wurden die sogenannten Glasarmreifen, Bangles, da die indischen Priester den unwissenden Hindus, deren Frauen diese Armreifen hauptsächlich als Schmuck trugen – jede Hindufrau trägt bis zu sechs Paar solcher Reifen an ihren Armen – vorpredigen und versicherten, dass diese Bangles die einzige Ursache der Heimsuchung ihres Volkes durch die Pest seien. Dieselben seien vergiftet, respective aus giftigen Bestandteilen hergestellt, insbesondere die grünen; die rothen seien mit Thierblut gefärbt – Thiere sind bekanntlich den Hindus heilig –; dass die Götter über die Prunksucht der Frauen zürnen, die sich mit diesen fremdländischen Reifen schmücken u. s. w. Die gläubigen Hindufrauen zerschlugen ihre Armreifen. Kaum war die Pest verschwunden, als auch der Artikel wieder in Aufnahme kam" (Die Großindustrie). In der Zeit vor dem Ersten Weltkrieg wurden jährlich bis zu 20.000 Kisten mit je 200 Glasbangles nach Indien verschifft.

Nachdem sich in diesen Jahren allgemein der Überseehandel für Österreich öffnete, erwirtschaftete die nordböhmische Glasindustrie ein beträchtliches Steueraufkommen. „1911 zahlten die Betriebe der Gablonzer Industrie fast 2 Millionen österreichische Kronen an Steuern, mehr als das Kronland Dalmatien insgesamt" (Rössler, 26).

In der Symbiose von Glashütten, Glasschleifern, Gürtlern und Spediteuren wirtschafteten im Gablonzer Industrieverbund zwischen 1918 und 1938 immerhin mehr als 2000 kleingewerbliche Firmen, die einander freilich auch heftig konkur-

rierten. Ihre Produktpalette jedenfalls war unübertroffen. Sie reichte neben dem
Angebot für Interieur, Tischkultur und Schmuck, von Tintenfässern und Paper-
weights bis zu Glasmöbeln. Die Firma Elias Palme in Steinschönau lieferte ein
komplettes Glaszimmer an den Maharadscha von Haiderabad, vom Bettgestell bis
zur Wasserpfeifengarnitur.

NACH 1918

Der hohe Grad an Industrialisierung begünstigte den Start der Ersten Tschechoslowakischen Republik 1918. Als einzigem Staat Mitteleuropas war es der Republik möglich, eine Inflation, die sowohl Deutschland als auch Österreich wirtschaftlich schwer in Mitleidenschaft zog, zu verhindern.

„Während die Weltproduktion zwischen 1920 und 1929 um etwa 50 % anwuchs,
konnte die ČSR in diesem Zeitraum ihre Erzeugung verdoppeln. Die Handelsbilanz war während dieser Zeit ständig aktiv." 1922 exportierte die Tschechoslowakei
um ein Drittel mehr, als sie importierte. Diese bevorzugte Stellung hielt, bis 1929
der New Yorker Börsenkrach die Weltwirtschaftskrise einleitete. Bis zum März 1933
sank die Produktion in der Glasindustrie auf 48 % des Standes von 1929.

Die dichte Industrialisierung der sudetendeutschen Gebiete, die vorher eine
Stütze für Kaufkraft und Steueraufkommen war, wurde jetzt politisch verhäng-
nisvoll, da die Arbeitslosigkeit vor allem die Regionen der Textil-, Glas- und Porzellanindustrie erfaßte. „Von 27 Bezirken mit mehr als 10 % Arbeitslosen waren 23
deutschsprachig. 1936 hatten die Sudetendeutschen mit 525.000 den Hauptanteil
an der Gesamtzahl von 846.000 Arbeitslosen zu verkraften" (Prinz, 395; Hoensch,
428). Das förderte im Zusammenwirken mit einer problematischen Minderheitenpolitik der Prager Regierung die Unzufriedenheit der deutschsprachigen Bevölkerung mit dem neuen Staat, den sie nicht als den ihren empfanden.

Die Glasindustrie war eine der leistungsfähigsten und weltweit anerkanntesten
Branchen, die aus der österreichisch-ungarischen Monarchie übernommen wurden. Sie wurde zum exportstärksten Zweig der ČSR, unmittelbar nach den landwirtschaftlichen Exportstärken Zucker und Holz. 1927 standen 80 % der Hohl-
glasindustrie und 88 % der Schmuckindustrie im Besitz der deutschsprachigen
Bevölkerung der Tschechoslowakei.

Eisenbahnnetz und die inzwischen gängige Kohlebefeuerung der Glashütten
sicherten zunächst eine kostengünstige Produktion. Dem jungen Staat standen

aufgrund des Versailler Vertrags auch Freihäfen in Hamburg und Stettin zur Verfügung.

Am nachhaltigsten spürte der gesamte Raffinerie- und Veredelungsektor die Folgen des Ersten Weltkriegs. Ihr Rohstoffbedarf war gänzlich von der Kriegswirtschaft vereinnahmt worden. Langfristig bewirkte der Krieg, daß jene Länder, die bislang zu Kunden der böhmischen Glasindustrie zählten, die Schweiz, Holland, Dänemark und Schweden, eine eigene Erzeugung aufbauten. Trotzdem schaffte es auch dieser Zweig, insbesondere die Gablonzer Bijouterieerzeugung, von der Konjunkturbelebung 1920 zu profitieren. 1924 war die tschechoslowakische Glasausfuhr die bedeutendste der Welt, vor Deutschland und Belgien.

Der Glasfabrikant Leo Moser aus Karlsbad betreibt damals die größte Glasproduktion der Ersten Republik. Er hatte die Glashütte Winterberg übernommen und präsentiert seit 1925 seine Tafelkollektionen am Graben in Prag. Den Betrieb in Winterberg muß er allerdings infolge der Weltwirtschaftskrise wieder abstoßen.

1929 brach der Export im Zuge der Weltwirtschaftskrise zusammen, 1936 verfügte die Regierung eine Zwangskartellierung, um ein „Gesundschrumpfen" der Glasindustrie herbeizuführen. Trotzdem konnte Böhmen selbst im zunächst wenig beachteten und ausländischen Konkurrenten überlassenen Preßglas-Markt Fuß fassen. In den späten dreißiger Jahren erringt eine Gablonzer Firma mit Preßglas noch den Grand Prix der Pariser Weltausstellung.

1938, nach dem Anschluß an Hitler-Deutschland, ist zwar die Arbeitslosigkeit beseitigt, die böhmische Glasindustrie wird allerdings sofort zur Zielscheibe nationalsozialistischer Angriffe. Die Planwirtschaft der Diktatur hatte kein Interesse, die Exportstärke und Kreativität dieser Branche zu nutzen.

Leo und Richard Moser hatten bereits 1933 ihre Aktienmehrheit verkauft, das politische Klima in Karlsbad war nach der Machtergreifung Hitlers in Deutschland für jüdische Bürger bedrohlich geworden. Die Glaspioniere Moser konnten Europa verlassen, ehe der Holocaust sie erfaßte.

Die Deportation und Ermordung jüdischer Unternehmerfamilien war ein schwerer Schlag, der internationale Schmuckhandel boykottierte die rassistische Politik und traf den Export empfindlich. Der Umtausch der tschechischen Krone in Deutsche Reichsmark brachte Vermögenseinbußen, und die Nationalsozialisten diffamierten Gablonz als „Mumpitz-Industrie", weil Modeschmuck einer deutschen Frau „nicht würdig" sei (Rössler, 42). Bald erzeugte man nur mehr Uniformknöpfe und feinmechanische Teile für die Rüstungsindustrie. Damals trat die Riedel-Hütte in Polaun erstmals in den Dienst der Fernsehtechnik und entwickelte Großbildröhren, die in der Luftraumüberwachung eingesetzt wurden. Walter Riedel, der als Wissenschafter maßgeblichen Anteil an dieser Forschung hatte, wurde nach Kriegsende von den Sowjets verhaftet und als Spezialist zehn Jahre lang zur Arbeit in einem russischen Glaslabor verpflichtet. Kein Geringerer als Lew Kopelew, der spätere Regimekritiker und Publizist, übersetzte damals Riedels glastechnische Schriften.

Walter Riedels Sohn Claus sollte indessen von einem Kriegsgefangenenlager in Italien nach Bayern überstellt werden. „Der Transport passiert Tirol. Unmittelbar vor dem Berg-Isel-Tunnel springt ein junger Mann aus dem fahrenden Zug in eine Schneewächte. Der junge Leutnant, gerade 21 Jahre alt geworden, in abgerissener Uniform, erkundigt sich nach der nächstgelegenen Glashütte. Es ist Walter Riedels Sohn Claus Josef. Die neunte Generation."

Claus Riedel beginnt mit seinem aus der Sowjetunion zurückgekehrten Vater 1956 eine Glasmanufaktur in Tirol aufzubauen, die 1969 einen zweiten Standort in Schneegattern in Oberösterreich erhält. Mit seinen Glaskreationen prägt Claus Riedel die Tisch- und Trinkkultur. Er weiß Ästhetik und Funktion einzigartig zu verbinden. Das brachte dem „Glasprofessor" zunächst prominente Kunden wie Winston Churchill und im Lauf der Jahre 28 internationale Designpreise. Der Riedelsche Traditionsbetrieb aus Nordböhmen hatte aber endgültig seinen Standort außer Landes gelegt.

1945 brach mit der Vertreibung der sudetendeutschen Bevölkerung die Kontinuität der Gablonzer Industrie zusammen. Zwar blieben deutsche Facharbeiter in der Tschechoslowakei zurück, die „Nationalisierung" und systematische Enteignung, spätestens ab 1948, änderte aber von Grund auf den ursprünglich kleinteiligen Charakter dieser Industrie. Auch wenn inzwischen vieles reprivatisiert wurde, der Bruch blieb spürbar, knapp die Hälfte der heutigen Einwohner von Jablonec wurde nicht hier geboren, sondern ist später zugezogen und angesiedelt worden.

Die Vertriebenen bauten in der Bundesrepublik Deutschland, in Kaufbeuren im Allgäu oder in Österreich unter widrigsten Umständen neue Standorte auf. In Oberösterreich lebten Gablonzer Kleinunternehmer zunächst in mobilen Baracken, bis sie in den Pferdestallungen der ehemaligen Kavalleriekaserne Enns in Oberösterreich Wohnungen und Betriebsstätten fanden und in ihren ersten Stunden aus dem Blech amerikanischer Tabaksdosen oder aus Flugzeugwracks Schmuck fabrizierten. Heute hat sich daraus eine erfolgreiche Modeschmuckindustrie entwickelt, die – besonderes Renommierstück – jährlich die Damenkrönchen für den Wiener Opernball liefert.

Stefan Rath (1902–1960)

Als einziger Unternehmer blieb Stefan Rath, der Senior der Firma Lobmeyr, im nordböhmischen Steinschönau zurück. Während sein Sohn die Wiener Niederlassung in der Kärntner Straße führt und ringsum in Steinschönau die Straßen systematisch entvölkert werden, kann Rath 1945 bleiben und seinen Betrieb samt Belegschaft vor Übergriffen verschonen. Sein Engagement für tschechische Künstler in der Ersten Tschechischen Republik mochte für seine Duldung ausschlaggebend gewesen sein, jedenfalls nutzte das kommunistische Regime die Kunst der Werkstatt für Huldigungsgeschenke zum 70. Geburtstag Josef Stalins.

Stefan Raths Betrieb wird verstaatlicht, er selbst bezieht das Gehalt eines Hochschulprofessors. Der Betrieb in Kamenický Šenov erzeugt weiterhin Waren für Wien: „Lobmeyr made in Čechoslovakia". Peter Rath, der Enkel, resümiert heute: „Wir hatten in Österreich damals diese Qualität noch nicht, damals war noch keine österreichische Firma in der Lage, für uns das Gewünschte zu erzeugen."

Erstaunlicherweise gelang es Stefan Rath sogar 1949, ein Jahr nach dem kommunistischen Putsch, im Museum of Modern Art in den USA eine Sonderausstellung seiner Produkte zu organisieren und damit noch einmal den aufziehenden Kalten Krieg zu überlisten. 1950 allerdings zieht es ihn aus Altersgründen (er behielt bis zuletzt die österreichische Staatsbürgerschaft) nach Wien zurück.

Für die Glashütten der Tschechoslowakei brachte die Nachkriegszeit die zweite Verstaatlichung ihrer Geschichte und – in einer Branche, die abhängig ist von Facharbeitertradition und individueller Kreativität – einen massiven Aderlaß an Arbeitskräften. Selbst wenn die „Aussiedlungsmaßnahmen" nicht alle erfaßten, geriet Moser Karlsbad in akute Personalnot. Als die Geschäftsführung Glasmacher, Glasschleifer und Graveure neu rekrutieren und ausbilden wollte, fiel ihr die tschechoslowakische Politik in den Arm: Neue Arbeitskräfte sollten nur der Schwerindustrie und dem Bergbau zugeführt werden. Dorthin, nach Joachimsthal (Jáchymov) in die Urangruben, wanderten ohnehin manche ab, weil dort wesentlich besser bezahlt wurde.

Schließlich mußte die Glashütte Moser sämtliche Verkaufslokale aufgeben, ausgenommen das Geschäft in Prag. Produktion und Absatz wurden getrennt, für den Außenhandel war eine staatliche Gesellschaft „skloexport" (Glasexport) zuständig. Was passierte, war ruinös für den Betrieb: Die Unfähigkeit in der Vermarktung, der Verlust der Stammkunden schlug durch in die Produktion. Ende der sechziger Jahre, im „Prager Frühling", wanderten dann noch jene deutschen Fachkräfte aus, die 1948 im Land gehalten worden waren. Wäre da nicht der findige Leiter der Prager Niederlassung František Chocholaty gewesen, wäre die Firma in die völlige Anonymität der „Haushaltswaren", denen sie zugeschlagen worden war, abgeglitten. Chocholaty bemühte sich mit sprachlicher und organisatorischer Beweglichkeit um Auslandskontakte und entwarf den berühmten „Riesenschwenker", den Moser erfolgreich an Prominente wie Louis Armstrong oder bei Staatsbesuchen vermarktete. 1987 begann die Firmenleitung Moser behutsam den Weg in die Mündigkeit zu suchen und beteiligte sich am sogenannten „komplexen Experiment zur Unterstützung von Selbständigkeit und Effektivität der Produktion", ein Wagnis, dessen staatsbürokratische Umständlichkeit schon im Namen des Projekts abzulesen ist, dem aber dann die Geschichte im Herbst 1989 rasant entgegenkam.

Nach dem Fall des Eisernen Vorhangs knüpft auch Peter Rath, der Enkel Stefan Raths, neue Kontakte mit dem einstigen Standort Steinschönau. Er, der zwischenzeitlich erfolgreich den arabischen Markt für J. & L. Lobmeyr betreut hatte, gründet 1994 auf eigene Faust das „Glasatelier Steinschönau-Sklarsky Atelier Kamenický Šenov Petr Rath".

Das Firmenhaus Nr. 294 in der ehemaligen Kirchenstraße von Kamenický Šenov war 1810 vom Glashändler Franz Vogel erbaut worden. Als Verleger für Luxusglas und Kristallbeleuchtung war schon Lobmeyr angewiesen auf die Arbeit fremder Glashütten in der Region, auf Heimarbeiter und fachlich geschultes Hinterland, das nach Künstlerentwürfen des Hauses arbeitete. Peter Rath, der unentwegt Überzeugungsarbeit leistet, damit die tschechischen Glashütten „aus ihrem Alltag wieder zu handwerklicher Qualität finden", sitzt heute wieder im Museumsbeirat von Kamenický Šenov und hat bereits ein internationales Graveursymposium vor Ort ins Leben gerufen. Sein böhmisches „Experiment" ist inzwischen soweit gediehen, daß er Christian Dior zu seinen Kunden zählt und daß seine beiden Brüder in der Wiener Kärntner Straße wieder Waren aus Böhmen akzeptieren.

Die neue Gründerzeit

Beispiele österreichischer Wirtschaft in Tschechien

Die Finanzanalysten sehen mehr als einen Silberstreif am Horizont: „Mittel- und Osteuropa holt auf! Nach der Überwindung der Transformationskrise wuchs die Region seit Mitte der neunziger Jahre im Durchschnitt mit etwa 4 % pro Jahr und damit schneller als die EU-Länder", lobt die Bayerische Hypo-Vereinsbank. So sehr dieser Bericht den „neuen Tigern" Komplimente streut, er verschweigt nicht die „hausgemachte Rezession", die Tschechien 1998/99 erlebte.

„Business Week" entdeckt überhaupt in der spannungsreichen Entwicklung des Finanzsektors in unserem Nachbarland die prinzipielle historische Zäsur: In 20 Jahren, so das Magazin, werde man die Geschichte Tschechiens nicht in die Zeit vor und nach der Wende einteilen, sondern in die Zeit vor und nach dem drohenden Konkurs der Investiční poštovní banka, der tschechischen IPB-Bank, der drittgrößten Bank des Landes.

DER BANKENPLATZ PRAG

Die spektakuläre Entscheidung des Finanzministers und der Notenbank, die Investitions- und Postbank (IBP) am 16. Juni 2000 von der Polizei besetzen zu lassen und unter Zwangsverwaltung zu stellen, hatte, wie eingangs erwähnt, ans Tageslicht gebracht, daß die vermeintliche Privatisierung in der ersten Etappe durch fragwürdige Beteiligung alter Management-Riegen die Aushöhlung vieler Industriebetriebe zur Folge und die Banken entsprechend geschädigt hatte. „Von Finanztransaktionen auf die Cayman-Inseln, von Geldwäsche, falschen Sicherheiten, gefälschten Bankabschlüssen und geschönten Bilanzen ist die Rede. Hinzu kommen zahlreiche politische Verflechtungen", schreibt die „Prager Zeitung". Und die deutsche „Zeit" urteilt: „Die Geldinstitute waren die Weihnachtsgänse der neoliberalen Klaus- Regierung zwischen 1992 und 1997."

Die IPB-Bank war durch die Übernahme der Poštovni banka durch die Investiční banka entstanden. Danach kam sie zu 46 % unter den Einfluß des japanischen Finanzhauses Nomura. Nach ihrem Zusammenbruch wurde die skandal-

Am 16. Juni 2000: Polizei besetzt die IPB-Zentrale

umwitterte IPB im Sommer 2000 von der SOB übernommen, der ehemaligen
Außenhandelsbank, die längst mit internationalen Spielregeln konfrontiert war
und bestes Personal hatte. Hauptaktionär der ČSOB war zu diesem Zeitpunkt
schon die belgische KBC-Gruppe.

Eine andere prominente Adresse „am Graben" in Prag, die als Gewerbebank
traditionsreiche Živnostenská banka, die in der kommunistischen Ära bereits eine
Filiale in London unterhielt, ist heute Teil der Berliner Bank.

Die Česká Spořitelna, die Sparkasse, gehört inzwischen der österreichischen
„Ersten", die damit ihren spektakulären Auftritt im Nachbarland gab, den größten Marktanteil am tschechischen Privatkundensektor übernahm, aber auch eine
schwierige Restrukturierungsaufgabe. Im August 2000 erwarb die „Erste Bank"
als zentrales Institut des österreichischen Sparkassensektors knapp 53 % der Staats-
anteile an Česká Spořitelna um umgerechnet 7,3 Milliarden Schilling. Es ist die
bisher größte Direktinvestition Österreichs in der Tschechischen Republik. Die
Česká Spořitelna verfügt über mehr als 900 Filialen und mehr als 3 Millionen
Kunden, allerdings auch über 15.000 Mitarbeiter, von denen mittelfristig ein Drittel abgebaut wird.

Die staatliche Komerčni banka schließlich wurde zu Jahresbeginn 2001 zur Privatisierung ausgeschrieben, genauso wie die Union-Bank, das Finanzinstitut des nordmährischen Industrie- und Kohlereviers.

Bleibt die Agrobanka, die nach einem Skandal von General Electric-Capital übernommen wurde, wobei ihr Bausparsektor der österreichischen Raiffeisen-Bausparkasse zufiel, die durch intensive Werbekampagnen in Tschechien inzwischen große Popularität erreicht hat.

ZENTRALES LOBBYING UND REGIONALER AUFTRITT

Mindestens so beharrlich wie in der Metropole Prag arbeiteten österreichische Finanzfachleute draußen in den Regionen. Das Beispiel der oberösterreichischen Raiffeisenlandesbank (RLB) zeigt, daß hier (wie übrigens auch durch die Sparkasse Mühlviertel West oder die Waldviertler Sparkasse), ausgehend von den Grenzbezirken, ein nachhaltiger Dienstleistungsmarkt entwickelt wird.

Der Chef der oberösterreichischen Raiffeisenlandesbank Ludwig Scharinger sieht mittelfristig in Tschechiens Wirtschaft „hervorragende Voraussetzungen, in der europäischen Entwicklung entsprechend mitzumachen. Nicht nur aufgrund der geografischen Lage, sondern auch aufgrund des hier vorhandenen Denk- und Gestaltungsvermögens". Allerdings trüben einige Faktoren die guten Erwartungen: die Umsetzungsgeschwindigkeit, die Neustrukturierung von Banken und Industrie und die Dringlichkeit eines „Energieplans, der mit den Nachbarn und im besonderen mit der EU zu koordinieren sein wird".

Österreichische und andere ausländische Banken profitierten von der Verunsicherung tschechischer Kunden in ihren einheimischen Geldinstituten. In Pilsen erhielt die Raiffeisenbank-Filiale nach der Insolvenz einer tschechischen Bank prompt deren Einlegegelder zur Verwaltung. Die Gründungsphasen liefen für die österreichischen Geldinstitute in Bezirksstädten wie Budweis zügiger ab als in der Hauptstadt.

Zunächst in Prag, mittlerweile in 20 Raiffeisenfilialen quer über Land, teilt sich die Raiffeisenlandesbank Oberösterreich ihre Aufgabe als Minderheitsgesellschafter mit der Wiener Raiffeisenzentralbank. Der oberösterreichische Raiffeisenchef Ludwig Scharinger setzte allerdings ein Zeichen durch die Eröffnung des „Oberösterreich-Hauses" im Herzen Prags, einem Platz für Lobbying, Geschäftsanbahnung und Kundenwerbung. Hier, nahe dem Altstädter Ring, haben inzwischen neben der

Bank auch Immobilien- und Leasingfirmen, Bausparkasse und Versicherungsmak-
ler, vor allem aber die ACG, die Austrian Consulting Group, ihr Hauptquartier.

Mit diesem Instrument, das die RLB OÖ als Mehrheitseigentümer gemeinsam
mit Anwälten und Beratern innehat, bereitete die Bank eigentlich den tschechischen Markt auf. Das begann 1989, als Jan Vosecky bei Raiffeisen als Industriebe-
rater anheuerte. Vosecky – bis heute ein Moderator zwischen tschechischen und
österreichischen oder deutschen Unternehmenskulturen – war vorher bei Koh-i-
Noor im Export tätig und dann Raiffeisenrepräsentant in Budweis.

Eine Beraterfirma zu installieren gelang schneller, als Banklizenzen zu erhalten.
So etablierte sich die ACG mit ihren Anwälten und Steuerberatern in Prag als
Firma, die ihren Kunden, österreichischen und bayrischen Klein- und Mittelbe-
trieben, Geschäftsführung, Dolmetsch und Buchhaltung in Tschechien anbot. Allein auf dieser Achse sind inzwischen mehr als 350 Firmen ins Land gekommen.
Da mochten die niedrigen Löhne und Produktionskosten ein Faktor gewesen sein,
mit Sicherheit aber nur ein kurzfristiger Einstiegsfaktor.

Der bedeutendste Schachzug gelang ACG im Jahr 1999. Er bewirkte nichts Ge-
ringeres als den Wechsel der südböhmischen und -mährischen Strom- und Gasversorger ins bayrisch-oberösterreichische Lager. Damals entschieden die Bürgermeister der Regionen zwischen Pilsen und Brünn mehrheitlich, die Aktienanteile
der Gemeinden am regionalen Strom- und Erdgasversorgungskonzern nicht dem
staatlichen Energiekonzern ČEZ, sondern Raiffeisen Oberösterreich und deren
strategischen Partnern, der Oberösterreichischen Energie AG, der OÖ. Ferngas
AG und den Bayernwerken, zu überantworten.

DREILÄNDERPAKT AM ENERGIESEKTOR

Als 1994 ein gutes Drittel des Aktienkapitals der regionalen Energieversorgungs-
unternehmen in Tschechien vom Staat den Gemeinden übertragen wurde, öffne-
ten sich auch für ausländische Investoren neue Möglichkeiten. Zwar durften die
Aktienpakete der Gemeinden nur innerhalb der Region an Gemeinden und nicht
an Dritte abgegeben werden, allerdings fanden sich Bürgermeister, die überlegten,
wie sie die kommunalen Anteile zu Geld machen könnten, um die Haushalte auf-
zufetten. Ein sofortiger Verkauf der Gemeindeaktien war nicht denkbar, also bediente man sich einer Rechtskonstruktion, die den ausländischen Investoren sämtliche Rechte des Aktieneigentümers einräumte.

Bei der Versteigerung der Aktienpakete im Rathaus in Budweis erreichte die Energie AG (vertreten von ACG) die Sperrminorität an dem südböhmischen Energieversorger JČE. Bereits zuvor hatte die Energie AG drei Prozent des benachbarten Energieversorgers an der Prager Börse erworben, so daß sie nunmehr über 37 % der Aktien der JČE verfügen konnte. Das überraschte den zweiten ausländischen Bieter in der Region, die Bayernwerke, dermaßen, daß sie nach einem Arrangement mit den Oberösterreichern suchten und zu guter Letzt bei den Beteiligungen an den drei großen Energieversorgern im Süden und Südwesten Tschechiens (JČE, JME und ZČE) Partner wurden.

Besonders dramatisch entwickelte sich der Wettlauf zwischen dem staatlichen Energiekonzern ČEZ einerseits und dem oberösterreichisch-bayrischen Interesse andrerseits, als die südböhmischen und -mährischen Regionalstädte Ende 1999 und im Frühjahr 2000 als „Zünglein an der Waage" ihre entscheidenden letzten 3-Prozent-Anteile den Nachbarn jenseits der Staatsgrenze überantworteten und nicht dem tschechischen „Verbundkonzern" ČEZ. Hier war unbemerkt von der Öffentlichkeit ein Machtkampf zwischen ČEZ und Energie AG entbrannt, lange bevor die ČEZ als Temelin-Betreiber den Österreichern zum Begriff und Feindbild wurde. Hier wurde allerdings auch wirksamer und nachhaltiger Einfluß auf die Energiestruktur benachbarter Regionen gewonnen als durch kurzfristige Protestnoten, wie sie wenig später die Temelin-Konfrontation mit sich brachte.

Jedenfalls teilen sich heute Bayern und Oberösterreich den Energiesektor zwischen Pilsen und Brünn aufgrund eines Kooperationsvertrags zwischen EON (Bayernwerke) und Energie AG (Oberösterreich), der ihnen bei den Stromversorgern in Südböhmen und Südmähren mehrheitsgleichen und in Westböhmen bedeutenden Aktionärseinfluß sichert.

Daß dieser Schachzug mit tatkräftiger Unterstützung aller Gemeinden zwischen Westböhmen und Südmähren gelang, daß sich hier überdies Strommarkt und – über die OÖ. Ferngas AG, die gemeinsam mit der EON über mehrheitsgleichen Einfluß auf den südböhmischen Gasversorger JCP verfügt – Gasmarkt verschränken, zeigt die weitreichende grenzüberschreitende Perspektive für die Region. Schon vor einem EU-Beitritt ist damit ein Infrastrukturnetz geschaffen, das allein auf tschechischer Seite 1,9 Millionen Stromkunden und rund 90.000 Gaskunden versorgt.

Für den oberösterreichischen Energieversorger EAG öffnen sich dank seiner Präsenz jenseits der Staatsgrenze neue Perspektiven. Seine Möglichkeit, einen Teil jener rund 3000 österreichischen Unternehmen, die bereits in Tschechien produzieren, dort vor Ort zu unterstützen und als Kunden zu gewinnen, kann ihm auch auf dem österreichischen Markt, seit es hierzulande keinen Gebietsschutz mehr gibt, Wettbewerbsvorteile bringen. Als einziges österreichisches EVU, das jenseits der Grenze Fuß gefaßt hat, ist es imstande, einen Zusatznutzen anzubieten, den andere österreichische Mitbewerber nicht haben. Nicht kurzfristige Rendite durch Beteiligungen ist das Ziel, sondern mittel- und langfristige Strategien und eine für beide Seiten gewinnbringende Partnerschaft.

Wie im Bankensektor ist auch im Energiesektor seitens der österreichischen und deutschen Investoren und Betriebe die Begleitung durch österreichische und deutsche Partner gefragt.

DIE ANGST VOR DEN „ABGESIEDELTEN ARBEITSPLÄTZEN"

Es sind vor allem Mittelbetriebe nach österreichischen Verhältnissen, die sich vor Jahren für einen Standort in Tschechien entschieden haben, beispielsweise die Firmen Fronius, Teufelberger oder Greiner. Jeder von ihnen sah sich mit dem Vorwurf konfrontiert, der Schritt ins Nachbarland mit seinen billigeren Löhnen koste nur Arbeitsplätze in Österreich. Auf einer Exkursion, initiiert von Wirtschaftskammerchef Christoph Leitl, konnten die Geschäftsführer diesen Allgemeinplatz jedenfalls für ihre Betriebe entkräften.

Der Kunststoffkonzern Greiner (weltweit 4000 Mitarbeiter) hatte in seinem Werkzeugbau in Österreich 1993 180 Mitarbeiter, in Südböhmen damals 60 Mitarbeiter. Bis zum Jahr 2000 hat sich der Mitarbeiterstand in Tschechien auf 230 erhöht, er hat sich aber auch in Österreich mehr als verdreifacht. „Auslagern muß nicht bedeuten, daß man ein ganzes Werk auslagert, sondern muß in kleinen Schritten passieren. Das bedeutet Kostenvorteile am Weltmarkt, und damit kann ich Arbeitsplätze in Österreich sichern", sagt Peter Greiner als Chef des Kunststoffkonzerns.

Genauso bestätigt Michael Teufelberger: Der Standort im südböhmischen Veseli sei zur Basis geworden für den Kauf eines dänischen Betriebs, mit dem Teufelberger bei Kunststoffseilen zum Segelsportausstatter Nr. 1 in Europa wurde.

Und wenn der Schweißtechnikspezialist Fronius allein im Jahr 2000 in Tschechien, in Krumau, einen Kostenvorteil von 60 Millionen Schilling erwirtschaftet, so stärkt das seinen gesamten Betrieb.

Die Produktivität am tschechischen Standort ist nur um 10 % geringer als in Österreich, der Standort selbst aber schafft Zugang zu neuen Kunden.

Als „strategisch wertvoll" qualifiziert auch die Miba AG das Ostmitteleuropa-Engagement. Der österreichische Autozulieferspezialist gründete 1991 als Vorreiter ein Joint-venture in Dolny Kubin, es war das erste dieser Art in einem Produktionsbetrieb auf damals tschechoslowakischem, heute slowakischem Boden. Drei Jahre später übernahm Miba den Betrieb zur Gänze und erzeugt dort mit 130 Mitarbeitern inzwischen Sinterformteile von höchstem Qualitätsniveau für Motoren und Getriebe. Gerade die Autoindustrie als der Schlüsselkunde der Miba AG bezieht Osteuropa in ihre Zukunftspläne mit ein. Miba als Zulieferant ist gefordert, die Internationalisierung ihrer Kunden mit zu vollziehen, genauso wie – oben dargestellt – der österreichische Papierkonzern Trierenberg die Zigarettenindustrie begleitet.

In der Bauwirtschaft hatte sich bereits 1992 – noch im Zuge der ersten Privatisierungswelle – die österreichische Strabag etabliert. Sie kaufte konsequent die damals bereits als Aktiengesellschaften arbeitenden Straßenbaugesellschaften in Budweis, Rychnov nad Knežkou (Nordostböhmen), Uherke Hradiště (Südmähren) und schließlich den vormals größten tschechischen Straßenbaubetrieb in Ostrava (Mährisch-Ostrau). Dadurch war die Strabag schon zweitgrößter Straßenbaukonzern Tschechiens, bevor die Bauholding Ende 1998 die deutsche Strabag (als Mutterkonzern der österreichischen) übernahm. Mehr noch: Der Strabag war es gelungen, bis 1999 die größte Fusion Tschechiens durchzuführen und aus ihren regionalen Aktiengesellschaften einen großen Baukonzern zu schmieden, der vor allem Umfahrungsprojekte errichtete. Heute rangiert die Strabag in Tschechien nach wie vor als zweitgrößte Straßenbaugesellschaft des Landes (nach einem schwedischen und einem französischen Konzern), allerdings auch mit einem beachtlichen Hochbau-Anteil, den die österreichische „Ilbau" aus der Bauholding Hans Peter Haselsteiners einbrachte. Bis heute wurden – was für das Vertrauen in ausländische Investitionen wesentlich ist – weder vor noch nach der Eingliederung der Strabag in die Bauholding Dividenden aus dem Unternehmen nach Österreich geholt, die Aktionäre ließen das Geld im Unternehmen.

Zehn Jahre nach der Grenzöffnung ist das Schlagwort vom „Heimmarkt vor der Tür", vom gegenseitigen Nutzen keine leere Prognose mehr. Es ist zwar in Tschechien noch spürbar, daß es bis dato keinen vermögenden Mittelstand gibt, vermögend sind eher die Restituenten; dennoch erwarten sich die Banken im Anlagegeschäft, besonders aber bei Hypothekarkrediten für Genossenschaften aufgrund des hohen Wohnungsbedarfs steigende Nachfrage. Umgekehrt geben, wie die Wirtschaftskammer ermitteln ließ, Tschechen, Slowaken und Ungarn allein in Wien als Gäste jährlich 11 Milliarden Schilling aus. Während bei Autos, laut Weltbank und Eurostat-Prognose, der Nachholbedarf Tschechiens eher mäßig ist (von 344 pro 1000 Einwohnern im Jahr 1997 auf 368 im Jahr 2010), werden sich die Personalcomputer bis 2010 mehr als verdoppeln und die Mobiltelefone verdreifachen. Markenbewußtsein hat sich schon heute etabliert, wobei der augenfälligste Sektor, der Pkw, auch im Land selbst durch Škoda gut bedient wird.

VOEST ALPINE STAHL-BLECHE IM „ŠKODA"

Gerade das Engagement des deutschen VW-Konzerns bei Škoda in Mladá Boleslav hat bewiesen, daß dadurch nicht nur nationale Vorurteile abgeschwächt werden können, sondern auch eine prosperierende und fortschrittliche Region entsteht. Von den 22.000 Mitarbeitern des Škoda-Konzerns, der sich auf einer Fläche wie Monaco erstreckt, sind 26 % Frauen, deren Lohnniveau dem der Männer bereits gleichgestellt wurde.

Mladá Boleslav ist heute jener Bezirk, der neben Prag die höchste Kaufkraft aufweist. Die Region Prag erwirtschaftet ein höheres Bruttoinlandsprodukt als der EU-Durchschnitt, die Regionen Pilsen und Budweis erwirtschaften immerhin noch das doppelte BIP eines EU-Staates wie Griechenland.

Škoda ist in Tschechien der Schlüsselkunde der österreichischen VOEST ALPINE AG, die 1999 einen Gesamtumsatz von knapp 600 Mio. Schilling auf dem tschechischen Markt verzeichnete. Der größte Teil der Walzware fließt als High-Tech-Blech in die Autoindustrie, der Rest in Haushaltsgeräte und Bauindustrie. Räumliche Nähe und kontinuierliches Wachstum von Škoda-auto läßt steigende Nachfrage erwarten.

Der einzige Konkurrent im Qualitätssektor, der mengenmäßig der VA Stahl beim prominenten Kunden Paroli bietet, ist die französische Usinor-Gruppe: Sie verfügt durch ihre Übernahme der deutschen EKO Stahl in Eisenhüttenstadt (die übrigens vom VOEST Industrieanlagenbau VAI hochgerüstet wurde) über eine wirksame Speerspitze in den mittelosteuropäischen Ländern.

Die Stahlproduktion Tschechiens selbst ist rückläufig. Der einst innovative Hüttenbetrieb Witkowitz (Vitkovice) sucht fieberhaft einen strategischen Partner. Diese Situation wirft ein Licht auf politisch motivierte wirtschaftliche Weichenstellungen in der jüngsten tschechischen Vergangenheit. Es war das erklärte Ziel der VOEST ALPINE AG, das Stahlwerk Nova hut im Ostrauer Revier nahe dem nordmährischen Witkowitz zu erwerben. Durch Investition frischen Kapitals und Modernisierung als Warmbreitbandproduktion sollte auch das Werk Witkowitz profitieren. VOEST ALPINE-Chef Peter Strahammer knüpfte an dieses Sanierungskonzept aber die Bedingung, in Nova hut maßgeblichen unternehmerischen Einfluß zu bekommen. Diese Federführung sollte ein „Faß ohne Boden" ausschließen und zusammen mit einem Kaltwalzwerk der VOEST ALPINE in Ungarn und ihren österreichischen Standorten ein attraktives Stahldreieck in Zentraleuropa schaffen.

Als Konkurrent um das Projekt Nova hut fand sich die US-amerikanische ICF (Intercity Foundation), die ihrerseits mit technologisch einfacheren Konzepten ein Reformlandengagement suchte, um überhaupt wieder in den jahrelang nicht praktizierten metallurgischen Anlagenbau einzusteigen. Allerdings konnte sich die ICF auf die Finanzierungszusage der International Finance Corporation stützen, einer Weltbanktochter, die – so Strahammer – „das Drohbild einer Übernahme durch die Österreicher" zeichnete. Die amerikanische ICF versprach den Tschechen hingegen, sie könnten in Nova hut ihre unternehmerische Selbständigkeit behalten. Ein Versprechen, das das Management vor Ort jedenfalls faszinieren mußte.

Dieser Wettbewerb um Nova hut war schließlich noch politisch überlagert, zumal der damalige Ministerpräsident Václav Klaus ein distanziertes Verhältnis zu sozialdemokratischen Regierungschefs pflegte und im Sog der Amerikaner die Privatisierung der österreichischen VOEST ALPINE skeptisch beurteilte. Und vor allem wollte Klaus sein Land in die NATO führen. „Wichtig war", so resümierte VOEST ALPINE-Chef Strahammer, „in der gegebenen politischen Situation für die Amerikaner als guter tschechischer Partner dazustehen, denn bei ökonomischer Überlegung hätte Klaus überzeugen müssen, daß die Stahlwirtschaften unserer beiden Republiken sehr eng miteinander verflochten sind: Wir beziehen große Mengen Kohle und Koks aus Tschechien, wir organisieren einen Schrotthandel. Das war auch der Grund, warum uns unsere tschechischen Partner in der Frage unterstützten – hier wäre manches zu vertiefen gewesen. Schließlich wären wir, die VOEST ALPINE AG, imstande gewesen, Nova hut beim Export in dritte Märkte wirksam zu unterstützen, eine Schiene, die der amerikanische Mitbewerber, der selbst Neuland betrat, nicht anbieten konnte. Aber das Wesentliche war: die Politik wollte die Nähe zu Amerika dokumentieren. Das Projekt war unterschriftsreif und wurde von tschechischer Seite abgebrochen." Das amerikanische Engagement in Nova hut verlief dann nicht erfolgreich. Für die böhmisch-mähri-

sche Stahlindustrie in Nova hut gerät die Sache zum Verhängnis, strategische Erneuerungen blieben auf dem Papier und wurden bis heute nicht umgesetzt. Das
könnte noch zu Verwerfungen am Arbeitsmarkt führen, denn allein die Nachbar-
betriebe Nova hut und Vitkovice beschäftigen gemeinsam 32.000 Menschen. Ihre
Wettbewerbsfähigkeit aber ist längst geschwunden. Nur das slowakische Stahlwerk
in Košice ist (durch den Einstieg von US Steel) heute in der Lage, am Wettbewerb
teilzunehmen.

Für die VOEST ALPINE AG hat das von Tschechien ausgeschlagene Engagement die Kundenbeziehung dorthin nicht geschmälert. Der tschechische Markt
bleibt drittwichtigster Exportmarkt, Stahlservicezentren werden zur Vorbearbei-
tung eingerichtet, nicht nur die Autoindustrie wird beliefert. Nahe Brünn entsteht
ein Kompetenzzentrum für Stahlprofilproduktion für die Bauindustrie. VOEST
ALPINE-Generaldirektor Peter Strahammer fand sich immerhin in der Nachbarschaft seiner Linzer Wohnung an die einst flächendeckende Präsenz der historischen Stahlindustrie erinnert: Da liegen als Bauteile eines alten Fußwegs vom
„Zaubertal" auf den Linzer Freinberg acht verschiedene Schienentypen aus der
Donaumonarchie verarbeitet und präsentieren dem Kenner das „Who is who"
alter Standorte: Poldi-Kladno, Třinec, Donawitz, Graz.

DER BEGEHRTE BIERMARKT

Die Amerika-Euphorie der Tschechen hat nicht unter vergebenen Chancen auf
dem Stahlmarkt gelitten, wohl aber unter den Streitereien, die die Brauerei Budweis mit ihrem US-amerikanischem Rivalen Anheuser-Busch in aller Öffentlichkeit, sozusagen als Marketingersatz, führt. Der staatliche Betrieb „Budvar" ist ein
nationales Kleinod. Seit Jahrzehnten kämpfen die böhmischen Brauer gegen
„American Budweiser" und verhindern mittels ihrer Markenrechte einen „konti-
nentalen" Auftritt der weltweit größten Bierkonzerns.

Immerhin sind die Traditionsbrauereien Pilsen und Radegast mit einem Marktanteil von 44 % seit Spätsommer 1999 in Händen der South African Breweries,
die Prager Brauereien wechselten aus britischem in belgischen Besitz (was allerdings von der englischen Wettbewerbsbehörde widerrufen wurde).

Da nimmt sich das österreichische Engagement der BBAG vergleichsweise
freundlich aus: Die Österreicher besitzen mit der Brauerei in Brünn den regionalen 30-Prozent-Marktführer in Südmähren (landesweit 3,5 % Marktanteil). Und

sie setzen auf Qualitätsmarken. Die Billigbiermarke wurde aus der eigenen Erzeugung gestrichen, das Augenmerk liegt auf dem Ertrag. Vor allem kleine Brauereien beliefern heute große Handelsketten mit billigem Flaschenbier teilweise unter dem Einstandspreis und geraten in Bedrängnis, wenn Investitionen anstehen. In Zukunft erwartet die BBAG ein Sinken des legendären Pro-Kopf-Konsums von 160 Litern und eine Strukturbereinigung, die die Anzahl der tschechischen Brauereien weiter verringern wird.

LEISER AUFTRITT IN DER TEXTILBRANCHE

Ein Unternehmen, das sich sehr vorsichtig auf die neue Situation nach der Wende eingelassen hat, ist die Linz Textil AG. Ein Vorzeigebetrieb seiner Branche, der unter der Ägide des Schweizers und Wahl-Österreichers Dionys Lehner innerhalb einer krisengeschüttelten Textilindustrie zum führenden Garnproduzenten Europas heranwuchs. „Uns war klar", sagt Dionys Lehner, „daß wir nach der Ostöffnung dort einsteigen sollten, wo unser Eigentümer, die Familie Dr. Thyll, ursprünglich herkommt. Unser Konzern hat in Reichenberg (Liberec) seine Wurzeln, die Industriellenfamilie Thyll ging von dort in die Schweiz und baute später in Österreich wieder ihre Aktivitäten auf." Die Linz Textil AG ging in Tschechien behutsam vor. Als man erkannte, daß sich die Industrie im Land selbst stärker – mit Blick auf Westeuropa und aufgrund der Kapitalknappheit – auf die arbeitsintensive Weberei konzentrierte, wählte man die Spinnerei zum Einstieg. Die Suche dauerte. „Wir stellten fest, wir verpassen nichts. Wir haben gespürt, wie betriebliche Rechnungswesen ganz andere Resultate zeigen können. Schließlich sind wir zu einem Werk zurückgekommen, das wir anfangs schon einmal besucht hatten, zur Firma ‚Jitka' in Neuhaus (Jindřichův Hradec). Dort hatte man inzwischen erkannt, daß aus Qualitäts- und Produktivitätsgründen die Spinnerei nicht weiter vernachlässigt werden sollte. Dort sind wir jetzt mit 80 % an der Linz Textil Jitka s. r. o. beteiligt."

Dionys Lehner sucht immer wieder das Terrain durch den Blick von außen abzuklären, in seinem Fall durch Austausch mit dem befreundeten deutschen Konkurrenten Schoeller aus Düren. Der Industrielle, dessen Familie – wie eingangs geschildert – eine bedeutende historische Rolle in der altösterreichischen Textilindustrie eingenommen hatte, führt heute im nordwestböhmischen Litvinov die größte Spinnerei Tschechiens. Allerdings durchlief sein Engagement eine kritische

vierjährige Anlaufphase, ehe es die Erwartungen erfüllte. Schoeller plant in der
Baumwollspinnerei eine bis heute in Tschechien nicht vorhandene Größenord-
nung zu schaffen. Auch Linz Textil in Jindřichův Hradec spinnt Baumwolle. Der
Linz-Textil-Chef macht keinen Hehl daraus, durch den böhmischen Standort für
die gesamte Holding Synergien zu gewinnen: „Ich möchte dort asiatische Ko-
stenstrukturen imitieren."

Nicht zuletzt könnte das Werk in Jindřichův Hradec der neuen Weberei zulie-
fern, die in Linz entsteht und die durch ihren technologischen Vorsprung den
Textilstandort Österreich abzusichern hilft.

Dionys Lehner, gebürtiger Schweizer und gelernter Österreicher, ist jedenfalls
entschlossen, den Betrieb im Nachbarland aus der Probephase in lebensfähige
Selbständigkeit zu überführen. Und er analysiert, was er in zahlreichen Verhandlungen als Manager erfuhr: „Es ist erstaunlich, wie die tschechischen Partner Ausländer willkommen heißen, aber dann auf ihren eigenen Konzepten beharren.
Man muß die Dinge sehr feinfühlig verändern, man hat das Gefühl, es ist ein Volk
mit einer verletzten Seele, die mit Mißtrauen auf den andern zugehen, in einem
Ausmaß, wie ich es nicht geglaubt habe." Er vermißt die Selbstkritik beim Nachbarn. Man habe wirtschaftspolitischen Rat ausgeschlagen und die Etablierung
einer „Neureichenschicht zugelassen, die nach dem Motto des shareholder value
nicht viel Verantwortung für das Land trägt". Damit stimmt der Vorstandsvorsit-
zende der Linz Textil AG dem „Fortschrittsbericht" der EU-Kommission zu, in
dem Tschechien zwar unter den ersten sieben Beitrittskandidaten, aber hinter
Polen und Ungarn gereiht ist. Diese verdeckte Mahnung aus Brüssel erntete in
Prag nur Häme und Irritation seitens der Regierung und des Parlamentspräsiden-
ten Václav Klaus.

Dionys Lehner ist nichtsdestotrotz von der Zukunft der Partnerschaft überzeugt, aber auch davon, daß Tschechien derzeit als „der Feind seiner eigenen Be-
gabungen" auftrete, denn „anstatt diese einzusetzen, um mitzutun, verlangen sie
Anpassung vom anderen". Er verstehe heute die Figur des Soldaten Schwejk als
Überlebensmodell eines kleinen Landes, als Modell, das aus mißliebigen historischen Erfahrungen entstanden sei: „Das geht dahin, daß man Landsleute deckt,
sogar unfähige Mitgesellschafter, wenn der ausländische Partner im Team ist."

Es ist eine Tatsache, daß mit der Akzeptanz ausländischen Kapitals in Tschechien nicht automatisch die Akzeptanz unternehmerischen Einflusses einhergeht.
Eine Erfahrung, die von Bankern geteilt wird. Mitunter spielen auch verinner-
lichte Denkmuster aus der Ära der tschechoslowakischen Republikgründung 1918

und der damit verbundenen „Nostrifizierung" altösterreichischer Banken und Betriebe, um die eigene Zukunft zu sichern, eine Rolle.

Es darf nicht übersehen werden, daß in den postkommunistischen Reformländern nationale Souveränität gleichgestellt wird mit Freiheit. Das färbt auch das Verhältnis dieser Staaten zur Europäischen Union. Vielleicht gerade dort, wo es im 19. Jahrhundert nicht hinreichte, die Nation als Raum zu erobern. Das war in Böhmen und Mähren im Vergleich zu anderen Ländern der Donaumonarchie der Fall.

Die Kritik, die der Industrie-Manager Dionys Lehner nach befremdlichen Erfahrungen ausspricht, richtet sich ohnedies auch an österreichische Kollegen, denen er vielfach mangelnde Sensibilität vor Ort ankreidet. Es bleibt also doch ein Studium der Mentalität beiderseits zu leisten, einer Mentalität, die sich in vielen Bereichen ja ähnelt. Der tschechische Botschafter in Wien, Jiři Gruša, selbst Schriftsteller, schreibt in Abwandlung eines Karl-Kraus-Wortes: Was die Tschechen von den Österreichern trenne, sei der gemeinsame Charakter. Und die „Sprengkraft historischer Bilder": „Mancherorts, besonders an den stillen und scheinbar gemütlichen Ecken, harren noch immer gut gebaute Tretminen, die dort unsere Ahnen versteckt hatten – als Gruß an die Nachkommenschaft."

Es lohnt sich, das Terrain vergangener Gemeinsamkeiten ohne Selbstverliebtheit kennenzulernen. Da ist trotz allem der Ehrgeiz auf tschechischer Seite größer als auf österreichischer: Die „Österreichische Schule" in Prag kann nur ein Viertel jener Jugendlichen aufnehmen, die sich darum bewerben. Der Österreich- und Alpen-Tourismus der Tschechen hat Konjunktur. Umgekehrt erlahmte das österreichische Interesse am nördlichen Nachbarn oder kam nie richtig in Bewegung; da mögen die abflauenden Butterfahrten nur ein Symptom an der Basis sein, das sich auch auf anderer, politischer Ebene ablesen läßt. Mehr noch: Im Konfliktfall erscheint es allemal als verlockend, überlieferte Ressentiments gegen den Nachbarn ins Spiel zu bringen.

Die Wirtschaft arbeitet hingegen vergleichsweise konsequent an einer gemeinsamen Zukunft und fordert beispielsweise bessere Verkehrsverbindungen ein, die zwar die Europäische Union als „Transeuropäische Netze" plant, über die aber auf nationaler Ebene zu entscheiden ist.

Bis 1915 ist der Begriff „Österreich" unscharf, jedenfalls wird er bis in den Ersten Weltkrieg hinein für die gesamte „cisleithanische Reichshälfte" verwendet. Die Kronländer Böhmen, Mähren und Schlesien werden einfach subsumiert. Sie sind inbegriffen, weil man ihnen, anders als Ungarn, die Selbständigkeit des eigenen Staatsrechts in der Monarchie vorenthielt. Wer „Österreich" sagte, brauchte nicht die „im Reichsrat vertretenen Königreiche und Länder" anführen. Diese Dominanz erzeugte Reflexe.

Nach 1918 erschien es zwar als logisch, daher auch im Vertrag von St.-Germain niedergeschrieben, daß zwischen den Nachfolgestaaten der Donaumonarchie ein Zollverband zu stiften sei. Dieser Absicht stellte sich nun freilich der nie bewältigte Nationalismus in den Weg, der allerorts kräftig auflebte und bis 1945 Geschichte machte. Die darauffolgende geopolitische Isolation Mittelosteuropas tat ein übriges, um gemeinsame Handels- und Wirtschaftsstrukturen vergessen zu lassen.

Das Neuland, das heute betreten wird, hat dennoch Tradition.

Literaturauswahl

125 Jahre Steinbrener. 1855–1980. Schärding 1980.

25 Jahre der Aktiengesellschaft vormals Skodawerke in Pilsen. Prag 1925.

Baxa, Jakob: Studien zur Geschichte der Zuckerindustrie in den Ländern des ehemaligen Österreich. Universum Verlag, Wien 1950.

Bernt, Ferdinand (Hg.): Johann Schicht. Sein Leben und Werk. A. Haase, Prag 1921.

Broschüre: Georg Schicht. 1883–1983, Wien.

Brousek, Karl M.: Die Großindustrie Böhmens 1848–1918. Oldenbourg Verlag, München 1987.

Burachovic, Stanislav: Mattoni a lazne Kyselka. Ed. Karlovyvarske mineralni vody a. s. Karlovy Vary 1999.

Cekota, Anthony: Entrepreneur extraordinary. Tomáš Bata. The Biography (University Press of the Int. Univ. of Social Studies). Rome, o. J.

Dahrendorf, Ralf: Europäisches Tagebuch. Steidl Verlag, Göttingen 1995.

Der Ringhofferkonzern in Wort und Bild 1871–1927. Sonderbeilage der „Prager Presse" vom 25. Dez. 1927.

Die Großindustrie Österreichs. Zum 50jährigen Regierungsjubiläum Kaiser Franz Josephs. Leopold Weiß Verlag, Wien 1898.

Drobesch, Werner: Triest-Aussig: Wirtschaftliche Modernisierung und bürgerliche Entwicklung in „peripheren Zentren" (1815–1914). In: Brennpunkt Mitteleuropa, Festschrift für Helmut Rumpler zum 65. Geburtstag. Verlag Carinthia, Klagenfurt 2000.

Dumreicher, Hans: 100 Jahre Haus Schoeller. Wien 1933.

Fischer, Erich: Porzellan und Steingut aus Böhmen und Mähren (Schriftenreihe Egerland Museum Marktredtwitz, Bd. 8).

Freudenberger, Herman; *Mensch,* Gerhard: Von der Provinzstadt zur Industrieregion (Brünn-Studie) (= Studien zum Wandel von Gesellschaft und Bildung im 19. Jahrhundert, Bd. 13). Vandenhoeck & Rupprecht, Göttingen 1975.

Friedrich, Margret: Lebens- und Überlebenskunst der Kupelwieser. In: Stekl, Hannes (Hg.): Bürgerliche Familien. Lebenswege im 19. und 20. Jahrhundert (= Bürgertum in der Habsburgermonarchie VIII). Böhlau Verlag, Wien, Köln, Weimar 2000.

Führer durch die Schicht-Werke in Aussig (o. J.).

Fryd, Norbert: Muster ohne Wert. Prag 1966.

Greinecker, Gerhard: Die Textil- und Eisenindustrie Österreichs im internationalen Vergleich mit Großbritannien. Linz 1986 (phil. Diss.).

Grotkass, Rudolf E.: Die Geschichte des Würfelzuckers und seines Erfinders Jakob Ch. Rad. In: Zs. f. Zuckerindustrie der Cechoslovakischen Republik 1933/34). Sonderabdruck.

Gruša, Jiři: Wunden brauchen Zeit. In: Österreich und Tschechien. Zwischen Konflikt und Kooperation (Europäische Rundschau Nr. 4/2000. Chefred. Paul Lendvai). Wien.

Hajn, Ivo: Budějovicky – Budvar. Praha 1995.

Hallwich, Hermann: Firma Franz Leitenberger 1793–1893. Eine Denkschrift. Prag 1893.

Hassinger, Hugo: Die Tschechoslowakei. Rikolaverlag, Wien, Leipzig, München 1925.

Heer, Friedrich: Der Kampf um die österreichische Identität. 3. Aufl., Böhlau Verlag, Wien, Köln Weimar 2000.

Heiss, Gernot; *Miskova*, Alena; *Pešek*, Jiři; *Rathkolb*, Oliver (Hg.): An der Bruchlinie. Österreich und die Tschechoslowakei nach 1945. Brünn, Innsbruck 1998.

Henderson, W. O.: Die industrielle Revolution. Europa 1780–1914, Molden, Wien, München, Zürich 1971.

Hobsbawm, Eric J.: Die Blütezeit des Kapitals. Eine Kulturgeschichte der Jahre 1848–1875. S. Fischer, Frankfurt 1980.

Hoensch, Jörg: Geschichte Böhmens. C. H. Beck, München 1987.

Holy, Vladimir: Počatky sušickeho šikařstvi. Praha 1976.

Hünger, Heinz: Kunert – Der Ring schließt sich. In: Textilwirtschaft.

Hye, Hans Peter: Aussig – Eine Industriestadt am Rande des Reiches. In: Peter Urbanitsch/Hannes Stekl (Hg): Kleinstadtbürgertum in der Habsburgermonarchie 1862–1914, Böhlau Verlag, Wien, Köln, Weimar 2000.

Interview des Autors mit Dipl.-Ing. Heinz Kolben, 2. 2. 2000, München.

Interview des Autors mit GD Johann Marihart, Agrana Wien, Juni 2000.

Johann Schicht. Gedenken für einen großen Sudetendeutschen. In: Aussiger Bote, München 1957.

Kaiser, Vladimir: Die industrielle Entwicklung der Stadt Aussig/Usti. Vortrag, München 1994.

Karell, Viktor: Das mittlere Egertal und die Geschichte der Stadt Klösterle. Bad Homburg 1961.

Klima, ArnoWeimar 2000t: Economy, Industry and Society in Bohemia in the 17th and 18th centuries. Praha 1991.

Kolben, Heinz: Dr. h.c. Ing. Emil Kolben zum Gedächtnis. In Bohemia Bd. 26 (1985).

Korbel, Václav: Petrof. Kratky pohled do historie kralovehradecke firmy. Hradec Králové 1993.

Kozišek, Petr; Jan *Kralik*: L. & K. Škoda. Part I and II. 1895–1995. Motor Press, Praha 1995.

Kučera, Jaroslav: Auf dem Weg zu einem Nationalstaat. Tschechien und Deutsche in der Nachkriegstschechoslowakei. In: Heiss, G. u. a.; And der Bruchlinie … 43‾59.

Kunert. Europas größte Strumpffabriken. Die Entwicklungsgeschichte der Weltfirma J. Kunert & Söhne, Warnsdorf. (Int. Industriebibliothek Bd. 78), Länderdienst AG, Basel, Amsterdam, Prag 1938.

Lackner, Helmut: Das Fabriksprodukten-Kabinett, das Polytechnische Institut und die Anfänge der Industrialisierung in der österreichisch-ungarischen Monarchie. Technik und Design im Biedermeier. Prestel Verlag, München, New York 1995.

Langhammer, Rudolf: Klösterler Porzellan. In: Bohemia, Bd. 10 (1969).

März, Eduard: Österreichische Bankpolitik in der Zeit der großen Wende 1913–1923. Verlag für Geschichte und Politik, Wien 1981.

Matis, Herbert: Österreichs Wirtschaft 1848–1913. Konjunkturelle Dynamik und gesellschaftlicher Wandel im Zeitalter Franz Josephs I. Duncker & Humblot, Berlin 1972

Mergl, Jan; *Lenka* Pankova: Moser. 1857–1997. Karlovy Vary 1997.

Merki, Christoph M.: Die Kommerzialisierung des süßen Geschmacks. Zur Geschichte des Zuckers und seiner Substitute. In: R. Sandgruber/H. Kühnel: Genuß & Kunst, Ausstellung Schloß Schallaburg 1994.

Myska, Milan: Die mährisch-schlesische Eisenindustrie in der industriellen Revolution (= Sammelschriften der pädagogischen Fakultät in Ostrau 19). Prag 1970.

Otruba, Gustav: Die Familie Leitenberger. In: Lebensbilder zur Geschichte der böhmischen Länder, Bd. 4. Oldenbourg, München 1981.

Palla, Rudi: Verschwundene Arbeit. Ein Thesaurus der untergegangenen Berufe (= Die andere Bibliothek, hg. v. H. M. Enzensberger), Eichborn Verlag, Frankfurt/M. 1994.

Palla, Rudi: Formung zum „industriellen Menschen". Die „Schule der Arbeit" der mährischen Schuhfabrik Batá in den zwanziger Jahren. In: Palla, R.: Die Kunst Kinder zu kneten. Ein Rezeptbuch der Pädagogik. Eichborn, Frankfurt/M. 1997.

Philipp, Rudolph: Der unbekannte Diktator Tomáš Batá. Agis Verlag, Wien, Berlin 1928.

Pitrof, Kurt: Böhmisches Glas im Panorama der Jahrhunderte. Oldenbourg, München 1989.

Prinz, Friedrich: Böhmen und Mähren (Deutsche Geschichte im Osten Europas). Siedler Verlag, Berlin 1993.

Pscheidt, Edgar: Als die Schlote noch qualmen durften. Die Frühphase der Industrialisierung in Nordböhmen. 1797–1860 (Ausstellung des Sudetendeutschen Archivs München). 1987.

Riedel – Eine Symphonie aus Glas. 10 Generationen Glasmacher (Tiroler Landesmuseum Ferdinandeum Innsbruck). 1994.

Rössler, Susanne: Gablonzer Schmuck und Glas. Tradition und Gegenwart einer kunsthandwerklichen Industrie. München 1979.

Rumpler, Helmut: Eine Chance für Mitteleuropa 1804–1914. Bürgerliche Emanzipation und Staatsverfall in der Habsburgermonarchie (= Österreichische Geschichte hg. v. Herwig Wolfram). Ueberreuter, Wien 1997.

Rutkowski, Ernst: Briefe und Dokumente zur Geschichte der österreichisch-ungarischen Monarchie, Teil I. Oldenbourg Verlag, München 1983.

Salz, Arthur: Geschichte der böhmischen Industrie in der Neuzeit. Duncker/Humblot, Leipzig 1913.

Sandgruber, Roman: Ökonomie und Politik. Österreichische Wirtschaftsgeschichte vom Mittelalter bis zur Gegenwart (= Österreichische Geschichte, hg. von Herwig Wolfram). Ueberreuter, Wien 1995.

Schicht, Heinrich: Entwicklungsgeschichte der Firma Georg Schicht, Aussig. Chur 1952 (masch. Manus.).

Seibt, Ferdinand (Hg.): Böhmen im 19. Jahrhundert. Propyläen Verlag, München.

Seper, Hans: Österreichische Automobilgeschichte 1815 bis heute. Orac-Verlag Wien 1986.

Skodawerke 1839–1939. Jubiläumsdenkschrift (Techn. Museum Wien).

Skodawerke 1869–1919. 1929. Buchverlag Orbis , Prag.

Šlapeta, Vladimir: Die Bat́a-Architektur oder die Architektur eines Unternehmens. In : Bauforum 1990.

Slokar, Johann: Geschichte der Österreichischen Industrie und ihre Förderung unter Kaiser Franz I. – F. Tempsky, Wien 1914.

Smutny, Bohumir: Po stopach kostky cukru v Dacicich. Dacice 1995.

Sturm, Heribert (Hg.): Biographisches Lexikon zur Geschichte der böhmischen Länder, hg. im Auftrag des Collegium Carolinum. Oldenbourg, Wien, München 1974 f.

Tabor, Jan : Reise nach Batagonien. In : Merian 1992.

Teichová, Alice : Wirtschaftsgeschichte der Tschechoslowakei. Böhlau, Wien, Graz 1988.

Teichová, Alice : Die Grenzen der Planwirtschaft in der Tschechoslowakei. In : Heiss, G.: An der Bruchlinie, S. 59–79.

Trost, Ernst : Zur allgemeinen Erleichterung … Eine Kultur- und Wirtschaftsgeschichte des Tabaks in Österreich. – Verlag Ch. Brandstätter, Wien 1984.

Umlauft, Franz Josef : Georg Schicht. Ein Rückblick auf sein Leben. Bayreuth 1959.

Wagner, Christoph : Süßes Gold. Kultur- und Sozialgeschichte des Wiener Zuckers. Ch. Brandstätter, Wien 1996.

Wasmannsdorff, Erich u. Egon *Hardtmuth:* Das Geschlecht Hardtmuth aus Bayern. Privatdruck, Steinreb 1966.

Wilhelm, Gustav : Joseph Hardtmuth 1758–1816. Architekt und Erfinder. Böhlau, Wien, Köln 1991.

Wilson, Charles : The History of Unilever. Cassell, London 1970.

Wodicka, J.: Zur Geschichte der Firma L. u. c. Hardtmutz. Budweis 1936.

Zenkner, Karl : Die Gablonzer Glas- und Schmuckwarenindustrie. Leutelt-Gesellschaft e. V. Schwäbisch Gmünd. o. J.

Personenregister

11.-

Bildnachweis

Die Wiedergabe der Abbildungen erfolgt mit freundlicher Genehmigung
der APA – Austria Presseagentur
des Muzeum mešta Ústí nad Labem
des MuzeumŠumavy Sušice
der Österreichischen Nationalbibliothek, Bildarchiv

sowie den im Buch genannten Firmen, die dankenswerter Weise historisches Bild-
material aus ihren Archiven zur Verfügung gestellt haben.